U0965626

A WORKBOOK FOR ARGUMENTS

A COMPLETE COURSE IN CRITICAL THINKING

逻辑是练出来的

论证与批判性思考方法训练

[美] 大卫 · 莫罗 David R. Morrow
[美] 安东尼 · 韦斯顿 Anthony Weston
著 姜昊骞 译

金城出版社
GOLD WALL PRESS
· 北京 ·

A workbook for Arguments by David.R. Morrow and Anthony Weston
Copyright ©2009 by Hackett Publishing Company, Inc., third edition
Simplified Chinese edition published by arrangement with the Literary Agency Eulama Lit.Ag.
ALL RIGHTS RESERVED

图书在版编目（CIP）数据

逻辑是练出来的 ： 论证与批判性思考方法训练 /
（美）大卫·莫罗，（美）安东尼·韦斯顿著 ； 姜昊骞译 .
北京 ： 金城出版社有限公司， 2025. 6. -- ISBN 978-7
-5155-2767-3

I. B80

中国国家版本馆 CIP 数据核字第 20253736CH 号

逻辑是练出来的：论证与批判性思考方法训练

作　　者　[美] 大卫 · 莫罗　[美] 安东尼 · 韦斯顿
译　　者　姜昊骞
责任编辑　刘　磊
责任校对　王秋月
特约编辑　何梦姣
特约策划　领学东方
责任印制　李仕杰
开　　本　710 毫米 ×1000 毫米　1/16
印　　张　26.5
印　　刷　天津鸿景印刷有限公司
字　　数　460 千字
版　　次　2025 年 6 月第 1 版
印　　次　2025 年 6 月第 1 次印刷
书　　号　ISBN 978-7-5155-2767-3
定　　价　88.00 元

出版发行　**金城出版社有限公司**　北京市朝阳区利泽东二路 3 号
邮编：100102
发 行 部　（010）84254364
编 辑 部　（010）61842989
总 编 室　（010）64228516
网　　址　http://www.baomi.org.cn
电子邮箱　jinchengchuban@163.com
法律顾问　北京植德律师事务所　18911105819

出版说明

美国的大部分高等院校都开设了一门非常实用的逻辑论证课程，以培养、训练学生的批判性思维能力和论证能力，使学生具备较高的批判性思维能力，并能有效交流和解决问题。这就是批判性思维课程。本书就是为这类课程编写的教材之一。需要指出的是，本书的简化版是在美国高等院校广受欢迎的《论证逻辑入门》（*A Rulebook for Arguments*）（第五版）[1]这一便于查阅的规则手册，而本书则增加了对规则的实际操练。

在美国的这类课程中，最常采用的3种教学方法和模式——范例教学、启发诱导式教学和小组合作活动——在本书中都得到了体现。本书的三大部分中，第一部分以范例教学为主：以50条规则为基础，来设置练习；在每个练习里，都会围绕与规则相对应的目标进行范例讲解。第一部分的习题与第二部分的习题答案及答案解析，共同展示了启发诱导式教学：在做习题的过程中，重要的是寻找答

1　本书所说“第N版”指英文原版书的版本，《论证逻辑入门》原书第五版的中文版本为金城出版社2025年出版的《论证逻辑入门：如何让你的思考与写作清晰严谨》。——编者注

案的思路和方法，书里的答案解析便是帮助完善思路的有效方法。需要特别说明的是，有些习题是共享性、开放性的，所以没有答案。第三部分集中展现了小组合作活动这一模式，是如何通过更深入、互动性更强、具有实践性的活动方式来进一步培养、锻炼批判性思维和论证能力的。

可以说，本书系统地展示了这类逻辑论证课程的教学理念、教学内容、教学方法和教学模式，同时，也十分重视如何在生活实践中融合批判精神与论证技能，合理、准确地运用论证规则。希望本书能够对读者了解论证的规则与方法、批判性思维和美国高等院校的一些教学方法，有所帮助。

编　者

目录

第二部分　习题答案及答案解析

第三部分 批判性思维活动

前言

《逻辑是练出来的：论证与批判性思考方法训练》是《论证逻辑入门》（第五版）的配套教材，更详尽地介绍非形式逻辑与批判性思维的相关内容。与《论证逻辑入门》（第五版）不同，本书加入了详解和练习。

练　习　选自报纸、哲学著作、文学著作、影视作品、视频网站和其他来源。

规则运用　将《论证逻辑入门》（第五版）中的规则应用到练习中。

延伸练习　介绍学生可自行或与同学共同完成的批判性思维练习。

活动指导　介绍多种专为学生设计的批判性思维活动或作业。

论证导图　介绍评价和构建复杂多步骤论证的重要技能。

参考答案　说明习题答案的优点和缺陷，进一步讨论练习中涉及的知识、哲学和伦理问题。

本书的第三版相对于第二版的增改内容如下。

更新更好的练习。确保练习能让现在的学生产生共鸣。与第二版相对于第一版一样，第三版更新和完善的练习比例约为三分之一。源自第二版的部分练习没有改动。

新增《公共辩论》一章基于《论证逻辑入门》（第五版）新增的对应章节，包含 5 组练习，教学生如何怀着尊重对手的态度展开关于争议性话题的建设性讨论——在这个观点分歧论争激烈的时代，这是一项日益重要的能力。第三部分新增了三项批判性思维活动，方便读者进一步锻炼建设性对话的能力。

本书首次以《论证逻辑入门》（第五版）的全部内容为基础，将内容扩展为完整教科书的篇幅。

《论证逻辑入门》（第一版）在 1986 年面世。首版以威廉·斯特伦克的《英文写作指南》（*The Elements of Style*）一书为模范，采用规则列表的格式，内容并不多，我们不知道人们会有多大兴趣，结果是很感兴趣！从此之后，《论证逻辑入门》出了 5 版，被列为经典，从高中、社区大学到普通大学都在使用，并且不光是批判性思维课程，包括修辞学、应用伦理学、新闻学在内的其他众多学科的课程也都可以用到。本书正式出版的译本有 10 种，私下传播的还有几种，还有盲文版。

从 20 世纪 80 年代到现在，批判性思维领域发生了巨大的变化。当年它的通称还是"非形式逻辑"——至少在哲学领域内是这样，是一门新兴学科，依然有一点儿向形式逻辑靠拢的愿景，主要是想拓宽论证研究的范围，大部分工作是关于如何避免一大堆看似随意拼在一起的论证错误，也就是"谬误"。与那时相比，如今批判性思维已经自立门户，更加贴合现实论证活动的多样性和独特性，不再只关注或者说不再主要关注有哪些陷阱需要躲避，而将重点放在了好论证的基本原理方面。《论证逻辑入门》或许也为批判性思维领域转向更宽广的、更具建设性的思路做出了一些微小的贡献。无论如何，《论证逻辑入门》的规则体现的正是好论证的原理。

《论证逻辑入门》保持了短小的篇幅，坚持辅助性读物的角色，既针对写作者群体，他们需要一本介绍规则的简短手边书，与书架上的《英文写作指南》摆在一起；也针对学生、教师群体，他们的需求可以用原书"前言"中的一段话来形容："一本列有实用提示和具体规则的册子……以便学生查阅和自行理解，节约课堂时间。"《论证逻辑入门》很好地扮演了这一角色，并且还有其他潜力。许多专门的论证指导课**确实希望**投入课堂时间来介绍这些规则。如今，为《论证逻辑入门》补充一本配套读物恰逢其时。

《逻辑是练出来的：论证与批判性思考方法训练》前两版的成功表明，为《论证逻辑入门》写一部配套读物的思路是正确的。规则内容不变，加入系统解析，每章和每条规则都配有练习。读者可以反复运用规则演练，然后与参考答案及其解析进行对照。《论证逻辑入门》本身是一本完整的书，但《逻辑是练出来的：论证与批判性思考方法训练》提供了更完整的阐发——你正将它捧在手中。

需要大量练习才能真正学会运用论证规则，尤其是对初学者，所以《逻辑是练出来的：论证与批判性思考方法训练》里才有这么多练习。不过，光做题是不够的，指导同样重要。于是，《逻辑是练出来的：论证与批判性思考方法训练》第二部分是习题的参考答案，并配有答案解析。在我们看来，参考答案及其解析与第一部分几乎同样重要。第二部分对包括科学推理在内的重要主题进行了更透彻的阐发和评述，还设置了一些新的主题，对丰富和完善学习过程相当重要，千万要看啊！我们鼓励教师在布置阅读材料时把相应的参考答案也加进去。

本书将《论证逻辑入门》（第五版）的全部原文与新增内容穿插排列。新增内容包括对每条规则的阐发运用、参考答案（第二部分）和延伸指导（第三部分）。作者为大卫·莫罗，撰写过程中他与安东尼·韦斯顿合作密切。

哈克特出版公司高级编辑德布拉·威尔基是本书的责编，他思维敏捷灵活，而且很有幽默感。我们还要感谢哈克特出版公司的出版部主任利兹·威尔逊，她在本书的整个出版流程中给予了至关重要的协助，以及詹妮弗·麦克布莱德的慧眼校对。本书面世之前，多名出版社评论员从多个角度提供了建议。另有多人为本书提出了批评建议（参见规则38），在此一并致谢。他们包括帕特里夏·艾伦（马萨诸塞湾社区学院）、彼得·阿玛托（德雷塞尔大学）、克里斯蒂安·鲍尔（萨克拉门托城市学院）、丽莎·贝兰托尼（奥尔布赖特学院）、杰森·布罗斯（亨内平技术学院）、乔安妮·丘拉（里士满大学）、辛西娅·戈巴蒂（河滨社区学院）、柯南·格里芬（佛罗里达湾岸大学）、朱莉安娜·格里芬（佛罗里达湾岸大学）、肯雅·格鲁姆斯（德保罗大学）、约翰·埃林伍德·凯伊（旧金山州立大学）、保罗·马蒂克（艾德菲大学）、乔治·普尔曼（佐治亚州立大学）、莱恩·舍巴特（卡布利洛学院）、迈克尔·斯特劳瑟（中佛罗里达大学）、丹妮拉·瓦莱加-诺伊（俄勒冈大学）。本书疏漏、错谬之处均为作者责任，欢迎读者批评指正、给予建议和回应。

衷心祝愿各位读者能喜欢此书、用好此书！

大卫·莫罗　安东尼·韦斯顿

本书配套网站地址

http://www.hackettpublishing.com/workbookforarguments/

该网站包含纸质版或网络版的相关资源。大量练习的延伸内容和少数练习本身都可以在该网站找到，另有批判性思维拓展活动的内容。

导论

论证的意义何在

很多人认为，论证不过是花样翻新地陈述自己的偏见罢了。这解释了为什么很多人认为论证让人生厌，毫无意义。在一部词典中，“论证”（argument）的一条释义是“争论”（disputation）。于是，我们有时说两人“have an argument”，意思其实是**“这两个人争论了一番”**。这种用法太常见了，但真正的论证不是这样的。

在本书中，“进行论证”意味着拿出一组理由或证据来支持一个结论。论证不仅仅是表达观点，也不仅仅是争论。论证是用理由去**支持**某观点的过程。在这个意义上，论证绝非毫无意义；事实上，它意义非常。

论证意义非常，首先因为它是确定哪些观点较为优越的一种方式。并非所有观点都有相同的说服力。有些结论有很好的理由来支撑，有些结论的理由就差得多。但我们往往分不清楚。我们需要对不同的结论给出论证，然后评估论证，看看它们的说服力究竟有多强。

在此外，论证是**探究问题**的一种方法。例如，一些哲学家和激进主义者认为，工厂化养殖肉畜给动物带来了巨大的痛苦，因此这是不合理、不道德的。他们说得对吗？如果只是看现有的观点，我们未必能做出判断。这涉及很多问题，我们需要对论证进行探究。例如，我们是否需要对其他物种承担道德义务，抑或是说，只有人类的痛苦才是真正的痛苦？人类如果不食肉，生活会变得怎样？有些素食主义者寿登耄耋，这是否表明素食更健康？或者，当你想到很多非素食主义者也非常长寿时，这种论证是否就不再有效了？（*你还可以追问，是否素食主义者中长寿者的***比例***更高。*）或许，实际情况是，健康的人更有可能成为素食主义者，而不是素食主义者更容易身体健康？所有这些问题都需要仔细考虑，事先谁也不清楚答案是什么。

论证意义非常还有另一个原因。一旦得出有充分合理依据的结论，我们会用论证来阐明、辩护。成功的论证不只是重复结论。它会提出理由和证据，使其他人接受这个结论。例如，如果你确信，我们的确应该改变当下饲养、利用动物的方式，那么你必须通过论证来阐明结论的得出过程。你说服其他人的办法就是：把说服**你自己**的理由和证据拿出来。持有与众不同的观点并不是错误。错误在于，除此之外你什么都没有。

论证是练出来的

通常而言，我们是通过**下结论**学会“论证”的。也就是说，我们一般会先提出结论——愿望或观点——而不是提出一整套说法予以支撑。有时这是行得通的，至少在我们非常年幼的时候。更好的做法是什么？

与之相反，真正的论证需要长时间实践积累。列举理由，得出与实际证据相符的结论，考察反对意见，等等——这些都是后天习得的技能。我们不得不长大成人，必须把愿望和观点暂且放下，开始真正去**思考**。

学校可能有帮助，也可能没有。课程要灌输的事实和技能越来越多，很少鼓励学生提出需要自己论证才能解答的问题。的确，美国宪法规定实行选举人团制度——这是事实——但时至今日，它仍然是一个好主意吗？（*就此而论，它过去是个好主意吗？无论如何，它存在的理由究竟是什么？*）的确，很多科学家认为，宇宙中其他地方有生命存在，但是为什么？论据何在？各种答案都能找到理由。

最理想的结果是，你不仅了解到了其中的一些理由，还学会了衡量其优劣，以及独立寻找更多的理由。

大多数时候，这同样需要长时间的实践积累。本书会帮你实现！此外，论证自有其吸引人之处，我们的头脑会因此变得更加灵活机敏，跳出条条框框。我们会逐渐意识到，独立的批判性思维能够带来多么大的改变。从日常家庭生活到政治、科学、哲学，甚至宗教，各种论证不断地出现在我们面前，供我们思考，我们也可以提出自己的论证。论证能够让你进入这些当下的、新鲜的对话当中。还有什么比这更好的事情吗？

本书框架

本书从最简单的论证出发，继而讨论较详细的论证，最后论述其在议论文与口头发言中的应用。

第一章至第六章讨论如何构建和评估**简论**（short arguments）。简论只是简单地提出理由和证据，通常只有几句话或一个段落。从简论开始有以下几个原因。第一，它们很常见，已经融入了日常对话。第二，较长的论证通常是对简论的详细说明，或者是将一系列简论连在一起。你如果先学会了做出和评估简论，之后就可以加以扩展，用于文字或口头形式的详论。第三，它们不仅是常见论证形式的极佳例证，也使论证中的典型谬误显明了。在较长的论证中，挑出论证的要点可能更加困难，发现主要谬误亦然。因此，尽管有些规则在首次提出时似乎显而易见，不值得专门谈，但要记住，这些简单例子会让你受益匪浅。还有另外一些规则，即便在简论中也很难理解。

第七章会教你做**详论**，先写提纲，然后逐步充实；同时，你需要考虑反对意见和其他可能性。第八章深入讲解议论文写作。然后，第九章补充了针对口头发言的规则。再强调一遍，以上3章都以前6章为基础，因为详论本质上是对前6章讨论的简论进行组合与丰富。但即便你使用这本书的主要目的就是帮助自己写议论文或做口头发言，也不要直接跳到后面几章。读者至少要阅读前几章《论证逻辑入门》（第五版）的内容，以便掌握阅读后续部分所需的工具。教师可以安排在前半学期阅读前6章，然后将第七章至第十章作为课程论文、课堂展示、辩论环节和对话活动的材料。

第一部分结尾有 3 个附录。附录一列举了常见的论证谬误，这些使人产生误解的论证是如此迷惑人、如此常见，它们甚至有自己的名字。附录二提供了构建和评估定义的 3 个规则，请在需要的时候使用它们。附录三没有包含在《论证逻辑入门》（第五版）的原书中，这部分主要涉及论证的整体导图，提供了理解论证各部分是如何组织在一起的强有力的技巧。

第二部分是新增内容，给出了大部分习题的参考答案，大多配有答案解析，讨论答案的优点和不足。

第三部分也是新增内容，是基于第一部分的规则和练习的批判性思维活动。部分内容可独立完成，其余为课堂活动或群体活动。

本书使用方法

本书第一部分是《论证逻辑入门》（第五版）的全部内容和相应的规则练习。本书的练习旨在帮助读者运用原书内容。虽然只看原文即可把握大意，但是做题之前既要通读原文，也要读提示。

在做完题之后，你可以去对照参考答案（见第二部分）。哪怕你无须帮助即可做完习题，我们也建议你看看答案，答案里一般包含重要的延伸讨论。此外，从整体来看，参考答案的部分意义在于为批判性思维的实操绘制一幅引人入胜的、涵盖广泛的图景。对批判性思维来说，文与质同样重要，不可偏废，《逻辑是练出来的：论证与批判性思考方法训练》便同时包含了这两个方面。

习题之后的一个延伸练习是关于规则运用的，这个延伸练习指导读者将习题中的技巧运用到现实生活中。许多延伸练习更适合集体合作，你如果经常有这方面的需求，不妨与同学组成学习小组。

第三部分介绍了批判性思维的相关活动，教师可以将这些活动不时布置下去，寓教于乐，这既能引起学生的兴趣，又能联系现实生活。每种活动介绍末尾都会列出若干变化形式的任务，学生一定要看清楚布置的任务是否有新增或更改的要求。

批判性思维是一种技能。与大多数技能一样，它是学无止境的。阅读批判性思维指南——比如本书列出的规则——是磨炼技艺的重要一环，但实际练习是无可替代的。（我们甚至可以再加一条规则：练，练，练。）《逻辑是练出来的：论证与批判性思考方法训练》的意义在于指导你、引导你进行练习和给出反馈。只要努力加坚持，你的思想一定更清晰、更犀利！

第一部分

论证规则和练习

本部分包括《论证逻辑入门》（第五版）一书的所有规则、相应的规则练习及章练习。每套练习中均附有“目标”“要求”“提示”“范例”内容，以引导读者进行习题练习。通过阅读规则内容，进行习题训练，读者可以全面地掌握和运用《论证逻辑入门》（第五版）所有规则，将其运用到学习、工作和智识生活中。

第一章

简论：若干基本原则

论证首先要做的是列举理由，并将它们清晰、合理地组织起来。第一章给出了构建简论的基本原则，第二章至第六章讨论简论的若干具体类别。

规则 1　明确前提和结论

论证的第一步是问你自己，你想证明什么，你的结论是什么。记住，结论是需要你为之给出理由的陈述；而给出这些理由的陈述，就是**前提**。

比如，你想要说服朋友（也可以是子女或父母）多吃豆子。乍看上去，这个主张颇为琐屑，意义不大。但是，先拿它举例子是很合适的——而且，吃饭毕竟很重要啊！现在，你要怎么论证自己的观点呢？

结论已经有了：我们应该多吃豆子。这是你的信念。但为什么呢？你的**理由**是什么？为清楚起见，你可能**要自己先说一遍**，然后看它们是不是**好的**理由。如果你希望别人赞同你的观点，或者改变他们的食谱，拿出好理由自然是必要的。

你的理由是什么呢？一个主要前提很可能是"豆子有益健康"：与大部分人现

在吃的东西相比，豆子有更高含量的膳食纤维和蛋白质，脂肪和胆固醇含量则更低。因此，适量增加豆子在膳食中的比例有利于延长寿命、保持活力。你不能假定家人、朋友之前已经听过这个理由，或者已经赞同这个理由——最起码，提醒一下总没坏处。

为了提起大家的兴趣，再加一个主要前提也是有益的。在人们的刻板印象中，豆子往往代表着单调乏味。于是，你不妨提出，豆子能做出很多美味佳肴。比如，你最喜欢的豆子菜肴可能是辣味黑豆馅玉米饼和鹰嘴豆泥。现在，你有了一个结论清晰、理由充分的论证。

笑话也可以是论证，虽然理由可能看上去很可笑。

在地球上生活可能很艰难，但是你每年都能免费绕太阳一圈呢。

提到苦中作乐的理由，你一般想出“免费绕太阳一圈”这一条。这则笑话的笑点正在于此。但是，它也确实是一条理由，试图证明生活并不总是像看上去那样糟糕。它很搞笑，它也是**论证**。

规则 1 叫作“**明确**前提和结论”。这里的“明确”有两个相互关联的含义。一个是“**明**”。理由和结论是不同的，必须明白地分开。免费绕太阳一圈，忍受生活的苦难，两者是截然不同的。前者逻辑上是在先的，它是前提；而后者或许是从前者推出来的东西，它是结论。

弄清楚谁是前提，谁是结论之后，你还要保证一个“**确**”字。换句话说，你要确定自己认可前提和结论。确定了才能继续，否则赶快换掉！以其昏昏，如何使人昭昭？

本书为你提供了多种可供套用的论证格式。你可以用它们来构建前提。例如，证明某个概括性结论的合理性时，可查阅第二章。这一章会告诉你，你需要给出一系列例子作为前提；还会论述需要寻找什么样的例子。第六章解释了演绎论证，如果你的结论需要进行这种论证，那么在第六章中列出的规则将告诉你需要什么样的前提。你或许要多试几次，然后才找到恰切的论证。

练习 1.1　区分前提和结论

【目标】 练习区分他人论证中的前提与结论。

【要求】 改写下列各论证，在结论下面画横线，给每个前提加上中括号。

【提示】 有的时候，区分前提和结论是一种艺术，而非科学。要是人们总能把前提和结论写得明明白白，那该有多好！可惜，事情并非总是这样。因此，只有通过练习，我们才能学会区分前提和结论。在这个过程中，你应该记住两个策略。

第一，问问你自己：作者希望说服你相信什么观点。作者试图让你相信的观点就是结论。然后再问自己，作者用哪些**理由**来说服你相信，这些理由就是前提。

第二，留意**指示词**。有些词或短语会**指示结论**。看到或听到它们，你就知道结论要出现了。还有一些词或短语会**指示前提**，后面会跟着前提。下面列出了一些最常见的结论和前提指示词。

结论指示词	**前提指示词**
因此	因为
于是	鉴于
那么	由于
所以	根据……原因
以上表明	由……可得

随着分析论证水平的逐渐提高，你会注意到更多的指示词。

再提两条建议。第一，不要完全依赖指示词。有的论证根本没有指示词，也有的指示词不只表示因果关系，比如“**由于**”“**鉴于**”“**那么**”等。听到“**鉴于**”不一定就是前提。游移不定时，回到前面讲的第一条策略：问问你自己，这句话是不是作者为结论提出的理由？如果不是，那就不是前提，哪怕里面有“**由于**”或“**鉴于**”。第二，不要假定一段话里除了前提就是结论。文字不只有论理，还有叙事、状物、阐发、命令、玩笑等，未必都是为结论提供理由。哪怕在论理性段落中，有些句子也可能是介绍背景，插入点评等。还是那句话，关键问题是：这句话是在陈述结论，还是给出让我相信结论的理由？若为两者之一，那就是论证的一部分；否则就不是。

【范例】

[若想民主制度成功，公民就需要有履行民主职责的能力。] [合格的公民需要了解数学、自然科学、社会科学和文学等的基础知识，也需要有读写能力，具备批判性思维。] [通识教育对这些技能的开发至关重要。] 因此，若想民主制度成功，公民就必须接受通识教育。

答案解析 在这个例子中，最后一句话是结论，之前的每一句话都是一个前提。范例中这段文字中的句子要么是前提，要么是结论，但你应该记住，许多篇章中的句子既不是前提，也不是结论。这种句子就不要加下画线或中括号了。

【习题】

1. 种族隔离将某些人贬低为物。因此，种族隔离在道义上是错误的。

2. 大学老师不应该给学生的作业打分，因为分数会造成负面的激励，反馈效果也不大。

3. 2017 年 10 月，天文学家发现了一个神秘的天体，将其命名为“奥陌陌”。天文学家不仅发现奥陌陌来自太阳系外，还发现奥陌陌是奇特的扁长形状，反射率特别高，没有彗星那样的“尾巴”，而且越过太阳之后速度变快。这些特征让奥陌陌不太可能是小行星或彗星。因此，奥陌陌是外星人的造物这一可能性值得考虑。

※ 延伸练习 ※

找到你最喜欢的报刊网站，阅读上面的社论、专栏和读者来信，里面大多有论证。试着找到结论和前提，可以独立进行，也可以与同学一起做。

规则 2 理顺思路

论证是从理由、证据导向结论的一种**运动过程**。但是，与任何运动过程一样，论证既可能干净利落，也可能拖泥带水。你的目标是使论证清晰高效——甚至优雅，如果你能做到的话。

还是拿豆子举例。你现在要把论证写下来，该如何着手呢？我举一个范例：

我们应该多吃豆子。理由是豆子有益健康。与大部分人现在吃的东西相比，豆子有更高含量的膳食纤维和蛋白质，脂肪和胆固醇含量则更低。同时，豆子可以做出很多美味佳肴，比如辣味黑豆馅玉米饼和鹰嘴豆泥。

这段话是环环相扣、步步推进的。第一句声明结论，然后依次阐述两个前提。先是提出一条主要前提，并给出简要理由说明为何豆子有益健康。接着是另一条主要前提和相应的例子。论证有多种展开方式。比如，两条前提可以调换顺序，结论可以放到最后才说。但不管怎么排列，都要一丝不乱。

理顺思路并不容易，尤其是更细节、更复杂的论证。做到一丝不乱是很难的，颠三倒四倒是常事，下面就是一个例子：

想一想辣味黑豆馅玉米饼和鹰嘴豆泥。与大部分人现在吃的东西相比，豆子有更高含量的膳食纤维和蛋白质，脂肪和胆固醇含量则更低。豆子可以做出很多美味佳肴。我们应该多吃豆子。豆子有益健康。

前提和结论都一样，但顺序变了，而且也省去了能帮助读者搞清谁是前提、谁是结论的标志语和转折词（比如“一个理由是……”）。于是，整个论证就乱成了一团。用来支持主要前提的例子——比如美味的豆子菜肴——散布于多处，而不是紧贴着它要支持的前提。你得读两遍才能知道结论是什么。不要指望读者会对你很有耐心。

你应该对论证多做几次调整，直至找到最自然的排列顺序。本书讨论的规则应该会有所帮助，你不仅可以利用这些规则弄明白你需要哪种前提，还可以用它们找到这些前提的最佳排列顺序。

练习 1.2　将论证整理为前提-结论的格式

【目标】练习用清晰的、符合逻辑的结构改写论证。

【要求】 下列各段都包含一个论证。先用自然的、有意义的顺序排列前提并编号，然后在末尾加上结论。

【提示】 用前提-结论的格式整理论证往往会帮助理解，分以下几步：

首先，确认前提和结论是什么，如练习 1.1。

然后，用有意义的顺序排列前提，这能够帮助你理解前提之间的联系，以及前提和结论之间的关系。最好的排序往往并不唯一，多试几次，从中选出对你最有意义的那一个。

得出有意义的排序后，加上编号。每个前提最好都是整句，用指代的人或物替代“他”和“它”等代词。

最后，把结论放在末尾。有些逻辑学家会在前提和结论之间画一条线，就像竖式计算那样，表明前提“加起来”得出了结论。也有些逻辑学家会在结论前面加上“**因此**”这个词，或者加上“∴”这个符号。

【范例】

有些公司正在开发产肉率更高的转基因动物，如三文鱼。如果转基因三文鱼逃到野外，它们会与天然三文鱼争夺食物。然而，天然三文鱼经过自然选择，适应了野外生活。转基因三文鱼却并非为野外生存而研发。因此，如果转基因三文鱼逃到野外，非转基因三文鱼在竞争中会超过转基因三文鱼。

答案

(1) 如果转基因三文鱼逃到野外，它们会与天然三文鱼争夺食物。

(2) 天然三文鱼经过自然选择，适应了野外生活。

(3) 转基因三文鱼并非为野外生存而研发。

因此，(4) 如果转基因三文鱼逃到野外，非转基因三文鱼在竞争中会超过转基因三文鱼。

答案解析 这段论证本来就理清了顺序。因此，只要确定哪些是前提，编上号，然后在结论前面加上“因此”二字，前提-结论的格式就出来了。

第一句话并非论证的前提，不是为结论提供理由，而是为论证整体提供背景知识。我们不需要将它加进去。

【习题】

1. 许多人说，勒布朗·詹姆斯是有史以来最伟大的篮球运动员。他真的很棒。

但勒布朗·詹姆斯自己出去也这么说！他不应该说这种话。这样说自己就是不尊重过去的伟大球员，比如比尔·拉塞尔、迈克尔·乔丹和拉里·伯德。他们同样很棒，而且也做过许多勒布朗·詹姆斯吹嘘说自己做过的事。

2. 在达特茅斯，一支由布伦丹·奈汉领导的研究团队研究“为父母提供关于疫苗安全性的信息会产生何种影响”这一课题。他们为一些家长提供了来自美国疾控中心的信息，内容是没有证据表明疫苗会引发自闭症。其他家长没有收到疫苗安全性的相关信息。与未收到信息的家长相比，收到信息的家长给子女接种疫苗的可能性并没有更高。奈汉及其团队得出的结论是，仅仅提供疫苗安全性的相关信息不能提高给子女接种疫苗的家长比例。

3. 1908 年，西伯利亚通古斯有 800 平方英里[1]森林被夷为平地。围绕通古斯大爆炸产生了多种理论。有人说是不明飞行物导致的，甚至有人说是微型黑洞引发的。但是，科学家最近在当地发现了一个撞击坑形状的湖泊，可能是小行星或彗星造成的。所以，通古斯大爆炸是由小行星或彗星撞击造成的。

4. 一个人即便知道自己过得很快乐，他也可能怀疑自己的人生是否有意义。这表明，有意义的人生与快乐的生活不是一回事。同时，一个人做着不符合本性的事情，或者感觉生活没有意义，哪怕从客观角度来看，他在做的事情或许有其价值，他的人生也称不上有意义。这表明，有意义的生活与做着客观上有价值的事情也不是一回事。上述话语都表明，分别来看的话，快乐和客观价值都不是有意义的生活的充分条件。

※ 延伸练习 ※

按照“提示”中给出的步骤，将练习 1.1 中的论证整理为前提–结论的格式。如果你想把自己的结果与别人对照，可以找同学或朋友一起做。此外，你也可以找到自己喜欢的报刊网站，整理社论、专栏、读者来信中的论证。

《附录三 论证导图》中展示了更复杂的前提–结论格式，论证导图对理解复杂论证特别有帮助。

1 1 平方英里 ≈2.59 平方千米。——编者注

练习 1.3　分析影像形式的论证

【目标】 帮助读者分析影像中的简短论证。

【要求】 前往本书配套网站，点击“第一章”下的“练习 1.3”，里面包含若干图片和视频链接。按照前提-结论的格式整理影像材料要表达的论证。

【提示】 我们无时无刻不在接受影像的轰炸，从排行榜到艺术品，再到线上视频，它们的目标都是说服我们。有的时候，它们试图说服我们去做某件事，或者买某样东西。有的时候，它们又试图要我们相信某个命题。许多材料都可以视为“影像形式的论证”。它们不一定会用文字呈现前提和结论，但不少材料可以按照“为结论提供理由”的方式来解读——这就是论证了。

考虑影像论证的时候，如何用一种自然的顺序来呈现其想法是完全取决于你的。你需要做的第一件事，就是确定结论是什么：它想要你做什么事，相信什么命题。接下来，你要问自己：这张图片或这段视频是不是为了让你相信结论而给出的理由？如果给出了理由，那就是论证的前提。

要想发现前提，你要思考自己看到的图片与图片支持的结论之间有何关联。举一个最简单的例子：广告里运动员在喝雪碧，结论是你也应该喝雪碧。运动员喝雪碧的图像与你应该喝雪碧之间有何关联？如果运动员在艰苦的比赛或锻炼后喝了一口，图像要传达的信息或许是雪碧能恢复精力。在这种情况下，论证就是这样的：“雪碧能恢复精力，你喜欢能让人恢复精力的饮料，因此，你应该喝雪碧。”换一种情况：运动员和朋友们欢聚一堂，一起喝雪碧。在这种情况下，图像要传达的信息或许是年轻潮人——尤其是图像中运动员的粉丝——都喝雪碧，如果你想跟他们一样，你也应该喝雪碧。

不同人对同一幅图像会给出不同的解释。实际上，你自己很可能就会给出好几种解释。不要老想着找到唯一正确的解释，只要找到一个合理解释即可，这个合理解释也就是作者可能想要传达的信息。

※ 延伸练习 ※

找一本带广告的近期杂志或一个网站，分析遇到的每一则广告包含的影像论证。

批判性思维活动：自寻材料分析

第三部分的"自寻材料分析"是一种运用规则 1 和规则 2 的课外活动。

批判性思维活动：给出影像论证

第三部分的"给出影像论证"是一种能帮助读者理解影像论证的课外活动。

规则 3　从可靠的前提出发

无论你从前提到结论的论证过程多么精彩，如果前提站不住脚，结论也同样站不住脚。

> 今天世界上没有人真正幸福。因此，似乎人类并非为幸福而存在。我们为何要期盼不可寻得之物呢？

这个论证的前提是，"今天世界上没有人真正幸福"。有时候，在某个下雨的午后，或者在某种情绪之下，这几乎是正确的。但问问你自己，这个前提是否真的合理。今天世界上**没有人**真正感到幸福吗？从来没有？至少，这个前提需要认真论证一番，而且它很可能是错误的。因此，这个论证无法证明人类并非为幸福而存在，也不能证明你我不应该期盼幸福。

有时从可靠的前提出发并不难。你可能有现成的、人人皆知的例子，或者显然为大家所认同的、可靠的信息来源。其他时候就困难一些。如果你不确定一个前提是否可靠，你或许需要做一些调查，并且／或者对这个前提本身进行论证（更多可参考规则 31）。如果你发现，前提得到的论证并**不充分**，那么你显然就需要试试其他前提！

练习 1.4　分辨可靠和不可靠的前提

【目标】 练习分辨出论证的可靠出发点。

【要求】 按照前提-结论的格式改写下列论证，同练习 1.2。然后指出各条前提是否可靠，并说明理由。

【提示】 论证既是说服别人的方式，也是学习新知识的手段。好的论证能将你（或其他人）从原本就接受的前提，引向你（或其他人）之前没有接受的结论。但是，为了做到这一点，论证需要从你（或其他人）原本就接受的前提出发。另外，除非从某种共同的前提出发，否则意见相左的人是不能进行有效对话的。因此，学习做出好论证的重要一环就是，学会分辨出哪些前提是可靠的、得到普遍认可的。确定出发点是否可靠、是否得到公认并不简单，不同情况下用的方法也不同，但还是有若干引导思维的经验法则。

首先，公认的事实一般是可靠的出发点。例如，地球上有许多物种，而这些物种之间有各种各样的相似点。这就是一条事实，在关于进化的论证中是一个可靠的出发点。然而，你应当下功夫去确认“事实”的公认程度。有些你心目中的常识在其他社交圈子、其他省份、其他国家或许是遭受质疑的。比如，世界上很多地方的人都认为，今天看到的万千物种是由自然选择演化而来的。但是，在某些社交圈子和地区，人们经常否认这一点。如果听众并不认为这是公认的事实，你也许应该另选一个出发点。

其次，有恰当证词或来源支持的前提一般是可靠的。例如，如果一个值得信任的人告诉你，她去过巴西，在亚马孙地区看到了粉色的河豚，那么你就可以认为“亚马孙河流域生活着粉色的河豚”是一条可靠的前提。

发现不可靠的前提也有一些窍门。公认错误的前提、很容易证否的前提是不可靠的。（当然，你要记住，一件事情在甲地是“公认错误”，在乙地或许就是公认的事实。别忘了受众的地域属性。）还有一些前提，它们不可靠不是因为它们是错误的，而是因为我们不知道——或者没有能力知道——它们是否为真。过度泛化的结论和过度模糊的主张属于这一类，没有给出论据的争议性观点和不可能验证的命题也属于这一类。不过，你要记住，宣称一个前提不可靠与宣称一个命题错误是两回事，前者可能只意味着你不知道该前提是否为真。

本书后面的规则会阐发规则3，尤其是第四章《诉诸权威的论证》中的规则。规则31会要求你为看似不可靠的前提补充理由，将其转化为得到充分支持的结论。但是，这都是后话。现在，你只需要盯着面前的前提，运用自己的常识。

【范例】

人工智能很快就能管理城市或大陆了。人工智能近年来发展迅速。新型人工智能程序 AlphaZero 只用几个小时就能成为国际象棋和围棋这些复杂棋类的专家。如果 AlphaZero 能掌握复杂棋类的话，那么它肯定用不了多久就能管理城市或大陆了。

答案

(1) 人工智能近年来发展迅速。

(2) 在教会 AlphaZero 几条基本规则后，它只用几个小时就能成为国际象棋和围棋这些复杂棋类的专家。

(3) 如果 AlphaZero 能掌握复杂棋类的话，那么它肯定用不了多久就能管理城市或大陆了。

因此，(4) AlphaZero 很快就能管理城市或大陆了。

前提 (1) 是可靠的，因为它是常识。前提 (2) 不可靠，但只要引用几条好的信息来源，比如知名新闻网站，那么它就可以变成可靠的前提。不过，前提 (3) 肯定不可靠。从擅长棋类游戏——哪怕是国际象棋和围棋这些复杂的棋类——跳到管理城市或大陆这样规则极其开放的任务是不合理的。懂得如何下赢国际象棋与懂得如何管理人类社会有很大差别，后一项任务依赖于文化与社会交往层面的细微知识，更需要应对没有明确答案的开放性问题的能力。

答案解析　上述回答逐条考察了前提的可靠与否，并给出了相应的理由。回答中说前提 (1) 是常识，但这可能取决于受众。回答中对前提 (2) 做了不是非黑即白的解释，说它尽管不可靠，但很容易通过引用优质信息来源——第四章会讲解这方面内容——变成可靠的前提。正如回答中所强调的，真正的问题在于前提 (3) 是否可靠。鉴于回答中给出的理由，下述看法最起码是有争议的——只要一个人工智能程序能下好围棋或国际象棋，它就一定能胜任管理错综复杂、难以预料的人类社会。因为在人类社会中，规则、问题和解决方案远远不如棋类游戏那样明确。

值得注意的是，上述回答并未试图说明结论是否可靠。规则 3 的主题是前提的可靠性。在本习题中，你无须评判论证的结论。

【习题】

1. 你应该做一名素食主义者。你吃的每一块肉都是用动物的苦难和死亡换来的。另外，把动物尸体放进口中咀嚼很恶心。优质的素食有很多，包括可口的素肉。另外，吃素食也比吃肉食更健康。成为素食者还有一个原因：你会加入许多伟人名流的行列，从达·芬奇、牛顿、爱迪生到保罗·麦卡特尼、仙妮亚·唐恩、托比·马奎尔。

2. 放射性物质会衰变为其他物质。例如，碳的某些同位素就有放射性，会衰变为碳的其他同位素。通过一块岩石中放射性物质的衰变速率，我们就能准确地估计这块岩石的形成时间。这个过程就叫作“放射性定年法”。放射性定年法表明，地壳的某些大型岩石构造有40亿年的历史。因此，地球本身至少有40亿年的历史。

3. 有些人将通识教育斥为浪费时间。但真正的教育不只是积累知识，更要陶冶情操。通识教育不仅会让学生接触历史、自然科学和数学，还会让他们接触表情达意的文学和艺术。因此，通识教育是任何“真正”教育的关键一环。

4. 当一个人用可能造成死亡的物件对他人造成致命伤害时，他就是用致命武器攻击了后者。我们有可能向别人的手机发出看起来像是频闪闪光灯的照片。频闪闪光灯可能引起癫痫患者发作。癫痫发作可能造成死亡。因此，以诱发癫痫为目的，向癫痫患者的手机发出频闪闪光灯的照片应当被视为用致命武器攻击后者。

※ 延伸练习 ※

回顾练习1.1和练习1.2中的论证，判断前提可靠与否。本书配套网站的“第一章”中列出了若干网址链接，这些网页上有很多辩论，读者可自行选择感兴趣的内容，阅读其中的论证，然后判断前提是否可靠并给出理由。

规则4 具体简明

避免抽象、模糊、笼统的措辞。“我们顶着太阳走了几个小时”比“那是一段长时间的体力消耗”要好100倍。一定要简明。空话连篇只能让读者感到一头雾水，失去耐心。

错误：

有规律地比大部分同胞更早就寝，并更早起床，有利于强健体魄，维持良好的财务状况，获得易于得到他人尊重的思维判断能力。

正确：

早睡早起使人健康、富有和聪明。

“错误”版本或许有点儿夸大其词（是吗？），不过也不是看不懂。本杰明·富兰克林的韵脚和节奏当然很好，但最重要的还是简明扼要。

练习 1.5 破解故作高深的引语

【目标】 帮助读者辨认和避免过度繁复的文字。

【要求】 每道题目都包含一段名人名言，人们往往过于抽象和模糊地引用、改写。请用简单的语言改写。

【提示】 先通读一遍，把握大意。然后逐字细读，搞清楚每一个词的含义。尽可能用简单的语言改写，把偏离句子主旨的字词都去掉。改写后与原文区别不大也没关系，只要尽可能简单、直接地把思想讲清楚就好。

【范例】

就这名雄性智人的一个相对有限的肢体伸展来说，我们或许也可以说，人类整体也在发生着一场范围大得多的进步。

答案 这是个人的一小步，却是人类的一大步。

答案解析 尼尔·阿姆斯特朗踏上月球后说：“这是个人的一小步，却是人类的一大步。”在上面的复杂化版本中，“这名雄性智人的一个相对有限的肢体伸展”对应“这是个人的一小步”，其余部分对应“却是人类的一大步”。

范例答案就是尼尔·阿姆斯特朗的原话，这没关系。阿姆斯特朗的话清晰明了，这句话也是，这才是重要的。

【习题】

1. 一个没有雄性人类陪伴的雌性人类宛如一种水生的、表面有鳞片的、长有鳃和鳍的脊椎动物，而且这种动物没有一种由脚踏板驱动的、以骑在框架上的人作为动力的两轮交通工具。

2. 才思敏捷的核心就是尽可能简练地表达自己，即用最少的、最简单的恰当词语传达思想的主旨。

3. 我们必须在自己身上展现出我们热切地希望在我们生活的世界中看到的那种变化。

4. 要想从一个地方去另一个不止是百里之外而是10个百里之外的地方，这场旅行也要从一个位置迈出一步到另一个位置开始。

※ 延伸练习 ※

列出若干名人名言、经典歌词或书名，等等。让一个朋友或同学也列举。然后，模仿习题中那种过于抽象、复杂的风格改写它们。与朋友或同学交换复杂的版本，试着破解每一条原来是什么。此外，本书中其他习题中的论证同样是素材，你可以将其前提和结论都用过分复杂的风格改写，然后去考考班上同学，看他们能不能明白。

要想做到具体和明确，下定义就要谨慎。《附录二　定义》中给出了相关的建议。

规则5　立足实据，避免诱导性言论

给出实际的理由，不能只有诱导性言论。

> 错误：
>
> 美国把曾经引以为傲的旅客列车湮没在历史的暗角，这多么不光彩！为了荣誉，必须恢复旅客列车！

这段论证的意图是恢复（*更多的*）旅客铁路服务。但它没有为这个结论提供丝毫的证据，只是一些感情色彩强烈的辞藻——陈词滥调，就像开启了复读机模式的政客。旅客列车是因为美国做了或没有做某些事而被历史“湮没”的吗？这有何“不光彩”之处？毕竟很多我们“曾经引以为傲”的事物已经过时了——我们没有责任将它们全部恢复。说美国“为了荣誉，必须”这么做是什么意思？是否有人做了什么承诺，然后又违背了这些承诺？是谁做的承诺？

关于恢复更多旅客铁路服务的问题，可说的有很多，尤其是现在这样的时代，公路建设的环境和经济成本正变得越来越高。问题是，这段论证没有说这些。它试图用辞藻的感召力解决一切问题，结果却是原地踏步，什么问题也没解决。当然，有时候诱导性的言论也能打动读者，甚至在不应该打动的时候——但请记住，在这里，我们需要的是实际的、具体的证据。

同样，不要为了让自己的论证显得更好一些，而去用感情色彩强烈的词语形容对立的观点。通常，人们支持某种观点都是认真的、发自内心的。试着分析他们的观点——尝试理解他们的**理据**——即便你完全不同意。例如，对一项新技术持怀疑态度的人很可能并不赞同“回到山洞里生活”。（那么他们**赞同**什么？或许你需要问一下。）同样，一个信奉进化论的人也并没有宣称她的祖父母是猴子。（同理：她**相信**什么？）一般来说，如果你无法想象为何有人会坚信你所驳斥的那种观点，那么你很可能还没有理解它。

练习 1.6　诊断诱导性言论

【目标】 练习辨别和避免诱导性言论的能力。

【要求】 寻找下列论证中的诱导性言论。如果论证中包含诱导性言论，请指出哪些词或短语存在诱导性，并给出平和的替代表述。如果不包含诱导性言论，那就标明这一点。

【提示】 好的论证应当建立在可靠的前提以及前提与结论之间的有力联系上，而非建立在文采修辞和情绪冲击力上。学会辨认诱导性言论，能避免被看上去很好的空洞论证说服，还能避免写出听起来不错却没有为结论给出恰当理由的论证。

诱导性言论有褒贬两面。有的诱导性言论贬低他人，比如将银行家称作“巨鳄”“海盗”，听起来银行家就不是好人。有的诱导性言论大唱赞歌，例如将战俘营称作“和解中心”，听起来战俘营就成了好地方，像度假胜地似的。这两种诱导性言论都要留意。

有些诱导性言论比较隐晦，其情绪力量依赖于语境。比如，“常青藤学校”这个词不一定是诱导性言论，只不过是若干美国大学的代称。但是，想象现在有两名政客在辩论。一人说：“我可能不像对方一样出身常青藤学校，但是……”这里的“常青藤学校”一下子就带上了精英主义和特权的味道，让对方好像脱离群众的样子。我们也要留意这种诱导性言论。

要想用更平和的词语表达同样的意思，就去找那些少带——最好不带——情绪的词。比如，不要用“婴儿杀手”称呼做堕胎手术的医生，这种称呼很可能只是情感宣泄。许多人认为，堕胎和杀婴是有重大区别的，他们不会认为“婴儿杀手”是一个中性的描述。反过来看，你也不应该将这些医生称为“帮助妇女解决健康问题的医生”。对于认为堕胎就是谋杀的人来说，这个称呼掩盖了做堕胎手术的医生和不做堕胎手术的医生之间巨大的道德差距。叫他们“做堕胎手术的医生”就好了。

【范例】

某些不负责任的政客对近年来的改革尝试一贯喷吐谎言。不论来自愚蠢和歇斯底里的想象，抑或来自精明和利用民众的天真来换取个人政治前途的野心，这些危害性极强的谬论都必须大白于天下。

答案　这段论证充斥着诱导性言论。“不负责任”的用词让政客听起来不像好人，却又没有说明他们做错了什么事。这个词可以去掉，不会影响论证的实质内容。“喷吐谎言”是“说假话”的煽动性说法。揣测“谎言”来源于“愚蠢和歇斯底里的想象，抑或来自精明和利用民众的天真来换取个人政治前途的野心”，这让政客听上去愚钝、反复无常或者邪恶，却没有给出任何事实来支持结论。更糟的是，这句话有一个错误的暗示，即这些政客的发言要么愚蠢、要么邪恶，没有其他可能的动机。整句话都可以删掉。该论证可以改写为：某些政客对近年来的改革尝试说了假话，这些话中的错误应当向大众公开。

答案解析　上述回答具体地指出了诱导性言论，说明了存在诱导性的每一处，并给出了替代表达。在诱导性言论对论证没有做出实质贡献的时候，该回答建议将诱导性言论删掉，这是正确的。

请注意，上述回答将奥伯曼的发言改写为中性的描述，但改写后的发言仍然未必是正确的。这就是说，他的主张是某些政客对近年来的改革尝试说了假话，至于他们到底说还是没说，仍然有待观察，现在奥伯曼就应该给出证据了。辨别诱导性言论并将其中性化的意义就在于，它能让人明白，我们需要的是以一种相对开放的心态寻找证据，而不是被所谓的“不负责任”和“喷吐谎言”这样的诱导性言论搞乱了头脑，甚至没发现作者还没有给出证据。

【习题】

1. 工厂化养殖利润背后的肮脏的小秘密昭然若揭。他们对动物令人发指的虐待根本没有任何合理的理由。道德正派的人们痛恨无意义地残酷对待动物，到处都有人反对工厂化养殖。

2. 我们都同意，被告当晚早些时候购买了凶器。当铺老板看到他花钱买凶器，他的朋友看到他拿着凶器。那么，如果男孩没有杀掉老人，弹簧刀是怎样插到老人胸口的呢？还记得男孩讲的那个异想天开的故事吗？他声称，弹簧刀在他去电影院的路上从兜里掉了出去。你们不会真的相信了吧？真相简单明了，男孩是凶手。

3. 无辜的人正在死去，我不能留在这里，无动于衷。没有人愿意从《神奇女侠》（*Wonder Woman*）中阿瑞斯手中拯救世界。所以，我必须出马。

※ 延伸练习 ※

找几个支持评论的新闻网站，在评论中寻找诱导性言论的例子，试着辨别哪些评论是言之有物的，哪些又是宣泄情绪的。对于存在诱导性言论的评论，看有没有更中性的方式来表达同样的意思。

规则 6　用语前后一致

简论通常只有一个主题或一条线索，各步论述的都是同一件事情。因此，要清楚地表达这个观点，用词要精挑细选，各步之间应该保持一致。

《英文写作指南》是一本经典写作教材，作者是 E.B. 怀特和小威廉·斯特伦克。书中以耶稣著名的“三种有福之人”为例说明了排比这种修辞。

> 虚心的人有福了，因为天国是他们的。
>
> 哀恸的人有福了，因为他们必得安慰。
>
> 温柔的人有福了，因为他们必承受地土。

这三句话的格式是“X 的人有福了，因为 Y”。每一句的结构和用词都是完全相同的，而没有哪一句改写成“另外，因为Y，X将获得福报”之类的样式。

你的论证也应该如此。

错误：

学习照料宠物的过程，就是学习照料一个依附于你的生物的过程。当小猫小狗需要你的时候，认真观察和回应，发现需求并相应调整行为的技能对照料子女也有好处。因此，学会认真饲养家畜也能够提高你的家庭抚养技能。

看不懂？每句话都挺清楚的，但句与句之间缺乏联系，让人感觉陷入了丛林——丛林固然不错，但太密的话，可就不好走路了。（别忘了，论证是一种**运动**过程！）

正确：

学习照料宠物的过程，就是学习照料一个依附于你的生物的过程；而学习照料一个依附于你的生物的过程，就是学习成为好父母的过程。因此，学习照料宠物的过程，就是学习成为好父母的过程。

“正确”版本或许文采稍逊，却清楚明白地将思想表达出来，这是值得的。诀窍其实很简单：“错误”版本中的关键术语不统一，比如前提里面还在讲“学习照料宠物”，到了结论里就是“认真饲养家畜”了；而“正确”版本在关键术语上严格保持了统一。

如果你想要有文采——当然，文采有时是必要的——那也不要追求花哨，而要尽量紧凑。

简洁版：

学习照料宠物的过程，就是学习照料一个依附于你的生物的过程，因此也是学习成为好父母的过程。

章练习1.7　评判读者来信

【目标】 练习运用规则1至规则6。

【要求】 下列论证改编自多家报刊的读者来信，请分析各条论证是否符合本章介绍的规则。

【提示】 从头到尾回顾本章的几条规则，看每条论证是否符合这些规则。你要这样想，一条规则就是关于该论证的一个问题：该论证的结论明确吗（规则1）？论证理顺了吗（规则2）？前提可靠吗（规则3）？能否更加简练、清晰（规则4）？如果能的话，哪些用语不够清晰？作者有什么别的词来替代？论证中是否有诱导性言论（规则5）？如果有的话，哪些用语是诱导性的？能提出中性的替代词吗？作者是否给同一个东西安上不同的词，从而造成了混淆（规则6）？如果有的话，确定用语不一致的地方，并提出一以贯之的词。

在解释论证符合或不符合规则的时候，一定要尽可能具体：如果前提不可靠，那就说明是哪一个不可靠，并解释不可靠的原因；如果论证不清晰或者啰唆，那就说出哪些地方可以改进；如果论证使用了诱导性言论，那就指出哪个地方有诱导性，并做出简要解释。你甚至可以提出一个中性的替代性用语。同理，如果用语一以贯之会更好的话，你就要提出建议用语。

【范例】

培训发展中国家的贫困农民学习有机农业，是一种有效的扶贫方式。肯尼亚哈拉比（Harambee）运动[1]中的一个组织已经为数百名农民提供了自然耕作方法培训，例如用水桶进行滴灌。这些农民原本食不果腹，但如今已经有了保障，甚至还有富余。有些人将出售多余的农产品获得的收入作为子女的医疗和教育支出。

答案　第一句话就清晰地给出了结论（规则1）。接下来以自然的、容易理解的方式给出了前提（规则2）。但是，前提并非公认可靠（规则3）。如果作者给出

1　Harambee是斯瓦希里语的一个词，意思是“同心协力”。1963年，肯尼亚独立后的第一任总统乔莫·肯雅塔（Jomo Kenyatta）正式把这一词作为全国性口号，号召人民同心协力、振兴国家。从此，Harambee运动在肯尼亚社会中，特别是在经济、教育、建设等方面发挥了重要作用。Harambee有“哈拉比”“哈兰贝”等译法。——编者注

引用来源会更好，方便读者检验肯尼亚哈拉比运动的工作成效，因为大部分美国人（作者面向美国受众）都不了解该运动。论证基本符合规则 4，虽然最后一句还有简化的空间："有些人把多余的食物卖掉，换来的钱供孩子上学和看病。"这封信没有使用诱导性言论（规则 5）。有些不符合规则 6 的地方：第一句话里说"有机农业"，第二句话里又说"自然耕作"；第一句话里说的是"扶贫"，用语很简单，但后面几句话里的用语却复杂得多。

答案解析 上述回答讨论了每一条规则，做出了论证文本是否符合规则 1 至规则 6 的判断，而且大多给出了解释。例如，它没有说"论证不符合规则 3"，而是说明了前提不可靠的原因。此外，该回答并没有坚持非黑即白。例如，它没有说"论证不符合规则 4"，而是承认作者大部分情况下遵循了规则 4，只是有一句话可以更具体、更简明，而且指了出来。

【习题】

1. 西尔维奥·德索萨只是一名信任在生活中照顾自己的成年人的少年。他不知道自己的法定监护人同意将他送到堪萨斯大学打篮球是接受了阿迪达斯的贿赂。然而，美国大学体育总会现在打着爱护运动员的旗号，做出了不许德索萨追求梦想的裁决，只因为某些不负责任的人在他不知情的情况下做的某些事。美国大学体育总会应该感到羞耻，德索萨应该继续打球！

2.（美国）当今政客很喜欢 30 秒原声摘要。讨论需要的是深思熟虑、智慧和诚恳，他们却只会虚声恫吓。我们应当对今日政坛的话语水平感到羞耻。在这里没有真正的辩论，只有胡言乱语。

3. 科学家需要进一步调查人工照明对人类生理和行为的影响。人眼中有一种名叫"内在光敏性视网膜神经节细胞"的特殊细胞。当光照射到这种细胞——尤其是短波长的光——时，人的心律和警觉性都会受到影响。小鼠实验表明，常见于黎明和黄昏的短波长光线会激发小鼠的活性。这意味着，人工照明也可能对我们的警觉性和睡眠模式造成影响。

4. 保卫图书馆！地方图书馆为公众提供了免费的、平等的信息渠道。当你需要提高子女成绩、种花种草、训练宠物、修理烘干机时，图书馆里都有你需要的信息，图书馆馆员还能帮你找到适合的书。此外，图书馆还鼓励人们以阅读和学习为乐。网上能找到的内容有限。

※ 延伸练习 ※

找一份感兴趣的报刊，跟朋友或同学合作，找到《读者来信》栏目，确定每封来信中是否包含论证。如果是的话，请逐条评价它是否符合本章介绍的规则。然后与朋友或同学交换评价结果。若有不同意见，请说明符合与不符合的理由，努力达成共识。

批判性思维活动：给编辑写一封信

第三部分的“给编辑写一封信”是一种练习论证写作能力的课外活动。

批判性思维活动：分析未改写的论证

第三部分的“分析未改写的论证”是一种练习将规则 1 和规则 2 运用于原始语境中的课内或课外活动。

批判性思维活动：重构科学推理

第三部分的“重构科学推理”是一种练习理解科学文献中的论证的课内或课外活动。

批判性思维活动：分析科学推理中的论证

第三部分的“分析科学推理中的论证”是一种练习分析科学文献中的论证的课内或课外活动。

第二章

举例论证

有些论证通过一个或多个例子进行概括。

> 古时，女性结婚非常早。莎士比亚的《罗密欧与朱丽叶》(*Romeo and Juliet*) 中的朱丽叶甚至还不满 14 岁。在中世纪，13 岁是犹太女性普遍的结婚年龄。在罗马帝国时期，**很多**罗马女性在 13 岁或者更早就结婚了。

这个论证用 3 个例子——朱丽叶、中世纪的犹太女性、罗马帝国时期的罗马女性——概括“**很多**”，或者大多数古代女性。为了清晰展示该论证的形式，我们可以把这些前提分别列出来，把结论放在最后一行：

> 莎士比亚戏剧中的朱丽叶（结婚）甚至还不满 14 岁。
>
> 中世纪的犹太女性通常在 13 岁结婚。
>
> 罗马帝国时期，很多罗马女性在 13 岁或者更早就结婚了。

因此，古代女性结婚非常早。

当我们需要考察简论的实际效力时，将其改写为这种形式是很有用的。

在何种情况下，这种前提才能充分支持概括性结论呢？

准确！一个要求是准确。别忘了规则 3：从可靠的前提出发！如果朱丽叶不是 14 岁左右，或者，如果大多数罗马或犹太女性不是在 13 岁或更早结婚，那么该论证的说服力就会大打折扣。如果所有前提都得不到证明，那它就根本算不上一个论证了。为了验证论证中的例子，或者寻找好的例子，你可能需要做些调查。

假设这些例子是准确的，即便如此，做概括时也需要谨慎。在评估举例论证时，你可以凭借本章列出的规则逐一检验。

规则 7　孤例不立

我们有时会出于**说明**的目的，而只举一个例子。朱丽叶的例子或许能为早婚做一说明，但要想做概括性的论断，孤例几乎**毫无帮助**。朱丽叶也许只是个例外。一个亿万富翁不幸福，并不能证明有钱人普遍不幸福。我们需要不止一个例子。

错误：

太阳能应用广泛。

因此，可再生能源应用广泛。

太阳能是**一种**可再生能源，但也只是一种而已。其他的种类呢？

正确：

太阳能应用广泛。

水力发电应用广泛。

风力发电曾经应用广泛，目前应用正越来越广泛。

因此，可再生能源应用广泛。

这个“正确”的版本可能依然不完善（规则 11 会回到这个例子），但它显然远比“错误”版本说得通。

在对少数事物进行概括时，最有说服力的论证应该考虑到所有，或者至少大多数个体。例如，在对你的兄弟姐妹进行概括时，应该把他们一个一个地全部考虑进去；对太阳系所有行星也应如此。

对大量事物进行概括时则需要提取**样本**。我们当然无法列举出历史上所有早婚的女性。然而，我们在论证时必须用某些女性作为其余女性的样本。需要的样本量部分取决于样本的代表性，下一条规则将谈到这个问题。此外，它还取决于被概括事物的规模大小。通常，规模越大，需要的例子就越多。证明与你同一座城市的人都很了不起，要比证明你的朋友都很了不起需要更多的证据。有的时候，两三个例子就足以证明你的朋友都很了不起；当然，这要看你有多少个朋友。但是，除非你所在的城市小得可怜，否则，你需要拿出很多例子才能证明跟你同一座城市的人都很了不起。

练习 2.1　找到相关的例子

【目标】 练习为概括寻找恰当相关例子的能力。

【要求】 为每一条概括寻找 2—3 个相关的例子，有时可能需要查资料。

【提示】 概括是一种断言，是指某一类事物的部分或全部都是怎样的。面对概括，你要问自己两个问题：第一，概括的对象是**哪一类**事物；第二，针对该类事物的概括有何**内容**。

以快餐为例。概括的对象是哪一类事物？快餐。作者是怎样概括这类事物的？所有快餐都不健康。

要想给出恰当的例子去支持某一概括，例子就一定要找对。如果你想支持“快餐不健康”这一概括，给出的例子就要既是快餐，也是不健康食物。

有些概括是反面的，这里说的不是贬义，而是指该结论的内容是某一类事物极少以至没有是怎样的。举个例子：“哺乳动物没有能在水下呼吸的。”概括的对象是哪一类事物？哺乳动物。作者对哺乳动物做出了何种概括？哺乳动物都不能在水下呼吸。要想给出例子支持它，你给出的例子就要既是哺乳动物，也不能在水下呼吸。

并非所有概括都如上面的例子那样明晰。有的时候，在寻找例子之前，你需要认真思考概括本身的意思。

【范例】

许多专业球队都以动物命名。

答案 芝加哥公牛队、佛罗里达枪鱼队、费城老鹰队都是以动物命名的专业球队。

答案解析 为了验证这些例子是恰当的，你需要列出一张表格，上面写着好例子的要求。能够支持上述概括的例子必须满足两个标准：(a) 是专业球队；(b) 以动物命名。每个例子都要与表格对照。每个例子都是专业球队（而不是校园球队）吗？每个例子都是以动物命名的吗？如果都是，例子就是恰当的。不过，你有时需要认真审查自己的回答。棕熊是动物吗？“卡努克”(Canuck) 是动物，还是加拿大人的代称？纽约红牛队里的“红牛”是动物还是能量饮料？

当然，找到 3 个例子并不能证明概括就是正确的。或许只有这 3 个例子，并没有“许多”专业球队以动物命名。但是，本习题的意义不在于证明概括正确，而只是为概括找到例证。

【习题】

1. 所有鸟都会飞。
2. 大部分水果成熟后都是甜的。
3. 英国是著名音乐家的摇篮。

※ 延伸练习 ※

与朋友或同学合作，列出若干概括。然后，给每个概括都找出 3 个或更多的例子。

规则 8 例子要有代表性

即便有大量的例子，可能还是无法恰当地代表被概括的事物。比如，虫子都咬人吗？当然，我们能想到很多咬人的虫子，比如蚊子和黑蝇。我们一上来就会想到它们。毕竟我们都被它们叮过！要想记起有多少种**不**咬人的虫子，我们可能要去看生物教材或者优质的网上资料才行。其实，大部分虫子——蛾子、螳螂、瓢虫（大部分甲虫）等——都是不咬人的。

同理，大量列举古罗马女性对证明所有女性有何种特征就没有什么意义，因为古罗马女性不一定能代表其他女性。这个论证还需要考虑不同时期、不同地域的女性。

我们很容易忽视一点：我们通过个人经验获得的“样本”往往是**缺乏**代表性，甚至完全没有代表性的。实际上，真正掌握代表性人群样本的人可谓凤毛麟角。然而，我们总是在概括其他人的整体特征，大谈所谓“人性”，甚至对本市的下一届选举结果也是一样。

错误：

我的邻居们都支持办学债券。因此，办学债券一定会通过的。

这个论证说服力不强，因为一个居民区很难代表全体选民。某个富人区支持的候选人可能被其他区所有人厌恶；在大学城学生选区赢得多数票的候选人通常在其他地方表现不佳。此外，即便是街坊邻居，我们也很少能找到有关其整体偏好的最佳证据。那些急于把自身政治偏好公之于众的人很可能无法代表整个居民区的意见。

对“办学债券一定会通过的”的**好**论证需要能够代表全体选民的样本。创建这样一个样本并不容易。实际上，我们往往需要专家帮助，而且专家对选举结果也常常预测错误。过去，电话民意调查通常是通过固定电话进行的，因为当时手机号还没有对公众开放。但是，现在只有个别人群还使用固定电话，而且他们的代表性正在降低。

一般来说，你在概括某一群体时应寻找一个最准确的截面数据。如果你想知道学生对大学课程设置的看法，你在概括时就不能仅靠熟人，或者自己课上学生的意见。除非你认识各种各样的人，上各种各样的课，否则，你的个人“样本”就不大可能准确地反映整个学生群体。同样，如果你想知道其他国家的人怎样看待美国，你就不能只问外国游客——因为他们是主动选择来这里的。仔细研究各类境外媒体会使你的调查结果更具代表性。

当取样对象是人类时，我们还要注意一点，这一点更基本：取样对象不能自行选择是否接受调查。于是，大部分网站调查和邮件调查就被排除了，因为人们可以自己决定是否回复。另外，愿意或急于表达观点的人群并不能很好地代表总体，而只能代表有强烈立场或大把时间的那一部分人。这一部分人的想法当然也值得了解，但他们可能只能代表自己，未必能代表别人。

练习 2.2　改正有偏样本

【目标】 通过辨别样本偏差的来源，避免缺乏代表性的例子。

【要求】 下列论证都包含缺乏代表性的样本，请具体提出其他的采样方式，让论证变得更好，并说明为什么新采样方法的代表性更强。

【提示】 许多概括的对象都是内部存在差异的群体。比如，一次民调显示，欧洲人不赞同死刑。欧洲人就是一个内部存在差异的群体，没有哪一个人能代表**全体**欧洲人。因此，为了找到有代表性的样本，我们就要找一个整体上能代表全体欧洲人的群体。换言之，选择的群体就要符合全体欧洲人的特征：男性与女性、受过高等教育与未受过高等教育、本土人士与移民、富人与穷人等的比例都要一致。一组例子就叫作**样本**。因此，规则 8 的含义就是：样本要选择能够代表概括对象全体的群体。不能代表概括对象的样本叫作**有偏样本**。

如何确保样本无偏呢？最简单的回答是：样本应当是**随机样本**。在某个群体——比如欧洲人——的随机样本中，群体的每个成员入选样本的可能性都是相等的。

采集随机样本不是随便选。实际上，构建随机样本是非常困难的。两条经验法则能帮助你避免最常见的错误。针对习题中的论证提建议时，你一定要想着这两条法则。

第一，从概括对象的**全体**中选取样本。比如，你的概括对象是全体北美大学生。那么，采样院校就要广泛，入选样本的概率要与全体状况相符。公立要有，私立也要有；规模大的要有，规模小的也要有；北美洲各地都要有，诸如此类。你还要确保**所有类型**的学生都有适当的概率入选——男性和女性、住宿生和走读生、医学预科和表演专业、18岁刚考入大学的高中应届生和50岁的老年学生，等等。

第二，规则8还要求样本要确实符合实际比例。如果你从校园邮箱列表里面选，那就会漏掉不用校园邮箱的学生。如果你只接触白天在学校的人，那就会漏掉只在夜晚上课的人。设计抽样方法和联系方式的时候，一定要认真考虑有没有漏掉哪个群体，有没有哪一个群体的抽样比例太大或者太小，要确保每名成员都有同样的可能性被抽中。

如果你的样本只来自大学生的某个群体，最好调整措辞。比如，如果你只能调查本校学生，那么概括的对象就不要定为全体北美大学生，说是本校学生就好了。

不要让群体内的成员自行选择是否入选样本。比如，你在一家周刊工作，想要了解读者对上一期的看法，那就自己选择随机的读者样本，然后问他们是怎么想的。不要在下一期杂志里发广告，征求读者意见。诚然，所有读者都收到了加入样本的邀请，但只有表达欲强烈的人才会费心给你写信。他们的看法很可能不能代表读者整体。你应该选择一个随机读者样本，尽可能收取每一名入选者的回复。

【范例】

为了补贴大学学费，德里克·韦瑟比进入圣路易斯的一家史努克杂货铺工作。由于学生贷款的增加，他选择了休学，打算等个人财务状况改善后继续学业。但金融危机多年后的经济依然低迷，德里克发现史努克的许多其他员工就是大学毕业生，有些还有名校学历。看来许多大学毕业生也找不到比德里克现在的工作更赚钱的职位。

答案 该论证的一种改良方法是纳入不在史努克工作的大学毕业生，而且一定要包含来自全国多个地区的学生。结论应该是关于全体应届毕业生的，但该论证只考察了在史努克工作的学生。无偏样本应该让所有近期毕业的大学生都有机会被纳入，或许可以找一份涵盖众多院校的近期毕业生名单，然后从中随机抽取。

答案解析 上述回答做了3件重要的事。第一，它解释了样本为什么是有偏的：样本只包括在史努克工作的近期毕业的大学生。（这些学生赚的钱当然没有德里克多！）第二，它给出了一个切实具体的改进建议：从涵盖众多院校的近期毕业生名单中随机抽取。第三，它解释了为什么这样能降低样本的偏误：随机抽取能让所有近期毕业的大学生都有同样的机会被纳入样本（既然结论是关于所有近期毕业的大学生的，那么这个群体的成员就应当享有同等的机会）。

【习题】

1. 美国司法体系有着严重缺陷，许多人蒙冤入狱。运用脱氧核糖核酸检测技术，在本杰明·卡多佐法学院成立的“无辜者计划”组织调查了脱氧核糖核酸证据普及之前的重罪犯人。成立的前 10 年里，该组织项目调查的案件有三分之二均改判无罪，共有 100 多人被误判重罪！

2. 1938 年到 2013 年，哈佛成人发展研究项目组追踪了两组波士顿男性的生活经历。一组是 1938 年的哈佛大二学生，另一组是 1938 年生活在波士顿的贫困社区。过去 75 年来，哈佛大学的研究员每两年就会跟进一下他们的情况——做访谈、查看医疗记录等，研究得出了一个响亮而清晰的结论：要想过上健康幸福的生活，人际关系融洽最重要。

3. 改签奥尔斯泰特的司机平均每年节省的车辆保险费用是 396 美元。改签政府雇员保险公司（GEICO）的司机平均每年节省的费用更多，达到了 473 美元。因此，大部分司机改签奥尔斯泰特都能省钱。

4. 育儿肯定没那么难。毕竟在过去的几十亿年里，我的每一位祖先都成功将至少一个后代养大到成年。地球上其他生物的祖先也是如此。而且，大部分生物的祖先甚至没有语言和文化教它们如何育儿，更别提育儿书和网络论坛了，它们只是依从自然罢了。因此，自然育儿法适用于大部分生物。

※ 延伸练习 ※

与一名或多名同学合作，每人设想一种样本不具有代表性的情境。要有趣！不少论证错误都很有意思的。举一个例子：“假如某人想要通过数底特律附近的汽车厂数目，以此证明所有汽车都是美国生产的。”更宽泛地来讲，“假如某人想要通过 Y，以此证明 X”（要确保 X 是一个概括结论，而 Y 是一种错误的抽样方法）。然后交换不具有代表性的情境，互相提出改进方法，让抽样更具有代表性。

规则9 背景率可能很关键

为了让你相信我是一流的射手，只让你看到我射中一次靶心是不够的。你应该（当然，要礼貌些）问："不错，但你有多少次**没**射中呢？"一箭命中靶心，与射一千支箭才命中一次有天壤之别，尽管两种情况下，我都亲手射中了一次靶心。你需要更多的数据。

> 里昂的星运走势告诉他，他将遇见一位活泼的新朋友。你瞧！他真的遇见了！所以说，星运走势是可信的。

这个例子可能有点儿夸张，但问题在于，我们看到的只是星运走势某一次应验的例子。为了对这个证据进行恰当的评估，我们还需要知道其他信息：有多少星运走势**没有**应验。当我在课堂上进行调查时，二三十个学生中一般能有一两个"里昂"，剩下的19个或29个人的星运走势一点儿都不准。二三十次才对了一次，这很难称得上是可信的预测——只是偶尔运气好罢了。尽管这种预测有时非常成功，像我的箭术一样，但成功的**概率**或许还是微乎其微。

因此，要评估使用生动例子的论证是否可信，我们需要知道，比如，"命中"数与"射击"数的比例，这又是代表性的问题。除了所举的例子没有其他的例子吗？这种概率是高还是低？

这条规则的应用范围很广。今天有许多人害怕犯罪，或者经常看鲨鱼吃人、恐怖袭击等暴力事件的故事。当然了，这些事情都很可怕，但是它们发生在任何一个人身上的**概率**——比如被鲨鱼吃掉的概率——都是非常低的。

毫无疑问，我们总是会关注例外情况，因为电视新闻里面总是报道这类事件。这并不意味着例外情况就有代表性。对了，你希望发生的情况也未必有代表性，比如中彩票大奖。每个人中彩票大奖的机会——也就是中奖率——低到可以忽略不计，但是我们往往对几十万没中奖的人视而不见，却只看那一个或几个中了大奖的人。于是，我们大大高估了背景率，想象着自己会成为下一个幸运儿。省点儿钱吧，朋友们。背景率才是最重要的！

练习 2.3　发现相关的背景率

【目标】 面对概括和统计数据，练习发现相关背景率的能力。

【要求】 下列论证都是从看似惊人的统计数据，或者少数生动例子直接跳到结论。为了判断结论是否正确，你需要更充分地了解相关的背景率。请说明计算相关背景率所需的额外信息（你需要先搞清楚哪些背景率是相关的）。

【提示】 基于少数生动例子的论证之所以奏效，是因为我们倾向于关注重大事件和惊人例子，而非相对枯燥的“背景”。所谓背景，就是没有事情发生的情况，比如星运走势预测失败的时候，或者船只和飞机没有在百慕大三角消失。但是，在评价概括结论的时候，无事发生与有事发生的情况同样重要。这就是所谓的发生**比率**：与相关背景相比，你举出的例子有多大意义呢？

理解概括性论证时，想一想：在评价某些例子或统计数据能否支持结论时，哪些背景率是相关的？以上文中的星运走势为例，相关的背景率是星运走势预测正确的概率。同理，就算你知道几十位减肥的名模都采用某一种节食计划，那也说明不了该节食计划的效果。一个原因是，减肥的名模组成的样本是有偏的。（你知道为什么吗？）但更重要的是，了解这几十位模特做了什么并不会使你明白相关的背景率，也就是采用该节食计划的人——不管是不是模特——减肥成功的比例。评估该论证还需要知道另一个比例：采用节食计划（不管是哪一种），以及不采用任何节食计划的人减肥成功的比例。

一旦知道有哪些背景率需要了解，接下来就是如何计算的问题。在节食的例子中，你需要（大致）了解采用该节食计划的人数和其中减肥成功的人数。掌握了这种信息，你对概括的结论往往就可以给出一句尖刻却又恰当的评论：“你说得对——可总数是多少呢？”

有的时候，背景率的作用要更隐蔽。这里有一道题：

> 谭雅的打扑克水平很高，而且面若冰霜，看不出表情。她更可能从事哪一种职业：高中教师，还是专业扑克选手？

乍看上去，谭雅像是一个专业扑克选手。而且，这道题看似与概括结论无关，所以你或许不会去考虑背景率。然而，如果考虑了背景率问题，你就会发现高中教师的数量非常多——而且不少都很会打扑克——而专业扑克选手数量少极了。因此，虽然谭雅会打扑克，而且面若冰霜，她是高中教师的可能性还是要高得多。我们从中得出了一个教训：哪怕论证在表面上与概括无关，你也应该考虑背景率。

【范例】

在最近的一次实验中，部分学生采用了一种名为“默写法”的学习技巧。读完一篇文章后，他们会把文章放在一边，把记住的内容默写下来。一周后，这些学生都能正确回答关于这篇文章的两三个问题。因此，默写法是一种好的学习方法。

答案　我们需要了解，如果这些学生使用其他学习方法，或者事后根本不学习，他们的表现会是怎样。换句话说，我们需要知道，如果学生采用了默写法以外的学习方法，他们能答对多少题。

答案解析　你可能会认为，上述论证只有一个相关背景率，而且作者也给出来了。然而，当作者宣称默写法是一种好的学习方法时，其中隐含着与其他学习方法的比较。所以，我们需要对照采用其他学习方法的学生的背景率，包括根本不学习的学生。

【习题】

1. 2010 年下半年，西安大略大学校园内没有一辆汽车被偷。校保卫处的校园安保肯定干得很不错。

2. 2004 年至 2015 年，美国因麻疹死去的儿童为 0 个。但在同一时期，因注射麻疹疫苗而产生过敏反应死去的儿童有 106 个。显然，真正危险的不是麻疹，而是麻疹疫苗。

3. 纽约“选 5”（Take 5）彩票每天售出 10 万张获奖彩票。因此，购买“选 5”彩票的获奖率相当高。

4. 当你购买昂贵的电子设备，比如手机时，为它购买延长保修服务是一种保护投资的明智手段。许多手机和类似设备在厂家的有限保修期满后损坏，或者损坏方式不在保修范围内。事实上，2007 年至 2018 年，美国人自费维修或更换保外苹果手机总共花了 107 亿美元——这还只是苹果手机！电脑或其他种类的手机不含在内。

※ 延伸练习 ※

列出10种刻板印象，可以是关于某一类人的（如科学家或音乐家），也可以是关于某一类事的（如棒球比赛、政治选举、皇室婚礼）。从现实生活或文艺作品中给出一两个支持刻板印象的例子。然后问一问自己：为了确定这些刻板印象是真是假，你需要掌握哪些背景率？算出背景率又需要哪些信息？

规则10 慎重对待统计数字

数字本身什么也证明不了！有些人看到论证中使用了数字——任何数字——然后便断定它是一个好的论证。统计数字似乎能给人一种权威、确切的感觉（你知道吗？88%的医生表示赞同）。然而实际上，像其他任何类型的证据一样，数字也需要批判性地看待。别把你的大脑“关机”！

> 曾经有一段时间，人们指责个别盛产体育人才的大学剥削学生运动员，说这些学生一旦失去参赛资格就被迫退学。如今，大学生运动员的毕业率提高了。目前，在很多学校中，50%以上的学生运动员都能毕业。

50%是吗？好高啊！但这个乍看很有说服力的数字，实际上并没有那么有用。

首先，尽管很多学校有50%以上的学生运动员顺利毕业，但还有一些学校做不到——因此，当初引起人们关注、剥削学生运动员的学校未必包含在其中。

这个论证确实给出了毕业率。但我们有必要知道，“50%以上”的毕业率与同一批学校的**整体**毕业率相比是高还是低。如果前者过低，那么学生运动员可能仍然受到了剥削。

最重要的是，这个论证并未给出理由来说明，大学生运动员毕业率的确在**上升**，因为它根本没有与之前的毕业率进行比较！结论认为，目前的毕业率“提高了”，但在不知道之前毕业率的情况下，不可能证明这一点。

在其他情况下，数字证据也可能是不全面的。例如，规则9告诉我们，了解背景率可能很关键。相应地，当论证中出现概率或百分比时，相关背景信息通常必须包括例子的**数目**。校园内汽车被盗事件数量可能翻了一番，但如果原来有一辆车被盗，如今有两辆，那也没必要过于担心。

另一个使用统计数字时容易犯的错误是**过于精确**：

> 这所学校每年要浪费 412 067 个纸杯和塑料杯。是时候改用非一次性水杯了！

我完全赞成杜绝浪费，我也确信校园浪费现象非常严重。但没有人知道具体浪费了多少个水杯，也不可能每年数字都一样。这里，精确的表象夸大了证据的权威性。

另外，还要当心容易受人为操纵的数字。民意测验机构非常清楚，提问方式能够影响答案。比如说，时至今日，我们甚至还能看到一些“民意测验”提出诱导性问题，（如果你发现她是个骗子，你会不会改变选择？）试图使人们改变对一名政治候选人的看法。同样，很多看起来“确凿”的统计数字实际上是以猜测或推测为基础，例如半合法或非法活动的统计数字。由于人们都极不情愿透露或报告吸毒、暗中交易、雇用非法移民等活动，对任何关于此类活动如何泛滥的大胆概括都要谨慎对待。

再举个例子：

> 如果儿童看电视的时间按照现在的速度增长下去，到 2025 年，他们就没时间睡觉了！

是的，到 2040 年，他们每天要看 36 个小时呢。这些案例中的推测在数学上完全成立，但过了某个界限之后，它就没有任何道理可言了。

统计学和概率学的内容还有很多，本书无暇赘述。若想深入理解，不妨上一门统计学课。我们认为，所有学生都要上至少一门统计学课！同时，你也可以读一读本书配套网站上的“相关资源”页面，里面列出了若干统计学和概率学的相关书目和线上资料，它们或许对下面的习题都会有帮助。

练习 2.4　评价运用数字的简短论证

【目标】 练习用批判的眼光看待使用简单统计数字进行论证的能力。

【要求】 下列论证对数字的运用都有误导之嫌，请说明为何这些数字不足以支持结论。

【提示】 很多统计数字的误用只要 3 个简单的问题就能被发现：这些统计数字**到底**说了什么？它们可信吗？论证里想用这些数字来说明某些问题，它们果真能说明吗？评价下列论证（以及所有使用统计数字的论证）时，一定要依次问自己这 3 个问题。

此外，规则 10 还介绍了几种具体的陷阱：给出比率或百分比，却不给出相关背景信息；过分精确，让人心里打鼓的统计数字；诱导性民意调查的结果；欠考虑的推而广之；滥用数字来证明结论，其实根本支持不了结论。观察下列论证时，要留意这些陷阱。

规则 9 要求我们，给出例子要配上背景率。而没有背景信息的比率或百分比同样有问题。如果一个论证**仅仅**给出比率或百分比，你就要问问自己：这些比率会不会有误导性？有人说某事减少了 10%，你掌握的背景信息是否足以判断其意义大小呢？如果信息量不足，论证者可能就在误导你，让你相信某件小事很重要。

面对统计数字，你还要问自己两个问题：这个数字可能是通过什么方法获得的？这种方法可靠吗？假如有人告诉你，68% 的人每天用牙线清洁牙齿。这条信息是如何获知的呢？最可能的情况是，调查者问人们是否每天用牙线。然而，人们有时会对调查者撒谎（也可以换一种说法，遮蔽真相），特别是在他们觉得说出真实答案有些尴尬、不想面对事实，或者害怕说实话“对社交不利”的情况下。所以，68% 这个数字很可能高估了每天用牙线的人的比例。

总体来说，一个数据越是难以获得，你对它的准确性就越应该怀疑。（但也不要矫枉过正。为了解决数据获取难度的问题，统计学家已经有了多种巧妙的方法。你需要辨明一个论证的作者是否有能力和动机采用这些方法。）

有的组织可能更关心得到某个结果，而非发现真相，哪怕可以比较精确地获得数据。民意调查员会利用有偏样本或诱导性问题来歪曲结果。操纵数据还有一种方法，那就是反复检验，直到获得想要的结果为止。牙膏公司可以问完 10 名牙医所推荐的牙膏品牌，另找 10 名再问，如此往复，直到 10 名里面恰好有 9 名推荐该公司的品牌。如果统计数据的组织更关心得到想要的结果，而非发现真相，你就应该保持怀疑态度。（事实上，你对厂商的所有论证至少都应该有一定程度的怀疑！参见规则 15。）

【范例】

根据《美国新闻与世界报道》（*U.S. News & World Report*）杂志整理的法学院提供的资料，93% 的法学生在毕业 9 个月后找到了工作。而在 1997 年，法学院报告中的法学毕业生平均就业率为 84%，2011 年比 1997 年提高了将近 10%。法学毕业生的就业前景比以往任何时候都要好！

答案 该论证引用了两个“就业率”，以此证明如今的法学毕业生就业前景“比以往任何时候都要好”。该论证有几个疑点。首先，两个数字都是法学院自己提供的，而法学院有夸大数据的动机，这一点值得注意。其次，我们真正想了解的是，毕业后当上律师的学生有多少，而 93% 的数据中并未明确就业岗位。或许只有 50% 的人当上了律师，其余 43% 要么在汉堡王，要么在星巴克。最后，论证宣称就业前景“比以往任何时候都要好”，却只给出了 1997 年这一个参照点。1997 年有可能是法学就业形势特别糟糕的一年。我们需要更多背景信息，才能评判上述数据的价值。

答案解析 上述回答首先解释了该论证试图用数字说明的问题，然后指出了 3 个与数据相关的疑点。请注意，该回答并未给出强有力的理由，让我们相信结论本身是错误的。要点在于，我们不知道结论是真是假。我们需要做更多研究，才能了解法学毕业生的实际就业前景。我要说的是，批判地看待数据能避免陷入误导性论证的陷阱。

【习题】

1. 每隔 15 秒，美国就会发生一起盗窃案。多达 80% 的非法入室都是从正门或窗户进入。因此，购买某品牌安全门等产品是很重要的，有助于防止窃贼从正门进入。

2. 环保主义者警告说人类排放的二氧化碳正危及地球。但地球天然排放的二氧化碳比人类还多。事实上，人类有史以来排放的二氧化碳总量只有地质历史上火山爆发排放的二氧化碳的 0.000 22%。既然人类的排放量与自然排放量相比微不足道，我们根本用不着担心人类碳排放会改变气候。

3. 在普通的一周里遇到的人中，一个人平均要对其中 34% 的人撒谎。该数字既包括善意的谎言（目的是避免伤害他人感情），也包括自私的谎言（目的是为自己谋利）；既包括对亲密朋友撒谎，也包括对泛泛之交撒谎。显然，别人说的话大多不可信。

※ 延伸练习 ※

找几名同学，每人选一个网站、一份报纸或杂志，寻找里面用到统计数字的论证，评估你选择的网站、报纸或杂志里有多少论证比较好，又有多少比较差。然后，大家按照数据可靠程度给这些来源排序。或者，大家也可以都看同一个网站、同一份报纸或杂志，每个人分一个版块。

批判性思维活动：发现误导性数字

第三部分的“发现误导性数字”是一种运用规则 10 的课外活动，也可以运用于课内。

规则 11 考虑反例

反例是与你的概括相矛盾的例证。蛮刺耳的——或许吧。但事实上，如果你在概括的时候能及时、有效地利用反例，它们就能成为你最好的帮手。例外不能“证明规律”——恰恰相反，它们有可能证明规律是**错**的——但是，例外可以激发，也应该激发我们去**完善**规律。要有目的、有系统地寻找反例。这是帮助你严谨概括、深入研究的最佳方式。

再次思考下面这个论证：

> 太阳能应用广泛。
>
> 水力发电应用广泛。
>
> 风力发电曾经应用广泛，目前应用正越来越广泛。
>
> 因此，可再生能源应用广泛。

当然，这里举出的例子能表明**许多**可再生能源——太阳能、水能、风能——应用广泛。但是，如果你不只是找正面例子，而是开始寻找反例，那或许就会发现这个论证有点儿以偏概全。

所有可再生能源的应用都很广泛吗？查一查“可再生能源”的定义，你会发现潮汐能、地热能等其他种类。这些种类的可再生能源应用并不广泛。比如，它们不是处处都有，而且即使有，开发难度可能也很大。

当你想到了反例时，概括性结论就可能要做调整。比如，假如上面关于可再生能源的论证是你做出的，你或许就可以将结论改为“**许多形式的**可再生能源应用广泛”。你的论证仍然基本有效，同时承认某些部分存在局限和改进的空间。

反例有助于思考的深入，发现你真正想说的内容。比如，你做出上述论证可能是为了说明：常用的非可再生能源有现成可用的替代品。如果这就是你的目标，那么你并不一定要主张**所有**可再生能源都应用广泛，而只要说明**有些**可再生能源应用广泛就够了。你甚至可以主张，我们应当发展现在应用尚不广泛的可再生能源。

另一种可能性是，你真正想说的不是每一种可再生能源都得到了广泛应用，或者有潜力得到广泛应用，而是每一个（或者绝大部分？）地方都至少有某些可再生能源，虽然各地的能源种类会有差异。它与先前的主张差别很大，而且更巧妙，为进一步思考提供了空间（这个论证会不会也有反例呢？请读者自行思考）。

除了评估自己的论证，当你评估他人的论证时，你也要思考反例。问一问，**他们**的结论是否需要修改和限定，或者是否需要更加细密地反思一番。规则既适用于别人的论证，也适用于你自己的论证。唯一的区别在于，后一种情况中，你有机会亲自纠正自己以偏概全的地方。

练习 2.5　寻找反例

【目标】 练习给概括找反例的能力。

【要求】 请给下列概括各找一个反例。若无反例，请说明。

【提示】 还记得吗？反例就是**不符合**概括的结论的**例子**。以“所有鸟都会飞”为例。它概括的对象是鸟类，内容是该群体（即鸟类）的所有成员都会飞。不会飞的鸟就是反例，企鹅是，鸵鸟也是，（可惜）已经灭绝的渡渡鸟也是。

为了判断反例是否成立，你需要问的问题与练习 2.1 和练习 2.2 中的相同：概括的对象是什么？针对该类事物的概括有何内容？反例的类型不能错。如果归纳的对象是鸟类，反例也必须是鸟类。此外，反例必须与概括内容相反。如果概括的结论是鸟会飞，反例就必须是**不会**飞的鸟。

许多逻辑学家、哲学家和数学家用“反例”来特指证否“全称”概括命题的例子。“全称”命题针对一个群体的**所有**成员（例如，所有鸟都会飞）。你未必要遵循这种严格用法，将“反例”理解成概括命题的例外就好，不是全称命题也没关系。根据这种广义用法，挪威和阿拉斯加的雨林就是“大部分雨林位于热带”这一概括的反例。在本节习题中，所有概括命题均为全称命题，但之后的习题就未必了，别忘了这层广义内涵。

【范例】

世界大国的领袖都是男性。

答案　1979 年至 1990 年的英国首相是撒切尔夫人，她是世界大国领袖，而且不是男性。

答案解析　这条概括的对象是世界大国的领袖，内容是所有世界大国的领袖都是男性。因此，反例必须是世界大国的领袖，而且不能是男性。当然，除了撒切尔夫人还有很多反例，历史人物有英国女王伊丽莎白一世、俄国女皇叶卡捷琳娜大帝等。

概括性命题的解读往往会有争议。克里奥帕特拉是古埃及的最后一位法老。她是一个大国的统治者，而且在古代地中海世界政坛中发挥了重要作用。她算得上“世界大国的领袖”吗？美国国务卿在国际政治中发挥着重要作用。那么，马德琳·奥尔布赖特、康多莉扎·赖斯和希拉里·克林顿等女性国务卿算得上“世界大国的领袖”吗？世界大国的领袖非得是政治人物吗？大型跨国组织的女性领导人，比如百事首席执行官卢英德和国际救助贫困组织（CARE）首席执行官海伦·盖尔，算不算呢？

【习题】

1. 所有好莱坞影星的母语都是英语。

2. 哺乳动物都不产卵。

3. 沙拉都是蔬菜。

4. 哺乳动物都有毛发。

※ 延伸练习 ※

练习 2.1 和练习 2.2 中也有概括性命题，请为它们找到反例。你还可以与朋友或同学合作，列出若干概括性命题，然后给每个命题寻找反例。

章练习 2.6　评价概括性论证

【目标】 运用规则 7 至规则 11 来评价概括性论证。

【要求】 逐条检验下列论证是否符合本章讲解的规则。

【提示】 评价一个论证，就是判断它的强度大小。有人想要通过举例来支持一个概括结论，你就要考察它是否符合规则 7 至规则 11。符合程度越高，论证的强度就越大。评价论证时，若想确保完整彻底，最好系统排查，逐条检查，看是否符合规则 7 至规则 11。

总体来说，论证给出的例子越多，就越符合规则 7。字面上讲，规则 7 的内容是论证的例子应当“多于一个”。但是，两个例子往往不比一个强多少。真正的问题在于，举例是否**足够**。多少才算“足够”？这个问题不简单。如果概括对象的数量不大，最好做普查。如果数量太多，不能全部检验，那就需要抽样。确知样本容量多大才算“足够”是很难的，因为要看具体情况。但是，你应当知道，有时小样本（比如，一两千人）也足以支持针对大总体（比如，全美人口）的概括，只要样本确实有代表性。

要想判断论证是否符合规则 8，请记住练习 2.2。问一问自己，有代表性的例子占多少？如果大部分都有代表性，那么论证就符合规则 8。

要想判断论证是否符合规则 9，请问问自己，是否有背景率需要了解。背景率一般是百分比的形式。假如有人告诉你，19 辆丰田普锐斯由于油门故障发生车祸。为了判断普锐斯是不是特别不安全，你需要了解由于油门故障发生车祸的普锐斯车的**百分比**。论证中是否提供了该数据，或者包含了能够算出该数据的信息？还是说，论证者合理地假定你知道背景率（在普锐斯的例子中，实际背景率是很低的）？如果都没有，那么论证就不太符合规则 9。

判断论证是否符合规则 10 要难一些，因为误用数据的方式太多了。在论证里看到数据时，要认真思考数据的含义、数据的来源，以及数据是否真能为概括提供支持。

关于规则 11，首先要看结论是不是全称概括命题，即概括对象为某个群体的**全部**成员的命题，例如“俄勒冈州波特兰市的每一个人都是素食者”。如果是全称概括命题，那就试着找一个反例。只要有反例，结论便是错的，论证需要修改。

如果结论不是全称概括命题呢？单凭几个例外情况并不足以证明结论为假。不过，在练习 2.5 的“提示”中，我们介绍了“反例”一词的广义用法。按照这种用法，任何一个概括命题的例外情况都算是反例。因此，如果你发现了许多例外情况，觉得论证中的概括是错误的，那么就不符合规则 11。然而，如果一个论证忽略了大量例外情况，它很可能也违背了规则 8。要是样本确实有代表性，这些反例早就被发现了。

【范例】

几乎每一部好莱坞动作片都有一位男性主角，还有一位能力更强的女性配角，其实她才应该当主角。但女性配角最后总是沦为只能被主角拯救的受困少女，功劳全被他拿走了。你不信？想想吧，在《星球大战》（*Star Wars*）第一部中，笨手笨脚的卢克最后救了莱娅，尽管只有她会用爆能枪。在《哈利·波特与密室》（*Harry Potter and the Chamber of Secrets*）中，哈利解救了比他聪明得多、能干得多的朋友赫敏。在《银河护卫队》（*Guardians of the Galaxy*）中，卡魔拉在任何地方都是最勇猛的战士，但最后却是彼得拯救了世界。

答案　尽管好莱坞动作片中男性主角确实多于女性主角，但上面的论证还是相当薄弱的。它符合规则 7 的字面含义，给出了不止一个例子，但违背了规则 7 的精神，因为它举出的 3 个例子中最早的一个是 1977 年上映的《星球大战》，其他例子都在它之后。我不确定它是否符合要求例子有代表性的规则 8，因为我不知道例子是怎么选出来的，但看起来并不能代表所有好莱坞动作片。仅举一例：3 部都是科幻和魔幻类电影。这段论证应该告诉我们过去 40 年中好莱坞出品了多少部动作电影（规则 9）——可那样一来，论证给出的例证不足就是显而易见的事了。

论证中没有给出统计数字，因此不适用规则 10。随便上网搜一下“女性动作片主角”就能得出许许多多反例（规则 11），从《异形》（*Alien*）系列电影中的雷普利上尉到《饥饿游戏》（*The Hunger Games*）中的凯特尼斯·伊夫狄恩，再到《疯狂的麦克斯 4：狂暴之路》（*Mad Max: Fury Road*）中的费罗莎指挥官，更不用说《霹雳娇娃》（*Charlie's Angels*）和《杀死比尔》（*Kill Bill*）一类单推女主角的电影了。根据此处给出的例子，得出一个温和得多的概括可能会合适一些。

答案解析 上述回答按顺序逐条讨论了规则（甚至连规则 10 都提到了，只是为了说明它不适用规则 10）。通过指出 3 个例子不够充分，回答者认识到规则 7 的实质并不是论证时多举两个或者更多例子。该回答的另一个优点是承认我们不知道原论证是否符合规则 8。不要害怕说我们掌握的信息不够多，无法知道一个论证是否符合某条规则。不过，该回答没有就这么放过去。针对规则 11，它不只是说存在反例，更实际给出了一批反例。

【习题】

1. 帝国没有长命的，只要看看 20 世纪崩溃的帝国就够了。希特勒政权和墨索里尼政权倒是想要屹立千年，但结果你我都知道。就连大英帝国都走向了末路！

2. 在一家乳业集团举办的一次具有全国代表性的网络调查中，约有 7% 的美国成年人——相当于 1640 万成年人——说巧克力牛奶是棕色奶牛产的。因此，7% 的美国成年人认为我们生活在棕色奶牛产巧克力牛奶的威利·旺卡式的奇幻世界中。

3. 20 世纪 20 年代，哈里森·马特兰博士研究了拳击是否会造成脑损伤。一名职业拳击承办人给了他一张名单，上面有 23 人，都是承办人认为被“打残”的前拳击手。马特兰试图联系这 23 人，但最后只找到 10 人。这 10 人都有明显的脑损伤迹象：4 人痴呆，2 人说话不连贯，2 人腿脚不利索，1 人眼盲，1 人有帕金森病症状。这项研究证明，许多前拳击手都有脑损伤。

4. 美国共有 3141 个县，其中 314 个肾癌发病率最低的县几乎都是乡村县。此外，根据 2004 年的数据，没有肾癌患者的县人口全都不足 10 万。因此，患肾癌风险最低的县是人口稀疏的乡村县。

※ 延伸练习 ※

读者可从报纸、亲友对话、电视、网络上寻找概括性结论，考察对方如何做论证——如果有论证的话——并根据本章讲解的规则进行评价。

章练习 2.7 用论证支持或反驳概括性结论

【目标】 通过构造符合规则 7 至规则 11 的论证，练习支持或反驳概括性结论的能力。

【要求】 请考察下列概括性结论，它们是真还是假？写一段符合规则 7 至规则 11 的论证，为你的答案提供支持。本节习题可能需要查资料。如果查过资料，但还是找不到例子来支持最初的答案，或许就应该改答案了！

【提示】 如果你不确定一个概括是真还是假，那么在动笔写论证之前，先找一找正反两面的例子。正面例子是支持概括性结论的，反例则是反驳概括性结论的。

如果你认为概括性结论为真，请给出例子来支持它，特别要注意规则 7、规则 8、规则 9 和规则 11。如果你认为概括性结论为假，请给出例子来支持**相反**的主张。比如，如果你认为“大多数爬行动物都是危险的”这个概括是假的，请构造论证来支持类似“许多爬行动物并不危险”的概括。

我们容易去关注能支持自己相信（*或者想要相信*）的主张的例子，这是自然的。规则 11 能特别有效地抵制这种倾向。不管你脑子里的概括是什么，都要积极地寻找例外情况。

【范例】

非法药品比酒精更安全。

答案 上述概括性结论是错误的。虽然极少数非法药品可能比酒精更安全，但大多数非法药品都比酒精更危险。可卡因、甲基苯丙胺、鸦片、海洛因特别危险，因为它们成瘾性极强，对身体伤害极大，而且容易摄入过量。迷药会造成脑损伤，不纯的迷药更可能致命。虽然酒精有成瘾性，对身体有害，也可能致死，但成瘾性和伤害性不如上述药品大。因此，整体来说，非法药品并不比酒精更安全。

答案解析 该回答做了两件事：首先说明概括的真假；然后给出论证来支持该主张。该论证在遵守本章中列出的各条规则方面做得相当好：论证给出了多个例子（规则 7），这些例子能代表最常见的非法药品（规则 8）。虽然没有说明非法药品到底有多少种（规则 9），但读者大概可以自行估计出其余种类的数目。论证并没有举出数字来支持结论，因此没有误导性数据之嫌（规则 10）。不过，要是有妥当选择的数据支持会更好。论证没有具体举出反例（规则 11），而只是说明反例数量不多。

【习题】

1. 美国总统大多来自俄亥俄州或弗吉尼亚州。

2. 古典乐很无聊。

3. 跳伞是危险的。

4. 一切概括，皆有例外。

※ 延伸练习 ※

读者可从报纸、亲友对话、电视、网络上寻找概括性结论，考察这些结论是真还是假，然后尝试用符合规则 7 至规则 11 的论证来支持。

批判性思维活动：概括教室

第三部分的“概括教室”是一种运用本章全部规则的课外活动。

第三章
类比论证

规则 7（“孤例不立”）有一种情况例外。与通过堆砌例证来支持概论不同，类比论证可以从一个具体例子推导出另一个，理由是两者在很多方面相似，所以两者在另一个方面同样相似。

瓦莲京娜·捷列什科娃是苏联宇航员，人类历史上第一位进入太空的女性。她有一句著名的妙语：

> 既然俄国女人能在铁路上干活，她们怎么就不能上太空呢？

捷列什科娃想要通过女铁路工人的例子说明，俄国的女人在体力、技术、爱国爱岗方面都不输于男性。因此，女人同样可以成为优秀的宇航员。这个论证展开以后是这样的：

> 俄国女人已经证明自己是优秀的铁路工人。
>
> 当铁路工人与当宇航员是类似的（因为两者对体力和技术都有很高

的要求）。

因此，女人也能成为优秀的宇航员。

请注意第二个前提里的“类似”。当一个论证强调两种情况相似时，它很可能就是类比论证。

规则12 类比需要相关且相似

怎么看类比论证好不好呢？

第一个前提是用来打比方的。请牢记规则3：从可靠的前提出发。比如，如果俄国女人**没有**证明自己是优秀的铁路工人，那么捷列什科娃的论证就不成立了。

第二个前提要说明的是，第一个论证中的例子与结论中要得出的例子是**相似**的。这个前提的好坏要看两个例子的相似程度。

两者不需要**处处**相似。毕竟，宇航员和铁路工人有很大的差别。比如，火车不会飞，如果火车真的飞起来，情况可就不太妙了。而宇航员也最好不要挥舞大锤。但是，类比论证只需要在**相关**的方面相似即可。捷列什科娃这里主要谈的似乎是技术能力和耐力、体力。宇航员和铁路工人确实在这些方面的要求都比较高。

那么，捷列什科娃的类比到底是否在相关的方面相似呢？你或许觉得，对现代宇航员而言，对体力的要求，不如对进行科学实验和观测能力的要求那么高，而铁路工人并不需要掌握后一种技能。然而，在捷列什科娃的时代，体力和耐力的重要性要大得多，还有体型也是：早期的太空舱狭小，实际上更适合女性的体型。另一个重要因素是，早期的宇航员在任务结束时需要从太空舱里弹射出来，然后打开降落伞回到地面，而捷列什科娃恰恰是跳伞冠军。这可能才是关键，而且与耐力、体力有关，当然未必与铁路工作相关。

所以，捷列什科娃的类比是部分成立的，尤其是在她那个年代；虽然放到现在的话，说服力要打些折扣。但是，现在也有许多成功的女性宇航员，所以这个类比未必就过时了。

还有一个惊人的例子。

> 昨天，美国齐佩瓦人首领亚当·诺德韦尔在罗马打了一个非常有趣的比喻。他是从加利福尼亚出发的，当他身着部落服装走下飞机的时候，他代表美国印第安人宣布，像克里斯托弗·哥伦布发现美洲一样，他凭借“发现权”占领意大利。他说：“我宣布，今天是意大利发现日。哥伦布有什么权利发现美洲？当地居民已经在那里生活了几千年。既然如此，我现在也有同样的权利来到意大利，并宣布，我发现了你们的国家。”[1]

诺德韦尔的意思是，至少在一个重要的方面，他自己“发现”意大利与哥伦布“发现”美洲是**类似**的：两人都宣布对一个当地人已经生活了很多个世纪的国家拥有主权。因此，诺德韦尔坚持认为，哥伦布有什么样的“权利”宣称对美洲拥有主权，他就有同样的“权利”宣称对意大利拥有主权。不过，诺德韦尔当然没有任何权利宣称对意大利拥有主权。因此，哥伦布也没有任何权利宣称对美洲拥有主权。

> 诺德韦尔没有任何权利代表另一个民族宣称对意大利拥有主权，更别提什么“发现权”了（因为当地人已经在意大利生活了很多个世纪）。
>
> 哥伦布凭借“发现权”宣称对美洲拥有主权，与诺德韦尔宣称对意大利拥有主权**类似**（美洲土著也在当地生活了很多个世纪）。
>
> 因此，哥伦布没有任何权利代表另一个民族宣称对美洲拥有主权，更别提什么“发现权”了。

诺德韦尔的类比是否成立呢？显然，20 世纪的意大利与 15 世纪的美洲并非完全相似。在 20 世纪，每个小学生都听说过意大利；而在 15 世纪，世界上大多数人并不知道美洲。诺德韦尔不是探险家，商业飞机航班也不是“圣玛利亚号”。但这些不同之处与诺德韦尔的类比无关。诺德韦尔只是想提醒我们，当一个国家已经有人居住时，宣称对它拥有主权是毫无道理的。不管是否全世界的小学生都知道这片土地，也无论“发现者”是如何抵达的，这些都不重要。更恰当的反应或

1　《迈阿密新闻》（*Miami News*），1973 年 9 月 23 日。——原注

许应该是尝试建立外交关系。就像如果我们今天刚刚发现意大利这片土地和意大利人民的话，我们所要做的那样。这才是诺德韦尔表达的重点，从这个角度来看，他的类比论证十分出色（也让人不安）。

练习 3.1　发现重要的相似点

【目标】 发现类比论证所需的相似点。

【要求】 下面给出了 4 对事物，请举出每一对之间的 1—3 个重要相似点。

【提示】 下列问题的答案不拘一格，要点在于，在看似差别极大的事物中发现重要的相似点。大致来说，“重要”的相似点会引出其他的相似点。例如，你注意到伯利兹和新西兰的官方语言都是英语，于是你就有理由认为，两国曾经都是英国殖民地。如果你只是注意到两国都是联合国的成员国，就难以从一国推出另一国的情况。

【范例】

养狗和养孩子。

答案　养狗和养孩子都需要为另一个生命负起责任。而且，两者都会把家里搞乱！

【习题】

1. 小鼠和成年人。
2. 上学和上班。
3. 地球和地球仪。
4. 谋杀和安乐死。

※ 延伸练习 ※

找一张热映电影或经典电影榜单，例如“2019 年度最佳电影”或“1969 年度最佳电影”，很多电影网站上都能找到这类电影榜单。请为榜单上的每部电影找到与榜单上的另一部电影的重要相似点，至少要有一个。

练习 3.2　发现重要的区别

【目标】 发现类比论证所需的区别。

【要求】 回顾练习 3.1 中的 4 对事物，请举出每一对事物之间的 1—3 个重要区别。

【提示】 与练习 3.1 一样，此题答案同样不拘一格。“重要”区别的标准与重要相似点是相似的。“重要”区别会让做推断更难。例如，新西兰和伯利兹都曾是英国殖民地。因此，你或许会认为两国有相似的文化。然而，一个重要的区别是：伯利兹是拉丁美洲国家，而新西兰不是，因此两国就不太可能有相似的文化。一个没有任何意义的区别是，伯利兹的第一个字是“伯”，而新西兰的第一个字是“新”。

【范例】

养狗和养孩子。

答案　养狗和养孩子的区别在于，养孩子需要承担的责任比养狗要大得多，投入的时间更长，而且养孩子最终是要让孩子长大成人。

【习题】

1. 小鼠和成年人。
2. 上学和上班。
3. 地球和地球仪。
4. 谋杀和安乐死。

※ 延伸练习 ※

找到一个朋友或同学，各自给“__________与__________不同 / 相似”这句话填空，看看能找到多少重要的区别和相似点。你也可以限定类别，比如只能填名人、历史人物、熟人、画作、电子游戏、动物，等等。

章练习 3.3　评价类比论证

【目标】 练习评价类比论证。

【要求】 评价下列论证是否符合规则 12。

【提示】 类比论证会比较两样东西。要想判断一个类比论证是否符合规则 12，你需要有条理地思考这两样东西的相似程度，下列 4 个问题有助于你整理思路。

1. 两者在哪些方面相似？
2. 这些相似点与结论有何关联？
3. 两者在哪些方面不同？
4. 这些不同点与结论有何关联？

类比论证中可能会列出两者的若干相似点，你自己可能还会想出几个来。但是，论证很可能不会指出两者的不同，而这正是你要认真思考的。如果你没有想到若干相似点和不同点，那就不可能做出完备的判断。

你在练习 3.1 和练习 3.2 中已经练习过回答第一个和第三个问题了，那其余两个呢？为了说明相似点和结论之间的关联，你要论证的是，该相似点让你有理由相信结论为真。同理，为了说明不同点和结论之间的关联，你要论证的是，该不同点让你有理由对结论产生怀疑。搞清楚相似点和不同点与结论的关联往往是很难的。如果你想不出来，不妨想象自己是在给小孩做解释：从头讲起，尽可能平实地把所有假设都说出来。

依次回答上述问题或许有助于你整理思路。首先，列出若干重要的相似点。其次，依次考察各个相似点，给出一个简短的论证，说明相似点为何让你有理由相信结论为真。再次，列出若干重要的不同点。最后，依次考察各个不同点，说明不同点为何让你有理由对结论产生怀疑。

列出相似点、不同点及其与结论的关联后，你需要权衡相似点和不同点，看哪一边更显著。其他人或许会不同意你的看法。此时，说服对方的唯一办法就是举出新的论证。这是类比论证的一大缺陷。一个类比论证在某些情况下说服力很强，但换一种情况，不接受它的结论的人也不会接受论证。

【范例】

科罗拉多州的一名店主有个防贼妙招。抓到小偷时，店主会给出两个选择：要么把一只鞋交出来，要么报警。他发现，小偷把鞋交出来之后会觉得尴尬极了，再也不敢来店里了。警方为了阻止店主这样做，给出了下面的论证：要求对方拿鞋子换取宽大处理，就好比要求对方掏20美元，两者都是威胁对方交出一样有价值的东西。用20美元换取宽大处理是抢劫，因此，用鞋子换取宽大处理也是抢劫。

答案　这是一个有力的论证，因为要求别人交出20美元和要求别人交出一只鞋是相似的，而且该相似点与“要求小偷交出鞋子是抢劫”的结论有关联。两种行为都威胁小偷交出某样有价值的东西，否则小偷就要受到惩罚（即逮捕）。由于威胁别人交钱是抢劫，这个相似点就与结论即要求小偷交鞋是抢劫有关联。两种行为也有一个互相关联的不同点。例如，店主拿到20美元可以花掉，拿到一只鞋却没有任何用处。该不同点是有关联的，因为它表明店主确实只是想防贼，与谋取个人利益的抢劫不同。但是，它并不能改变一个事实，即要求小偷交出鞋子仍然与抢劫有相互关联的共同点，因为小偷仍然要蒙受损失（不管抢来的钱捐给了穷人，还是铺在花园里当地膜，抢劫就是抢劫）。

答案解析　该回答列出了相似点和不同点。说明一个重要的相似点后，回答又解释了该相似点让我们接受结论的原因，即要求小偷拿鞋子换取宽大处理与要求掏20美元都有抢劫活动的某种特点。说明一个重要的不同点后，回答又解释了该不同点为何是有关联的：它表明店主确实是为了防贼，而不是谋取个人利益。

解释完相似点和不同点与结论的关联后，回答做出了最后的判断：类比成立。两种行为具有相互关联的共同点，因此类比论证很好地支持了结论。回答中甚至讨论了相似点为何比不同点更重要。

哪怕你赞同上述答案提出的相似点和不同点，最后的判断可能也会不同。

【习题】

1. 地球能支持生命。木卫二和地球都有由液态水构成的海洋。因此，木卫二也能支持生命。

2. 我们都知道，司机不应该酒驾。边打电话边开车与酒驾是类似的，因为两者都会让司机分神，大大提高出车祸的可能性。因此，司机不应该边打电话边开车。

3. 遗传学家罗伯特·纳维奥为怀孕雌鼠注射了来自病毒的基因，所产后代的大脑细胞对小鼠体内自然生成的嘌呤产生了异样的反应。接触嘌呤的细胞——包括脑细胞——会激活某种“应激反应”，使其更难与其他小鼠沟通。长期处于紧张状态的小鼠表现出类似人类自闭症患者的症状，例如回避陌生人和新环境。因此，人类的自闭症可能是由脑细胞的过度应激反应导致的。

4. 有人认为，要是持枪的人更多的话，大型枪击案就会变少——尤其是在容易发生大型枪击案的场所。但增加持枪数量会解决大型枪击问题的论调无异于主张增加吸烟数量会治愈肺癌的。

※ 延伸练习 ※

类比论证常见于公共辩论。观看喜欢的新闻节目，或者阅读喜欢的报纸上的社论、专栏和读者来信时，请留意其中的类比论证，考察其是否符合规则 12。

章练习 3.4　给出类比论证

【目标】 练习给出好的类比论证。

【要求】 根据下列情景给出类比论证，一定要符合规则 12。

【提示】 首先要明确结论。结论的格式应为“甲是某样”。以前面讲过的诺德韦尔为例，结论就是：哥伦布不应该代表本国宣称拥有他国土地主权。此时，“甲”就是“哥伦布”，“某样”就是“不应该代表本国宣称拥有他国土地主权”。

下一步，找一样东西与甲做比拟，不妨称之为“乙”。乙也应该与甲一样是“某样”。那么，第一个前提就应该是“乙是某样”。比如，有关诺德韦尔的第一个前提就是，诺德韦尔不应该代表本国宣称拥有他国土地主权。此时，“乙”就是“诺德韦尔”，而“某样”还是“不应该代表本国宣称拥有他国土地主权”。你应该确保第一个前提没有争议。每个人都应该同意乙是某样，就像每个人都同意，诺德韦尔不能代表齐佩瓦人宣称对意大利的主权一样。

关键的一步在于，论证甲与乙有**共同点**，且该共同点与结论相关。诺德韦尔提出的共同点是，他和哥伦布都对有人居住的土地宣称拥有主权。这与“哥伦布不应该代表本国宣称拥有他国土地主权”的结论是相关的，因为在其他条件相同的情况下，对有人居住的土地宣称拥有主权，等同于从当前的主人手中窃取土地。

【范例】

设想一下，你是一名电影制片人，想要基于 20 世纪 80 年代流行的儿童电视剧《爱探险的朵拉》(*Dora the Explorer*) 拍一部电影。你集齐了多名影星、优秀的特效团队和知名导演。你要说服影业巨头高管出资支持，请用类比的方法论证自己的观点。

答案　近年来，《海绵宝宝》(*SpongeBob SquarePants*) 系列电影取得了巨大成功。《爱探险的朵拉》与《海绵宝宝》电影是类似的，因为两者的蓝本都是经典动作冒险动画片，当年看着它们长大的小朋友，现在多是20多岁。与《海绵宝宝》一样，《爱探险的朵拉》的衍生玩具同样深受广大儿童欢迎。与《海绵宝宝》一样，《爱探险的朵拉》电影也会有明星主演、酷炫特效和大牌导演。因此，《爱探险的朵拉》电影也会取得巨大成功。

答案解析　该论证首先说明了《爱探险的朵拉》电影的比较对象：《海绵宝宝》系列电影。之后解释了两者的相似点，以及这些相似点为何是重要的。最后点明两者比较的意义：《爱探险的朵拉》电影会取得巨大成功。

【习题】

1. 假如你的朋友从网上不付费下载了几千首版权音乐，他的做法是错误的吗？还是说，不付费下载版权音乐是对的？请给出类比论证来支持自己的立场。

2. 许多国家和地区都立法规定，骑摩托车必须戴头盔。不戴头盔骑摩托车应当定为非法吗？请给出类比论证来支持自己的立场。

3. 3000多年前，奥尔梅克人统治着今天的墨西哥南部。今天，奥尔梅克人最出名的是他们用巨石雕刻出来的头部雕像。头像的高度相当于成年男子，重量可达40吨，面容奇特而生动。考古学家怀疑头像描绘的是强大的奥尔梅克统治者。奥尔梅克古城圣洛伦佐号称有10座巨型头像，但随着城市的崩溃，头像也惨遭肢解埋葬。没有人知道确切原因。猜一猜头像被肢解埋葬的原因。请给出类比论证支持自己的立场。(想要一点儿提示？不妨想想其他文明中政治或宗教纪念碑被毁的例子。)

4. 人们经常以“不符合自然”为由反对某些活动。例如，有人提出，人不应该吃素，因为人类“自然”就是杂食动物。请通过类比来说明该论证的漏洞。

※ 延伸练习 ※

前往本书配套网站，点击“第三章”，其中包含针对多种话题进行结构化辩论的网址链接。请先浏览已有的发言，然后选一个加入，提出自己的类比论证。（如果你想参与讨论，不妨将自己的论证发到网站上，不过，只是自己想一想，不发出去也是很好的练习。）此外，你还可以转换立场，看自己能不能对反方观点提出好的类比论证。当然，你在网站上也可以运用其他形式的论证。

批判性思维活动：类比新奇物件

第三部分的“类比新奇物件”是一种课内外综合活动。

批判性思维活动：伦理学中的类比

第三部分的“伦理学中的类比”是一种课内外综合活动。

第四章

诉诸权威的论证

没有人能通过亲身体验一切有待了解的事情成为专家。我们自己不曾在古代生活过，因此无法亲自了解当时的女性一般在多大年纪结婚。很少有人具备足够经验来判断什么样的汽车在事故中是最安全的。对于斯里兰卡，或者州议会，甚至是本国普普通通的教室或者街角，我们都无法亲自了解那里真正发生了什么。因此，我们必须依靠其他人——比我们条件更优越的人或者组织、调查结果，或者参考资料——告知与这个世界有关的、我们需要了解的大量信息。我们会给出这样的论证：

X（相关信息来源）说，Y。

因此，Y是真的。

例如：

奥伯雷·德格雷博士说，人类最多能活1000年。

因此，人类最多能活1000年。

然而，这种论证是有风险的。提供信息的专家可能过于自信，受了误导，或者根本就不可靠。毕竟每个人都有偏见，即便并非出于恶意。为了检验真正权威的信息来源需要达到哪些标准，我们依然必须提出若干规则。

规则 13　列出信息来源

当然，有些事实性论断显而易见，或者尽人皆知，以至于它们根本不需要专门去证明。一般来说，我们没有必要去证明美国有50个州[1]，或者朱丽叶爱罗密欧。然而，美国目前的精确人口数字确实需要征引统计资料。同理，为了阐发瓦莲京娜·捷列什科娃主张将女性送上太空的论证，我们需要找到相关权威资料来表明，俄国确实有能干的女铁路工人。

错误：

我从书中得知，在有些文化里，梳妆打扮基本上是男人的事，与女人无关。

如果你讨论的是我们所熟悉的这种性别角色是否适用于全世界的男女，那么这就是一个相关的例证——显然例子中的男女角色与我们的不同。但是，我们当中很少有人对这种异常情况有亲身了解。为了夯实这一论证，你需要完整地引用资料。

正确：

卡萝尔·贝克威斯在《尼日尔的沃达贝人》（“Niger’s Wodaabe”）[《国家地理杂志》（*National Geographic*），1983 年 10 月刊] 中报告说，在沃达贝部落等西非富拉尼族内部，梳妆打扮基本上是男人的事。

引用的方式不一而足——你或许需要一本引用指南，根据目的选择合适的那

1　美国全国共分为 50 个州和 1 个特区（华盛顿哥伦比亚特区）。——编者注

一种——但所有方式都包含同样的基本信息：应足以让其他人很容易自行找到该信息来源。

规则14　寻找可靠的消息人士

消息人士必须具备发表相关言论的资格。本田汽车的机修工有资格讨论各个型号本田车的优点，接生员和产科医师有资格讨论怀孕和分娩，教师有资格讨论学校的状况，等等。这些消息人士具备资格，因为他们具备相关的背景和知识。要了解全球气候变化的可靠相关信息，你应该去找气候学家，而不是政客。

当消息人士的资质并非显而易见的时候，论证者必须做简短的介绍。奥伯雷·德格雷博士说，人类最多可以活1000年。那好，这个奥伯雷·德格雷博士是谁？我们为什么应该相信他？答案是，他是一名老年病医学专家，提出了多种详尽的衰老成因理论（他认为，衰老**并非**不可避免）和若干预防衰老的措施，在《线粒体自由基衰老理论》（*The Mitochondrial Free Radical Theory of Aging,* Cambridge University Press,1999）等专著中进行了长篇阐述。2000年，他凭借《线粒体自由基衰老理论》一书获得了剑桥大学颁发的生物学博士学位。这样一个人物说人类最多能活1000年——乍听起来如同天方夜谭——那就不是外行随便说说而已了。我们应该认真考虑他的看法。

当你解释你的消息人士的资质时，你还可以给论证加入更多的证据。

> 卡萝尔·贝克威斯在《尼日尔的沃达贝人》（《国家地理杂志》，1983年10月刊）中报告说，在沃达贝部落等西非富拉尼族内部，梳妆打扮基本上是男人的事。贝克威斯和另一位人类学家与沃达贝人一同生活了两年，通过观察发现，男子为参加舞蹈要长时间精心打扮，在脸上作画，还要洁牙（她的文章里有很多照片）。沃达贝妇女一边观看舞蹈，一边评头论足，并根据男子相貌选择配偶——在沃达贝男子看来，这是再正常不过的事。一名男子说："是我们的美貌吸引了女人。"

注意，可靠的消息人士并不一定要符合"权威人士"的传统定义；反过来，传统意义上的“权威人士”也未必可靠。例如，如果你想调查大学，最具权威性的就是学生，而不是校方管理人员或招生办的人，因为只有学生了解真实的校园生活（你只要确保找到一个有代表性的样本就行了）。

还要注意，某一领域的权威人士并不一定在他们发表过意见的任何领域都是权威。

碧昂丝是素食主义者。因此，素食是最好的饮食方式。

碧昂丝或许是一名优秀的演艺界人士，但并非饮食专家（另外，我们也不清楚她**是不是**素食主义者）。同理，“博士”只不过是在某个专门领域获得了博士学位而已，并不意味着在任何主题上都有专业资质。

有时我们必须依靠的这些消息人士，比我们知道得多，但也有各种各样的局限。例如，战场上或者政治审判中发生了什么，一家企业或者部委内部发生了什么，我们所能获得的最佳信息也是残缺不全的，是经过了记者、国际人权组织、公司监督部门等过滤的。如果你必须依靠这种有潜在缺陷的消息人士，你就应该承认这一点。让你的读者或听众决定，这种不完美的权威是否胜于没有任何权威。

真正可靠的消息人士很少会期望别人马上接受他提供的信息。大多数优秀的信息来源至少会提供一些理由或证据——例证、事实、类比等种类的论证——来帮助解释和支持其结论。例如，贝克威斯提供了她在与沃达贝人一同生活的那些年里拍摄的照片和经历的故事；卡尔·萨根笔耕不辍地解释什么是太空探索，我们在地球之外可能发现什么。因此对于**某些**言论，我们接受其的唯一原因可能是，它们是权威的（例如，当贝克威斯谈起她的某些经历时，我们必须相信她）；但即使是最优秀的消息来源，我们依然会期望不要只有结论，还要有论证过程。我们此时要找出这些论证过程，并批判地审视它们。

规则15　寻找公正的信息来源

在争端中，牵涉利益最大的一方往往不是最佳的消息人士。有时，他们甚至可能会说谎。在刑事审判中，被指控方在被证明有罪之前是做无罪推定的，但即便他们自称无罪，我们在没有第三方证人证实之前也很少完全相信。

然而，愿意说出自己所看到的真相有时也是不够的。人们亲眼所见的真相仍可能有失公平。我们倾向于看到自己期待看到的东西。我们会注意、牢记、传递那些支持自身观点的信息，但当我们发现证据于己不利的时候，可能就没这么兴奋了。

因此，我们要寻找**公正的**消息人士：当前问题不牵涉自身利益，并且把准确性视为首要或重要标准的个人或组织，例如大学里的（某些）科学家或者统计资料数据库。要想获得某个重大公共议题的最准确信息，就不能只听信政客和利益集团的一面之词；要想获得某种产品的可靠信息，就不能只听信生产商的广告。

错误：

汽车经销商建议我花 300 美元给汽车涂防锈材料。他应该知道怎么做是对的，我觉得最好照办。

他很可能**确实**知道怎样做是对的，但他也可能并非完全可靠。消费品和服务的最佳信息来源是独立的消费检测机构，这些机构不隶属于任何生产商或供应商，只会对想得到最准确信息的消费者做出答复。做些调查吧！

正确：

《消费者报告》（*Consumer Reports*）里引用专家的说法，由于制造技术的改进，当代汽车几乎不存在生锈问题。他的建议是，我们不需要购买经销商提供的防锈涂料［《留心汽车经销商的伎俩》（“Watch Out for These Car Sales Tricks”），《消费者报告》2017 年 2 月 2 日；另见萨米·哈吉–阿萨德的《新车应该上防锈涂料吗？》（“Should You Rust Proof Your New Car？”），《消费者报告》2013 年 3 月 21 日］。

在政治问题上，尤其是分歧主要在于统计数字的情况下，我们应该去看独立的政府部门（如人口普查局）、高校报告或其他独立信息来源。无国界医生（Doctors Without Borders）等组织在人权问题上是相对公正的，因为该组织的主业是行医，而不是搞政治，无意支持或反对任何一国政府。

当然，独立公正与否并不总是容易判断。你应该确定自己的信息来源是**真正**独立的，而不是用听起来独立的名称伪装起来的利益集团。查一查他们的资金来源、其他出版物、历史记录；观察他们发表声明的语气。有些消息来源言论极端化、简单化，或者主要精力用于攻击和贬低其他人，他们的可信度就要打折扣。我们要寻找的消息来源应该是这样的：他提出的论证是建设性的，他会负责任地承认其他各方的论证和证据，并一一回应。最起码，你在引用可能有偏见的信息来源时，要核实涉及的事实性论述。好的论证会列出信息来源（规则 13），你要查出来。确保你对证据的引用是正确的，而不是断章取义，并进一步查找可能有用的信息。

练习 4.1　发现有偏见的信息来源

【目标】 提高对有偏见的信息来源的警惕。

【要求】 请针对下列问题提出一种**有偏见**的信息来源，并说明原因。无须点名，描述即可。

【提示】 公正的信息来源就是没有偏见。本节习题要求你寻找**有偏见**的信息来源，也就是你不想用于论证的信息来源，因为这些信息来源是不公正的。

要想得出有偏见的信息来源，问一问自己：不同的人会如何回答习题中的问题？然后，针对每个回答，思考会不会有人出于自私的目的而试图说服你相信它。

通过说服你接受某个答案而获利的方式五花八门。有的时候，鼓吹某个观点是为了金钱上的利益。例如，百货商店的售货员让你觉得自己跟他卖的牛仔裤很配，因为如果你购买了，他就能拿提成。有时则是其他形式的好处。例如，竞选时政客让选民相信对手贪污腐败，回报就是更多选票。因此，关于牛仔裤，售货员就是有偏见的信息来源；关于竞选对手，政客也是一样。

不过，你也要记住：没有特殊利益驱动的信息来源看人看事同样可能带有偏见。罔顾事实的信息来源同样不公正。例如，你去问高中橄榄球队成员的父母，他们是否觉得自己的孩子比普通队员水平高。绝大部分家长估计都会给出肯定的回答，虽然绝大部分队员的水平都比平均水平高是不可能的。就算孩子的父母说服了你，让你相信他们的孩子比普通队员水平高，他们也没好处可拿，但偏见依然存在。推而广之，评价自己的能力时，人们往往也会存在偏见。例如，斯德哥尔摩大学教授奥拉·斯文森于1981年发表了一份研究，发现93%的美国人自认为驾驶水平高于中位数。1986年，惠灵顿维多利亚大学的伊安·麦考密克研究团队也发现，高达80%的驾驶员认为自己的驾驶水平高于平均水平。

【范例】

电子烟比普通香烟更安全吗？

答案　烟草公司高管是有偏见的信息来源。高管有很强的经济动机去说服人们相信，电子烟并不比普通香烟更安全。如果人们相信两种吸烟方式对健康同样有害，他们从普通香烟改抽电子烟的可能性就降低了，烟草公司也就受益了。

【习题】

1. 给新电器购买延保服务值不值？

2. 疫苗会损害儿童的免疫系统吗？

3. 堕胎手术并发症出现的概率如何？

4. 全民医保是否会降低美国的医疗开销？

※ 延伸练习 ※

如果你觉得练习不够，可以去你喜欢的报纸网站上找一篇感兴趣的文章。想象自己是一名记者，要写这篇文章。请列出若干人或机构，你认为对文章主题来说，他们都是有偏见的信息来源，并逐个解释你怀疑其有偏见的原因。你能采取何种办法来弥补这些偏见？

规则16　多方核实信息来源

查阅比对各消息来源，看一看是否有其他同样权威的人士也这样认为。这些专家的观点是截然对立，还是口径一致？如果观点一致，那么采信就比较稳妥；而与其对立的观点最起码是不明智的，不管它对我们有多么强的吸引力。当然，权威观点有时是错误的。但是，**非**权威观点**往往**是错误的。

此外，多方核实有时会表明：专家内部在某个问题上存在意见分歧。在这种情况下，你最好保留自己的判断。如果权威尚且如履薄冰，你就更不要往冰面上跳了。看一看你能否从其他角度进行论证，或者重新考虑结论的合理性。

那么，奥伯雷·德格雷呢？还有长寿千年的希望？好吧，多方核实后发现，人们普遍认为德格雷的书写得不错，他的研究也值得深入，但很少有人被他说服。很多人对他进行了严厉批评。他不代表主流意见。长生不老或许很有吸引力，但你也不要抱太大希望。

在重大议题上，只要你做足功课，很可能会发现一定的异议。更有甚者，有的议题虽然在权威专家中间基本是有共识的，乍看上去却好像有争议。以全球气候变化为例，虽然专家们一度存在不同意见，但现在科学界几乎一致认为气候正在变化，而且人类活动与之相关。诚然，个别媒体和政治选举中还有人嚷嚷，但客观考察过数据资料的气候学家里却几乎没有人持反对观点。另外，虽然有少数针对气候变化共识的合理批评，但几乎所有领域内专家都认为，这些批评并没有改变整体上的判断。虽然有一些批评甚至推动了科学家的认识，然而，这些批评者即使是专家，也是非主流人士（当然，他们很显眼）。

争议背后的推手似乎是意识形态，而非真凭实据或专业判断。你不妨先了解一下表面存在的争议，然后再决定是否要认真对待[1]。

练习 4.2　辨别独立的信息来源

【目标】 练习辨别独立的信息来源。

【要求】 针对下列每个问题，请给出两个公正的、有根据的、可以在论证中引用的信息来源。无须点名，描述即可。两个来源必须各自独立，即不存在一个

1　欲了解当代气候科学发展概况，不妨先阅读 G. 托马斯 · 法默的简明教材《现代气候变化科学》（*Modern Climate Change Science*,Springer,2015），其中包含若干怀疑气候变化存在的主张。当然了，专家共识可能是错误的。然而，专家共识往往代表了现有最可靠的判断。比如，哪怕是“否认”气候变化的人在得知自己可能患有重病时，也不会反对医生们的一致建议。他们可不敢赌专家们都错了，这可是关乎性命的事，不管他们多想唱反调。但是，面对气候专家的共识，他们怎么竟然会赌上地球的未来呢？更恶劣的是某些政客。他们试图减少气候研究，甚至阻挠科学家与公众或公立机关联系，不让他们沟通如何适应气候变化的情势。此种行径不是建设性的、基于证据的怀疑意见，而（似乎）恰恰是怀疑的反面。负责任的否认观点是需要证据的！——原注

来源的信息来自另一个来源，或者两者都来自同一个来源的情况。

【提示】 规则14、规则15和规则16讲解了论证信息来源的三大要求。规则14要求信息来源了解它们谈论的主题，规则15要求信息来源不能有偏见。

那么，规则16呢？它要求的不只是查阅多个来源。论证有多个信息来源时，确保各来源相互独立是重要的。所谓独立，就是不存在一个来源的信息来自另一个来源的情况。

此处举例说明。假如，市长选举几天前，民意调查机构宣布现任市长在支持度方面遥遥领先。本地报纸据此出了一篇头条：《市长连任在望》。如果你同时引用了民意调查机构和本地报纸上的内容，这算不算“多方查证”呢？并不算，因为本地报纸的信息来自民意调查机构，所以不是独立来源。引用该报内容并不能加强你的论证。你还需要引用另一个自行独立做调查的信息来源所提供的内容。

【范例】

对大多数人来说，无麸质膳食更健康吗？

答案 1. 知名医学期刊发表的论文。2. 不是来源1的作者或引用源的营养学专家的文章或言论。

答案解析 请注意，两个答案选项都可以说得更具体。例如，你可以指出一份可能发表关于无麸质膳食对健康影响的论文的知名医学期刊。另请注意，你应该找到营养学专家的信息来源，确认它不是你用到的来源1。

【习题】

1. 埃博拉一类致命病毒有没有可能变成“空气传播”，也就是无须直接接触就能人传人？

2. 如何写好哲学课论文？

3. 你的曾祖母出生于哪里？

4. 死刑会震慑罪犯吗？

※ 延伸练习 ※

前往你喜欢的报纸网站，找一篇感兴趣的文章，看它有没有参考文献。如果有的话，试着为原文作者补充一些新的独立来源。

规则17 善用网络

在互联网上，最卑劣可恶的观点也能打扮成一副合情合理甚至权威专业的样子。最起码，学术出版机构和大部分公立图书馆会查验出版收录书籍等资料的可靠性和语言风格，但互联网至今却仍然是“狂野西部”，根本无人查验。你只能靠自己了。

就其本身而言，“互联网”并不是权威来源，而只是传播其他资料罢了。善用者知道如何评估网上信息的质量——他们会运用本书中介绍的各种规则。比如规则13：信息来源是哪里？很多网站在这一条上都说不清楚——红灯亮了。消息人士可靠吗？（规则14）公正吗？（规则15）这些网站是不是在推销某种观点，或者操纵你对某个议题的看法？他们的伎俩包括夹带私货（规则5）、采用缺乏代表性的数据（规则8）、非主流或虚假专家意见（规则14和规则16）等。你最起码要多方查验，看看其他与之没有关联的网站怎么说（规则16）。

善用者还会深度挖掘信息，而非停留在一般搜索的层次上。搜索引擎是搜不到“一切信息”的——差得远呢。实际上，不管是哪一个主题，最可靠、最详尽的资料往往存放在数据库或其他学术资源中，普通搜索引擎根本触及不到。你可能需要密码才能看，去问问老师或图书管理员吧。

善用者可能也会去查——要小心！——维基百科。反对它的人经常说，“维基百科谁都能上去写”。这是真的。因此，有时维基百科里面会包含虚假的、诽谤性的信息。此外还有一些更微妙的偏见。尽管如此，维基百科的开放性也是一种优势。每一个词条都会不断得到其他用户的审查修订。许多用户也愿意补充或改进词条。随着时间推移，不少词条都会越来越全面中立。虽然维基百科的编辑有时会在发生激烈冲突的情况下加以干涉，部分热门词条也会被部分禁止编辑功能。但是，从结果来看，维基百科的错误率（别忘了规则9！）是很低的，甚至比《大英百科全书》（*Encyclopedia Britannica*）还要低！[1]

---

1 参见吉姆·吉尔斯《互联网百科横向评测》[“Internet Encyclopedias Go Head to Head ”, *Nature* 438（7070）：900–901；2005年12月]。《自然》（*Nature*）杂志2006年3月刊登了《大英百科全书》的回应和《自然》杂志的再回应。——原注

善用者当然也明白，直接引用维基百科（其他百科一般也不行）来支持自己的主张是不行的。维基百科的宗旨是整理归纳某一主题的相关知识，然后指引读者去查阅真正的信息来源。善用者还会警惕夹带私货、抹黑反对意见等现象的蛛丝马迹——对**任何**来源都要这样。

每个引用源都是一群有局限、有偏见的人写出来的，有的坦承存在不足，有的则没有。能够快速修正至少与避免偏见、错误同等重要，而维基百科在这方面无可匹敌。随意增删几分钟内就能改回来。每一处改动都有记录并附带说明（参见各页面的“查看历史”标签），有时还会引发热烈讨论（参见各页面的“讨论”标签）。还有哪一个引用源有如此强的透明度和自我修正能力？善用互联网的用户们不妨加入改进维基百科的行列！

批判性思维活动：辨别可靠的网络资源

第三部分的“辨别可靠的网络资源”是一种运用规则 17 的课外活动。

章练习 4.3　评价有参考来源的论证

【目标】 评价论证中对信息来源的运用。

【要求】 评价下列论证是否符合规则 13 至规则 17。

【提示】 评价可以分成两步。

第一步，考察引用是否完善（规则 13）。这个问题不能一概而论。比如，报纸上可能会报道，阿尔伯塔大学研究团队当时在《科学》（*Science*）期刊上发表了一篇关于北极熊化石的论文，而没有给出研究者的姓名和论文题目。引用虽然不完整，但只要知道新闻发布的日期，你大概是能回溯到原始来源的。要想确定论文是否符合规则 13，你要问自己：根据论证提供的信息，你是否能轻松查到来源？越轻松，引用就越完善。

第二步，考察信息来源的质量，即信息来源是否可靠（规则 14）、公正（规则 15）、独立（规则 16）。如非公认的优质来源，你就要考虑论证本身能否证明来源的资质。

当然，如果只引用了一个来源，那肯定不符合规则 16。至于严重与否，要看具体情况。如果结论有争议性，那就是大问题。规则 16 的意义在于，一个信息丰富且无偏见的来源未必足以支持结论，因为可能有同样信息丰富且无偏见的来源与其意见相左。多方核实能够确保专业人士之间存在共识或部分共识。

如果论证中的事实妇孺皆知，没有多方核实也无妨。如果信息来源很权威，而且结论的争议性也不大，你或许也无须多方核实。例如，美国地质调查局宣布发生里氏 7.4 级地震，你就不必再去查其他来源了。除了特殊情况，我们没有理由认为美国地质调查局会误报或谎报地震的震级。

还有一种情况要牢记。有些事实很难发现，或者发现这些事实所需要的成本很高。这种情况下，来源可能只有一个（当然，重复的来源可能有多个，但它们不算独立来源）。那么，论证就只能依赖唯一的来源了。例如，查清现居加拿大的华裔人数难度很大。加拿大统计局（负责加拿大的人口普查工作）是唯一可能准确获得该数字的来源。因此，一个论证中提出了关于加拿大华裔人口的命题，而引用来源只有加拿大人口普查数据，这是合理的。

评价他人做出的论证时，若发现其违反规则 17，大多也会违反其他规则。如果论证运用不当的网络信息，引用不完善、信息不可靠、有偏见的情况就可能出现。你要记住，不可信的网站有 3 种。第一，有的网站包含原创研究，也就是网站自己发现的信息。这种情况下，你应该将其视为信息来源，并评价其可靠性和公正性。第二，有的网站只是引用了其他来源。这种情况下，你要确定这些来源是否可信。第三，有些网站的可靠性、公正性、独立性难以查证。这种情况下，你应当说该论证不符合规则 17，因为它采信了资质有待验证的网络来源。毕竟，如果你不知道网站上的信息从何而来，那就谈不上是否符合规则 14、规则 15 和规则 16 了。

【范例】

根据发表于网络科学期刊《酗酒：临床与实验研究》（*Alcoholism*：*Clinical & Experimental Research*）网站的一份研究，有 10%—20% 的人携带一种基因，使其不容易酒精成瘾。该研究的第一作者为北卡罗来纳大学教堂山分校遗传学教授迪克·威廉姆森博士。

答案　论证引用很规范（规则 13），说明了研究作者和发表期刊。我们知道该期《洛杉矶时报》（*La Times*）的日期，由此大概也知道该研究的发表时间，能够不太费力地找到该研究。若能给出研究的准确题目和发表日期就更好了。信息来源是可靠而公正的（规则 14 和规则 15）。威廉姆森博士是知名学府的遗传学家，我们没有理由认为，他宣称某些基因能对抗酗酒是别有用心。该论证在多方核实方面做得不够好（规则 16）。相关研究或许仅此一篇，但介绍其他遗传学家对该研究的看法也是有益的。多方核实有助于表明，该论证呈现研究结论的方式得到了其他读过威廉姆森论文的遗传学家的认可。该论证引用了一篇网络科学期刊，这是优秀的网络来源（规则 17）。

答案解析　上述回答有条理地检验了第四章的各条规则。规则 14 和规则 15 两条规则合并论述是合理的，因为判断该论证公正与判断它可靠的理由是相同的。请注意，回答中简明扼要地说明了该论证是否符合各条规则的判断依据。

【习题】

1. 格拉斯哥大学宇航工程师马西米利亚诺·瓦西里花费两年时间，比较了 9 种应对小行星撞击地球的技术。瓦西里博士的研究表明，用核武器炸掉来袭小行星并非良策。因此，用核武器炸掉来袭小行星并非良策。

2. 一旦你开始为退休生活存钱并将储蓄投入股市，那么每当你看到自己亏钱就会产生抛售股票的冲动。在接受《今日美国》（*USA Today*）的采访时，经济学家埃里克·安格内尔说你不应该屈从于这股冲动。安格内尔是斯德哥尔摩大学教授，畅销书《行为经济学教程》（*A Course in Behavioral Economics*）的作者，专门研究人类心理对经济决策的影响。他指出，尽管人们会在股票亏钱时产生抛售的冲动，但那样做的人往往会以"买高卖低"收场，这可不是赚钱的良方。安格内尔说，你应该忽略过去的赔赚，只看股票未来的预期表现。同样研究过行为经济学的哈佛大学法学院教授卡斯·桑斯坦表示同意：关心短期盈亏会让人们在应该继续持有时卖掉表现不佳的股票。因此，只因为亏钱就卖掉股票是错误的行为。

3. 世界知名物理学家史蒂芬·霍金于 2004 年 7 月在牛津大学举行的第 17 届广义相对论与引力国际会议上发表致辞。面对 700 名听众，霍金教授承认自己之前对黑洞的观点有错误。他曾长期认为，黑洞的极端引力场会摧毁一切进入黑洞的信息。霍金教授说，黑洞不会彻底摧毁落入它的信息，而是会在长时期内继续向外辐射，最终揭示黑洞内部的信息。

4. 美国疾病控制与预防中心下属的国家健康统计中心负责运行"全国健康与营养检查系统"。该系统收集了美国公众的代表性健康与营养横截面数据。根据该系统 2007 年度和 2008 年度的数据，美国 20 岁以上人群肥胖率约 33.8%。因此，大约三分之一美国成年人患有肥胖症。

※ 延伸练习 ※

找到你最喜欢的报刊网站，阅读上面的社论、专栏和读者来信，评价其中有参考来源的论证，考察作者引用信息支持论点的做法是否符合规则 13 至规则 17。另外，你也可以前往本书配套网站，点击“第四章”的问答网址链接。许多问答网站都鼓励答主注明引用来源。运用本章介绍的规则，评价答主引用资料支持论点的好坏。

章练习 4.4　引用实操

【目标】 练习在论证中引用资料。

【要求】 本节习题要求读者给出论证，引用资料来支持或反对某些论点。首先，你要判断下列论点是否为真。这或许需要做一点儿研究。其次，判断论点为真后，尽可能遵循本章关于信息来源的规则，给出自己的论证。最后，论证写完后，请简要说明你为何认为自己的信息来源是好的。

【提示】 本节习题类似练习 4.2，主要区别在于，你需要找到具体的信息来源，并在论证中引用。与练习 4.2 一样，你要确保来源的可靠性、公正性和独立性。

【范例】

中国哲学家孔子生于公元前 551 年。

答案　这句话是正确的。根据哲学史专家冯友兰的著作《中国哲学简史》（自由出版社 1997 年重印 1948 年卜德版，第 4 页），孔子生于公元前 551 年。斯坦福哲学百科的“孔子”词条给出了同样的结果。

答案解析　上述回答首先表明了立场，即这句话是正确的。接下来，提出两个独立的、可靠的来源来支持（不过，要是能说明斯坦福哲学百科词条的来源不是《中国哲学简史》就更好了）。回答中给出了《中国哲学简史》的详细信息和页码；另一个来源（斯坦福哲学百科）也给出了充足的信息，上网稍加研究就能找到（斯坦福哲学百科恰好是一部网络百科全书，因此很容易在网上找到）。

【习题】

1. 美国葡萄酒产量世界第一。

2. 全球每年有 100 多万名儿童死于腹泻。

3. 人类首次抵达美洲是在至少 1.3 万年前。

4. 最安全的小货车都是日本生产的。

※ 延伸练习 ※

前往本书配套网站，点击“第四章”的问答网址链接。运用本章介绍的规则，你应该能够回答网站上的许多问题，给出自己的论证。这样对你有好处，因为练习了你引用资料的能力；对其他用户也有好处，因为你提供了可靠的答案。

批判性思维活动：寻找好的信息来源

第三部分的“寻找好的信息来源”为课外活动，你可以练习寻找好的信息来源去支持论点的能力。该活动也可以利用课堂时间，在图书馆或微机室进行。

批判性思维活动：批判地看待维基百科

该课外活动能帮你练习运用本章规则的能力，请前往本书配套网站，点击“第三部分”下的“批判地看待维基百科”。

第五章

因果论证

你知道坐在教室前排的学生往往成绩更好吗？已婚的人一般要比未婚的人更幸福？与此相对，财富似乎与幸福没有任何联系，因此人生“最美好的事物是自由”这种说法可能终究是正确的。如果你无论如何还是想拥有财富的话，你或许会对这个结论感兴趣，即抱有“我能行”态度的人往往更富有。所以，调整自己的态度吧。

现在我们要讨论因果论证，也就是何种原因导致何种结果。这种论证常常至关重要。有利的结果我们想要增加，不利的结果我们要预防，而更通常的情况是，我们想要分清利弊。关于原因的论证自然同样要小心严谨。

规则 18　因果论证始于关联

因果论证的证据通常是两起事件或两类事件之间的一种**关联**，即有规律的联系，如课程分数高低与坐在教室前后，已婚与否与是否幸福，失业率与犯罪率，等等。因此，这种论证的一般形式为：

事件或条件 E_1 与事件或条件 E_2 之间存在**有规律的联系**。

因此，事件或条件 E_1 **导致**事件或条件 E_2。

也就是说，**因为** E_1 以这种方式与 E_2 产生有规律性的联系，我们得出结论，E_1 导致 E_2。例如：

做冥想的人往往心境更平和。

因此，冥想会让你心境平和。

不同趋势之间也可能有关联。例如，我们注意到，电视节目中暴力内容增多与现实世界中暴力行为增多有关联。

电视节目中有关暴力行为、麻木不仁和腐化堕落的描述越来越多——而社会也正变得越来越暴力、麻木和堕落。

因此，电视正在摧毁我们的道德。

负相关（意思是，一个因素的增加与另一个因素的**减少**有关联）也可能意味着因果关系。例如，有些研究将维生素摄入量的增加与健康状况下降关联起来，这意味着，维生素可能（有时）是有害的。同理，**无**关联可能意味着**不存在**因果关系。例如，我们发现，幸福和财富没有关联，因此得出结论，金钱并不能带来幸福。

探索相关性也是一种科学的研究策略。什么导致了闪电？为什么有些人失眠、天赋异禀或加入共和党？难道没有某种方法能预防感冒吗？研究人员在这些自己感兴趣的事件中寻找相关性，例如，寻找与闪电、天才、感冒存在有规律联系的其他条件或事件，即如果没有这些条件或事件，闪电、天才、感冒一般就不会发生。这种相关性可能微妙复杂，尽管如此，我们还是常常能够找到它们，那么，让我们来掌握因果论证吧。

规则 19　一种关联可能有多种解释

用关联性论证因果关系常常是很有说服力的。然而，这类论证总是有一种系统性的困难。问题很简单：**任何关联都可能有不止一种解释**。我们单从关联本身常常弄不清楚如何最好地解释潜在的因果关系。

第一，有些关联或许只是巧合。举个例子。2012 年，西雅图海鹰队与丹佛野马队都打入了超级碗比赛；同年，西雅图和丹佛所在的州也都通过了大麻合法化——而这两个事件之间不可能有现实的关联。

第二，即便确实存在联系，仅凭关联本身也无法证明因果**方向**。如果 E_1 与 E_2 有关联，那么或许是 E_1 导致了 E_2——但也可能是 E_2 导致 E_1。例如，尽管（一般来说）抱有“我能行”态度的人更富裕，但这种态度未必就显然带来了财富。实际上，反过来说似乎更有道理：拥有财富会使人产生这种态度。当你已经成功的时候，你就更容易相信成功的可能性。所以说，虽然财富和态度或许有关联，但如果你想变得富有，光是改变态度很可能没多大用处。

同样，心境平和的人往往更容易做冥想，而非冥想让人心境平和，这是完全有可能的。导致有人认为电视节目“正在摧毁我们的道德”的关联也可能表明，我们的道德正在摧毁电视节目（也就是说，现实世界中不断增多的暴力行为正导致电视节目中对暴力的描述越来越多）。

第三，相关的双方可能另有原因解释。E_1 或许与 E_2 有关联，但可能 E_1 没有导致 E_2，**或者** E_2 也没有导致 E_1，而是两者之外的某个事件——比如 E_3——同时导致了 E_1 和 E_2。例如，坐在教室前排的学生往往成绩更好，这个事实或许**既不能**说明坐在前排能获得好成绩，**也不能**说明成绩好会让学生坐到前排。更有可能的是，一部分学生有志于学业，而这**既**让他们坐在教室前排，**又**使他们获得了好成绩。

总之，起作用的原因可能不止一个，很复杂，而且同时朝着多个不同方向发挥影响。例如，电视中的暴力内容确实反映了社会更加暴力的状况，但在某种程度上也确实推动了暴力状况的恶化。很可能还存在其他潜在的原因，如传统价值观的瓦解、健康休闲方式的缺失等。

练习 5.1　头脑风暴：如何解释关联

【目标】 通过头脑风暴得出相关联的各种可能解释。

【要求】 请为下列相关关系各提出两种或两种以上可能的解释。这些解释的可能性不一定要同样大，但请试着排除显然不合理的解释。你无须判断哪一种解释可能性最大。本节习题的目标是通过头脑风暴得出相关关系的各种解释。

【提示】 在讨论规则18和规则19时，我们说过，相关关系有4种可能的解释，E_1 与 E_2 之所以有相关关系，可能是 E_1 导致了 E_2，也可能是 E_2 导致了 E_1，还可能是 E_1 和 E_2 由另一个事件 E_3 共同导致，或可能纯粹是巧合，不存在因果关系。练习的时候，这些可能性都要记在脑子里。

【范例】

被埃及伊蚊（一种热带蚊类）叮咬的人有时会患上黄热病。因此，“被埃及伊蚊叮咬”和“患上黄热病”存在相关关系。

答案　第一种可能性是，埃及伊蚊携带着造成黄热病的病毒。第二种可能性是，埃及伊蚊喜欢叮咬携带黄热病病毒的人，这种蚊子能在发病之前探测到这种病毒。第三种可能性是，黄热病是由热带常见的另一种情况导致的；身处热带既更容易患上黄热病，也更容易被埃及伊蚊叮咬，两者是独立的。

答案解析　上述回答只是给出了相关关系的3种可能解释，并未试图确定相关关系本身是否成立，或者哪一种解释的可能性最大。虽然3种解释的可能性大小不同，但没有一个是明显不合理的。

【习题】

1. 美国研究生入学考试（GRE）是一种广泛采用的研究生入学测试。哲学系学生在GRE各个项目中的分数都非常高。

2. 树叶变黄时，大雁总要南飞。这就是说，树叶变黄与大雁南飞存在相关关系。

3. 印度人的饮食中包含大量姜黄，印度人阿尔茨海默病的发病率大大低于美国人。大多数美国人不会大量吃姜黄。这就是说，患上阿尔茨海默病与食用姜黄存在负相关关系。

4. 威廉·哈里森尚未成为美国总统时，曾袭击过肖尼族酋长特库姆塞所在的村庄。据说，特库姆塞的兄弟对哈里森下了诅咒。哈里森于 1840 年当选总统，1841 年便死于任上。之后 120 年里，每名于整十年份当选的总统都会死于任上。这就是说，整十年份当选总统与死于任上存在相关关系。

※ 延伸练习 ※

请浏览科普网站，或者你喜欢的报纸的科技版，从中找到一篇涉及因果关系或相关关系的文章。你也可以在新闻网站中检索关键词“相关关系”(correlations)，同样能找到此类文章。开动脑筋，为文中的相关关系想出各种可能的解释。

规则 20　寻求最有可能的解释

由于一种关联通常可能有多种解释，基于关联的有效论证所面临的挑战就是：如何找到**可能性最大**的那种解释。

首先，把缺失环节补全。也就是说，讲清楚每种潜在解释的合理之处。

错误：

独立电影人的作品往往比大工作室的作品更有创造力。因此，独立性导致他们更有创造性。

关联确实是存在的，但结论却有些突兀了。真正的关联在哪里？

正确：

独立电影人的作品往往比大工作室的作品更有创造力。独立电影人受工作室控制较少，能够更自由地尝试新事物，适应更差异化的观众，这种看法是合理的。而且，独立电影人的资金投入一般也较少，能够承受实验性作品达不到预期效果的风险。因此，独立性导致他们更有创造力。

试着用这种方法补全缺失环节，不仅要对你偏好的解释，其他解释也要同等对待。比如，维生素摄入过量与健康状况恶化之间的关联。一个可能的解释是，维生素确实导致了健康状况恶化，或者不管出于何种原因，有些维生素（或者过量摄入）对于某些人来说都不是好事。然而，另一种可能是，即使是健康状况糟糕或正在恶化的人或许也正在不断使用维生素，希望身体会好起来。实际上，至少乍看起来，第二种解释同样说得通，甚至还更有道理些。

你需要更多信息才能判定哪种解释最适用于这一关联。具体来说，有没有其他证据证明（某些？）维生素有时可能对人体有害？如果是这样的话，这些害处可能有多大？如果几乎找不到任何直接、具体的证据证明其有害，尤其是用量适当的情况下，那么可能性更大的解释就是，健康恶化导致维生素用量增加，而不是维生素用量增加导致健康恶化。

再举个例子。婚姻和幸福有关联（依然是看平均状况），但这是因为婚姻使人更幸福呢，还是因为幸福感更高的人往往在缔结和维持婚姻方面更加成功？补全这两个解释的缺失环节，然后加以反思。

显然，婚姻使人相互陪伴、相互支持，这可以解释婚姻如何会使人更加幸福。反过来，也可能是有幸福感的人更善于缔结和维持婚姻。然而，在我看来，第二种解释似乎不大说得通。幸福感可能使某人成为更有吸引力的伴侣，但也可能不会——它或许会让某人更以自我为中心。此外，我们并不清楚幸福本身能在多大程度上使某人成为更加忠诚、更加默契的伴侣。我偏好第一种解释。

注意，可能性最大的解释很少诉诸阴谋论或超自然力量。当然，百慕大三角**可能**的确有鬼神出没，并导致船只和飞机消失。但这种解释远不如另一种简单而自然的解释说得通：百慕大三角是世界上交通最繁忙的海域，当地的热带气候变化无常，有时十分恶劣。此外，人们确实倾向于对鬼怪故事大加渲染，所以，那些被无数人重复过的、耸人听闻的描述并不是最可靠的。

同样，尽管人们紧紧盯住某些重大事件（如肯尼迪遇刺事件、“9 · 11”事件）中的一些矛盾和古怪之处，以此证明阴谋论的合理性，但与正常的解释相比，无论后者多么不完整，前者通常会留下更多没有说清楚的地方（例如，为什么每一种看似成立的阴谋论都采取**这种特殊的形式**？）。不要假定任何稍显怪异之处的背后都是邪恶力量。解释清楚基本事实已经很难了，而无论是你还是任何人，都没有必要去钻牛角尖，非要把所有细节讲出个道理。

练习 5.2　发现可能性最大的解释

【目标】 练习向着可能性最大的解释努力。

【要求】 回顾练习 5.1 的答案（如果没有做完练习 5.1，请先做完再来做练习 5.2）。在每道题的三种可能解释中，请说明哪一种可能性最大，并给出理由。

【提示】 发现可能性最大的解释没有公式。如果 E_1 和 E_2 有相关关系，而你认为是 E_1 导致了 E_2，那就要尽可能详细、有说服力地说明 E_1 **如何**导致了 E_2。同理，如果你认为 E_2 导致了 E_1，那就要尽可能详细、有说服力地说明 E_2 **如何**导致了 E_1。你对 E_1 和 E_2 的了解越多，这个过程就会越容易。如果你不能有说服力地说明两者的因果关系，那么可能性最大的解释或许就是：这只是巧合。请注意，在科研工作中，研究者往往可以得出相关关系仅为巧合的可能性大小。如果研究表明，纯属巧合的可能性为万分之一，而不是二十分之一，那么想找到其他解释可就难了。

【范例】

被埃及伊蚊叮咬的人有时会患上黄热病。因此，“被埃及伊蚊叮咬”和“患上黄热病”存在相关关系。

答案　对于该相关关系，可能性最大的解释是：埃及伊蚊导致了黄热病。根据美国疾病控制中心的资料，黄热病是由病毒导致的，而这种病毒会通过蚊类叮咬传播给人类。世界卫生组织网站介绍，埃及伊蚊是“黄热病病毒携带者”，也就是说，埃及伊蚊能够传播黄热病。致病原理推测如下：埃及伊蚊叮咬人体时将病毒注入血液，然后病毒导致了黄热病。

答案解析　上述回答是基于练习 5.1 范例中的回答，后者为“被埃及伊蚊叮咬”和“患上黄热病”的相关关系给出了 3 种可能解释。本回答做了两件事。第一，引用权威来源，确定 3 种可能解释里哪一个是真的。这只是确认可能性最大解释的一种方法，而不是所有问题都能运用该方法。第二，给出因果关系的机理。如果你主张某个因果关系最能够解释某个相关关系，具体说明“原因如何导致了结果”往往是很重要的。

【习题】

1. 美国研究生入学考试（GRE）是一种广泛采用的研究生入学测试。哲学系学生在 GRE 各个项目中的分数都非常高。

2. 树叶变黄时，大雁总要南飞。这就是说，树叶变黄与大雁南飞存在相关关系。

3. 印度人的饮食中包含大量姜黄，印度人阿尔茨海默病的发病率大大低于美国人。大多数美国人不会大量吃姜黄。这就是说，患上阿尔茨海默病与食用姜黄存在负相关关系。

4. 威廉·哈里森尚未成为美国总统时，曾袭击过肖尼族酋长特库姆塞所在的村庄。据说，特库姆塞的兄弟对哈里森下了诅咒。哈里森于1840年当选总统，1841年便死于任上。之后120年里，每名于整十年份当选的总统都会死于任上。这就是说，整十年份当选总统与死于任上存在相关关系。

※ 延伸练习 ※

请浏览科普网站或者你喜欢的报纸的科技栏目，从中找到一篇涉及因果关系或相关关系的文章。大部分文章都会包含相关关系，有时还会有因果解释。请考察文中相关关系的最好因果解释是什么。如果文章提出该相关关系存在因果性，你是否认同？原因是什么？

规则21　情况有时很复杂

很多幸福的人并未结婚，也有很多已婚的人不幸福，但这并不能说明什么。**一般而言**，婚姻对幸福没有任何影响。只不过幸福与否还有其他许多原因罢了（结婚与否亦然），单单一处关联绝非全貌。在这些情况中，问题在于各个原因的**相对重要性**。

如果你（或者其他人）声称 E_1 导致了 E_2，那么它并不一定就是“E_1 通常不导致 E_2”或者“其他某个原因有时也会导致 E_2”的反例。它只是说，E_1 **通常**会导致 E_2，而其他原因导致 E_2 的概率较小，或者说，E_1 是导致 E_2 的**主要原因**之一，尽管导致 E_2 可能有多个原因，主要原因可能也不止一个。有人从不吸烟，但仍得了肺癌，有人每天吸3包烟，却从未患上肺癌。两种结果都能引起医学界的兴趣和重视，但事实仍然是，吸烟是肺癌的主要诱因。

多个不同的原因可能导致一个整体的结果。例如，尽管全球气候变化的原因多种多样，但其中有些原因是自然引起的——例如太阳亮度的变化——这个事实并不能说明，人类因素因此就没有任何影响。这个因果关系同样是复杂的，很多因素在起作用（确实，如果太阳也加剧了全球变暖，人类就更有理由少做让全球变暖的事情了）。

另外，“互为因果”也是可能存在的。独立电影人的独立性或许导致他们富有创造力；但反过来看，有创造力的电影人可能从一开始就会追求独立，从而进一步提高创造力，如此往复。还有的人可能**既**追求独立性，**也**追求创造力，因为他们不喜欢压力大的生活状态，或者有一个不能卖给大工作室的宏伟设想。情况是很复杂的……

章练习 5.3　评价因果论证

【目标】 练习评价因果论证。

【要求】 评价下列论证是否符合规则 18 至规则 21。

【提示】 好的因果论证要做到两点。

第一，好的因果论证应当让你相信，两件事之间确实有相关关系（规则 18）。要记住，相关关系是两件事之间**有规律**的联系。比如，甲事之后出现了乙事的几个例子并不足以证明存在相关关系。确立相关关系主要有两种方式：一种是引用资料，另一种是举出例子或数据。不管用哪一种方式，你都要用第四章或第二章的规则来判断相关关系是否确立。

第二，好的因果论证应当让你相信，相关关系的最好解释是一件事导致了另一件事。要想判断是否成功，你需要想出多种可能的解释，就像练习 5.1 中那样。接下来，运用练习 5.2 中学到的技能，搞清楚论证中提出的解释是否就是最好的解释。如果你认为还有更好的解释，那么该论证要么违背了规则 19，要么违背了规则 20，要么两者都违背了。

规则 21 要从两方面来看。一方面，有些论证夸大了结论的强度。如果某个论证似乎表明它已经解释了某结果的**全部**原因，你要警惕，该论证可能忽略了情况的复杂性。另一方面，某个论证没有完整阐明某结果的原因，这并不代表它没有发现真实的因果关系。比如，公共健康专家发布一份研究，声称吃快餐导致肥胖。快餐企业往往会这样反驳："我们的产品并未导致肥胖。肥胖是遗传、饮食、锻炼等多方面因素共同导致的。"快餐企业说得对，饮食不是肥胖的**唯一**原因。然而，如果从"饮食不是肥胖的唯一原因"向前一步，主张"快餐根本不是肥胖的原因"，这就违反了规则 21。评价论证时，你不要犯同样的错误。

【范例】

锻炼能提高人的执行力，即与做计划、执行任务相关的一系列生理机能。与不锻炼的人相比，经常锻炼的人执行力更强；而不是因为执行力更强所以会更经常锻炼。不爱锻炼的人开始锻炼后，他们的执行力也会变强。

答案 这是一个合格的因果论证，虽然没有给出证据支持，但是这个论证清晰地提出锻炼与执行力之间有相关关系（规则 18）。之后主张锻炼是原因，而执行力提高是结果。另一种解释是，执行力高是原因，而更经常锻炼是结果（规则 19）。针对这种解释，该论证提出了一个理由来说明自己的主张是可能性最大的解释（规则 20）：不爱锻炼的人开始锻炼后，他们的执行力也会变强。此外，我们知道锻炼会对身心产生多方面的影响，因此认为锻炼能够提升执行力是合理的，不过该论证并未阐述具体机理。论证也考虑到了复杂性（规则 21），提出了一个较弱的主张，即锻炼能"改善"执行力，而非"执行力是由锻炼决定"这样的断言。因此，该论证比较好，不过也有缺陷，没有阐述锻炼是如何提高执行力的。

答案解析 上述回答逐条论述了第五章列出的规则，并引用论证中的具体细节来支持判断。评判一个论证是否符合第五章中的规则，你自己必须考虑其他的解释。特别是在单薄的论证中，这种情况下，作者可能没有把最有价值的备选解释讲出来，你需要自己去思考。

【习题】

1. 北卡罗来纳州教师多娜·吉尔·艾伦通过一次趣味实验向学生们介绍细菌的知识。实验要用到 3 片面包，第一片是戴着塑料手套装进塑料袋；第二片是直接用手装进另一个塑料袋，但她提前认真洗过了手；第三片则在教室里传了一遍，接触了学生们没有洗过的手，然后放进第三个袋子。过了几天，第三片面包布满霉菌和黏液，其他两片看起来还可以吃。由于面包之间唯一的区别是用什么手拿过，而且我们知道学生的手上有细菌，会导致面包长毛，因此最好的解释是：学生接触面包导致霉菌滋长。

2. 参军服役会导致日后赚钱少。20 世纪 70 年代初参加越战的美国老兵退役 10 年后，收入仅相当于未入伍者的大约 85%。由于入伍人选是随机抽取的，因此既不可能是（未来）收入导致了入伍，也不可能是另外某个因素同时导致了入伍和低收入。

3. 心理学家戴维 · 兰德和戈登 · 潘尼库克的新研究发现，批判性思维强的人也擅长发现假新闻。研究者专门进行了认知反应测试，如果人们不假思索地回答测试中的问题，那就很容易出错。（举一个著名的例子："球拍和球加起来是 1.1 美元，球拍比球贵 1 美元，请问球卖多少钱？"）测试得分高的人能更准确地分辨准确的标题和不准确的标题。兰德和潘尼库克指出，这是因为批判性思维强的人能更好地识别出标题与事实不符、歪曲事实、缺乏证据支持的情况。因此，批判性思维强有利于发现假新闻。

4. 在 1970 年前后出生的英国人中，小时候的智商与成人后的素食倾向存在相关关系。小时候智商高的人，长大后更可能成为素食者。研究者考察了吃素食导致高智商的这一可能性，但这样的话，孩子必须很小就开始吃素。研究者发现，情况并非如此。大部分素食主义者都是少年至成年阶段形成该习惯的。其他相关机理似乎更有可能，例如，高智商与教育程度高存在相关关系，而教育程度高又与吃素食存在相关关系。或许，高智商导致教育程度提高，继而导致成为素食者的可能性提高。然而，研究者排除教育因素后，智商与吃素食仍然存在相关关系。也许两者之间的关系更直接：高智商会让人更容易接受关于素食在健康等方面有好处的证据。据推测有多种相关机制在共同发挥作用。

※ 延伸练习 ※

回顾练习 5.2 中做过练习的科普文章，也可以去图书馆查找感兴趣主题的论文看（如果不知道该怎么做，请咨询图书馆馆员。图书馆馆员是查资料的专家），看看这些文章中的论证是否符合规则 18 至规则 21。

章练习 5.4　给出因果论证

【目标】 练习给出符合规则 18 至规则 21 的因果论证。

【要求】 下列问题分别给出两件事，要求读者判断是否存在因果关系。请运用规则 19 和规则 20 做出判断，然后给出论证来支持该判断。

【提示】 首先要确立相关关系（此处没有陷阱题，相关关系确实是存在的）：一种办法是引用资料，要确保符合规则 13 至规则 17；另一种办法是举例，要确保符合规则 7 至规则 11。

相关关系确立后，请依据练习 5.1 和练习 5.2 中的步骤，找到该相关关系的可能性最大的解释。在论证过程中可能需要查资料。

如果你认为因果关系不是可能性最大的解释，请说明你认为可能性最大的解释是什么，接着阐述该解释可能性最大的理由。

【范例】

美国经济下滑会导致反移民情绪吗？

答案 哈佛大学经济学家本杰明·弗里德曼在《经济增长对国民精神的影响》（*The Moral Consequences of Economic Crowth*）一书中写道，在美国经济下滑期间，反移民情绪会有高涨的倾向。该书表明，至少自 19 世纪以来，两者存在相关关系，原因是经济下滑导致了反移民情绪。经济下滑期间，许多人生活困难，而且往往是因为他们不能控制的因素。为了应对和理解生活的困境，人们会在环境中寻找显然的变化。而新移民为移民国带来了新的变化，这是必然的。因此，人们容易在新移民与经济下滑之间建立错误的关联。如果人们将自己的经济困难归咎于移民，反移民情绪就会高涨。该解释比巧合说更合理，因为这种现象是长期存在的；也比反移民情绪导致经济下滑的说法更合理，因为反移民情绪往往在经济形势恶化之后才发生。

答案解析 该回答首先引用资料，确立了经济下滑与反移民情绪之间存在相关关系。如果相关关系不存在，因果论证便是无本之木。接下来，该回答提出了可能性最大的解释，即经济下滑导致了反移民情绪高涨。在末尾，该回答运用了一种有效的确定因果方向的方法：后发生的事不可能是先发生的事的原因。

【习题】

1. 吸烟会导致肺癌吗？

2. 地震会导致火山喷发吗？

3. 小时候开灯睡觉会导致近视吗？

※ 延伸练习 ※

列出若干格式为“某事由何事导致”的问题，查一查资料，得出若干可能的答案。接着，运用规则 17 至规则 21，找到最佳答案。

批判性思维活动：“头脑风暴：因果关系”

第三部分的“头脑风暴：因果关系”是一种课内活动，通过头脑风暴得出相关关系的各种可能解释，并向可能性最大的解释努力。

批判性思维活动：重构科学推理

第三部分的“重构科学推理”是一种能练习思考经常涉及因果论证的科学推理能力的课内或课外活动。

批判性思维活动：分析科学推理中的论证

第三部分的“分析科学推理中的论证”是一种练习分析因果论证和其他种类的科学推理能力的课内或课外活动。

第六章

演绎论证

请思考下面这个论证：

如果象棋比赛中没有运气的成分，那么下象棋就是一种纯靠技术取胜的游戏。

象棋比赛中没有运气的成分。

因此，下象棋是一种纯靠技术取胜的游戏。

假设这个论证的前提是正确的。换句话说，**如果**下象棋中没有运气的成分，那么下象棋就**真的**是一种纯靠技术取胜的游戏。你可以据此非常自信地得出结论：下象棋是一种纯靠技术取胜的游戏。你不可能承认前提而否认其结论。

这类论证叫作**演绎论证**。也就是说，（正确）演绎论证的形式是这样的：如果一个论证的前提为真，那么结论也必定为真。形式正确的演绎论证叫作“逻辑有效的论证”[1]（valid argument）。

1 作者认为，逻辑有效就是指形式上正确，也就是在逻辑上正确。因此，后面出现的“逻辑上正确”和“逻辑有效”是一个意思的两种不同的表述。——编者注演绎论证与我们之前探讨过的论证不同。后者即使有多个正确前提，也不能保证结论的正确（尽管正确的可能性很大）。在非演绎论证中，结论不可避免地会超出前提本身——例证、权威等论证手段的意义正在于此——而逻辑有效的演绎论证只是把已经包含在前提中的东西揭示出来，虽然我们可能直到最后才清楚结论是什么。

当然，在现实生活中，我们同样无法永远保证前提是正确的，所以，我们对现实生活中演绎论证的结论仍然要保留一点儿（有时是很大的）怀疑态度。尽管如此，如果我们能够找到说服力很强的前提，那么演绎论证的形式是非常有用的；甚至在前提不确定的情况下，演绎论证的形式也能为组织论证提供有效的方法。

规则 22　肯定前件式

用字母 p 和 q 代表两个陈述句，最简单的逻辑有效的演绎形式是：

> 如果（句子 p），那么（句子 q）。
> （句子 p）。
> 那么，（句子 q）。

可简写作：

> 如果 p，那么 q。
> p。
> 那么，q。

这种形式叫作**肯定前件式**（modus ponens）。我们用 p 代表“下象棋中没有运气的成分”，用 q 代表“下象棋是一种纯靠技术取胜的游戏”，那么本章序言中的例子就符合**肯定前件式**（请自行检验）。另一个例子：

> 如果驾车时使用手机更容易发生事故，那么应该禁止驾车时使用手机。

驾车时使用手机的确更容易发生事故。

因此，应该禁止驾车时使用手机。

为了展开该论证，你必须同时解释和证实它的两个前提，它们需要用不同于演绎法的论证形式（参见前章）。**肯定前件式**使你从最开始就把各前提清晰地分别列出。

规则 23　否定后件式

第二种逻辑有效的演绎形式是**否定后件式**（modus tollens）（“否定式”：否定 q，所以否定 p）。

如果 p，那么 q。
非 q。
那么，非 p。

这里，“非 q”的意思是对 q 的否定，也就是说，“q 不正确”。“非 p”同理。

想扮演侦探吗？在《银斑驹》（*The Adventure of Silver Blaze*）中，夏洛克·福尔摩斯在关键时刻使用了**否定后件式**推理形式。马从一个戒备森严的谷仓里被偷走了。谷仓有一条狗，但狗没有吠叫。现在我们如何理解这种情况。

马厩里养着一条狗。然而，尽管有人进入马厩并牵走了一匹马，（这条狗）却没有叫……显然……来者是这条狗相当熟悉的一个人。[1]

福尔摩斯的论证可以按照**否定后件式**的形式列出来：

如果来者是陌生人，那么狗会叫。

1　柯南·道尔，《银斑驹》，收录于《夏洛克·福尔摩斯全集》（*The Complete Sherlock Holmes*, Garden City, NY:Garden City Books,1930），第 199 页。——原注

狗没有叫。

那么，来者不是陌生人。

用符号改写的话，你可以用 s 代表“来者是陌生人”，用 b 代表“狗会叫”。

如果 s，那么 b。

非 b。

那么，非 s。

“非 b”代表“狗没有叫”，“非 s”代表“来者不是陌生人”。用福尔摩斯的话说，就是“来者是这条狗相当熟悉的一个人”。

规则 24　假言三段论

第三种逻辑有效的演绎形式是假言三段论（hypothetical syllogism）。

如果 p，那么 q。

如果 q，那么 r。

因此，如果 p，那么 r。

以规则 6 中的一段论证为例：

学习照料宠物的过程，就是学习照料一个依附于你的生物的过程；而学习照料一个依附于你的生物的过程，就是学习如何成为好父母的过程。因此，学习照料宠物的过程，就是学习如何成为好父母的过程。

现在，我们把它拆开，然后套用到“如果……那么”的格式中：

如果你学习照料宠物，那么就是学习照料一个依附于你的生物。

如果你学习照料一个依附于你的生物，那么就是学习如何成为好父母。

因此，如果你学习照料宠物，那么就是学习如何成为好父母。

用字母来表示就是：

如果c，那么a。

如果a，那么p。

因此，如果c，那么p。

现在，你看到用语前后统一的重要性了吧！

只要每个前提具备“如果p，那么q”的形式，并且每个前提的q（叫作“后件”）都是下一个前提的p（“前件”），那么无论有多少个前提，假言三段论在逻辑上都是有效的。

规则25　选言三段论

第四种逻辑有效的演绎形式是选言三段论（disjunctive syllogism）。

要么p，要么q。

不是p。

因此，q。

比如，我们继续扮演侦探：

水果挞要么是朵拉贝拉偷吃的，要么是费奥迪丽娅偷吃的。但朵拉贝拉没有偷吃，推论已经很明显了……

用字母来表示的话，这个论证就是：

要么 d，要么 f。

不是 d。

因此，f。

这里有一含混处。“要么”这个词有两个不同的含义。通常来说，“要么 p，要么 q”意味着 p 与 q 中至少有一个是正确的，且两者可能都正确。这就是“要么”这个字的“相容”含义。正常情况下，逻辑中都采用此含义。然而，有时我们对“要么”这个字也会取“不相容”含义，此时“要么 p，要么 q”的意思是，要么 p 正确，要么 q 正确，但两者**不能**同时正确。例如，“他们要么经陆路来，要么经海路来”意味着他们不会同时从两条路来。在这种情况下，你或许能够推断，如果他们经某条路来，那就不会经另一条路来（最好要弄清楚！）。

无论你用的是“要么”的哪种含义，选言三段论在逻辑上都是有效的（请自行检验）。但是，从“要么 p，要么 q”这样的命题中，你**还**能推论出什么结果呢？尤其是，在你知道 p 成立的情况下，你是否能推出“非 q”呢？这就要看前提中的“要么”取哪一种含义了（例如，如果只知道采拉贝拉偷吃了水果挞，我们能确定费奥迪丽娅不是帮凶吗？），小心地推断！

规则 26　二难推理

第五种逻辑有效的演绎形式是二难推理（dilemma）。

要么 p，要么 q。

如果 p，那么 r。

如果 q，那么 s。

因此，要么 r，要么 s。

在日常语言中，“二难”是指在两个后果都不令人满意的选项中做出选择。例如，持悲观态度的哲学家叔本华描述了一个所谓的“刺猬困境”，大意为：

两只刺猬距离越近，它们就越有可能刺到对方；但如果分开，它们又会感到孤独。人类也是一样：与某人距离太近将不可避免地产生矛盾和愤恨，给我们带来很多痛苦；但另一方面，我们分开就会感到孤独。

这个论证概括起来可以这样写：

我们要么与他人亲近，要么分开。

如果我们与他人亲近，我们将忍受矛盾和痛苦。

如果我们分开，我们将感到孤独。

因此，我们要么忍受矛盾和痛苦，要么感到孤独。

用符号表示：

要么 c，要么 a。

如果 c，那么 s。

如果 a，那么 l。

因此，要么 s，要么 l。

继续运用二难推理，我们可以得出“无论哪种情况，我们都不幸福”这样更简洁明了的结论。请读者自行用形式语言将其改写吧。

由于这个结论听起来有点儿扫兴，或许我应该补一句：刺猬实际上完全能够相互亲近，而不刺到对方。它们既能相互接近，又能感到幸福。叔本华的第二个前提原来是错误的——至少对刺猬来说。

练习 6.1　辨认演绎逻辑形式

【目标】 练习辨认运用了规则 22 至规则 26 的简单演绎推理。

【要求】 请指出下列论证采用了上述的哪一条规则。

【提示】 要想辨认出一个演绎逻辑采用的形式，不妨用字母来代替论证的各个部分。比如，在“否定后件式”（规则 23）一节中，我们分别用字母 s 和 b 来代表“来者是陌生人”和“狗会叫”。

如何用字母来缩写呢？第一步是找“如果”“而且”“要么”等词语，它们叫作“逻辑连接词”，作用是把独立短句连成长句（独立短句是长句的组成部分，但是成分完整。例如，“如果象棋完全没有运气因素，那么象棋就是纯粹比拼技艺的游戏”内就有两个独立短句：“象棋完全没有运气因素”和“象棋是纯粹比拼技艺的游戏”）。

看到逻辑连接词时，给它画个圈；然后在由它连接的独立短句下面加横线，每个短句用一个字母来代替，写在短句下面或者旁边。逻辑学家经常用 p 和 q 这两个字母，但其他字母也没问题。

要记住，“如果”“而且”“要么”并不总是逻辑连接词。以“而且”为例，它在英文里是“and”，也可以翻译为“和”，比如狮子、老虎和狗熊。你要找两边是独立短句的句子，这种情况有逻辑连接词的可能性最大。

逻辑连接词都被找出来了，它们连接的独立短句也用字母代替了，现在就要看独立短句有没有在论证中重复出现。如果有的话，给重复的短句下面也加上横线，并用同样的字母代替。用什么字母无所谓，保持一致即可。如果你用字母 p 来代表“象棋完全没有运气因素”，那么论证中之后出现的“象棋完全没有运气因素”就都要用字母 p 来代替。

最后，检查一下有没有**否定**命题。有的话，就在对应的字母前面加上“非”字。比如，字母 b 代表“狗会叫”，你就要看论证里有没有“狗没叫”，有的话，在这句话下面加上横线，旁边或下面写上“非 b”。

这些都做完后，你很可能会发现论证中还有一些短语、短句或整句没有用字母代替。这是正常现象。论证往往包含在篇章中，而篇章可能还有背景信息、论证前提说明等内容。这些内容不需要符号化，也就是不用字母代替。它们很可能不是论证的前提。

请注意，在日常生活的论证中，同样的意思可能会用不同的方式来表达。如果你确信两个短句表达的意思相同，那就可以用同样的字母来代替，哪怕措辞不完全一致。举个例子：

要么狗认识来的人，要么狗会叫。狗没叫。因此，来的人不是陌生人。

第一句话的前半句和最后一句话意思相同，即狗认识来的人，只是措辞不同。用相同的字母来代表这两句话是合理的。

用字母代替了组成论证的每句话之后，你就要将符号化后的论证与前述规则比对。如果符号化的论证与一条规则的形式相符，那么该论证就符合这条规则，否则就不符合。请注意，前提的顺序无关紧要；要紧的是，一定要分清前提和结论。

【范例】

如果金钱是人生最重要的事物，那么我们就会为了金钱本身而追求它。我们不会为了金钱本身而追求它，金钱只是作为实现其他目标的手段。因此，金钱不是人生最重要的事物。

答案　否定后件式。

答案解析　要想明白答案为什么是否定后件式，我们可以用 p 来代表“金钱是人生最重要的事物”，q 来代表“我们会为了金钱本身而追求它”。于是，第一句话的符号化版本就是“如果 p，那么 q”。第二句话的前半句是“非 q”，最后一句话是“非 p”。可见，该论证符合否定后件式的形式。请注意，“金钱只是作为实现其他目标的手段”不是论证的一部分。

【习题】

1. 如果我在思考，那么我就存在。我在思考。所以，我存在。

2. 你说我是恶魔。那么好，你说的或许是对的，我确实是恶魔；你说的或许是错的，我只是一个可怜的乡村老男孩。如果我只是一个可怜的乡村老男孩，那么你最好对我客气点儿。但是，如果我真是恶魔，那么你可真得对我客气点儿了，因为我能给你带来各种灾祸。所以，不管是哪一种情况，你最好都对我客气点儿！

3. 许多医书建议，被蜜蜂蜇伤后要用镊子夹出毒针，不要挤压，也不要用手拔。1996 年，有研究者让蜜蜂多次蜇他们自己，以便检验该建议。他们有时用镊子夹出毒针，有时用手拔出毒针。他们说，如果用镊子夹出毒针比用手拔出更有效的话，那么夹出毒针留下的伤口应该更小。他们发现，用镊子夹出毒针留下的伤口并不会更小。因此，用镊子夹出毒针并不比用手拔出更有效。

4. 体育评论员真的不应该再说“这是编不出来的”了。如果编剧能写出人类生活在虚拟世界，智能机器利用人体发电的科幻反乌托邦故事，那他们当然能编出某位足球运动员在最后关头射进一球，打平重要比赛的情节。当然，我们知道他们能写出那样的科幻反乌托邦故事，因为他们已经写出来了。由此可知，不管评论员说什么，编剧都能编出来那样的情节。

练习 6.2　发现复杂篇章中的演绎论证

【目标】 练习发现复杂篇章中的演绎论证。

【要求】 请指出下列论证采用了上述的哪一条规则。

【提示】 你遇到的大部分演绎论证可不会像练习 6.1 里那样直截了当，而是包含在更长的篇章中。前面论证的逻辑形式显而易见，而有些论证并非如此。

不过，万变不离其宗。复杂篇章的基本技巧和练习 6.1 中是相同的。寻找逻辑连接词。用字母代替逻辑连接词两侧的独立短句。寻找论证中的其他地方是否也出现了这些短句。要记住，论证可能是嵌在整体篇章里面的。有些短语、短句和整句可能并不是论证的前提。篇章不必完全符号化，只有表达论证前提和结论的短句和整句需要符号化。

本节习题和练习 6.1 有一大区别：你要明白“如果 p，那么 q”这种逻辑形式有多种表达方式。最常见的 3 种如下：

p，要是 q = 如果 q，那么 p

只有 q，才 p = 如果 p，那么 q

除非 q，否则 p = 如果非 q，那么 p

有时，问题出在“非”（或者“没”“没有”）这个小词身上。举个例子：

(1) 如果谋杀发生于中午，那么管家就没有干。

(2) 如果管家没有干，那么肯定是女仆干的。

所以，(3) 如果谋杀发生于中午，那么肯定是女仆干的。

有一种很自然的符号化方式：

(1) 如果a，那么非b。

(2) 如果非b，那么c。

所以，(3) 如果a，那么c。

表面上看，它并不像是假言三段论（规则24），因为我们讲解假言三段论时可没提到“非”（不信回去看看）。不过，要是你看得仔细些，便会发现它与任何好的假言三段论没有两样：通过中项将a和c紧密连在一起，只不过此处的中项恰好是“非b”的形式而已。为清楚起见，不妨用另一个字母来代替“非b”，比如d。那么，论证就是这个样子：

(1) 如果a，那么d。

(2) 如果d，那么c。

所以，(3) 如果a，那么c。

明白了吧？这就是逻辑上正确的假言三段论形式，即链式推理。

同理，我们来看下面这个论证：

(1) 如果非m，那么非j。

(2) 非m。

所以，(3) 非j。

虽然每个命题都是“非p”的形式，但显然是肯定前件式。只要前提（1）的前件得到了前提（2）的确认，那么前提（1）的后件就会成立。前提之间的关系才是关键。

【范例】

科学家早就知道火星上现在有水，但不确定火星上有没有过河流或小溪。2012 年，美国航空航天局的好奇号探测车在火星上发现了嵌有圆润卵石的大块岩石。只有当卵石曾经在常年流淌的河流或小溪中，它们才会有这种形状。因此，卵石肯定曾经在河流或小溪里。这就证实了火星曾经有河流或小溪。

答案　肯定前件式。

答案解析　关键连接词是第三句中的“只有”。如果我们用 p 代表“火星上有的卵石是圆润的形状”，用 q 代表“卵石曾经在常年流淌的河中”，那么第三句话就写作“只有 q，才 p”。我们知道它的意思是“如果 p，那么 q”。我们又注意到第二句话正好说的是 p，第四句话则是 q，可知论证的格式是肯定前件式。请注意，第一句话只是背景信息，最后一句讲的是前面的肯定前件式论证的结论为何重要。这两句话都无须符号化。还要注意一点，“河流或小溪”中的“或”不是逻辑连接词，因为它连接的不是两个独立的分句。

【习题】

1. 1610 年 1 月，伽利略将新造的望远镜指向木星。他注意到，木星旁边有 3 个光点，之前倍率较低的望远镜没有发现它们。起初，他以为是恒星。但是，他后来在笔记中写道，如果 3 个光点是恒星的话，那么它们就应当与其他恒星同样明亮且随机分布。但是，它们比其他恒星更明亮，而且在木星旁呈直线分布。因此，他得出结论，它们不是恒星。这是他发现木星卫星的第一步。

2. 在现代化学尚未出现的 18 世纪初，科学家相信可燃物包含一种名为“燃素”的物质。一样东西燃烧时，人们就认为它失掉了“燃素”。“燃素论”解释了许多科学现象，但也引发了若干疑点。一个疑点：某些金属燃烧后变得更重了。但如果燃烧就是释放燃素的话，金属燃烧后应该变得**更轻**才对。一些科学家因此开始怀疑燃素论是错误的。

3. 经济学家有一项职责，就是发现人们为什么要做蠢事——至少是**看起来**蠢的事。以明星代言为例。为了宣传产品，公司会花大钱请明星代言，哪怕明星没有该产品的相关专业知识。出于某些原因，代言会在消费者中引起反响。也就是说，明星代言会导致消费者购买更多代言产品。有人或许会认为，这纯粹是愚蠢。

但是，经济学家不这样看。他们的理由是：如果明星代言不是产品质量好或公司值得信赖的信号，那么代言就不会在消费者中引起反响。因此，明星代言必然是产品质量好或公司值得信赖的信号。经济学家的难题就在于，搞清楚明星代言怎样做到了这一点。

4. 自称是基督徒的人必须相信某些事情。最起码，他要相信上帝和永生。如果一个人不相信上帝和永生，那么他就不是真正的基督徒。伯特兰·罗素不相信上帝和永生。所以，伯特兰·罗素不是基督徒。

练习 6.3　运用演绎论证得出结论

【目标】 练习运用演绎论证得出结论的能力。

【要求】 下面的每道题都会给出若干前提，你可以运用演绎论证从中得出某个结论。请说明每道题能得出的结论，以及得出结论所用的一种或多种演绎论证形式。

【提示】 与练习 6.1 和练习 6.2 一样，第一步要将各个命题符号化。先找包含逻辑连接词的命题。符号化完成后，观察这些前提是否符合某个论证形式。如果符合，请运用该形式得出结论。

【范例】

如果海豚在相似条件下的行为与人类相似，那么海豚行为背后的心理机制就与人类相似。海豚在相似条件下的行为确实与人类相似。

答案　运用肯定前件式，我们能得出结论：海豚行为背后的心理机制与人类相似。

答案解析　用 p 代表“海豚在相似条件下的行为确实与人类相似”，q 代表“海豚行为背后的心理机制与人类相似”，上述前提可符号化为以下形式：

（1）如果 p，那么 q。

（2）p。

这种前提形式与肯定前件式相符，可从中得出“q 为真”的结论，即海豚行为背后的心理机制与人类相似。

【习题】

1. 我相信南美洲和非洲曾经共同组成一片超大陆，但之后漂移开了。如果“大陆漂移”假说是正确的，那么就会有一些动物只生活在古代超大陆裂开的地方附近。如果有这样的动物，那么就会有一些只存在于南美洲东部和非洲西部的化石。

2. 光要么是由微粒组成的，要么是由波组成的。光不是由微粒组成的。

3. 我们已经变成了智能手机的奴隶，永远要与别人联络，永远有信息涌来。对许多忙碌的专业人士来说，这是一个实实在在的问题，工作文档和电子邮件侵入了他们的私人生活。他们要么试图靠自己减少对智能手机的依赖，要么与同事一起努力。但如果靠自己的话，他们离线的时间就会让同事很头疼。但如果提前协调好，让其他人也一起离线，同事们就会认可。

4. 2012 年，土耳其法院判决 330 名军官有罪，罪名是他们策划了 2003 年的一场政变。法庭的主要证据来自据称创建于 2003 年的计算机文件。但检查文件的计算机专家发现文件是用微软 Office 2007 创建的，2003 年还没有这款软件。显然，如果文件是用 Office 2007 创建的，那就不可能创建于 2003 年。

规则 27　归谬法

有一种传统的演绎策略值得特别关注，尽管严格来说，它只是**否定后件式**的变体。它就是**归谬法**（reductio ad absurdum）。**归谬法**论证（有时被称为“间接证明”）的原理是，假定原命题不成立，然后从该假定中推导出**谬论**：一个与原命题矛盾的，或者愚蠢的结果。这种论证意味着，除了接受原结论，你别无选择。

> 欲证：p。
>
> 假定原命题不成立：非 p。
>
> 论证在这种假定情况下，结论只能是：q。
>
> 证明 q 是错误的（矛盾、荒谬、在道德或实践中不可接受……）。
>
> 结论：最终看来，p 必定是正确的。

比如，我们来看看下面这个“性感”的短论：

无人曾在太空做爱。当然，不会有人承认。但是，假设——纯粹为了论证方便——有人**确实**曾在太空做爱。这就意味着，有人曾在太空做爱却没有对任何人说起过。而这实在是难以置信。没有人会把这件事憋在心里的！[1]

改写成归谬法的格式：

欲证： 无人曾在太空做爱。

假定原命题不成立： 有人曾在太空做爱。

论证在这种假定情况下，结论只能是： 有人曾在太空做爱却没有对任何人说起过。

但是： 那“实在是难以置信”。

结论： 无人曾在太空做爱。

论证成立。但是，关键前提是否正确呢？你能保守住这个秘密吗？

练习 6.4　归谬法实操

【目标】 从实例中辨认归谬法，进一步理解归谬法的原理。

【要求】 请辨认下列篇章中包含的归谬法。换言之，你要说明作者想要证明哪个命题，提出了什么假设，从这个假设中必然会得出什么结论，这一结论为什么是不合理的，最后说明整体论证的结论。

【提示】 如前所述，归谬法与否定后件式相近。两者的原理都是：一个命题必然得出另一个命题，而后一个命题是假的。换句话说，两者都是先提出“如果

1　由大卫·莫罗改写自迈克·沃尔的《官方声明：无人曾在太空做爱》(*No Sex in Space Yet,Official Says*，2011 年 4 月 22 日)。——原注

p，那么 q”，然后说 q 是假的，这样就能推断出 p 也是假的。

但是，在否定后件式中，我们只需要“q 为假”就能得出“p 为假”的结论。我们（还有作者）不需要预先假定 q（或 p）为假。如果 q（或 p）是假的，我们可能会感到很惊讶，甚至会希望它们是真的。而在**归谬法**中，为了证明 p 为假，我们首先要说明：由 p 会推出谬论 q。

假命题和谬论有何区别呢？英国国王都出生在英国，这就是假命题。比如，英国国王威廉三世的出生地就在今天的荷兰。但是，你必须查资料才能发现它是假的。英国国王都出生在木星，这就是谬论，你不用查资料就知道它是假的。

本节习题要求读者说明 p 和 q 分别是什么，还要阐述论证的作者为什么觉得 q 是“谬论”。为此，首先，你要看论证假定哪个命题为真，是 p。结论，即作者想要证明的命题，则是非 p。接下来，你要看从假定 p 为真必然会推出什么荒谬的结论，是 q。最后，作者说 q 难以置信，你要看作者说的有没有道理（当然，如果看一眼就知道荒谬绝伦，作者也可能无须赘述）。

完成上述步骤后，你可以将其放到下面的模板中：

为了证明：非 p。

假定情况与此相反：p。

论证在这种假定情况下，结论只能是：q。

但是：证明 q 是荒谬的（或者显然是错误的）。

结论：非 p。

【范例】

有人坚持认为，美国人从未登上过月球。他们说，登月行动是一场精妙的骗局。（据称）为了将航天员送上月球，NASA（美国航空航天局）动用了成千上万人的力量。但是，首次登月几十年来，没有一个登月项目参与者声称登月是骗局。暂且假设登月**确实**是骗局。我们很难相信 NASA 能堵住这么多人的嘴。因此，合理的认识只有一个：登月并非骗局。

答案　为了证明：美国登月行动不是骗局。

假定情况与此相反：登月行动是骗局（即航天员从未登上月球）。

论证在这种情况下，结论只能是：几十年来，NASA 堵住了成千上万人的嘴。

但是：NASA 不可能在这么长的时间里堵住这么多人的嘴。

结论：美国登月行动不是骗局。

答案解析　用“提示”里面给出的模板来看，该论证的主要结论——非 p——是美国登月行动不是骗局。模板的第一行和最后一行都是这句话。论证先假定结论的反面（p），即登月行动是骗局。接下来论证道，该假说会导出 q，也就是几十年来，NASA 堵住了成千上万人的嘴。由于 NASA 不可能做到这件事，所以我们应当拒绝接受原假说 p。于是，我们就得出了主要结论：非 p。美国登月行动不是骗局。

请注意，严格来说，NASA 堵住成千上万人的嘴并非不可能。然而，“NASA 在这么长的时间里堵住这么多人的嘴”这一断言太惊世骇俗，对于任何必然推出该断言的假说，我们都不应当接受。

【习题】

1. 太阳不可能比整个太阳系更大，因为它是太阳系的一部分。所以，如果太阳比整个太阳系更大的话，它就要比自己还大。但没有东西能比自己还大！

2. 在审判毒枭“矮子”华金·古兹曼期间，一名证人声称“矮子”曾于 2012 年向时任墨西哥总统培尼亚·涅托行贿 1 亿美元。但转交 1 亿美元现金要用一辆卡车才行，而且律师认为毒枭团伙能亲手交给培尼亚·涅托这么多现金是荒谬的。因此，“矮子”没有向培尼亚·涅托行贿 1 亿美元。

3. 任何物体都不可能达到光速。为了明白这一点，假设你能让一艘飞船达到光速。根据相对论，飞船加速的同时，长度会不断缩短。如果你让飞船达到光速，它的长度就会变成零。但是，零长度物体的概念是荒谬的。因此，我们不能让飞船——和一切物体——达到光速。

4. 假设世界像房屋那样有一个创造者。房屋不完美时，我们知道是谁的问题：是盖房子的木匠和石匠。世界也不是十全十美的。于是，世界的创造者似乎是不完美的。但认为世界的创造者不完美是荒谬的。既然我们从世界像房屋那样有一个创造者的假设推出了荒谬的结论，那么要想避免荒谬的结论，就只能放弃世界像房屋那样有一个创造者的假设。

※ 延伸练习 ※

列出若干错误的命题。你能从中推出荒谬的结论，从而证明其为假吗？你还可以跟朋友或同学合作，比一比谁推出的结论最荒谬。

规则 28　多步骤演绎论证

很多逻辑有效的演绎论证都是规则 22 至规则 27 中介绍的基本形式的组合。例如，下面是福尔摩斯为了开导华生医生而给出的一个简单的演绎论证，同时就观察和演绎推理的关系发表了评论。福尔摩斯漫不经心地说，华生当天上午去过某家邮局，他还在那儿发了一份电报。华生非常惊讶地回答说："对！这两点你都说对了！但我得承认，我不明白你是怎么知道的。"

福尔摩斯："非常简单……通过观察，我发现你的鞋面上沾着点儿红土。在威格莫尔街邮局正对面，他们在修人行道，有些泥土被翻到了地面上，由于位置特殊，你要进入邮局的话很难不踩到这些泥土。据我所知，在这附近只有那个地方的泥土是这种红色的。观察到的就是这些。剩下的就是推理了。"

华生："那么，你是怎么推断出我发了电报呢？"

福尔摩斯："我当然知道你没有写信，因为整个上午我就坐在你对面。我还在你书桌打开的抽屉里看到你有一联邮票和一厚叠明信片。既然这样，你去邮局除了发电报还能做什么呢？排除所有其他可能，剩下的就一定是事实了。"[1]

把福尔摩斯的推理按照前提的形式清楚列出：

1. 华生的鞋上沾有一些红土。

1　柯南 · 道尔，《四签名》(*The Sign of Four*)，收录于《夏洛克 · 福尔摩斯全集》，第 91—92 页。——原注

2. 如果华生的鞋上沾有一些红土，那么他当天上午去过威格莫尔街邮局（因为在那里，也只有在那里的地面上翻出了这种红土，并且你很难不踩到它）。

3. 如果华生当天上午去过威格莫尔街邮局，他要么是去寄信，买邮票或明信片，要么是去发电报。

4. 如果华生是去寄信，那么他当天上午就应该先写出这封信。

5. 华生当天上午没有写任何信。

6. 如果华生是去买邮票或明信片，那么他就不应该有一联邮票和一厚叠明信片。

7. 华生已经有一联邮票和一厚叠明信片了。

8. 因此，华生当天上午是去威格莫尔街邮局发电报。

我们现在需要把这个论证分解为一系列逻辑有效的演绎论证，这些论证要符合规则 22 至规则 27 中提到的简单形式。我们可以从**肯定前件式**开始：

2. 如果华生的鞋上沾有一些红土，那么他当天上午去过威格莫尔街邮局。

1. 华生的鞋上沾有一些红土。

I. 因此，华生当天上午去过威格莫尔街邮局。

（我将用 I、II 等代表简单论证的结论，然后这些结论可以用作前提，推出新的结论。）

接下来是另一个**肯定前件式**：

3. 如果华生当天上午去过威格莫尔街邮局，他要么是去寄信，买邮票或明信片，要么是去发电报。

I. 华生当天上午去过威格莫尔街邮局。

II. 因此，华生要么是去寄信，买邮票或明信片，要么是去发电报。

现在，这 3 种可能中有两种都可以通过**否定后件式**被排除：

4. 如果华生是去寄信，那么他当天上午就应该先写出这封信。

5. 华生当天上午没有写任何信。

III. 因此，华生去邮局不是为了寄信。

以及：

6. 如果华生是去买邮票或明信片，那么他就不应该有一联邮票和一厚叠明信片。

7. 华生已经有一联邮票和一厚叠明信片了。

IV. 因此，华生去邮局不是为了买邮票或明信片。

最终我们可以将其整合在一起：

II. 华生要么是去寄信，买邮票或明信片，要么是去发电报。

III. 华生去邮局不是为了寄信。

IV. 华生去邮局不是为了买邮票或明信片。

8. 因此，华生当天上午是去威格莫尔街邮局发电报。

最后一个推理是一个扩展形式的选言三段论："排除所有其他可能，剩下的就一定是事实了。"

练习 6.5　辨别多步骤演绎论证

【目标】 练习辨别多步骤演绎论证。

【要求】 下列论证都使用了两种或两种以上演绎论证形式，请给出每个论证使用的形式。

【提示】 本节习题建立在练习 6.1 和练习 6.2 的基础上，解题方法是一样的：

先找逻辑连接词，然后看逻辑连接词两边的独立短句，最后看这些短句有没有重复出现。

本节习题的不同之处在于，一个（短）论证的结论会成为下一个（短）论证的前提。你不妨将论证想象为一根环环相扣的“链条”。下面给出一个**假言三段论**（规则 24）与**肯定前件式**（规则 22）组成的“链条”：

如果 p，那么 q。
如果 q，那么 r。　　} **假言三段论**
所以，如果 p，那么 r。
p。　　} **肯定前件式**
所以 r。

其中“如果 p，那么 r”既是**假言三段论**的结论，又是**肯定前件式**的前提。总体来说，你要留意既是前提又是结论的“双重”命题。它们可能就是论证“链条”之间的“环”。

有些论证特别难懂，前提好像乱七八糟的。这种情况下，你应该把论证当成拼图，试着把各个部分重组，以一种有意义的、容易理解的方式拼接起来。比如，一个论证符号化后可能是这个样子，共有 5 个命题：

（1）如果 q，那么 r。
（2）p。
（3）如果 p，那么 q。
所以，（4）如果 p，那么 r。
所以，（5）r。

重组之后，你会发现（3）、（1）和（4）构成了一个**假言三段论**，而（2）、（4）和（5）符合**肯定前件式**。

由于（4）既是一个论证的结论，又是一个论证的前提，所以我们叫它“子结论”。由于（5）不会用作其他论证的前提，所以我们称之为整个论证的“主结论”。

【范例】

铀会放射出类似X光的射线。这些射线要么来源于铀元素与环境的相互作用，要么来源于铀元素本身。如果射线来源于铀元素与环境的相互作用，那么放射量应该会随着温度、光照等因素变化。但是，放射量是恒定的，不会随着温度、光照等因素变化。那么，射线就不来源于铀元素与环境的相互作用。所以，射线来源于铀元素本身。

答案　否定后件式与选言三段论。

答案解析　要想看清论证中是如何运用否定后件式和选言三段论的，用字母p代表“射线来源于铀元素与环境的相互作用”，字母q代表“放射量应该会随着温度、光照等因素变化”，r代表“射线来源于铀元素本身”，则论证的符号化形式如下：

（1）要么p，要么r。
（2）如果p，那么q。
（3）非q。
所以，（4）非p。
所以，（5）r。

请注意，第一句话没有用字母代替。根据否定后件式，前提（2）和前提（3）得出（4）。根据选言三段论，前提（1）和前提（4）得出主结论（5）（欲了解如何用论证导图来表示该论证，参见《附录三　论证导图》练习13.2）。

【习题】

1. 要么上帝能够阻止罪恶，要么不能。一方面，如果上帝不能阻止罪恶，那么上帝就并非全能。毕竟，说上帝不能阻止罪恶，就相当于上帝有做不到的事情。另一方面，如果上帝能够阻止罪恶，且选择不阻止罪恶，那么上帝就并非全善。原因在于，全善者不会有意允许罪恶发生。所以，要么上帝并非全能，要么上帝并非全善。我们如果承认上帝是全善的，那么就必须承认上帝不是全能的。

2. 温德海姆小姐，你声称，你的父亲是在你烫完头回家后被射杀的。你说自己没有听到枪声，因为你在淋浴。那么好了，你又说，过去 15 年来，你每隔 6 个月左右就要烫一次头。但是，烫头最重要的一条就是：烫头之后的 24 小时之内，头发都不能弄湿，以免冷烫失效。难道不是吗？如果你说的是真话，那么你已经烫过大约 30 次头了。你会连这都不知道吗？如果你知道不能弄湿头发，你回家后就不会淋浴，对吗？如果你没有淋浴，那么，你说自己没听到枪声就是撒谎，不是吗？我认为你在撒谎！你听到了枪声，温德海姆小姐！承认吧！

3. 地质学家早就知道地核分为两层：液态铁组成的“外核”包裹着固态晶体铁组成的“内核”。地震学家注意到，地震波在南北两极之间的传播速度较快，在赤道上的两点之间则较慢。这表明内核中的晶体是顺着南北极方向排列的。但最近有多名地震学家发现，当地震波在靠近内核中央的位置传播时，传播速度最快的地方是中美洲和东南亚之间，而两者连线几乎与沿南北极方向排列的晶体内核垂直。地震学家在只穿过内核边缘的地震波上没有发现这样的现象。如果说南北方向的地震波传播速度表明内核的大部分晶体沿南北方向排列，那么穿过内核中央的地震波传播速度就表明内核中央的大部分晶体沿东西方向排列。而且，如果穿过内核中央的地震波传播速度表明内核中央的大部分晶体沿东西方向排列的话，那么内核就有一个“里内核”。于是，研究者得出的结论是地核分为三层：外核、外内核和里内核！

4. 我好像已经在自己家里醒来了。但是，我也可能仍在梦中。如果我确实醒了，那么家里的一切看上去、摸起来都会和现实生活中一样。如果家里的一切看上去、摸起来都和现实生活中一样，那么这块地毯摸起来就会是羊毛材质。但是，这块地毯摸起来绝对是化纤材质。所以，我不可能醒着。我仍在梦中。

批判性思维活动：辨认演绎论证的形式

第三部分的“辨认演绎论证的形式”是课内活动，旨在帮助读者练习在复杂文本中辨认演绎论证形式的能力。

第七章

详　论

现在假设你选中或者被分到一个话题或问题，你需要针对它写一篇议论文或做一次口头发言：可能是课程论文，公开发言，写“读者来信”，或者只是对这个话题感兴趣，想把自己的想法表达出来。

为此，你需要在此前探讨过的简论基础上走得更远。你必须理出一条更加具体的思路，清楚地表达出你的主要观点，并且依次对这些观点的前提进行详细的说明和论证。你的每一句话都要有证据和理由，这本身可能就要做一些调查。同时，你还需要仔细考虑对立观点的论证。这都是费力的工作，但也是有益的。实际上，对很多人来说，这是最有价值、最有趣味的一种思考！

规则 29　研究话题

你的出发点是某个话题，而不一定是某个立场。不要忙于站定某个立场，然后努力用论证来支撑它。同样，即便你有一个立场，也不要匆匆把想到的第一个论证发表出来。你要做的不是告诉别人你首先想到了什么观点，而是得出一个考虑周全的观点，并且用强有力的论证来支持它。

其他行星上可能存在生命吗？下面是一些科学家的思路。大部分恒星都有自己的恒星系，而仅在我们的银河系里就有上千亿颗恒星，宇宙的星系数量也有几千亿。即便是这些恒星中只有极少的一部分拥有恒星系，即便是这些恒星系中只有极少的一部分拥有适合生命繁衍的行星，即便**这些**行星中只有极少的一部分真正**有**生命存在，那么一定仍然有很多行星有生命存在。有生命的行星数量可能仍然大到不可想象。[1]

既然如此，为什么还会有人表示怀疑？找找原因吧。有些科学家指出，我们并不知道适宜生物居住的行星到底有多么常见，以及生命在这些行星上繁衍的可能性有多大。这一切都是猜测。其他评论者认为，其他地方的生物（*或者说，智慧生物*）到现在早就该现身了，但（*他们说*）这件事并没有发生过。

所有这些论证都值得重视，而且显然要说的还有很多。此时你已经发现，当你研究和推进论证时，你很有可能发现意料之外的事实或观点。要随时做好大吃一惊的准备。做好证据和论证得出的观点让你不舒服的准备，甚至做好被对方说服的准备。真正的思考是一个没有既定结论的过程。全部意义在于，当你开始的时候，你不知道自己在哪里结束。

即便你被分到的不是一个话题，而是有关该话题的一种立场，你仍然需要看一看其他各种观点是如何论证的——哪怕只是为了回应这些观点，更不要说，你在展开、论证自己的观点时还很可能因此省去诸多赘余了。例如，在最具争议性的问题上，你并不需要把每个人都听过无数次的论证再展开一遍。千万别那么做！要去寻找有创见的新视角，甚至可以发掘与对方的共识。简而言之，不要着急，仔细选择你的论证方向，力争取得一些实质性进展，即便（*你必须*）从“给定的”观点出发。

---

1 欲了解该论证的当代论述，参见宇航员赛思 · 肖斯塔克的《人类在地球上孤单吗？》（*Are We Alone？*），收录于道格拉斯 · 瓦克奇和阿尔伯特 · 哈里森编辑的《地外文明》（*Civilization Beyond Earth*，Berghahn, 2013），第 31—42 页。——原注

练习 7.1　发现可能的立场

【目标】 练习发现关于任何话题的可能立场。

【要求】 针对下列问题，请各自提出至少 3 个你认为有意义的、值得思考的答案。

【提示】 当你考虑要采取哪一种立场时，按照明确问题的方式来处理往往是有好处的，这样既能聚焦关注话题的各个侧面，又能发散了解各种可能的立场。毕竟，采取立场就是针对话题下的某个问题给出具体的答案。

比如，你在考虑全球贫困问题。关于全球贫困，你到底想要回答哪些问题？全球各地的穷人过得怎么样？发达国家与发展中国家目前的差距有多大？发达国家是否有道德义务帮助世界各地的穷人，有哪些事可以做？还是其他关于全球贫困的问题？

问题明确之后，你要试着给出可能的答案。当然，求全是不必的。焦点要放在合理的答案和流行的答案上：如果你觉得某个答案很有可能是正确的，你就要考虑它；如果你知道许多人赞同某个答案，你就要考虑它。哪怕你觉得某个流行答案错得离谱，它也值得你考虑，因为你应当明白**为什么**人们相信它。此外，只要真的去看看支持该答案的论证，你或许就会觉得它挺有道理呢。

不要只看非黑即白的答案。哪怕你关心的问题是一道是非题，不妨也想想“是的，但是……”“不是的，但是……”“不是的，除非……”等加入限定条件的回答。比如，你在考虑要不要读医学院，不要只想到“去”和“不去”这两个答案，也要想到有限定的回答，比如“去，但是我必须先拿到奖助学金”。

【范例】

本科教育是否应当设置外语必修课？

答案

（1）应当。

（2）不应当。

（3）不应当，个别专业除外。

（4）应当，但只要求读写即可，未必要口语熟练。

答案解析　该回答并未只列出“应当”“不应当”这两个简单的答案，而是给出了其他限定性的答案。当然，其他可能的答案还有很多。“是的……除外”“有的时候……”这样的限定性答案是值得考虑的。

请注意，上述答案都没有给出原因，只是表明了立场。之后，我们会依次考察原因。

有些答案比较模糊。例如，答案（3）没有说明哪些专业应当设置外语必修课。刚开始研究话题的时候，模糊一点儿无伤大雅。现在，你或许还不知道例外的专业应该有哪些。随着研究的深入，你可以完善之前的答案。

【习题】

1. 是否应当允许楼盘开发商摧毁濒危物种的栖息地?
2. 学校应当如何衡量教师绩效?
3. 20—30 岁的人应该如何为退休攒钱?
4. 自选题。话题自选，问题自选，每个问题至少给出 3 个答案。

练习 7.2 研究你选择的话题

【目标】 启发读者去思考议论文的各种备选话题。

【要求】 请根据你自己选择或老师布置的话题，提出 3 个具体的问题，之后每个问题至少给出 3 个答案。

【提示】 本节习题是练习 7.1 的延伸，要求读者去思考课堂作业的话题，或者自己特别感兴趣的话题。之后的习题会沿用练习 7.2 的话题，最终形成一篇议论文。所以，选择话题一定要谨慎!

你选择的话题不能太窄，也不能太宽。太窄的话，回答就会太容易，议论文写出来没什么意义（只有史学家才会阅读一篇关于 1812 年战争爆发时间的 5 页文章）。太宽的话，回答又太难，文章写出来缺乏说服力。

最重要的是，你一定要选择自己感兴趣的话题，愿意投入大量时间去思考的话题!

练习 7.1 的参考答案可供读者学习。

※ 延伸练习 ※

找到你喜欢的报纸，阅读其中你感兴趣的社论或专栏文章。请说明该社论或专栏文章的话题和观点是什么，自己至少要再提出两个值得考虑的观点。

规则 30 将观点整理为论证

记住，你是在进行**论证**。换言之，你要用证据和理由支持具体的结论。当你开始表述某种观点时，抓住主要思想，整理为论证的形式。拿出一张大幅白纸，逐字逐句地把你的前提和结论写成提纲。

你的第一个目标是，利用本书提供的形式写出简论，比如三五个前提。例如，上文提到的关于其他行星是否有生命存在的论证，其基本结构就可以按照“前提-结论”的形式写出来：

> 太阳系以外还有许多恒星系。
>
> 如果除我们之外还存在其他的恒星系，那么也很可能存在像地球一样的行星。
>
> 如果存在像地球一样的其他行星，那么很可能其中一些行星上有生命存在。
>
> 因此，其他一些行星上很可能有生命存在。

作为练习，你可以利用**肯定前件式**和假言三段论将它改写成演绎论证的形式。

再举一个例子，这个话题之前我们没有讨论过。最近有些人建议大幅增加学生交流项目。他们说，应该为更多的美国年轻人提供出国机会，同时也应该为世界更多其他地方的年轻人提供来美国的机会。当然，这会花掉很多钱，并且各方面都需要做一些调整，但可能会促进世界的和平与协作。

假设你想把这个建议展开并加以论证。首先，还是要草拟出论证的主要内容——基本思想。人们为什么建议扩大学生交流计划，而且如此热情？

草稿：

走出国门的学生懂得认同不同的国家。

不同国家之间增进对彼此的认同是好事。

因此，我们应该派更多的学生出国。

这个提纲确实抓住了基本思想，但实际上，它有些**过于**基本了，与一个单纯的论断差不多。例如，为什么不同国家之间增进对彼此的认同是好事？派学生出国是怎样增进这种认同的？即使是一个基本的论证也可以处理得更深入些。

改进：

走出国门的学生懂得认同其他国家。

走出国门的学生成为非官方使节，有助于对方国民认同这些学生来自的国家。

双方增进对彼此的认同有助于我们在这个相互依存的世界里更好地共存与合作。

因此，我们应该派更多的学生出国。

在你找到有关某话题的最佳基本论证之前，你可能需要尝试多种不同的结论。这些论证的差别可能很大。即便你已经确定了希望论证的结论，可能还必须尝试各种论证形式，直到找到真正有效的那一种（**大**幅白纸可不是说着玩的！）。同样，还是要使用前几章提到的规则。慢慢来，给自己留出足够的时间。

练习 7.3 正反论证大纲

【目标】 练习写作支持某个立场和反对某个立场的基本论证。

【要求】 请针对下列各立场，分别提出一个**正面**论证和一个**反面**论证。

【提示】 针对某立场的正面论证，就是以该立场为结论的论证。基本内容是给出一些能支持该立场的简单理由。如果你不确定应该写到多详细，不妨参照规则 30 中讨论过的例子。

要记住，哪怕觉得某个立场显然是错误的，你往往也能找到**某些**支持它的论证。因此，给出论证支持某立场，不代表你就必须相信它是正确的。反面的论证可能要更有力。这就是考察论证要看正反两面的意义所在。

反面论证，就是以原立场的**对立面**为结论。只要在原立场前面加上一句“以下观点是错误的”，这就是它的对立面了，虽然文采上差了一点儿。所以，如果你反对法官 70 岁强制退休，结论就可以这样写：“以下观点是错误的，法官应当 70 岁强制退休。”（逻辑学家通常将其称为“**否命题**”）

【范例】

本科教育应当设置外语读写必修课，但不必设置口语课。

答案 正面论证：

（1）对事业发展和个人机遇来说，与外国人沟通的能力越发重要。

（2）与外国人主要通过写作交流。

所以，（3）本科教育应当设置外语读写必修课，但不必设置口语课。

反面论证：

（1）到外国旅游或定居是一种很有价值、开阔视野的经历。

（2）本科教育应当让学生获得这种有价值的经历。

（3）为了到外国旅游或定居，口语能力是必备的。

所以，（4）本科教育既应当设置外语读写必修课，也应当设置口语课。

所以，（5）下列观点是错误的：本科教育应当设置外语读写必修课，但不必设置口语课。

答案解析 这两个论证只包含最基本的前提，每条前提都可以展开讲，包括相信它们的理由。反对意见也应该考虑。答案的前一个论证就给出了“本科教育应当设置外语读写必修课，但不必设置口语课”的理由，后一个论证也给出了反对该立场的理由。

要记住，面对这种折中立场，支持和反对它的方式往往有很多。比如，你可以论证本科教育根本不应该设置外语必修课，也可以像后一个论证里那样，提出本科教育应该不只设置外语读写必修课。

【习题】

1. 濒危物种灭绝是一个大问题。

2. 使用社交媒体对青少年心理健康有害。

3. 人类最早是通过北美洲和亚洲之间的陆桥进入美洲的。

4. 本科教育应当设置至少一门__________必修课（科目任选）。

练习 7.4 自选立论大纲

【目标】 帮助读者给出或发现与自选话题相关的论证。

【要求】 本节习题需要先做完练习 7.2。你在练习 7.2 中写下了 3 个问题，还给每个问题写下了至少 3 个答案。现在，你要选择 1 个问题，为它的每个答案给出两个**正面**论证和两个**反面**论证。

【提示】 从练习 7.2 中选择一个你最想用作议论文话题的问题。对于该问题，你至少已经给出了 3 个不同的答案。现在，你要为每个答案给出两个正面论证和两个反面论证，就像你在练习 7.3 中做过的那样。最后，你会有 12 个论证：每个问题有 4 个论证，两个正面，两个反面。练习 7.3 的参考答案可供读者学习。

※ 延伸练习 ※

上网搜索“民意调查”，找到近期若干民意调查的结果。每个调查都设置了多个立场供选择。请为调查中的每个立场给出一个正面论证。举个例子。一次民意调查要求人们回答，夏季奥运会应该由哪座城市主办。可供选择的城市有 5 个，那么，你就要提出 5 个论证，分别说明这些城市主办奥运会的理由。

规则 31 对基本前提进行专门的论证

当你把基本思想按照论证的形式写出来之后，你就需要将其展开并加以论证。对于任何有不同意见的人——实际上，也包括任何刚刚接触这个问题的人——大部分基本前提都需要有论据夯实。这样，每个前提同时也是需要论证的结论。

例如，请重新思考关于其他星球是否有生命存在的那个论证。第一个前提是，在我们的恒星系之外，已经发现了其他的恒星系。你可以通过引用科学文献和新闻报道来证明这一点。

到2017年2月17日为止，巴黎天文台的“太阳系外行星百科全书”网站列举了人类已知的、属于其他恒星系的3 577颗行星，其中许多属于多行星系统。

因此，太阳系以外还有许多恒星系。

证明其他行星有生命存在的基本论证的第二个前提是，**如果**我们的恒星系之外存在其他的恒星系，那么其中一些很可能包含与地球相似的行星。那么我们是怎样知道这一点的呢？有什么论据有助于证明这一点？这里，你很可能需要依靠基于事实的知识或研究。如果你关注过同样的新闻报道，你就会拿出一些非常好的理由。这个论证通常采用类比形式：

我们自己的恒星系包含各种各样的行星，有气态巨星，也有由岩石和水构成的、适合生命存在的较小的行星。

据我们所知，其他恒星系与太阳系**相似**。

因此，非常有可能的是，其他恒星系也包含各种各样的行星，包括适合生命存在的行星。

基本论证中的所有前提都应照此处理。同样，你可能要花一些力气为需要辩护的每一个前提寻找合适的证据，而且根据最终获得的证据，你甚至可能改变其中一些前提，因而也有可能改变基本论证本身。就应该是这样！好论证通常是“流动的”，各部分之间相互依赖。这是学习的过程。

你需要用同样的方式处理学生交流项目的基本论证。例如，为什么你认为——以及你要如何让他人相信——走出国门的学生懂得认同其他文化？举例子会有所帮助，或许包括你通过研究或咨询专家（那些实际组织学生交流项目的人，或者社会科学学者）得出的调查或研究结果。与之前一样，无论用哪种方式，你都需要把论证补充完整。对第二个基本前提也要这样处理：我们如何得知走出国门的学生真的会成为“非官方使节”？

第三个基本前提（互相认同的价值）或许更显而易见；如果力求简明，这种理由甚至根本不需要展开（记住一点：不是基本论证中的**每个**前提都需要展开和论证)。然而，这也是加强说服力——即你预期的效果——的好机会。你不妨这样说：

> 认同引导我们在其他人的生活方式中看到优点，即便我们尚未看到，这些优点也是可预见的。
>
> 认同也是一种享受的方式：它丰富了我们的亲身体验。
>
> 当放大我们在其他人的生活方式中找到或预见到优点，并发现它们丰富了我们的亲身体验时，我们就不那么容易对它们做出苛刻的、简单的判断，我们更愿意和他们合作。
>
> 因此，相互认同有助于我们在这个相互依存的世界里更好地共存与合作。

用具体例证把前提依次补充完整，你就会取得良好的整体论证效果。

练习 7.5 展开论证：练习

【目标】 练习展开论证。

【要求】 请在下列论证中各自找到一个有争议，但可辩护的前提：既有理由去怀疑，也能给出支持理由的前提。接着，为该前提给出一个论证。

【提示】 展开论证要做 3 件事。第一件，表明隐含的假说。第二件，阐述读者不太明白的前提。第三件，为有争议的前提提供辩护，也就是支持的理由。本节习题重点放在第三件事上。

展开下列论证时，首先，决定要辩护的前提（提前把论证改写为前提-结论的格式会方便一些)。一方面，该前提至少要有一定的争议性，人人都接受的前提是没有意义的。另一方面，该前提也有可辩护性。如果实在找不出好理由，那就别强辩了！

其次，要辩护的前提选定后，你就要给出一个以该前提为结论的论证，跟练习 7.3 差不多。最好先想一想最适当的论证类型。如果该前提是概括性命题，请遵照第二章中讲解的规则。你能想出用得上的类比吗？如果能的话，请运用第三章中学到的类比方法。该前提是否适合引用资料来支持？如果符合的话，请参见第四章。前提里有因果关系吗？有的话，请按照第五章中的规则给出论证。如果你想用演绎论证，请务必遵守第六章中的规则。

当然，理想情况是一网打尽，把论证中**所有**的争议性前提都展开。但是，本节习题择一即可。

【范例】

为练习 7.3 范例中第二个论证的第二个前提（即本科教育应当让学生获得这种有价值的经历）做出正面论证。

答案

（1）为学生过上更丰富、更有意义的生活做好准备是本科教育的一个主要目标。

（2）为学生过上更丰富、更有意义的生活做好准备的一种方式是，让学生获得有价值的、在其他地方无法获得的经历。

所以，（3）本科教育应当让学生获得到外国旅游或定居这种有价值的经历。

答案解析 上述回答的前提本身也需要进一步变化。例如，我们为什么要认为“为学生过上更丰富、更有意义的生活做好准备是本科教育的一个主要目标”？通过这样的问题，论证就能继续展开。规则 3 里说过，理想情况下，每个前提都要让每一名听众觉得可靠才行。

展开一个论证时，你应该思考为什么别人对它的前提、结论有异议。试试看，你能不能提前想到这些问题，并给出回应，从而支持你正在展开的论证中的前提。

【习题】

1. 在橄榄球和曲棍球等涉及高强度冲撞的运动中，参加者得脑震荡是家常便饭。脑震荡——尤其是重复发生的脑震荡——是很危险的。家长鼓励子女参加高强度冲撞运动就是让子女陷入巨大的风险。家长不应该让子女陷入巨大的风险。因此，家长不应该鼓励子女参加高强度冲撞运动。

2. 如果没有政府，人们就会总是害怕其他人。如果人们总是害怕其他人，那么就不会有工业或商业。所以，如果没有政府，那么就不会有工业或商业。

3. 公司有责任保护员工免受性骚扰。如果性骚扰的受害者没有把情况告知公司，那么公司要保护员工就困难得多了。如果职场性骚扰的受害者害怕举报会妨碍事业发展，那么举报施暴者的可能性就会降低。允许匿名举报有助于减轻这种恐惧。因此，公司应该允许匿名举报性骚扰。

4. 设想一名疯狂的科学家开发出一种技术，能将人的大脑从身体中取出，置于装满营养液的缸里；他还能刺激大脑随意模拟出各种经验，比如，科学家可以模拟出阅读论证指导书（比如本书）的经验。如果你是这样一个缸中之脑，你还会觉得自己是有着正常经验的“正常”人，那么，你就不能用现有经验来排除“我是缸中之脑”这一可能性。但是，你没有其他方式来排除这一可能性。如果你没有其他方式来排除这一可能性，那么你就不可能知道你不是缸中之脑。所以，你不可能知道你不是缸中之脑。

练习 7.6　展开论证：实操

【目标】 帮助读者展开自己的议论文。

【要求】 本节习题需要先做完练习 7.4。你在练习 7.4 中给出了若干论证，找出这些论证中的每一个有争议的前提，分别用论证来支持。

【提示】 第一步是找到练习 7.4 你自己给出的论证中每一个有争议的前提。如果还没做完练习 7.5，请阅读该节的“提示”部分，其中给出了发现有争议前提的建议。

发现有争议的前提后，试着给出合理的论证来支持，可以自己写，也可以查资料，与练习 7.5 差不多。某些情况下，你会找不到合理的论据，甚至发现前提是错误的。这种经历是有价值的。你需要修正或废弃这些前提所属的论证。

练习 7.5 的参考答案可供读者学习。练习 7.6 不同于练习 7.5 的一点在于，你现在要为每一个有争议的前提辩护，而非只需为一个前提辩护。当然，还有一个区别：练习 7.6 里要辩护的论证是你自己写的。

※ 延伸练习 ※

读者若意犹未尽，不妨找一找本书论证中有争议的前提，为每一个前提给出论证支持（够你忙一阵子了）。

规则32 考虑反对意见

进行论证的时候，我们往往只从**有利于**自己的一面去考虑：哪些理由可以拿来支持自己的观点。当反对意见出现时，我们往往感到大吃一惊。我们意识到——或许为时已晚——自己对可能出现的问题思虑不周。最好还是自己提前考虑反对意见，打磨自己的论证吧，甚至可能做一些根本性的调整。这样，你可以清楚地告诉读者或听众，你已经做了充分的准备，你已经研究过这个问题，并且（但愿！）思维相对开阔。因此，你要不断地问：什么样的论证能够最有效地**驳斥**你要得出的结论？

大多数行为都会产生**多方面**而不是单方面的影响。或许其他一些影响——那些你还没有注意到的——并不那么合你的心意。应该定期体检，为了幸福应该结婚，应该派更多的学生出国……甚至显而易见的（至少在我们看来）好主意也可能遭到一些考虑周到、并无恶意的人反对。试着预测他们会有哪些担忧，并切实予以考虑。

例如，学生出国也可能遇到危险，而新留学生的大量涌入可能会危害国家安全。两种情况都可能花掉很多钱。这些是重要的反对意见。但是，我们或许能够做出回应。例如，你可能想说，这些花费是值得的，部分原因在于，不接触其他文化也会有损失。毕竟，我们已经把大量年轻人——军人——派往极其危险的国家。你可以论证，让我们给外国人留下另一种形象或许是非常好的投资。

其他反对意见或许会使你反思自己的建议或论证。例如，考虑到国家安全，我们就必须谨慎对待请哪些人进入的问题。显然，我们需要他们来我们国家——除此之外，我们还能怎样纠正自己在别人眼中的错误印象呢？——但（你可以论证）设置一定的限制或许是合理的。

或许你即将提出某个普遍的、哲学性的命题。例如，人类有（或者没有）自由意志，战争是（或者不是）人类的本性，其他行星上存在（或者不存在）生命。此时你也要预测反对意见。如果你在撰写一篇学术论文，你应该在经典著作、二手材料，或者（高质量的）网络资源中寻找对你的判断或阐释提出批评的观点。与持不同观点的人对话，对你的担忧和遇到的反对意见进行筛选，挑出最有力、最常见的，尝试做出答复。别忘了重新评估自己的论证。为了把这些反对意见考虑在内，你需要修改前提和结论吗？

练习 7.7 给出反对意见：练习

【目标】 练习给出反对意见的能力。

【要求】 回顾练习 7.5 中给出的论证，为每一个论证给出一条反对意见。

【提示】 论证有两种反对的方法：一种是试图证明结论为假；另一种是试图证明论证有缺陷，而不必证明结论为假。

设想：一名律师为谋杀案中的犯罪嫌疑人辩护。当然，检察官会提出论证，表明被告实施了谋杀。辩护律师有两条反击路线，分别对应前一段讲的两种反对方法。辩护律师可以试图证明被告没有实施谋杀（也许有可靠证据表明，案发时被告正在国外）。或者，他也可以试图证明，检察官并未提出决定性的论证，即检察官给出的理由不足以说服陪审团做出有罪判决（也许检察官的证人不可靠）。

要想说明一个论证不合理，常见方法有好几种。第一种，你可以提出论证的一个或多个前提是假的，或者不可靠。第二种，你可以说论证逻辑有漏洞（一个好办法是：说明该论证违背了本书列出的某条规则）。第三种，你可以说论证诚然给出了**一定的**理由，但**不足以**让人接受结论。不过，如果你选择第三种方法，一定要说明还需要什么。补充信息来源，举出更多、更好的例子，还是该论证忽略了不应该被排除的可能性？越具体越好。

【范例】

本回答针对练习 7.3 范例中的反面论证的前提（3）即“为了到外国旅游或定居，口语能力是必备的”，给出了反对意见。

答案 许多外国人都会读写英语；至于不会的人，他们很可能要么不想跟英语国家的人通信，要么不具备通信的条件。因此，与外国人沟通虽然重要，但并不构成学习外语口语的良好理由。英语母语者是可以跟会英语的外国人交谈的。[1]

答案解析 如果上述反对意见成立的话，那么“为了到外国旅游或定居，口语能力是必备的”这条前提可能就是假的，整个论证随之不成立。

---

1 由于作者来自英语国家，本书所说“母语”为英语，“外语”为英语以外的语言。——编者注

请注意，上述反对意见本身也是一个论证。你可以将它展开，增强它的说服力，道理与练习 7.3 是相通的。例如，对于“许多外国人都会读写英语”这条主张，最好能找到一个好的来源来支持。

【习题】

1. 在橄榄球和曲棍球等涉及高强度冲撞的运动中，参加者得脑震荡是家常便饭。脑震荡——尤其是重复发生的脑震荡——是很危险的。家长鼓励子女参加高强度冲撞运动就是让子女陷入巨大的风险。家长不应该让子女陷入巨大的风险。因此，家长不应该鼓励子女参加高强度冲撞运动。

2. 如果没有政府，人们就会总是害怕其他人。如果人们总是害怕其他人，那么就不会有工业或商业。所以，如果没有政府，那么就不会有工业或商业。

3. 公司有责任保护员工免受性骚扰。如果性骚扰的受害者没有把情况告知公司，那么公司要保护员工就困难得多了。如果职场性骚扰的受害者害怕举报会妨碍事业发展，那么举报施暴者的可能性就会降低。允许匿名举报有助于减轻这种恐惧。因此，公司应该允许匿名举报性骚扰。

4. 设想一名疯狂的科学家开发出一种技术，能将人的大脑从身体中取出，置于装满营养液的缸里；他还能刺激大脑随意模拟出各种经验，比如，科学家可以模拟出阅读论证指导书（比如本书）的经验。如果你是这样一个缸中之脑，你还会觉得自己是有着正常经验的“正常”人，那么，你就不能用现有经验来排除“我是缸中之脑”这一可能性。但是，你没有其他方式来排除这一可能性。如果你没有其他方式来排除这一可能性，那么你就不可能知道你**不是**缸中之脑。所以，你不可能知道你不是缸中之脑。

练习 7.8　给出反对意见：实操

【目标】 找到针对自选议论文的反对意见。

【要求】 本节习题需要先做完练习 7.6。请为练习 7.6 中展开的每个论证给出一条反对意见。

【提示】 如果还没做完练习 7.7，请阅读该节的“提示”部分，内容与本节习题是相通的。

除了真正指出你的论证中有缺陷和漏洞的反对意见，你也要考虑你认为没有道理的流行意见。例如，如果你提出高中教师应该提高工资，那么你就应该考虑一种反对意见：高中教师工资本来就太高了，因为他们除了上课什么都不干。这种流俗之见是错误的，因为教师不上课的时候也没闲着，备课和阅卷等都要花很多功夫。读到或听到你的论证后，不少人会提出这条反对意见。你要准备好回答，这很重要。

练习 7.7 的参考答案可供读者学习。

※ 延伸练习 ※

这条练习可是很有挑战性的：列出若干你深信不疑的观点，比如道德观点或政治观点，简短地论证每一条观点。好了，你能想出反对这些论证的意见吗？

规则 33　考虑其他解决方法

如果你要证明你的建议是正确的，仅仅证明它能够解决问题是不够的。你还必须证明，它优于该问题的其他解决方案。

> 达勒姆的游泳池拥挤不堪，尤其是在周末。
>
> 因此，达勒姆需要建更多的游泳池。

这个论证存在多方面的问题。首先，“拥挤不堪”表意模糊：什么时候游泳池中人数过多，由谁来判断？纠正了这个问题，我们仍无法证明其结论的合理性。解决这个（潜在）问题的合理方法可能不止一个。

或许可以延长现有游泳池的开放时间，这样游泳者会分散到更长的时间段里；或许可以让更多人知道哪些时间段游泳者较少；或许可以把游泳比赛或者其他不对外开放的活动挪到工作日；或者达勒姆什么都不应该做，而是让来游泳的人自己调整时间安排。如果你仍然主张达勒姆应该建更多的游泳池，你就必须证明，你的建议比其他所有（成本要低得多的）解决方法都要好。

考虑其他解决方法并非走形式。这里指的并不是快速地摆出几个谁都看得出来的、很容易驳倒的方法，然后（大呼惊喜！）重新接受最初的建议——你要做的可不止这些。寻找需要认真对待的备选方案，开动脑筋。你甚至会有非常新奇的发现。例如，24 小时开放游泳池怎么样？或者，在晚间销售思慕雪等饮品，把白天来游泳的人吸引到人少的晚上？

如果你发现了真正有价值的东西，甚至可能需要修改结论。例如，有没有更好的组织对外交流项目的方法？或许我们应该把这样的机会提供给所有人，而不仅仅是学生。**老年人**交流项目怎么样？为什么不是家庭或者工作小组呢？这样，问题就不只是“派更多的学生出国”了……所以，回到白纸上，修改基本论证。这才是真正的思考方式。

即便是普遍的、哲学性的命题也存在其他可能。例如，有人主张，宇宙中除人类外不大可能存在其他文明，因为如果存在的话，他们肯定已经给我们发过信息了。但这个前提正确吗？没有其他可能吗？或许他们**确实**存在，但只是倾听。他们选择沉默的原因可能是没有兴趣，也可能是技术水平不够，虽然在其他方面已经“文明”了。或许他们正尝试与我们交流，但我们无法接收到。这些问题并无实据，仅仅是猜测，但可能性的存在足以削弱反对意见的说服力。

顺便说一下，很多科学家也认为，生命可能存在于与地球截然不同的行星上——生命形式可能完全不同。这也是一种可能性，难以判断，但你可以用它来支持原初的论证，甚至更进一步——要是外星生命比基本论证中所说的还要普遍呢？

练习 7.9　头脑风暴：替代方案

【目标】 通过头脑风暴得出替代方案。

【要求】 下列问题均配有一个解决方法，而你要提出两种替代方案，然后说明哪一个方法最好，并简要解释理由。

【提示】 略加改动固然简单，但放开眼界、寻找有实质性差别的替代方案更可能引发创新。如果朋友提议吃比萨，不要只说吃某种比萨怎么样。你也可以考虑别的品类，吃炸豆丸子怎么样？吃鹰嘴豆泥怎么样？吃蒙古菜怎么样？喝花生汤怎么样？一起在家里做饭怎么样？干脆不吃了，把本来要吃的东西、本来要花的钱捐给流动厨房怎么样？

要想找到有意义的替代方案，我有个好办法：先努力想出一个完美的替代方案，然后往现实上靠。吃完的外卖盒是个问题？要是外卖盒可以当饭后点心吃怎么样（某种意义上，甜筒就是冰激凌的可食用包装）？哪怕可食用外卖盒不会很快出现，这样想问题也会打开你的思路，想出真正意义上的替代方案，而不是增加垃圾桶、加重对乱扔垃圾的处罚力度。

创新的另一个方法是参考历史经验和外地经验。比如，如果本市交通很成问题，不妨查点儿资料，看看外市是如何应对以至解决交通问题的。多修路、修宽道并非唯一的解决方案。

最后，你还可以重构问题本身，试着往深处去想。以美国人的肥胖问题为例，我们要怎么看待它？是美国人专爱挑不健康的食品，还是垃圾食品比健康食品更便宜？若是前一种，那就应该开展健康宣传；若是后一种，那就应该给新鲜蔬果发放补贴。另外，你也可以把问题视为机遇。夏日酷热，阁楼温度太高，房主只好开空调，于是电费飙升。但是，酷热未必是问题，也可以是资源。如果房主利用屋顶的热量来烧水，那就既省了空调电费，也省了热水器的煤气费。问题还是资源，这是一个视角的问题。试着转换视角吧！

【范例】

为了让学生学会外语，本科教育应要求学生到非英语国家就读一段时间。

答案 替代方案一：本科教育应要求学生通过一门外语的中级水平考试。

替代方案二：本科教育应要求学生学会使用便携电子翻译机。

在 3 项学习外语的提议中，替代方案一是最好的。该方案不能保证 100% 有效——通过中级水平考试未必就能真正掌握一门语言——但与其他两项提议比，它有着明显的优势。替代方案一优于原方案的原因是负担较轻。留学固然是有价值的经历，但并非人人都去得起。例如，已婚有子的学生可能就没有时间出国。另外，有些人可能更喜欢去某个英语国家留学。替代方案一优于替代方案二的原因是，后者不能切实达到目标。会用翻译机并不代表学会了外语，甚至不能代表学过外语！此外，通过翻译机与外国人交流很不方便，或许还带有侮辱性。

答案解析 首先要注意，两个替代方案的目标都是确保学生掌握一门外语。替代方案二固然不乏新意和吸引力，但它有个大问题，那就是不能真正达到预定目标（达不到预定目标未必就不好。通过重构问题，目标本身都是可以变的。但上面讲过，替代方案二还有其他的问题）。替代方案一和原方案都是达到目标的合理有效方式。为了做出判断，你需要考虑性价比。原方案效果更好，但成本也更高，包括时间成本、金钱成本、可能造成亲友关系紧张、失去留学其他国家的机会等。

我们还应注意到，组合拼接也能得出新的替代方案。例如，为了表明学生掌握一门外语，大学可以给出 3 种选项：通过语言考试、到非英语国家留学、完成外语中级课程。组合既有方案是得出新方案的一种好方法。

【习题】

1. 为了减少车祸，政府应当禁止司机在开车时使用手机。
2. 粉丝应该买专辑支持喜欢的音乐人。
3. 为减轻塑料污染，身体健康的餐厅顾客点饮品时应该主动提出不要吸管。
4. 为了加强校园纪律，高中应当强制学生穿校服。

练习 7.10　想出替代结论

【目标】 帮助学生思考自选议论文的替代结论。

【要求】 本节习题需要先做完练习 7.2、练习 7.4、练习 7.6 和练习 7.8。你从练习 7.2 中选择一个问题，请运用练习 7.4、练习 7.6 和练习 7.8 中学到的技巧，为该问题给出至少 3 个替代回答。然后，说明你认为哪个回答最合理，并说明理由。

【提示】 如果还没做完练习 7.9，请阅读该节的“提示”部分，内容与本节习题是相通的。

在练习 7.4、练习 7.6 和练习 7.8 中，你已经针对练习 7.2 中的一个问题给出了多个论证，并予以展开。本节习题要求你为该问题给出 3 个替代结论。替代结论可以是对原回答的微调，也可以是做其他习题时发现的全新答案。

之所以现在才要求你给出替代结论，是因为你对话题已经有了比起初更多的了解。与一开始相比，你或许能够发现更好的、更细致的、更有创造力的答案，或许能看到原回答中存在的问题，通过微调即可避免或克服它们。

练习 7.9 的参考答案可供读者学习。

※ 延伸练习 ※

查找本市或本省近期颁布的地方性法令条例，明确它们针对的问题，然后给出若干替代方案。你也可以“头脑风暴”出本校、本区存在的若干问题，然后对每个问题给出几种可供选择的方案，独立或合作完成均可。

批判性思维活动：撰写详细提纲

第三部分的“撰写详细提纲”活动要求你整理之前的成果，形成一份提纲。这是完成和展示自选议论文的步骤之一。

第八章

议论文

假设你已经对论题做过了研究，将其整理为基本论证，并为你的前提进行了辩护。你现在已经准备好要公开表达了——比如写一篇议论文。

记住，动笔乃是**最后**一步。如果你刚拿起这本书就直接翻到这一章，那么请思考一下：为什么放在第八章，而不是第一章。正如有游客问怎样才能到都柏林时，爱尔兰的乡下人会用这句谚语来回答："如果你想到都柏林，就别从这里出发。"

你还应该记住，第一章至第六章讨论的规则不仅适用于简论，同样适用于议论文写作。尤其要复习第一章中的规则：简明具体，立足实据，避免夸大，等等。下面我们再补充一些适用于议论文写作的规则。

规则 34　开门见山

直截了当地进入实际问题。切忌空话、废话连篇。

错误：

几个世纪以来，哲学家们一直在争论获得幸福的最佳途径……

这个我们早就知道了。直接说出**你的**观点。

正确：

本文将证明，人生最美好的事物是不需要金钱的。

练习 8.1 写好开场白

【目标】 练习写好议论文的开场白。

【要求】 下面会给出若干议论文的内容摘要，请分别写出一句开场白。

【提示】 记者很会写开场白（也叫引子）。开场白写得好，读者才愿意往下读。议论文同理。记者会精心打磨开场白，你也要想好开头的几句话。

在新闻界，开场白分**软**、**硬**两种。“硬”的开场白就是用一句话概括文章大意。“软”的开场白就是卖个关子，提起读者的兴趣。一篇文章的开场白要是“软”的，那么前几句里面可能就找不到主旨。

你可以将新闻手法改用到议论文中。如果篇幅只有几页，开场白就要“硬”，用一句话概括文章大意。如果空间充裕，不妨写一段“软”开场，比如新闻八卦、假想情境、有利于阐明主旨或与主旨相关的趣事等。

本节习题的答案不限于一种。如果选“硬”的，那就用一句话点明文章主旨。如果选“软”的，那就写两三句有助于阐明主旨的趣闻逸事。不过，议论文毕竟是书面写作，哪怕是软开场白也要正式一些，不能像跟朋友讲故事似的。

你也可以浏览自己喜欢的报纸，参考别人的开场白写法。如果你选择的是历史、哲学等学术性话题，不妨阅读相关领域的论文和专著，找找灵感。

【范例】

美国国会通过新规，允许议员携带智能手机、平板电脑等电子设备进入众议院。议员在会场里应当把全部精力集中在正事上，而不是用在查邮件、看无关的新闻、订回家的机票上。所以，允许智能手机等电子设备进入众议院是个坏主意。

答案 大部分人对其他人都在不停玩手机已经习惯了。不过，你或许会希望崇高的国会里不应如此。但是，一项国会新规意味着，屏幕亮光和键盘敲击声可能很快就会充斥众议院了。

答案解析 这是“软”开场白，首先谈了现代生活的一种常见现象：人们盯着电子设备的屏幕看。然后马上切入主题，即国会新规允许携带电子设备进入众议院。从语气就能判断出结论：允许电子设备进入众议院是一个错误。

与此相对，“硬”开场白可能会是这样：“允许智能手机等电子设备进入众议院是错误的。”这句话点明了话题和立场。如果你觉得写不出硬开场白，不妨先归纳文章大意，然后缩写成一句话，硬开场白就出来了。

【习题】

1. 决定要吃哪种食物时，我们应该选择对动物造成的不必要伤害最小的饮食方式。从直观来看，这似乎意味着吃素，但事实并非如此。种粮需要清除原有植被，不仅会杀死许多有知觉的动物，还会剥夺许多有知觉动物的必要栖息地。反过来看，散养的牛与原有植被是共存的关系，于是其他动物也能继续生存（集中饲养的牛不是这样）。因此，与纯素食相比，将散养牛肉加入食谱其实对动物的伤害要更小。

2. 美国学生贷款总额目前达到 1.4 万亿美元。如果政府将学生贷款全部免除，那么每年的经济总量会增加 1000 亿美元，失业率也会降低 0.3%。综合考虑各方面，政府要付出的成本不大。因此，联邦政府应该买下并免除美国目前所有的未偿还学生贷款。

3. 马克·吐温的《哈克贝利·费恩历险记》(*The Adventures of Huckleberry Finn*) 向来有争议。最近又发生了一起事件。在该书的新版中，编辑将小说中哈克贝利安在吉姆头上的种族歧视性称呼“黑鬼”(negro) 都换成了“黑奴”(slave) 一词。编辑的意图是好的。他觉得，如果语言上温和一些，这部杰作会有更多受众。但是，编辑他人的文学作品有一条底线，那就是保持原文不变，《哈克贝利·费恩历险记》这样的杰作更是如此。“黑鬼”是这本书的重要组成部分。老师在讲授该作品时应直面这一事实，将它视为一个机会，去探索马克·吐温和社会对“黑鬼”这个词的用法。

4. 2010 年，南加州大学的两名学者研究发现，美国家庭题材电影中的男性角色往往远多于女性角色。此外，女性角色往往被塑造成暴露、性感的形象，愚蠢者居多，英勇者极少。因此，这些面向少男少女的电影强化了女性负面的刻板印象。

※ 延伸练习 ※

请与两三名同学合作，从你喜欢的报纸上搜集十几篇社论和专栏文章。每人为每篇文章写一段新的开场白，然后公开分享，投票选出每一篇的最佳开场白。要是想练习论文开场白，请找到一本自己喜欢的领域的期刊，然后从中找一篇开头有摘要（即大意）的文章（你可以找老师帮忙）。根据摘要，为期刊里的每篇论文写一段开场白。

规则 35 提出明确的主张或建议

建议要具体。“应该采取措施”就不是一条真正的建议。建议不需要多复杂。“应该禁止司机使用手机”就是个具体的建议，但一点儿也不复杂。然而，如果你主张美国应该增加出国留学的项目，这个想法就要复杂些，因此需要做详细阐述。

同样，如果你提出了一个哲学命题，或者要证明对某文或某事的理解是正确的，你首先要做的就是**简单地**陈述自己的命题或理解。

> 其他行星上很可能存在生命。

一目了然！

学术论文的目的可能只是对某个主张或建议的各方论证做出评估。你可能不需要提出主张或建议，甚至用不着做具体判断。例如，你可能只需要评议某场论战中的某一方的论证。若是如此，就明确说出来。有时，你的结论可能只是：某个观点或建议的正方或反方论证没有结论。没问题，但直截了当地把它作为结论说出来。你的论文千万不能同样没有结论！

练习 8.2　提出明确的主张或建议

【目标】 练习让自己的主张或建议更明确。

【要求】 下列主张或建议都比较模糊，请根据其大意，写出两个更明确的主张或建议。

【提示】 主张或建议模糊的主要问题是，读者搞不清你想要说什么（可能连你自己都不知道）。你要认识到，一个模糊的主张或建议有多种使其明确的方式。我们来看这句话："只有在极端情况下，国家才能动用武力。""在极端情况下"这个短语就是模糊的。这句话的意思可能是：只有在本国或盟国受到攻击时，国家才能动用武力。它的意思也可能是：只有在尝试其他实现目标的方法均无果时，国家才能动用武力。本节习题要求你为每个模糊的主张或建议提出两种不同的、使其更明确的方式。

首先，你要确定主张或建议中存在模糊的部分。例如，有的词或短语可能有多个不同的意思。接下来，思考模糊部分的各种可能的理解方式——也就是使其更明确的各种方法。选出你认为最好的两种，用它们给出两个更明确的主张。

【范例】

在某些条件下，成瘾性药物应当合法化。

答案　明确版一：对于癌症晚期患者或其他病入膏肓的痛苦患者，成瘾性药物应当合法化。

明确版二：对于年满 21 岁者，某种有成瘾性的镇痛药物应当合法化。

答案解析　"在某些条件下"是一个模糊的短语。两个明确版都具体说明了成瘾性药物到底应该在哪些"条件"下合法化，从而让原主张变得更加明确。

如果你认为成瘾性药物合法化的条件有很多，那该怎么办？全塞到一个句子里肯定会不利于阅读。最好的办法就是对这些条件进行归纳。问一问自己："这些条件有什么共同点？"另一种办法是，先说"在 4 种条件下，成瘾性药物应当合法化"，然后逐条描述四种条件。

请注意，原主张中还有一个模糊的来源。"成瘾性药物合法化"是什么意思？到底是说持有成瘾性药物是合法的，还是说种植、出售、购买成瘾性药物是合法的？让主张更明确的方式往往不止一种。你甚至可以合起来讲。我再给出一个参考回答："对于年满21岁者，种植、出售、购买、持有成瘾性药物应当合法化。"

【习题】

1. 学校应该根据教学成果来评估教师教学质量。

2. 制定法律时政府应该考虑我们的子孙后代的利益。

3. 富人吸毒的可能性比穷人更高。

4. 美国是一个基督教国家。

※ 延伸练习 ※

首先，与朋友或同学合作，列出若干模糊的主张或建议。然后，每人分别针对各模糊的主张或建议给出更明确的版本。最后，把答案集合起来，看你们想出了多少种更明确的版本。

规则36　论证要遵循提纲

现在要处理主体部分了：论证。首先，做概括。把提纲中的基本论证提炼出来，用一小段话写下来。

> 我们正在发现大量新的恒星系。我将论证，其中有很多都极可能包含与地球类似的行星。其中又有很多行星极可能有生命存在。那么，其他行星上很可能有生命存在。

此处的任务只是给出整体概念：让读者从整体上清晰地了解你要论证什么、如何论证。

现在，你应该依次展开基本论证，每个前提都要用一段话来论述，每一段以重申前提开始，继而展开前提，证明前提。

> 到2017年2月17日为止，巴黎天文台的"太阳系外行星百科全书"网站列举了人类已知的、属于其他恒星系的3577颗行星，其中许多属于多行星系统。

你可能会继续讨论几个例子——例如，一些最新的、最有意义的发现。在一篇较长的议论文中，你可能还会引用其他的资料，并且／或者解释发现过程——这取决于可用篇幅，以及读者期望的详尽程度或论证力度。然后用同样的方法来阐明、证实其他的基本前提。

基本论证中的某些前提可能需要非常复杂的论证，论证方法没有区别。首先，重申你要论证的前提，提醒读者其在论证主体中的作用。然后，简述针对该前提的论证（该前提现在是另一段论证的结论了）。然后展开，按照顺序，分别用一段的篇幅论证**各个前提**。

例如，在为证明其他行星有生命存在的基本论证中（见规则 31），我们对第二个前提进行了展开论证。现在，你可以把它改写成一个段落，文字上可稍做润色。

为什么我们会认为其他恒星系可能包含与地球类似的行星呢？天文学家给出了一些很有趣的类比论证。他们指出，太阳系包含各种行星，有气态巨星，也有由岩石构成、适合液态水存在和生命繁衍的较小的行星。据我们所知，其他恒星系与太阳系是**相似**的。因此，他们总结说，其他恒星系极有可能包含各种各样的行星，包括由岩石构成、适合液态水存在和生命繁衍的行星。

现在你可能需要依次进行解释和证明，甚至需要独立成段。例如，你可以提醒读者，让他们意识到太阳系内行星的多样性，或者描述一下已知系外行星的多样性。

在适当的时候，你可能需要将读者引回到基本论证上，视上述展开内容的长短和复杂程度而定。这相当于摊开一张路线图，提醒读者——和你自己——在通往主要结论的路途中，现在走到了什么位置。

如前所述，我们正在发现大量新的恒星系，其中非常可能存在与地球类似的行星。这个论证的最后一个主要前提是，如果存在其他与地球类似的行星，那么其中一些就有可能存在生命。

在提纲中，你可能也需要对其进行论证。

注意，在所有论证中，用语前后一致都很重要（规则 6）。这些明显互相关联的前提会将全文紧密联结在一起。

练习 8.3　下笔成文

【目标】 帮助你将只有前提–结论格式的提纲改写为流畅的论文。

【要求】 你在练习 7.6 中已经把论证展开了。现在，请你用几个自然段的篇幅将其写成流畅的论文（本节习题需要先做完练习 7.2、练习 7.4 和练习 7.6）。

【提示】 完成练习 7.6 之后，你应该会得到一个完整的论证——很有可能是前提–结论格式的提纲（如果你研究过《附录三　论证导图》，这个论证或许也会是一张论证导图）。现在，你的目标是将前提–结论格式的提纲写成流畅的文字，就像报纸社论里那样，有的学术论文也能达到这个标准。可能一个自然段就够了，也可能需要多个自然段，这要看论证的复杂程度。

第一章里的几条规则会颇有用处。用前提–结论指示词来区分前提和结论（规则 1），但数量不要太多。论证要理顺，让从没思考过论证关涉话题的人也能轻松地读下来（规则 2）。文字要具体简明（规则 4），用语要统一（规则 6），不要用诱导性的语言（规则 5）。现在，就算不用诱导性言论的“拐棍”，你的论证应该也能自己立住了。

论证成文时一定要用文字处理软件。只有反复修改、打磨才能写出好文章。

【范例】

假设你要论证恐龙灭绝的原因是陨石撞击，正准备写成文章，你手头可能有一个这样的提纲：

（1）大约 6500 万年前，恐龙和地球上的许多其他动植物都灭绝了。

（2）墨西哥希克苏鲁伯镇附近有一个直径约为 110 英里[1]的陨石坑，撞击时间大约为 6500 万年前。

（3）直径约为 110 英里的陨石坑必定是由一颗巨型陨石造成的。

1　1 英里 =1.609344 千米。——编者注

所以，(4) 大约 6500 万年前，一颗巨型陨石必定曾撞击地球。

(5) 巨型陨石撞击会造成灰尘云，灰尘云足以导致长期气候变化、日照减少。

(6) 许多物种和生态系统无法在如此剧烈的气候变化中存活下来。

所以，(7) 大约 6500 万年前发生于墨西哥希克苏鲁伯镇附近的陨石撞击造成了恐龙灭绝。

答案 墨西哥希克苏鲁伯镇附近有一个 6500 万年前形成的陨石坑，直径有 100 多英里。这么大的陨石坑只能由一颗巨型陨石撞击造成。如此规模的撞击将造成灰尘云，灰尘云会长期遮蔽阳光、改变气候。许多动植物挺不过剧烈的气候变化，生态系统会整个崩溃。事实上，恐龙（和许多其他动植物）消失的时间大约是 6550 万年前，与希克苏鲁伯陨石撞击事件基本同步。我们可以合理地说，造成希克苏鲁伯陨石坑的陨石也导致了恐龙的灭绝。

答案解析 上述回答的很多内容都来自前提-结论格式的提纲，这是应当的做法。每条前提的核心思想都在回答中有体现，有的地方甚至直接照搬原话。但是，回答对前提次序做了调整，语言也生动了一些。毕竟，人人都知道恐龙灭绝了，没什么好激动的（只有恐龙不会这么想）。但是，一座墨西哥城镇附近有一个 100 多英里的陨石坑？这就有点儿意思了。只要脉络是顺的（规则 2），你就不必拘泥于提纲中的次序。

※ 延伸练习 ※

与几名同学交换练习 7.6 中写下的论证，将同学的论证写成流畅的文字。如果还是意犹未尽，不妨将练习 7.5 中展开的论证也拿来练习。

规则 37　详述并驳斥反对意见

规则 32 要求你考虑可能出现的反对意见，并据此思考和修改你的论证。在议论文中，详述并驳斥反对意见会使你的观点更有说服力，并证明你对这个问题做了深入思考。

错误：

有人可能反驳说，增加学生交流项目将给学生造成太多的危险。但我认为……

那么，是什么样的危险呢？为什么会出现这样的危险？解释一下反对意见背后的**理由**。花些篇幅描述反对意见的大体论证过程，不要忙于论证**自己的**观点，而将反对者的结论一带而过。

正确：

有人可能反驳说，增加学生交流项目将给学生造成太多的危险。我认为，这种担忧部分是因为留学生大部分是年轻人，不谙世事，可能更容易被利用或受到伤害，尤其是在生活更为艰难、保护措施更少的地方。

当今时代，人们越来越害怕和不信任外国人，恐怖主义日益令人忧虑，所以这种担忧可能更加让人紧张不安：学生的生命可能面临危险。我们当然不希望交换生成为激烈的地方势力争斗的牺牲品。我们已经知道，国外的西方游客有时会成为恐怖分子的目标；我们有理由担心，同样的事情可能会发生在交换生身上。

这些忧虑是严肃认真的。尽管如此，我们也可以找到同样严肃认真的应对措施……

现在，反对意见既已显明，你就可以加以驳斥了。例如，你可以指出，危险并非源于国界。很多国家比美国的一些城市更安全。一种更复杂的论证思路是，至少对整个社会来说，不派出更多文化使者出国同样存在危险，由于国家间的误解以及仇恨的加深，世界上所有人都在面临越来越大的风险。而且，人们总能开动脑筋，设计交流项目，以便降低风险。然而，如果你没有详细解释反对意见背后的论证，甚至都懒得去了解，那么你就算提及，读者也很可能无法理解。详细解释反对意见最终会丰富**你的**论证。

练习 8.4　反对意见：练习

【目标】 练习详细介绍反对意见的能力。

【要求】 下面的每段话都简述了一个论证和一条反对意见。请为反对意见写一小段阐发论证，然后站在原作者的立场上予以反驳。

【提示】 正如练习 7.7 的“提示”中所说，反对意见也是一种论证。凡是论证，都要有前提和结论；所以，反对意见也要有前提和结论。详细介绍反对意见与任何论证的展开一样，都要说明前提。

下列论证都配有一条反对意见的基本思路。哪怕你觉得反对意见是错误的，也要尽力设想其他人会怎么把它写得更丰满。这可能需要你查点儿资料。有一点很重要：要直面你能想到的最有力的反对意见。展开反对意见，就像展开自己的论证一样（*不妨回顾练习 7.2、练习 7.4 和练习 7.6*）。

详细介绍了反对意见后，你就要反驳它。换言之，你需要说明，你为什么认为该反对意见无损于你的论证主体。方法主要有两种。一种方法是找到反对意见的论证漏洞，然后阐述它不合理的原因。由于反对意见也是论证，所以一切论证规则同样适用。

另一种方法是，就算找不到反对意见的论证漏洞，你仍然可以试图说明，你的论证主体要比反对意见更好。许多重大议题的正反双方都有论证支持。有的时候，我们只能承认一种反对意见是好的，然后解释另一边的意见比它更好。

讨论反对意见时，将它和你自己的观点区分开很重要。千万别让读者觉得你**赞同**反对意见。“有人可能会反对……”这样的句式或有助益。

【范例】

电动汽车的推广会受到许多限制。它或许会在地狭人稠的都市内流行，但绝不会在大城市外流行。最重要的一条理由是“里程焦虑”，即害怕没跑多远就没电了。环保主义者将里程焦虑斥为暂时的困难。但是，要想实现在高速公路旁给纯电动汽车充电，恐怕还要等很久。

答案　环保主义者将里程焦虑视为暂时的困难。他们宣称，随着购买电动汽车的人变多，企业会修建充电站的，就像修建路边加油站给车加油一样。随着时间推移，害怕车没电就会与害怕车没油一样，不是什么大事。到了这一天，这条反对意见便会失效，在大城市以外开电动汽车就不会遇到重大阻碍了。

但是，上述论证有一个鸡生蛋还是蛋生鸡的问题。除非大城市外的充电站足够多，否则大城市外的居民就不会买电动汽车，电动汽车车主也不会到大城市外面去。但是，除非大城市外有足够多的人购买和驾驶电动汽车，否则人们也不会修建充电站。因此，在可预见的未来里，里程焦虑仍然会是一个问题。

答案解析 该回答没有复述论证本体，而是直接去详细介绍反对意见，其中有两点值得注意。

第一点，也是最重要的一点，该回答中的反对意见充分展开为论证的形式。首先点明了反对意见的结论，即里程焦虑是一个暂时的问题（请注意，该反对意见的结论其实是，原论证的主要前提有误。换言之，反对意见的结论是，“里程焦虑”不只是一个暂时的问题）。接下来给出了结论的前提：买电动汽车的人多了，充电站就会建起来。充电站会让里程焦虑成为过去，就像加油站缓解了没油焦虑一样。

第二点，该回答明确区分了作者的意见和其他人的意见，甚至指明了反对意见是谁提出来的：环保主义者。回答中的“他们宣称”“这条反对意见便会失效”等语句都在提醒读者，现在讨论的是反对意见。

详细介绍反对意见后，该回答给予了清晰的反驳。反驳同样是论证——反驳反对意见——回答中也做到了前提和结论都很清楚。

【习题】

1. 当今世界有不少紧迫的难题，包括疾病、战争和贫困，这只是几个例子而已。简直不可饶恕埃隆·马斯克这样为无聊的事情一掷千金的人，比如他为了炫耀公司的新火箭而将座驾发射到了太空中。与解决地球上的难题相比，就连他那宏大的火星探索计划也是意义太小。马斯克及其支持者肯定会反驳说我们也需要做有趣的、刺激的事，但找乐子不妨等到孩子们不再因疟疾、饥荒和误炸死亡的时候。

2. 1937 年，试图成为女性飞行环游世界第一人的艾米莉亚·埃尔哈特在南太平洋失踪。几十年来人们一直在猜测她的命运。最近发现的一张来自马绍尔群岛的照片或许有助于破解谜团。照片中有一个码头，几个人或站或坐，其中有一位短发白人女性，还有一位看起来是白人，高高的发际线与埃尔哈特的领航员约翰·诺南相符。照片标签显示拍摄地点为贾卢伊特港，有人相信埃尔哈特坠机后流落到那里，然后上了一艘日本船。但埃尔哈特研究专家理查德·吉莱斯皮认为照片中的女人不是埃尔哈特，他说她的头发比埃尔哈特临行前照片中的头发长太多了。

3. 不论是好还是坏，一流大学带给学生的好处要比普通大学更多。一流大学花在每名学生身上的钱要多得多，免费提供各种其他学校没有的服务。在能力相近的前提下，一流大学的学生毕业率更高。另外，在能力相近［以 SAT（美国高中毕业生学术能力考试）成绩衡量］的情况下，一流大学的学生继续深造的机会也要大得多。有人可能会坚持认为，重要的是在大学里做了什么，而不是去了什么大学。我也希望确实如此，可事实不遂人愿。

4. 入学后，不少大一新生仍然与父母联络密切，哪怕已经离家上学了。他们会给父母打电话、发短信、发邮件，从选课、写论文到期末分数都要讲。这种密切联络对学生有着严重的负面影响，让他们不能学会独立、自制、坚持等人生必备的素质。另外，如果学生厌烦父母的打扰，也可能会产生情绪问题。因此，父母要学会放手，孩子已经上大学了，就让他们自己生活吧！但是，随着学费越来越高，许多父母会提出反对意见，说自己只是在“保障投资”。但是，如果你阻碍孩子长大成人，投资可就无法有保障了。

练习 8.5　反对意见：实操

【目标】 围绕自选议论文的反对意见展开讨论。

【要求】 本节习题需要先做完练习 7.2、练习 7.4、练习 7.6 和练习 7.8。请将练习 7.8 中想出的反对意见改写为流畅的文字，然后逐条反驳，语言也要流畅。

【提示】 如果还没做完练习 8.4，请阅读该节的“提示”部分，内容与本节习题是相通的。

你或许会发现，自己在练习 7.8 中想出的一些反对意见很有分量：除了承认原论证有误，没有别的回应方法。果真如此，不要害怕承认错误，哪怕你原先以为自己的论证很好，或者笃信论证的结论。有些人觉得，承认自己的论证有问题就表明自己也有问题。但是，与其固执己见——哪怕发现了论证的漏洞——不如放弃原来的论证，这样会省去很多尴尬。

练习 8.4 的参考答案可供读者学习。

※ 延伸练习 ※

前往本书配套网站，点击“第八章”，你会看到若干论坛链接。选几场你感兴趣的讨论，找到参与者之间提出的反对意见。请注意参与者阐述和回应反对意见的方式。然后，从一条反对意见的主旨出发，写出针对它的反对意见，再写出其他参与者可能对你的反对意见提出的反对意见。

规则 38 搜集和利用反馈信息

你或许完全清楚自己是什么意思，一切都再明白不过了。然而，在其他人看来可能一点儿都不明白！有些内容在你看来是有意义的，而读者却可能觉得毫无意义。我的学生曾经交给我一些他们认为非常有说服力、非常清晰的论文，但拿到批改好的文章后，他们发现连自己都不知道当初是怎么想的了。他们的成绩一般也不高。

作者——不管水平如何——都需要**反馈信息**。只有通过其他人的眼睛，你才最有可能发现，哪些地方不够清楚，或者过于草率，或者根本没有道理。反馈信息还能改进你的逻辑。反对意见可能会让你感到意外。有些前提你觉得可靠，其实需要论证；有些看起来不太牢靠，其实却很不错。你甚至可以发现一些新的事实或者例证。反馈信息是“现实的检验”，何乐而不为。

有些老师会专门安排课时让学生就论文草稿互相提供反馈。如果你的老师没有这样做，你也要自己安排，寻找有相同意愿的同学，然后交换草稿。加入校园里的“论文写作协作小组”（是的，你的学校里肯定有——只是你还不知道）。鼓励读者提出批评意见，反过来，你也要保证给他们提意见。如果需要，你甚至可以指定读者提出一定数量的具体批评和建议，这样他们就不会担心伤害你的感情了。如果他们只是随便看一看，然后跟你说写得太好了，不管实际内容如何，这或许是礼貌的做法，但对你**没什么**帮助。你的老师和最终的读者不会这么轻易放过你。

我们之所以不重视反馈信息，一个原因可能是我们往往看不到发挥作用的过程。我们读到的都是成品——议论文、书籍、杂志，此时我们很容易忽视这样一个事实，即写作本质上是一个**过程**。事实是，你阅读的每一段文字在定稿之前都有一个从无到有、历经无数次修订的过程。这本书是第五版，之前至少改了 20 遍稿子，搜集了上百人的正式和非正式反馈信息。发展、批判、阐释、改变是关键，反馈是进步的动力。

批判性思维活动：同学评价工作坊

第三部分的“同学评价工作坊”是一种运用规则 38 和本章其他规则的活动。

规则 39 要谦虚一些

下结论时要据实以告。

错误：

总之，各种理由都支持派更多学生出国，没有一种反对意见站得住脚。我们还在等什么？

正确：

总之，我们有令人信服的理由派更多学生出国。尽管不确定性可能依然存在，但总体看来前景光明，值得一试。

第二种表述有过谦之嫌，但意思就是这个意思。你很难让所有反对者哑口无言。我们不是专家。大多数人都可能犯错误，专家也是一样。“值得一试”是最好的态度。

批判性思维活动：完善样文

第三部分的“完善样文”是一种综合运用多种规则的活动。

批判性思维活动：整理草稿

第三部分的“整理草稿”是一种课外活动，能帮你把练习 8.3 和练习 8.5 的成果整理为议论文的草稿。

批判性思维活动：同学评价工作坊

第三部分的“同学评价工作坊”是一种运用规则 38 和本章其他规则的活动。

第九章

口头论证

有时候你需要当众进行论证：在课堂上辩论，在市议会上要求政府提高教育预算，或者代表所在街区发声；在一群好奇的人面前谈一谈自己的爱好或专长。有时你的听众很友好；有时他们没有立场，但愿意听你说话；而有的时候，他们是需要说服、争取的对象。无论什么时候，你都希望表达得有道理、有文采。

之前各章中的所有规则都适用于议论文和口头论证。下面再补充一些专门用于口头论证的规则。

规则 40 打动你的听众

在做口头论证时，你可以说是在请求别人给你一次**发言机会**。你希望别人听你演讲，希望他们在听你演讲时抱着尊重，或者至少是开放的心态。但听众可能会这样做，也可能不会，甚至可能对你的话题兴趣寥寥。你需要打动他们，创造想获得的发言机会。

一种方法是用热情打动听众。在刚开始的时候，你可以把自己带入，谈谈个人的兴趣和激情所在。这会使你的演讲个性鲜明，活跃现场气氛。

> 今天有机会向大家演讲，我感到很荣幸。在演讲当中，我希望就学生交流项目这个话题提出一种新观点。我为此感到很激动、很振奋，我希望演讲结束时，你们也会有同样的感受。

注意，这种语言风格体现出你尊重听众，愿意与对方交流；反过来，你也希望听众这样对你。尽管如此，他们可能并不会做出积极回应。但如果你不首先向他们表达尊重、开放的心态，他们就肯定不会。当面论证可以达到很好的效果，熟能生巧之后，即便双方存在重大分歧，你依然可以说服他人、赢得尊重。

绝不能让听众感觉你高人一等。在这个话题上，他们可能没有你知道得多，但他们可以学习，而且你很可能也有需要学习的地方。你的任务不是把他们从无知中拯救出来，而是和他们分享新的信息或观点，并希望他们能像你一样认为这些内容很有趣，很有启发。要用**热情**，而不是优越感打动听众。

请尊重听众，尊重你自己。你站在那里，是因为你有些东西要分享，而他们坐在那里，要么是因为他们想听听，要么是因为这是工作或学习的要求。你不需要为占用他们的时间而道歉。你只需要感谢他们的聆听，还有不要浪费时间。

练习 9.1　打动你的听众

【目标】 练习在口头发言中打动听众的能力。

【要求】 练习 8.1 中的每道题都包含了一段论证摘要，请先阅读，然后为每一条论证写一段简短的口头发言开场白，要确保打动听众。假设你的听众就是同学。

【提示】 打动现场听众和打动读者的方法往往是不同的。很多情况下，口头发言的开场白要比书面论文更口语化，没那么正式，甚至比论文的“软开场白”还要不正式。通过文章是不可能与受众建立亲密联系的，而在口头发言中是可以的。

开场白的目标是吸引听众，方法有很多。你可以讲故事、卖关子、引用令人惊讶的数字，让听众想要听下去。你可以阐述话题与听众生活的联系，或者回忆一段与话题相关的经历。你可以描述一个与话题相关的、有趣的假想情境，让听众置身其中。你甚至可以请几名听众讲一讲，他们在这种情境下会怎么做。让听众积极地投入，哪怕时间很短，这也有助于扭转他们的态度，化被动为主动。

与书面论文相比，口头发言可能需要更长的“热身”时间。除非发言很长，否则引子的长度要限制在 3 到 4 句话。引子快说完的时候，你应该就能顺利转入正题了。

写开场白的时候，不要把听众忘掉。同样的内容讲两遍，一遍给同学听，一遍给申请贷款的银行工作人员听，开场白肯定不能一个样。

【范例】

美国国会通过新规，允许议员携带智能手机、平板电脑等电子设备进入众议院。议员在会场里应当把全部精力集中在正事上，而不是用在查邮件、看无关的新闻、订回家的机票上。所以，允许智能手机等电子设备进入众议院是个坏主意。

答案　你也知道，有些老师不让学生把手机和电脑带进课堂。这样做是有理由的。作为学生，我们比老师更清楚同学在干什么。我们知道前面的人在刷社交网站，而不是记笔记。我们看见旁边的人在发短信，而不是在包里找笔。电脑、手机等设备很令人分心。因此，允许议员携带电子设备的国会新规是错误的。

答案解析　这段开场白先谈了两个同学们可能会感兴趣的话题：老师的烦人规定和同学们有意思的（没准儿也烦人呢）小动作。文中举出了具体细节：一个学生刷社交网站，一个学生把手机藏在包里发短信。目的是唤起学生的回忆，回想他们很可能亲眼见过的事情。这些细节将日常经验与论证中讨论的政客生活联系了起来。接下来便水到渠成，可以马上转入正题了。

练习 8.1 和本节习题的范例话题相同，只不过前者要求写书面的开场白，后者要求写口头的开场白，请比较两者的差别。与书面开场白——不管是硬还是软——相比，口头开场白都要略长一点儿，个人色彩较浓厚，也更注重吸引力。

请注意，这段开场白是专门针对特定听众的，也就是一群学生。如果你要讲给老师听，讲给公司高管听，或者讲给众议院听（考虑论证的话题），你会怎样调整开场白呢？

【习题】

1. 决定要吃哪种食物时，我们应该选择对动物造成的不必要伤害最小的饮食方式。从直观来看，这似乎意味着吃素，但事实并非如此。种粮需要清除原有植被，不仅会杀死许多有知觉的动物，还会剥夺许多有知觉动物的必要栖息地。反过来看，散养的牛与原有植被是共存的关系，于是其他动物也能继续生存（集中饲养的牛不是这样）。因此，与纯素食相比，将散养牛肉加入食谱其实对动物的伤害要更小。

2. 美国学生贷款总额曾达 1.4 万亿美元。如果政府将学生贷款全部免除，那么每年的经济总量会增加 1000 亿美元，失业率也会降低 0.3%。综合考虑各方面，政府要付出的成本不大。因此，联邦政府应该买下并免除美国目前所有的未偿还学生贷款。

3. 马克·吐温的《哈克贝利·费恩历险记》向来有争议。最近又发生了一起事件。在该书的新版中，编辑将小说中哈克贝利安在吉姆头上的种族歧视性称呼"黑鬼"（negro）都换成了"黑奴"（slave）一词。编辑的意图是好的。他觉得，如果语言上温和一些，这部杰作会有更多受众。但是，编辑他人的文学作品有一条底线，那就是保持原文不变，《哈克贝利·费恩历险记》这样的杰作更是如此。"黑鬼"是这本书的重要组成部分。老师在讲授该作品时应直面这一事实，将它视为一个机会，去探索马克·吐温和社会对"黑鬼"这个词的用法。

4. 2010 年，南加州大学的两名学者研究发现，美国家庭题材电影中的男性角色往往远多于女性角色。此外，女性角色往往被塑造成暴露、性感的形象，愚蠢者居多，英勇者极少。因此，这些面向少男少女的电影强化了女性负面的刻板印象。

※ 延伸练习 ※

请与两三名同学合作，从你喜欢的报纸上搜集十几篇社论和专栏文章。每人为每篇文章写一段新的口头开场白，然后公开分享，投票选出每一篇的最佳开场白。此外，还可以前往本书配套网站，点击"第九章"，内含若干发言讲课视频链接，话题都很有趣。请观看你感兴趣的视频，为每一段发言写一段新的开场白。

批判性思维活动：撰写开场白

第三部分的"撰写开场白"是一种运用规则 34 和规则 40 的活动。

规则 41　全程在场

当众发言或演讲是与人面对面交流的过程，不是念稿那么简单。毕竟，如果人们只需要文字内容，阅读的效率要高得多。他们来到现场是因为你**在场**。

所以，要在场！对于初学者来说，首先要注视听众。与他们进行目光交流。看着他们的眼睛，抓住他们的目光。如果有人对当众发言感到紧张，我们有时会建议他到台下去，对着一个人讲，就像两人对话一样。如果需要的话，你可以这么做，但不要止步于此，要逐个与其他听众对话。

演讲时要面带表情。不要像交差一样念准备好的讲稿。记住，你是在和人**谈话**！设想你正在和朋友畅谈（好吧，可能只有我在讲……）。现在，用同样的兴致与听众谈话。

作者很少能够见到读者。然而，在当众演讲时，听众就在面前，你可以不断从他们那里得到反馈信息。好好利用这一点。人们是兴致盎然地盯着你的眼睛吗？整体来看，听众的反响如何？人们是否为了听得更清楚而把身体前倾？如果不是，你能调动起他们的积极性吗？即使你是在做展示，中途也可以调整风格，或者在必要时停下来，解释或回顾某个要点。当你对听众的反应没有把握时，要未雨绸缪，以便及时调整。多准备点儿故事或例子，以防万一。

顺便说一句，没有人把你固定在讲台后面（如果有讲台的话），你可以走动，或者至少从讲台后面走出来。你可以和现场观众打成一片，活跃现场气氛，不过这取决于你自己的感觉和现场情况。

规则 42　设置节点

读者有权挑选阅读的内容。他们可以停下来认真思考，或者翻回去重读，或者彻底放弃，去读其他内容。这些事你的听众一件也做不到，他们的节奏由你来设定。

所以你要考虑周详。整体而言，口头论证需要比书面论证提供更多“路标”，重申的次数也要更多。开始的时候，你可能需要更充分地概括论证，之后有章法地重申要点，也就是规则 36 中所说的“路线图”。对于要点概括，你可以在前面加上“下面是我的基本论点”这样的标志。至于前提，随着论证的展开，你可以这样说：“下面是第二（第三、第四，等等）个基本前提……”结尾要再次总结。用停顿代表重要转折，同时给人们时间思考。

我在大学辩论队中学到的一个方法是，一字不差——对，一字不差——地重复重要论点，主要是方便听众记录。走上讲台后，我有时仍会这样做，这表明你知道大家在认真听，他们可能希望，也需要把要点标示出来。在其他情境下，这种做法可能会有些奇怪。即使不是一字不差，至少也要做好标示，让人们清楚地知道你在做什么，以及这样做的原因。

在重要转折的部分，尤其要注意听众。环视全场，确保大部分听众已经做好准备接受新内容了。你需要加强交流，让听众知道，你很在意他们对你的话有没有兴趣，是否消化了。

练习 9.2　给你的论证设置节点

【目标】 撰写口头论证的过渡段。

【要求】 本节习题需要先做完练习 8.3。请改写练习 8.3 中写下的论证，加入“路标”，方便听众流畅地听下来。

【提示】 在练习 8.3 中，你已将自己的论证用流畅的文字写了出来。但是，如果这段话放到口头论证中，信息大概就太密集了。听众可能很难跟上你的思路。

本节习题要求你加入“路标”，提醒听众注意论证的进度、各个论点之间的关联和发言主旨——有时可能还要反复提醒。

过渡类型不同，适合的节点也不同。比如，你有两个举例子的前提，现在要加一句过渡语。这种情况下，节点可以很简单：“另一个例子是……”如果你举的例子很复杂，那就应该提醒听众例子是举给什么的，也就是例子的**意义**。再比如，你写了一段复杂的演绎论证。这种情况下，过渡语可以长一些，提醒读者之前讲了哪几步，之后的几步在论证整体中起到了怎样的作用。

不过，这里的底线是：节点必须适合口头表达。一定要大声把论证读出来，最好是念给朋友或同学听，确保节点有助于听众跟上思路。

【范例】

以下是练习 8.3 的范例。

墨西哥希克苏鲁伯镇附近有一个 6500 万年前形成的陨石坑，直径有 100 多英里。这么大的陨石坑只能由一颗巨型陨石撞击造成。如此规模的撞击将造成灰尘云，灰尘云会长期遮蔽阳光、改变气候。许多动植物挺不过剧烈的气候变化，生态系统会整个崩溃。事实上，恐龙（和许多其他动植物）消失的时间大约是 6550 万年前，与希克苏鲁伯陨石撞击事件基本同步。我们可以合理地说，造成希克苏鲁伯陨石坑的陨石也导致了恐龙的灭绝。

答案　我的中心论点是：恐龙是被陨石消灭的。故事要从墨西哥希克苏鲁伯镇讲起。希克苏鲁伯附近有一个直径超过 100 英里的陨石坑。这么大的陨石坑只能由一颗巨型陨石撞击造成。巨型陨石撞击对地球有什么影响？首先，它会扬起灰尘云，灰尘云会把阳光挡住很长时间。于是，气候就会大变，依赖阳光的植物难以生存。因此，许多动植物死掉，整个生态系统崩溃。接下来就要说到恐龙了。希克苏鲁伯陨石坑大约出现于 6500 万年前，正好是恐龙灭绝前后。希克苏鲁伯陨石撞击事件会造成生态灾难，生物大批灭绝，而恐龙和许多其他动植物也恰好同时消失。因此，我们可以合理地说，希克苏鲁伯陨石导致了恐龙的灭绝。

答案解析　这段话一开始就提醒听众：马上要讲中心论点了。有的时候，听众需要直接点醒！说明前提的步伐放缓了。虽然没有逐字逐句重复，但基本的主张都做了复述，形式上略有变化。论证中主要设置了两个帮助读者跟上思路的节点。一个是设问句："巨型陨石撞击对地球有什么影响？"该句表明，发言者之前在谈陨石，接下来要谈陨石造成的影响了。另一个是"接下来就要说到恐龙了"这句话，它表明发言人之前在谈陨石的总体影响，现在要进入发言主旨，也就是恐龙了。末尾清晰地叙述了论证的结论。

书面版和口头版还有一个比较微妙的区别。在练习 8.3 的书面版中，希克苏鲁伯陨石坑的形成时间放在开头。而口头版却等到听众真正需要了解该信息的时候才说，即比较陨石坑形成时间和恐龙灭绝时间。读者随时都可以回头看，听众却不行。虽然这种做法与节点关系不大，但我还是要说：信息要在最需要的时候给出，以方便听众跟上论证。

※ 延伸练习 ※

你在练习 7.6 中给出了若干论证，请为每个论证写一篇发言稿。节点要够用才行。另外，你也可以找来喜欢的报纸，找到其中的社论或专栏文章，并将其改写为发言稿。

规则 43　精简视觉辅助工具

某些视觉辅助工具是有用的。你的论证可能非常复杂，写下来有助于听众理解。这种情况下，你可以分发纸质大纲。如果论证包含多个部分，幻灯片可以在过渡时呈现出来，这是很好的标明节点方式。又或者，你的论证需要某些需要多张幻灯片呈现的数据或其他信息。短视频也许能起到阐明要点、引入外部观点的作用。

但是，视觉辅助工具不能喧宾夺主，不要念幻灯片。听众自己能看，看得比你好，看得比你快。另外，许多视觉辅助工具还附带铃声或哨声，很是令人分神。幻灯片现在来看已经很无聊了，承认吧。批评者还指出，将思想硬塞到幻灯片的格式里面容易导致过度简化。幻灯片文字一般非常简略，而图表能显示的信息量也颇为有限。展示过程中的技术故障更是令人分神，有时更是搞得一地鸡毛。

精简精简，既要简，就是要少用；也要精，就是要恰当。要记住：你的论证才是关键。要根据论证来精简视觉辅助工具。你还应该考虑一个问题：有没有其他方式能更好地呈现论证内容、吸引听众注意？在谈论某些话题时，你不妨要求听众举手表决，或者提前设计好听众参与方案。你可以从书和文章中获得一些话题。如有必要可以插入短视频、图片或数据图表，但继续讲的时候要把展示屏关掉。

不妨考虑用纸质讲义来呈现信息。讲义可以容纳更多内容——复杂的语句和图片、数据图表、引用来源、链接——而且，听众可以自行选择在展示之前或之后阅览。讲义可以提前发，可以用到的时候再发，也可以讲完了再发。你还应该鼓励听众带走。

本书配套网站的“相关资源”栏目包含若干链接，给出了用好视觉辅助工具、避免陷阱误区的建议。

批判性思维活动：制作视觉辅助工具

第三部分的“制作视觉辅助工具”是一种运用规则 43 的课外活动。

规则 44　结尾要出彩

首先，结尾要及时。掐好时间，不要超时。你自己也当过听众，知道严重超时会引起多大的不满。

其次，不要草草收场。人走茶就凉，你也不想这样吧？

> 错误：
>
> 好了，我就讲这么多。如果你对这些想法感兴趣，留下来聊一聊吧。

结尾要隆重。要有文采，有看点，不妨精心修饰。

> 正确：
>
> 在演讲中，我试图证明，真正的幸福终究会降临，降临到每个人身上。无须天生好运，亦无须万贯家财。是的，实现幸福并不难，我们每个人都能做到。感谢你们的聆听，朋友们，祝你们找到属于自己的幸福！

练习 9.3　结尾要出彩

【目标】 练习在口头论证中标注过渡段和结尾的能力。

【要求】 练习 8.1 中的每道题都包含了一段论证摘要，而练习 9.1 则要求你写下口头发言的开场白。现在，请你再给每段论证加一段口头发言的结尾。

【提示】 结尾是最适合回顾发言内容和意义的地方。你要复述要点，给听众留下持久深刻的印象，但也别忘了谦虚（规则 39）。

当然，设置节点和撰写结尾在于风格，而每个人的风格都有所不同。如同开头吸引人的方法不止一种，结尾收得好的方法也不止一种。你要找到适合个人风格的方法，思考最有效的展现方式。

【范例】

美国国会通过新规，允许议员携带智能手机、平板电脑等电子设备进入众议院。议员在会场里应当把全部精力集中在正事上，而不是用在查邮件、看无关的新闻、订回家的机票上。所以，允许智能手机等电子设备进入众议院是个坏主意。

答案 我的主旨是：电子设备会令人分心，而我们不希望议员们在应当专心政务的时候分心。因此，允许电子设备进入众议院的新规定是个坏主意。整天盯着手机屏幕的人肯定会赞同这一论点，为它点头和鼓掌。谢谢大家。

答案解析 这段结尾幽默、谦虚而简明，不仅联系了发言主题，也明确地告诉听众：发言结束了。如果你不习惯用笑话来结尾，恰到好处地说一句“谢谢大家听我的发言”就够了，简单而沉稳。

【习题】

1. 决定要吃哪种食物时，我们应该选择对动物造成的不必要伤害最小的饮食方式。从直观来看，这似乎意味着吃素，但事实并非如此。种粮需要清除原有植被，不仅会杀死许多有知觉的动物，还会剥夺许多有知觉动物的必要栖息地。反过来看，散养的牛与原有植被是共存的关系，于是其他动物也能继续生存（集中饲养的牛不是这样）。因此，与纯素食相比，将散养牛肉加入食谱其实对动物的伤害要更小。

2. 美国学生贷款总额曾达 1.4 万亿美元。如果政府将学生贷款全部免除，那么每年的经济总量会增加 1000 亿美元，失业率也会降低 0.3%。综合考虑各方面，政府要付出的成本不大。因此，联邦政府应该买下并免除美国目前所有的未偿还学生贷款。

3. 马克·吐温的《哈克贝利·费恩历险记》向来有争议。最近又发生了一起事件。在该书的新版中，编辑将小说中哈克贝利安在吉姆头上的种族歧视性称呼“黑鬼”（negro）都换成了“黑奴”（slave）一词。编辑的意图是好的。他觉得，如果语言上温和一些，这部杰作会有更多受众。但是，编辑他人的文学作品有一条底线，那就是保持原文不变，《哈克贝利·费恩历险记》这样的杰作更是如此。“黑鬼”是这本书的重要组成部分。老师在讲授该作品时应直面这一事实，将它视为一个机会，去探索马克·吐温和社会对“黑鬼”这个词的用法。

4. 2010年，南加州大学的两名学者研究发现，美国家庭题材电影中的男性角色往往远多于女性角色。此外，女性角色往往被塑造成暴露、性感的形象，愚蠢者居多，英勇者极少。因此，这些面向少男少女的电影强化了女性负面的刻板印象。

※ 延伸练习 ※

本书其他论证同样是练习口头发言结尾的素材。你也可以找到一份喜欢的报纸，拿一篇读者来信或社论，把它当成发言，然后写一段结尾。

章练习9.4　评价口头论证

【目标】 练习评价口头论证。

【要求】 前往本书配套网站，点击“第九章”下的“练习9.4”，内含若干口头论证视频的链接，请观看后评价其是否符合第九章的各条规则。

【提示】 本节习题的评价对象是论证的呈现形式，而非论证的内容本身。请系统运用第九章的各条规则，每条规则都要详细说明。

规则40（打动你的听众）。问一问自己：发言者在开头是否吸引人，是否从头到尾都能打动观众？请具体指出发言人的哪些言语或动作提高了吸引力，又有哪些降低了吸引力。

规则41（全程在场）。本规则要全程关注视频。如果是录像，那么发言者有没有通过屏幕与你做眼神交流？如果是讲话，那么发言者有没有吸引听众的注意？请指出发言者的哪些行为强化了与观众的交流感，哪些行为又不利于交流感。

规则42（设置节点）。本规则要全程关注视频。不时暂停视频，试着用自己的话讲出发言的主旨，以及视频暂停之前的那句话与主旨有什么关联。如果能做到，请思考发言人设置了哪些节点来帮助你。如果做不到，请思考发言者可以怎样改动，让发言更明晰。

规则43（精简视觉辅助工具）。这一点不能忘。发言者用没用视觉辅助工具？视觉辅助工具起到作用了吗（如果是讲话，视觉辅助工具或许对现场听众有用，但对视频观众没用）？你能给出哪些建议来改进视觉辅助工具？

规则 44（结尾要出彩）。发言结尾出彩吗？请具体举出你认为结尾好的地方和不好的地方。

本节习题和范例均发布于本书配套网站。

※ 延伸练习 ※

逛一逛本节习题视频所在的网站，再找几个论证视频来评价。

本书配套网站的“相关资源”栏目中有若干链接，有助于提高公开发言的能力。

批判性思维活动：口头发言

第三部分的“口头发言”是一种运用规则 40 至规则 44 的课内活动。

批判性思维活动：课堂辩论

第三部分的“课堂辩论”是一种运用本书所有规则的课内活动。

批判性思维活动：小组辩论

第三部分的“小组辩论”是一种运用本书所有规则的课内活动。

第十章 公共辩论

公共辩论，既可能是当面交谈，若干对同一主题感兴趣但观点不同的人在交换意见；也可能是规模较大，涉及人数较多，不同观点的数量也较多的公众交流，比如在课堂或社区大会上讨论。既可以是公共论坛、电视上有时会看到的那种政治辩论；也可能通过社论、演讲稿等长篇书面的形式展开，就像本书第八章中讨论的那样，节奏要和缓一些。

如今，大多数人可能都会慨叹世风日下：公共讨论多尖刻而少理性，多破坏而少建设，政治议题尤甚。我不知道这里面有多少真实，可能不过是戴着有色眼镜看待过去而已。然而，如说公共辩论提升空间还很大，那肯定是没错。接下来，我就要介绍几条相关规则。

规则45　欢迎来辩论

在公共辩论中，你要尽可能把最好的一面展现出来，这是所有类型的辩论共通的地方。当下的公共辩论并不容易，事关重大，共识难寻，动辄唇枪舌剑。你也可以反过来想，这正是论证能够大展身手的时刻。你之所以学习和锤炼本书中的规则，不就是为了这个时刻吗？所以，用起来吧！寻找最恰当的证据；不要过分延伸；谨慎利用统计数字；运用关系紧密、有启发性的类比；只采用最优质的信息来源；介绍反对意见并加以回击……

你们要做的不只是发声。公共辩论不是民意调查，也不是意气之争，这是贯穿本书的论点。理想情况下，公共辩论应当是**集思广益**。你要为此做好准备，加入一场你能为之做出贡献的辩论。加入时就要有值得讨论的内容，要有真凭实据、真知灼见，表达时要公正妥当。

当然了，你还要有激情。许多论证的缘起都是激情，然后加以完善、夯实，危急时刻就更是这样。要注意的只有一点：激情本身并不构成论证。就其本身而言，某人对某个主张有着强烈的感情，这并不代表我们应该相信他。有理不在声高——实际上，你可能反而会怀疑，疾言厉色的背后会不会是证据欠缺。好的论证能够**证成**激情！

规则46　虚心倾听，反为己用

辩论是一种**交换**。它是与观点不同，但（理想状态下）同样以完善观点为目标的人发生的往来关系。它既不是你单纯发表立场的机会，也不是其他人单纯发表他们观点的机会。你们都要**倾听**彼此。

> 错误：
>
> 我想不到有什么事情比不吃肉更蠢了。人们从来都是吃肉的。另外，我们的牙齿不是为咀嚼豆子设计的！

虽然有些论证就是这样的，但这种开场方式恰恰是错误的。很多人都认为不应该吃肉。一个人如果确实想不到比素食更蠢的立场，那他大概是根本没有理解素食（真的吗？你一点儿都想不出比它更蠢的念头？）。抛出几条单薄的理由，掩盖你连对方论证都没有考察就全盘否定的事实，这同样是不明智的（牙齿决定论？）。

在“回归”自己的看法之前，不妨开放一些。你需要理解的不只是其他人的结论，更包括前提和理由，听一听他们的**论证**吧。你不能消极被动地等着对方宣明立场，而要积极主动地探究他们的理由，明白他们为何觉得这些理由有说服力。

> 正确：
>
> 有些人认为，我们不应该吃肉。我不是很懂。人类自古以来就吃肉，怎么能够说不吃就不吃呢？还有我们的消化系统，难道不是部分为肉食而设计的吗？

“错误”的表述是宣言式的，是全盘否定。除了引发争辩，别无他用。而“正确”的表述是用了若干问题的形式。你并未被说服，但明确表达了理解其他论证的意愿，也为自己的反思留下了余地。你或许还能帮对方论证做出些许贡献呢。最起码，你自己很可能会有收获。而且无论如何，你都为自己的发言打下了更好的基础。

辩论不会止于这段小插曲。

假如你积极地听取了对方论述并认真进行了提问，那么对方就并无不快。你就为理解对方的论证下了功夫，你现在可以要求对方同样认真、耐心、积极地倾听你要说的话。这就是**反为己用**。

> 感谢你花时间跟我探究了你的观点。我知道自己提出了很多问题，谈话过程中不乏很有意思的回答。我会进一步思考的。现在，我要向你解释我的论证了。我说的时候，你也可以问我问题。做好准备了吗？

有的辩论者会感到惊讶乃至震撼，之前都是他在大谈特谈。公共辩论（或者其他任何地方）中得到倾听总是令人高兴的稀罕事。他们甚至可能觉得，你跟他们认真讨论了他们的观点，所以你可能已经赞同他们了（你当然可以改换阵营，但也不一定要如此）。

现在，他们突然意识到还有后续。轮到**他们**来倾听了，而且要像你示范的那样保持开放的心态。对许多辩论者来说，这可能是一次全新的体验。但是，既然你之前积极认真地听过**他们**讲话，那他们也不好反对。好好听吧。

练习 10.1 不顺耳也要听下去

【目标】 哪怕听的时候内心有强烈的情绪，你也要练习认真倾听的能力。

【要求】 为下面每个论证写一小段话说明作者持有其观点的主要原因——即便你不同意作者的观点。

【提示】 要记住，这项练习的任务只是理解他人何以能合理地相信每段话中表达的观点。你不需要认同其中的观点，（*现在*）也不需要维护或反驳每段话中提出的论证或立场。努力掩藏自己的观点和感受，将关注点放在理解上。

有一些论证可能是你本来就认同的；有一些论证可能是你虽然不认同但还能理解某些人为什么会那样看问题的；但还有一些论证，你可能很难想象竟然会有人严肃或合理地相信那样的观点。再说一遍，你不必认同下面的所有主张，一刻都不需要。不过，既然有一些同胞真诚地相信这些观点，那么除了说他们是疯子，最好还要做点儿别的事。也许，仅仅是也许，你没准儿会从中学到一些东西——最起码能了解另一种世界观。

你从规则 1 就知道，读一段话时，要问自己的第一件事就是，**这段论证支持什么结论**。与其他情况一样，找到结论可能要花一点儿功夫。至于下面这样的论证，要花的功夫还要多一点儿，因为下面的强硬观点往往是用惊悚或夸大的方式说出来的。情绪激动时，人思考和说话都不太可能像头脑清醒时认真（*我们也一样，对吧？*）。你要努力排除无关的“噪声”，清晰而简洁地表述论证中的立场，用语尽可能公正、平和。

接下来，你要诚恳地问自己：**怎么会有人相信这个主张？对这段话中的论证的最佳解读方式是什么？**暂且假设这段话的观点或论据的内核中包含着某些真理。那么，真理在哪里呢？你要寻找真正的**理由**，而不是觉得别人心理有问题或明显在犯傻。你内心的某个地方可能觉得，有人否认气候变化是因为被石油公司骗了，或者因为他们害怕承认气候变化的后果（*或者，你也许会认为有人相信气候变化是因为痛恨资本主义，想要一个借口推翻资本主义。又或者……*），有些人可能还真是这样。不过，他们毕竟是有理由的——实实在在的论证——而这道题的任务就是思考他们可能有什么理由。

要记住本书介绍的各种论证形式。下面的论证是否符合某一种或某几种形式？如果是的话，那就想一想该形式的原理是什么，再运用原理来重构每段话中的论证。

要经常深呼吸。有些段落可能会引发强烈的情绪，然而，现在很少有人教我们如何在感情汹涌的同时怀着同情心倾听。我们学到的恰恰相反，一旦产生强烈情绪就用诘难、拒斥、逃避和其他种种手段回击。运用更平和、更用心的阅读方式需要勇气，有时还需要胆色。但话又说回来，我们不得不与其他人共同生活，而且不是每个人的头脑都像我们一样清楚，对吧？那么，你要怎么做呢？

【范例】

你从来没有听说过一个为了宗教而发疯的美国长老会派教徒吧……周日清晨，我们起床后给马安上最好的马具，然后开开心心去镇上。我们整理仪容，庄重地走进教堂。我们站起身，低头看眼前的歌本……当牧师祈祷时。当我们聘请的合唱队唱歌时，我们再次起身，对着歌本检查，看他们有没有偷懒落下一节。牧师布道时，我们严肃静坐，偷偷数教堂里有多少顶女帽，用手抓飞虫。祝福开始时，男女都会摘帽。祝福结束时，这么说吧，我们就散了。没有迷乱，没有狂热，没有争斗。一切都是那么宁静。你不会看到我们任何一个长老会派的人为宗教争得面红耳赤，或者要杀掉邻居全家。让我们安心守护着历经岁月的古老和正常宗教吧，不要去试野狐禅。

答案　我认为马克·吐温的关键句是："你不会看到我们任何一个长老会派的人为宗教争得面红耳赤，或者要杀掉邻居全家。"当然，这是为了有幽默效果而夸大其词，放到今天大概会冒犯很多人。我不认为长老会派教徒都是不由本心、绝不犯人的机器人，也不认为注重情绪或行动的宗教形式——不管是不是基督教，也不管我同意与否——仅仅因为其注重情绪或行动就会被认为是"疯狂"的。可我还是认为马克·吐温讲到了一个重点。宗教情绪高涨时确实会发生一些过激的行为。如果马克·吐温来到现在，他可能会表达这样一个争议性的观点：基督教的某些形式可能会使人"发疯"。谢谢你，老马！

答案解析　马克·吐温是一位著名的怀疑论者，质疑过许多事物。他也是一位用讽刺讲道理的大师。当其他人取笑你看得很认真的事情时，你很容易感到难过，然后无视对方给出的理由。上述回答将挑衅性的文字放在一边，只看马克·吐温的实质观点。

在今天的媒体圈，你能想到用类似间接但尖锐的方式讲道理的讽刺大师吗？我们能不能同样为他们献上谢意，哪怕是——或者说，尤其是——他讽刺到我们自己头上的时候？

【习题】

1. 枪自己当然不会杀人（通常情况下是这样。不过，有时枪自己也能害死人）。但人的这双手也不会杀人啊（这是一般情况，不排除有例外）！单独把枪拿出去算怎么回事？“给人一把勺子和一盒冰激凌，他会长胖。给醉汉一辆车，他会上路然后出车祸。你写下一个强硬的论证，别人看了可能会赞同，也可能会震惊。你给杀人犯一把枪，他会杀人。你不给人这些东西，他就不会长胖，不会醉驾，也不会朝人开枪。明白了？”

2. 约翰·卡迪洛很高兴选举人团制度让农业州在美国总统选举中拥有不成比例的势力，因为如果没有选举人团，用他自己的话说，“选我（亚历山德里娅·奥卡西奥-科尔特斯）的人就会替我们做决定了”。但是，“在我们的民主制度下，上帝不许（纽约市内）更能代表当代美国的多元化工薪阶层街区，与你那拥有可疑的种族主义观念还在社交网络上分享虚假的阴谋论爆款文章的古怪叔叔拥有同等的发言权”。

※ 延伸练习 ※

自己找一些你认为表达了错误立场甚至让你感到愤怒的视频，尽管你可能自己有一个度，如果让你过于愤怒的话，你压根就不会去考虑了。试着体察发言者的观点并客观地解释他的论证。

批判性思维活动：不讨人喜欢的观点

第三部分的“不讨人喜欢的观点”是一个练习应用规则 46 的课内活动。

练习 10.2　为对话做准备

【目标】 练习如何在有深刻分歧的情况下展开建设性的对话。

【要求】 回顾练习10.1中的题目，想象自己在与每段话的作者交谈，然后写几句用来与对方探讨观点的开场白。接着再写几个过渡的句子，让作者听听你自己的看法。

【提示】 在本练习中，你要给每道题写两段话：一段是开场白，另一段是过渡语，让对方倾听你的观点。规则46中分别给出了写两段话的一些例子。

当你要开启一段对话时，表现出尊重又有兴趣的态度是有好处的。尽管挑明你坚决不同意对方（如果你确实不同意的话）是有好处的（也是诚实的），但你也要说明你试图理解对方的观点和理由。一上来就反驳对方通常是**最糟糕**的做法，先问几个问题是好办法。你可能还是要做几次深呼吸……但你也会发现只要对方知道你是真心来的，他很快就会讲道理。在一场争论或讨论中，氛围的改变有时快得令人惊讶。

转向自己的观点之前，尽量不要造成你确信能说服对方或者你比对方聪明的印象。即便你确实相信自己即将像英雄一样刺穿笼罩在对方周围、让他看不清真理的无知迷雾，你自己知道就好。那样只会徒增困难，因为没有人喜欢被垂怜。要表现出你只是要解释一些说服了你的理由。你可以指出自己已经怀着敬意听完了对方的话，努力保持开放的心态，现在只是要求对方也这样做，你也可以不明说。不管用什么办法，你都要从你听对方讲转移到对方听你讲。

当然，这些做法未必总是有效。真正的对话可不简单！许多人不感兴趣，可能直接就反对。如果实践中出现了这样的事，你可以放弃这段对话。不过，有的时候——可能比你想象中要多——对话会奏效（幸好是这样，不然我们就真的麻烦大了！）。

你不太可能对练习10.1中的**所有**观点都不赞同，你可能觉得有些观点太对了。本练习的主要目标是与意见不同的人开启对话。那么，对于你认同其观点的题目，你有两种选择：一种是从反对者的角度写一段回答；另一种是试着开启一段旨在改进或明晰正面论证的对话。参考答案中两者都有。

【范例】

你从来没有听说过一个为了宗教而发疯的长老会派教徒吧……周日清晨，我们起床后给马安上最好的马具，然后开开心心去镇上。我们整理仪容，庄重地走进教堂。我们站起身，低头看眼前的歌本……当牧师祈祷时。当我们聘请的合唱队唱歌时，我们再次起身，对着歌本检查，看他们有没有偷懒落下一节。牧师布道时，我们严肃静坐，偷偷数教堂里有多少顶女帽，用手抓飞虫。祝福开始时，男女都会摘帽。祝福结束时，这么说吧，我们就散了。没有迷乱，没有狂热，没有争斗。一切都是那么宁静。你不会看到我们任何一个长老会派的人为宗教争得面红耳赤，或者要杀掉邻居全家。让我们安心守护着历经岁月的古老和正常宗教吧，不要去试野狐禅。

答案 开场白：我知道你在讽刺，我觉得很搞笑。但我们现在严肃一点儿，哪怕有点儿无聊，可以吗？首先，我想知道你对“历经岁月的古老和正常宗教”的真实看法。你果真认为走这一套流程就好了吗？转到另一个极端，我还想知道你对不信教的看法。你是主张不信教的人或社会更可能不去管邻居的事，至少放邻居一条生路吗？也许真是这样，但我们也要考察其他的例子，对吧？

过渡语：我听你描述了星期日上午的教堂活动，我也笑了。我和你有同感！但我也要提出另一种思考的路径。在我看来，宗教也能化解仇恨。就拿民权运动来说吧，它的根据地是黑人教会，那些教会可是很有激情的！但他们坚守的是爱，而非以牙还牙。有好肯定就有坏，但除了你谈到的，宗教难道没有更多的可能性吗？

答案解析 回应讽刺是一门学问，尤其是你们的目标不是共同推进论证时。上述两段回答至少都保持了一点儿轻松幽默。但总体来说，无聊不是问题，无聊往往意味着更清晰。

顺便说一句，马克·吐温的宗教观其实是复杂的，学界依然争论不休。尽管他写过责备宗教整体和具体的基督教的文字［吐温家族甚至直到20世纪60年代才允许发表他的《来自地球的信》(*Letters from the Earth*)］，他显然也从宗教中获得了一些安慰和思想启发，而且他参加长老会派的宗教活动，甚至似乎协助创办过一家教会。虽然今人无法与马克·吐温本人探讨宗教，但他关于宗教和许多其他主题的作品仍然吸引着我们。在某种意义上，我们仍然可以与他对话，而且是一段既令人不安又引人入胜的对话。

【习题】

1.枪自己当然不会杀人（通常情况下是这样。不过，有时枪自己也能害死人）。但人的这双手也不会杀人啊（这是一般情况，不排除有例外）！单独把枪拿出去算怎么回事？“给人一把勺子和一盒冰激凌，他会长胖。给醉汉一辆车，他会上路然后出车祸。你写下一个强硬的论证，别人看了可能会赞同，也可能会震惊。你给杀人犯一把枪，他会杀人。你不给人这些东西，他就不会长胖，不会醉驾，也不会朝人开枪。明白了？”

2. 约翰·卡迪洛很高兴选举人团制度让农业州在美国总统选举中拥有不成比例的势力，因为如果没有选举人团，用他自己的话说，“选我（亚历山德里娅·奥卡西奥-科尔特斯）的人就会替我们做决定了”。但是，“在我们的民主制度下，上帝不许（纽约市内）更能代表当代美国的多元化工薪阶层街区，与你那拥有可疑的种族主义观念还在社交网络上分享虚假的阴谋论爆款文章的古怪叔叔拥有同等的发言权”。

※ 延伸练习 ※

找来几位你信任的朋友，再找一些你们存在分歧的话题（批判性思维活动“不讨人喜欢的观点”提供了一个实用的框架），针对这些话题交流观点，换几种方式写开场白和过渡语，借此演练开场白和过渡语直到流利为止。

规则 47　拿出正面观点

公共辩论陷入僵局的一大原因是，参与者不知道该如何继续推进。过分关注负面因素是部分原因，也就是只看对方错在哪里。好论证会给人们**肯定**性的内容——有吸引力的正面观点。

那么，加入辩论前，你就要谋划好推动方向。你不能单纯批评对方的观点，而要提出自己的备选观点或立场。你要做出回应，指向行动，点明希望，而非只是抗拒、回避、哀叹。你要提出实实在在的、有希望与可能性，至少要是积极正面的观点。

错误：

本市在节约用水方面太差劲！水库存量只够一个月，可用水量还是只能减少25%。而且，大家怎么还是不懂少洗车、勤关水龙头的道理……

或许情况确实如此……但是，如果片面强调问题的严峻性，人们可能就会感觉束手无策。为什么不能换一种给人鼓劲的表达方式呢？

正确：

本市有能力，也有必要推进节约用水工作。我们目前已经将用水量减少了25%，但水库存量仍然只够一个月。因此，人们确实应该减少洗车次数，避免水龙头长流水……

两段话包含的事实内容完全相同，甚至词句都差不多，但整体感觉完全不一样。

我们不是要盲目乐观，有问题就不能视而不见。但是，如果只谈问题，那现实中也就只会愁云惨淡了。我们会制造出更多的问题，会把全部精力和注意力都投入负面情绪上，哪怕我们想要抵抗这种状态。

马丁·路德·金的著名演讲《我有一个梦想》（“I Have a Dream”）之所以有力量，部分原因就在于，它毕竟还是在谈**梦想**——共同的、公正的未来愿景。“我有一个梦想，昔日奴隶的儿子将能够与昔日奴隶主的儿子坐在一起，共叙兄弟情谊……”试想一下，如果他只谈**噩梦**，那会如何：“我有一个**噩梦**，昔日奴隶的儿子永远**不会**与昔日奴隶主的儿子坐在一起，共叙兄弟情谊……”在某种意义上，这两句话表达的意思完全相同。但是，如果他当初是这样讲的，这篇演讲还会继续鼓舞今天的我们吗？

所有论证——不只是公共辩论——都应该拿出积极正面的内容。我还要再强调一次，公共辩论往往事关紧急，火气特别大，这也是我把这条规则放到本章的原因。在群体中，乐观向上的氛围能够感染人，本身就有一股劲头；阴郁泄气的话同理。你想选哪一种？

练习 10.3　用积极的语气改写论证

【目标】 练习用积极的语气来表达思想。

【要求】 请改写下列段落，既不改变大意，又要换上积极的语气。

【提示】 为了推动讨论，将关注点放在解决办法而非问题上面往往是有益的。不要沉溺于谴责做得不好的地方，要说积极的话，强调哪些人取得了成绩，重点看如何解决。这有助于减轻会将讨论的大门关上的愧疚感和戒备心，而将能量导引到更有建设性的方面。

在下列段落中，请留意消极因素，即强调人们做错了什么事情，什么事情又发展得不好。这往往暗含着对照关系，即与做得好的人、发展得好的事情比较。比如，有一段话强调许多罪犯屡教不改，其中就暗含着屡教不改与改邪归正之间的对照。要想让发言以积极的姿态结束，不妨强调改邪归正的罪犯或帮助罪犯自新的政策项目。

如果一个段落把重点放在问题上，那么结尾可以提出几个潜在的解决方案。陈述问题中往往就暗示着解决的方案。通过把焦点放在解决问题，而不只是问题本身上，你或许就能把这些模糊的暗示转化为更具体的计划，至少能让你走上正轨。

【范例】

如果飞机失事时起火，乘客逃生时间只有 90 秒，然后机舱温度就会升高到致死线。因此，逃生工作一步都不能错。然而，据美国联邦航空管理局估计，飞机起飞后，高达 61% 的乘客会在安全提示播放时把声音关掉。联邦航空管理局举行逃生演习时，许多乘客都不遵循正确流程。因此，飞机失事之所以如此危险，一个原因就是许多乘客不知道如何逃生。

答案　人人都知道飞机失事很危险。如果飞机失事时起火，乘客需要在 90 秒甚至更少的时间里逃生。每次飞机起飞时，美国联邦航空管理局都会强制播放安全提示。但是，只有大约 40% 的乘客会收听。而且，只有部分乘客会在联邦航空管理局举行的逃生演习中遵循正确流程。如果有更多人认真听安全提示，知道紧急情况下该如何行动，或者航空公司找到更吸引人的方式来讲解安全知识，那么更多生命便会得到挽救。

答案解析　两段话内容几乎相同，但是表达方式有很大区别。前一段话的重点是人们做错了什么，飞机失事起火有危险。后一段则强调人们做对了什么——播放安全提示、收听安全提示、逃生演习中遵循正确流程——以及做这些事能够挽救生命。

【习题】

1. 如果你一直想要减肥，我有一些坏消息。你很可能一直在喝的无糖碳酸饮料其实会让减肥更难。事实上，无糖碳酸饮料中的人工甜味剂会改变人体肠道菌群，损害糖代谢能力，从而导致肥胖症和糖尿病。

2. 事实表明，运动员在比赛和训练期间大口灌下的高糖运动饮料没多大用。最新研究发现，从提高成绩或缩短恢复时间来衡量，高强度训练期间喝一瓶运动饮料的效果不比吃一根香蕉更好。另外，运动饮料往往添加了有些人避之不及的大量色素和人工成分。喝完饮料还要处理塑料瓶。你真的会好奇为何那么多人把钱浪费在那一类饮料上。

3. 尽管有关部门新实施了针对性的学业能力提升计划，但仍有大约一半拉丁裔学生没有为本科英语课程做好准备，三分之二的学生没有为本科数学课程做好准备。这还没算上高中没毕业的学生。这大概就能解释为什么拉丁裔的本科入学率高于黑人和非拉丁裔白人，但本科毕业率持续低迷。

4. 2013 年 11 月，11 000 名志愿者为实现一名重病 5 岁男童的愿望“挺身而出”：他们将旧金山变成了哥谭市，男孩身穿小蝙蝠侠的服装与大坏蛋战斗了一整天。许愿基金会发布的这次活动确实很暖心，但也浪费钱。许愿基金会的每个“愿望”平均要花费 7500 美元，这些愿望为真正有需要的孩子们带去了欢乐。但捐款给干实事的基金会，比如反疟疾基金会，却能实实在在地救命。同样的 7500 美元可以用来买蚊帐，至少能挽救两到三个孩子的生命。不管点亮重病孩子的一天有多么大的价值，挽救两到三个孩子的生命肯定更有价值。因此，向许愿基金会捐款是浪费钱。

※ 延伸练习 ※

要想继续练习，不妨看一看你自己做过的论证，比如第六章的习题和其他课程的论文。此外，你还可以跟两三名同学结成小组，选择一些组员都感兴趣的话题，想象你们要围绕这些话题做展示，然后每个人写一篇消极论调的发言稿。夸大一点儿没关系，这样才更有挑战性。接下来，每个人都要从积极的角度改写自己和其他人的发言稿。最后投票选出每组展示的最佳发言稿。

规则 48　由共识起步

公共辩论往往通过各自极端立场的形式呈现。然而，在现实中，哪怕辩论双方差距再大，只要想得更周全一些，他们就总能找到折中的观点。比如，很少有人会赞同完全禁枪，或者停止石油开采。同理，支持完全放开枪支持有和石油开采的人也很少。哪怕是在堕胎这种壁垒分明、永无休止的议题上，大部分偏向自由选择的人都会接受对堕胎施加某些限制，往往还会支持这样做；而大部分偏向保全性命的人也愿意在**某些**情况下同意施行堕胎。

你必须**寻求**这种共识。如果你只是想要简明坚决的立场，那么你自然会发现，而且很可能**只会**发现这种立场。其他一切都会退居幕后，包括极端立场中的细微曲折，也包括各种折中观点。为了让自己的观点获得倾听，中间派可能也不得不走向极端。

当你把目光转向折中观点和重叠领域时，差异固然在现实中存在，但看上去似乎就可以把握了，甚至会有潜在的好处。

> 就气候变化成因而言，我们仍然在观点上存在差异。然而，不管人为原因还是自然原因占主导，我们都需要发展智能建筑和灾害预案。海平面正在上升，我们难道不应该抛下成因上的争执，共同面对新挑战吗？

哪怕观点的差异确实很大，与要求对方 180 度转弯相比，寻求折中立场往往是更务实的选择。你大可以整天为动物权利声辩，但无论立场如何，大多数人很可能都会觉得少吃一点儿肉比较好。在堕胎问题上，自由选择与保全性命两派之间有着大量共识，有时甚至会携起手来，比如应该从源头上避免让孕妇产生堕胎的想法。当然，差异仍然会存在。它们是重要的，值得讨论的。但是，我们不一定只看差异，或者把精力全投入它们身上。携手共进也是一种智慧。

不仅如此，现实中的立场往往是复杂的、**有趣的**，哪怕是我们未必认同的观点。支持持枪者担心禁枪后公民无力抵抗暴政，这是合理的；而反对持枪者则关心枪支泛滥带来的安全问题，同样有其合理性。与此同时，现实中的证据往往会让情况复杂起来。许多国家枪支管制严格却并无暴政，加拿大即一例。同时，美国人均枪支持有量几乎冠绝全球，比大多数战乱国家都要高，其绝对数字是触目惊心的。通过认真考虑这些事实，围绕禁枪与否的辩论可能就会打开新境界。

在某些情况下，只有坚持不懈乃至激进的反对才可能带来改变。那就去争取吧。但是，你也要警惕。不要以为**每一场**辩论都是战斗，也不要觉得每一个论证都是打破荒谬无知的攻城锤。不管他们怎样对待你——起初怎样对待你——都要摆出合作的姿态，好像双方站在同一边，需要解决一个共同面对的问题。坚持下去，直到对方明白为止，看看之后会发生什么。

这种做法同样适用于正式的公共辩论，比如面对台下的听众。陈述观点时不要摆出两军对垒的架势，甚至要避免制造两种观点的对立，而是要围绕一个议题**探究**各方论点。而且，不要局限于两个论点！

练习 10.4　寻求共识基础

【目标】 练习在讨论争议性话题时寻求各方的共识基础。

【要求】 每道题目都引述了围绕一个争议性话题的两个不同观点，而你要列出你认为能作为有意义的讨论共识基础的 3 个主张。

【提示】 在下面的题目中，每个人都对某个争议性话题有特定的**立场**。为了寻求共识，你要将他们的立场与立场背后的**信念**、**关切点**、**价值观**区分开来。双方的立场可能没有重叠，但相关的信念、关切点、价值观很可能是有重叠的。本习题的任务就是找到重叠处。

在我们给出建议之前，你要先想一想“有意义的讨论共识基础”是什么意思。你要找到双方大概都会认同的主张，而且这些主张似乎可以作为建设性论证中有意义的前提。建设性的意思是能够为一方或双方带来新的洞见，或者有助于双方达成一致。这些主张可以是关于事实的，比如美国每年有近 4 万人死于枪杀；也可以是关于善恶对错的，比如谋杀是错误的，或者自杀通常是人间悲剧。

很多情况下，一旦你将关注点从分歧转向共识，共识自己就会蹦出来，包括许多可以作为建设性论证中的有意义的前提但显而易见到不值一提的信念和价值观。

但如果你找不到重要的共识点，不妨问问你自己：双方分别有哪些**对**的地方？有一些分歧不在于谁对谁错，而在于谁更重要。以安乐死之争为例，支持安乐死合法化的人关注的是常年受苦和失去自主能力是非常糟糕的，反对者关注的是人类生命的价值。双方其实都是对的，受苦和失去自主能力**确实**是糟糕的，生命也**确实**宝贵。问题是：当一名绝症患者忍受巨大痛苦时，我们要如何权衡双方的主张？指出共同的关切点或价值观会开启富有成效的辩论。

即便双方在信念和关切点上存在尖锐的分歧，问一问双方分别对在何处也是有益的。以堕胎之争为例，大量政治分歧背后是深刻的宗教与哲学分歧。但就是在这个问题上，一个人的立场背后的一些——也许是很多——信念和关切点其实完全能让他人接受。例如，参与辩论的每个人几乎都同意少一些堕胎会更好，而且人应当对自己的身体有控制权。那就把这些共同的信念和价值观标为共识基础。如果实在没招了，那就说点儿积极打气的话（规则 47）。只要你说了，你往往就会看到可能的解决方法。

最后一点：寻找共识基础并不意味着价值观妥协。你的任务不是寻找双方勉强接受的这种立场，也不是提出双方勉强容忍的折中方案。相反，你的任务只是发现真正的，甚至得到双方强烈拥护的共同信念、关切点或价值观，作为接下来的建设性对话的起点。

【范例】

应该给每一名少年队成员发参与奖吗？

帕克·阿巴特　应该。尽管最优秀的运动员会参加校队乃至职业队，但是他们对于冠军以下的奖项都不满意，但大部分队员只会打到 14 岁左右。这些孩子大部分都为队伍奉献了时间、精力和热情，学到了团队合作、体育精神和锻炼身体的价值。我们应该表彰他们的付出和为集体做出的贡献。

贝蒂·伯丹　不应该。上场就发奖只会贬低奖杯的价值，因为大家都知道人人有份。更重要的是，孩子们会觉得只要上场就够了——哪怕不努力，也“人人都是赢家”。这会让孩子无法面对真实的世界，在那里，光上场可是不够的。

答案 我认为帕克·阿巴特与贝蒂·伯丹至少都会同意以下基本点。

1. 打赢比赛和单纯参与比赛是有区别的。

2. 有成就就应当得到认可和表彰。

3. 单纯参与的成员仍然为团队做出了贡献。

答案解析 贝蒂·伯丹和帕克·阿巴特的观点似乎针锋相对：贝蒂反对参与奖，因为那样会让孩子们以为只要上场就够了；而帕克支持参与奖，因为那是对做出团队贡献的成员的表彰。不过，双方至少有一个重要的重叠点：他们都强调打赢比赛和单纯参与的区别——贝蒂说得很明白，帕克则通过最优秀的运动员对“冠军以下的奖项都不满意”的看法间接表达了这一点。因此，这是双方的第一个共识基础。

通过思考双方分别有哪些对的地方，我们得出了第二个和第三个共识基础。贝蒂似乎强调人们应该因为取得了成绩而不是单纯露个面就得到认可和表彰。但帕克似乎也是这样看的，只是与贝蒂不同，他认为没赢的队员也有成就。这又是一个共识基础，从第二个共识能引出第三个。帕克强调，只要付出努力就值得表彰，也就是说，他们为团队做出了贡献。这就是第三个共识。

请注意，上述回答并未试图给出任何折中方案，比如给冠军发奖杯，给其他人发绶带。它只关注发现共识基础。

【习题】

1. 提高最低工资是一个好主意吗？

希瑟·布歇 提高最低工资意味着收入提高了，贫困率下降了，人民生活变好了。过去几年里，美国有一批州提高了最低工资，收入水平普遍改善。尽管相关关系不能推出因果关系，但实证研究表明提高最低工资是收入增加的一个显著原因。

迈克尔·斯特兰 提高最低工资有得也有失。没错，某些职工的收入增加了，但那是因为公司的用工成本提高了，还意味着另一些职工丢掉了工作或者找不到工作。现在有许多年轻人感觉工作不好找，我们应该降低而非提高企业招工的成本。

2. 太阳能地球工程是一个值得考虑的选项吗？

戴维·基斯　太阳能地球工程是一种假想的气候变化应对方案，其试图将一小部分入射阳光反射回太空，以此降低地球温度。换句话说，就是给地球造一把巨型遮阳伞。它乍听起来是疯话，也不是万灵药，但气候模型显示审慎实施太阳能地球工程配合减少温室气体排放能显著降低全球气候风险，而且该工程能在短时期内完成。因此，尽管肯定需要大规模进一步研究太阳能地球工程，但我们有理由认为它能帮助许多人，包括世界上最贫困的人，他们也是最容易受到气候变化侵害的人。不仅如此，它还能保护许多易受气候变化危害的生态系统。我们依然需要减少碳排放，但目前进展相当缓慢，以至于我们应该探索一下太阳能地球工程能否为彻底摆脱化石燃料争取一些时间。

科技监察组织　太阳能地球工程不过是一个虚假的气候危机解决方案，是将人们的精力从消灭化石能源和减少温室气体排放的紧迫任务转移开来的危险尝试。太阳能地球工程涉及对多个复杂系统的大规模操作，风险巨大且可能有意料之外的不良副作用。例如，它可能会扰乱降水模式，对气候变化高危人群造成负面影响。它还会威胁和平与安全，因为各国会为"地球恒温器"的控制权而开战，事实上，太阳能地球工程本身就有武器化的潜力。此外，污染大户已经在支持太阳能地球工程研究项目了，因为他们能以此为借口继续排放温室气体。我们需要各国共同限制太阳能地球工程研究，确保不负责任的研究开发项目不会阻碍真正的解决方案，即减少温室气体排放。

3. 美国应该废除死刑吗？

罗伯特·布勒克尔　罪刑要相当。对有些人——坏人里最坏的人，确实犯下了滔天大罪的人——来说，不该废除死刑，有些人其罪当死。社会不处死他们，而是将其关进监狱了事，正义就没有伸张。现在的监狱与惩罚无关，监狱里没有一个人的职责是确保犯人受到了惩罚。相反，他们的职责是确保每个人的安全，包括监狱里的犯人！于是，不配安稳的人就过上了安稳的生活。

戴安·拉斯特-蒂尔尼　刑事司法体系的目标是保护公众，死刑做不到这一点。首先，它不能震慑犯罪，问问警长就知道。杀人犯不会考虑自身行为的后果，所以死刑的威胁不会阻止他们。此外，死刑在全国的实施很不平均，而这意味着不公平。种族因素——包括杀人者和被害者的种族——对是否判处死刑的影响巨大，这是不可接受的。废除死刑势在必行。

4. 在美国，享受医疗服务应该是我们的权利还是特权？

斯科特·康韦 视享受医疗服务为我们的权利会造成严重的问题。首先，大部分权利是不受他人干涉地做某件事的权利。生命权是不被杀死的权利，而不是占有一切活下去所需资源的权利。言论自由权是不会因言获罪的权利，而不是拥有个人宣讲平台的权利。当然，权利是有限度的。我不能在拥挤的剧院中大喊“着火啦”，因为那会威胁其他观众的生命权。回过头来谈医疗权，医疗权并不是不受他人干涉地做某件事的权利。医疗权是拥有某样东西的权利，这就引出了谁治病、谁掏钱的问题。如果享受医疗服务是我的**权利**，那么哪怕不给医生钱，医生也会不得不给我治病。这是错误的。就算我因为自己不小心而受伤生病，我也有受到治疗的权利，不管治疗费用有多高。

罗伯特·普法夫 享受医疗服务是我们的权利，至少应该是我们的权利。我们都有生命权，但如果没有医疗，何谈生命权？何谈机会平等权？此外，其他一些服务是作为人民权利由政府提供的，公立教育就是一个很好的例子，公立图书馆也是。医疗难道不如教育重要吗？如果有人说政府提供教育是因为我们需要受过教育的劳动力，那我们就不需要健康的劳动力吗？进而言之，支持全民医疗的经济和医学理由是压倒性的。先说一条：没有医疗保险的人生病要进急诊室，那可要贵得多了，而成本往往会转嫁到其他人头上。看看其他发达国家，你会发现它们全都把享受医疗服务视为一项权利，而且它们的医疗系统平均成效更好，花的钱却只有美国的一小半。

※ 延伸练习 ※

到社交媒体、辩论主题网站、《今日美国》社论页面（除了社论，常常还有观点对对碰）找一个感兴趣的辩论议题，试着发现辩论双方之间的共识基础。还有一种比较私密的方式：与家人或朋友坐下来聊聊，找到一个观点存在严重分歧的话题，然后寻找共识基础。

规则 49　要有基本的风度

在辩论中，不要嘲笑或攻击其他人。这种错误甚至有一个专门的名字：人身攻击（ad hominem，详见附录一）。你不一定要喜欢辩论中的其他人，更别提赞同了。你甚至可能觉得有些人不值得认真对待，对方可能也有同感。但是，你仍然可以表现出礼貌，他们也一样。在某种程度上，风度就是为这种场合准备的。

专注于论证本身，公平持正地阐述对方立场。不要夹带私货，遵守第 5 条规则“立足**实据**，避免诱导性言论”。要明确一点：你知道对方的前提值得深思，哪怕你最后完全反对他们的结论或前提。

错误：

对方论证与千百年来的反自由观念一脉相承，最早可以追溯到柏拉图为精英独裁提出的自私辩护。他竟然敢把这种臭名昭著的宣传词拿到今日的公众论坛上来，真是应该为自己感到羞耻……

正确：

对方论证继承了悠久的保守主义政治思想传统，最早可以追溯到雅典哲学家柏拉图对民主表达出的不信任。柏拉图固然有其理据，但他的观点是否正确，或者说是否适应于今日，那就另当别论了……

这是一种底线伦理。无论如何，你和你的辩论对手都是同一个社会的成员，你们会一直共同生活下去，而且他很可能并非纯粹的恶棍或疯子。我们辩论的对象是真人，而不是漫画公仔。世界纷繁复杂，变动不居，任何人都不能完全理解。而我们都有一个共同的目标，那就是把握这个世界。而且，我们都在努力——通过论证和其他手段——让这个世界变好一点儿，至少在我们看来变好一点儿。哪怕是对待大吵大嚷、故步自封、落后顽固之人亦是如此。最起码，我们要表现出风度。

当然了，我们同样希望别人对我们有风度，哪怕他们不赞同**我们**，甚至可能觉得**我们**大吵大嚷、故步自封。从纯粹实用的角度看，风度能够“反为己用”，规则46里面已经说过了。我们对其他人有风度，自然也有资格要对方表现出风度。要是你自己都没风度，别人当然也不太可能对你有风度了！

如果感觉别人在蓄意歪曲、丑化你的观点，你有时可能会失去理智。于是，轮到你发言的时候，你可能会觉得用不着跟对方客气了。请记住：对方与你的感觉是相同的。保持风度对大家都好。

另外，你的对手或许——只是或许——并非全错。在这样一个复杂而不确定的世界里，“宏观认识”自然不止一种，许多人的认识**确实**会与你的认识有很大差异。他们可能真的有地方值得我们学习，至少我们应该表现出虚心的态度，这是礼貌。在这种情况下，风度就是诚恳谦逊的一部分。

你觉得其他人都没有风度？我也这么觉得。我们希望别人对自己有风度，但未必总能如愿。不过，还是那句话，有风度的人应该先表现出风度，**先**做出表率。你的风度或许会感染对方，为其他人改变辩论方式做出榜样。无论如何，你这样做都起到了带动作用，改善了社会整体环境，虽然未必能立竿见影。

规则50　给对方留下思考的时间

一个论证哪怕再优秀，也只是辩论的一部分，或许还只是一小部分。辩论之所以要长期延续，是因为它们涉及众多领域，还会引入大量事实和主张，而这些事实和主张本身可能是不确定的、有争议的、相互冲突的，我们能够从中得出各种结论。比如，哲学家探讨幸福问题已经有几千年了。进步当然是有的，但没有哪一种论证做到了“一锤定音”，而且也不应该有。

单个论证会造成影响，但绝少能够造成**全面**影响，哪怕它是完全正确的。单个论证、单个论证者会探讨辩论的某个方面，会修正和改进一些论证，会提出新视角和新想法……它们一直在变化。但是，辩论本身的变化往往是缓慢的，就像海轮转向一样。

要点在于，公共辩论时要有耐心。不管我们在甲板上如何慷慨激昂，言之凿凿，大船转向终究要慢慢来。辩论发生整体转向时，各方面的具体论证都会随之变化。因此，哪怕人们承认自己的部分立场可能有问题，他们也未必会在核心立场上改弦更张。维持原样或许看上去更有道理。他们并非不讲道理，就像你我一样。哪怕有人合情合理地反对我们的部分论证（实话实说，肯定是有的），我们也可能会固执己见。改变不仅需要时间，往往还需要更有吸引力的整体蓝图。

那么，不管你的论证多么优秀，都不要指望听众会马上赞同你，只要他们能保持开放心态就好。你应该期待的是，对方愿意**考虑**改变立场。而且，如果对方能看到你自己也愿意改变立场，这样成功的可能性才最高。要是逼得太紧，听众可能会进入“论战”模式，态度更加顽固。

当然了，辩论不是参与公共讨论的唯一形式，甚至未必总是最好的一种方式。在某些时候，激情呼吁、个人证词、长篇说教可能会更恰当。而且，我们有时也会受到强有力的诱惑去做出坏论证，比如有意添油加醋、使用可疑的信息来源等，尤其是对方似乎经常玩阴招的时候。诱惑是有的，我承认。但是，我最后要提出两点忠告：

第一，从长远来看，坏论证会减损好论证，也就是深思熟虑的整体价值。这对社会是有害无益的。不幸的是，如果对方确实思维混乱、考虑不周，你可能就必须承担起理清思路的责任。从长远来看，坚持好论证是唯一的取胜之道。

第二，实话说，如果对方真的经常玩阴招，他们很可能也擅长玩阴招，因为经验丰富、资金充足、罔顾廉耻等。你是打不赢他们的。相反，你要发挥你的强项——既然你有本书在手，就可以堂堂正正——这恰好也是正确的选择。

论证就要好好论，尽可能做到开放周全。拿出正面观点。倾听对方观点，尽可能做出回应，与自己的论证联系起来。但是，你也要明白：辩论会持续下去。人生苦短，辩论日长。不管是在公共讨论之内还是之外，除了辩论，我们还有很多有意义的、建设性的事情可以做。有发言就迟早要下台，接下来让听众自己考虑就好了！

练习 10.5　提出好问题

【目标】 练习如何以建设性的方式退出辩论。

【要求】 为下列主题分别提出两三个你认为能够对后续辩论做出建设性贡献的好问题，哪怕你已经退出了辩论。

【提示】 如果你认为自己即将退出辩论，视角就会与仍在辩论中的人不同。

你知道自己不会解决分歧，所以只是想帮帮忙。如果你做过认真的思考，那么从你的临别发言中或许会浮现出一些基本矛盾或有趣的疑难点。你或许还有一些对其他人有帮助的探索或人生经历。临别时，你可以把这类事情分享给大家。

千万不要把鼓吹个人观点伪装成提问的样子，好像要杀个回马枪似的。尽量说一些开放性的内容。这不是让别人接受自己立场的最后一搏。你应该认为自己的立场已经在那里了，不管是通过自己的话或者别人的话。你现在能为辩论做出什么贡献，让辩论的参与者会一直感谢你推动了大家的思考？你可不希望别人心里想，“哎呀，他又开始了”，巴不得跟你说再见。如何才能让对手都**舍不得**你走呢？

你可以问宏大问题，至少不要提细枝末节的问题，这些其他人也能提，也能解答。那样可不容易被人记住。怎么说呢，你要哲学一点儿！毕竟，你（没准儿？）是在一门哲学课上！

回顾本书介绍的规则。或许规则 12 会促使你重新思考某些类比，或许你其实没有全面考虑各种选项（规则 33），你甚至可能从数量过少或缺乏代表性的例子中得出了过分的结论（规则 7 和规则 8），或者对反例的考察不够充分（规则 11），或者忽视了因果关系中的某些复杂性（规则 21）。上述及其他规则对提问会有一些指导意义。毕竟，这是正文的最后一道习题了，当然，没事回去翻翻也不错！

【范例】

人的自由意志。

答案　在我思考我自己的自由意志时，我不禁想到其他生物的自由意志，比如动物。它们难道不是也会做选择吗？还有人工智能呢？我在想，如果从人类向外拓宽一点儿，我们对自由意志的思考会不会更清晰呢？

另外，一个实践性的问题是：我们如何才能让自己更自由？这或许不是非黑即白的。许多人感觉日常生活中的操纵越来越多了，举个例子，政治广告中的诱导性言论和图像。那么，批判性的对话会不会有帮助？比如，让我们不仅成为更好的公民，也真真切切地更加自由？如果是这样，那对我们理解自由意志的方式有何意义？

答案解析　大量关于自由意志的哲学争论往往非黑即白：我们要么有自由意志，要么没有。上面提出的几个（非常好的）问题提出了更复杂的可能性。我们可以（也可以让自己变得）更自由或更不自由，其他生物也一样。

请注意，上述回答不是“回马枪”，不是要在最后夹带一点儿私货。比如，回答里没有讲这样的话：“最后一个问题。我思考了人工智能在自由意志方面能给我们什么教益。我敢打赌，如果你真的开始思考人工智能和自由意志，你肯定会认同我的观点，也就是我们其实根本没有自由意志。”结束前提出这种问题只会封闭讨论，而不是开启思路。与此相反，上述回答甚至没有点明提问者本人对于自由意志的立场。即便我们能根据它提出的开放性问题属于何种类型做出合理的揣测，该回答也没有预设其提出的问题会确证那个立场。它确实只是提出了一些有益而有趣的问题。

【习题】

1. 幸福之道。
2. 用于医学的人类胚胎基因编辑。
3. 国家安全。
4. 什么是真正的成功?

※ 延伸练习 ※

回顾第十章中的其他习题，利用其中给出的话题完成本习题的要求。如果还不够，可以找找第七章、第八章和第九章习题中给出的话题。

批判性思维活动：课堂辩论

第三部分的“课堂辩论”是一种练习运用本书全部规则的课内活动。

批判性思维活动：小组辩论

第三部分的“小组辩论”是一种练习运用本书全部规则的大型课内活动。

批判性思维活动：最佳对手

第三部分的“最佳对手”是一种练习运用本书全部规则，特别是第十章规则的大型课内活动。

批判性思维活动：与校外搭档进行建设性的辩论

第三部分的“与校外搭档进行建设性的辩论”是一种练习运用本书全部规则，尤其是第十章中的规则的大型课内加课外活动。

附录一
常见论证谬误

谬误指的是误导性的论证。很多谬误不仅迷惑性强，而且司空见惯，所以人们专门为它们起了名字。它们看似是全新的话题，但实际上，我们说一类论证是谬误，意思往往不过是它违背了**正确**论证的某条规则。例如，“错为因果”这种谬误是指因果性结论有问题，你可以从第五章中找到阐释。

下面列举并解释了一些典型的谬误，包括它们常用的拉丁文或英文名称。

人身攻击（ad hominem）：攻击作为信息来源的人本身，而不是其资质或可信度，也不是实际论证。从第四章你可以了解到，如果我们认定是权威的某些人其实认识并不深入，或者立场不公正，或者内部存在重大分歧，那么他们就不具备权威资格。但一些攻击权威者的方式是不合理的。

> 卡尔·萨根认为火星上有生命存在，这丝毫不奇怪。毕竟，谁都知道他是个无神论者。我一点儿都不相信他的话。

尽管萨根确实参与过有关宗教和科学的公共讨论，但我们没有任何理由认为，他的宗教观影响了他对火星生命的科学判断。我们应该针对论证，而不是针对人。

诉诸无知（ad ignorantiam）：主张某个命题是正确的，只是因为没有人证明它是错误的。一个经典的例子是参议员约瑟夫·麦卡锡指控某人为共产主义者，当他被要求拿出证据时，他说：

> 我在这方面掌握的信息不多，只是资料中没有任何信息能够证明他与共产党没有联系。

当然，也没有任何东西能**证明**他与共产党有联系。

诉诸怜悯（ad misericordiam）：诉诸怜悯，以此争取特殊待遇。

> 我知道，这门课我每次考试都挂了，但要是过不了，我就得在夏季学期重修了。老师啊，您可一定得让我过啊！

有的时候，同情心是伸出援手的合理理由，但是在需要客观评价的时候，只靠同情心可就不行了。

诉诸群众（ad populum）：诉诸群体情感，或者为了讨好群众而诉诸某个抽象的人（每个人都这么做）。诉诸群众的论证是错误依靠权威的典型例子。它没有给出任何理由来证明，“每个人”为何是博学多识、值得信赖的信息来源提供者。

肯定后件（affirming the consequent）：指的是下面这种错误的演绎推理形式。

> 如果 p，那么 q。
>
> q。
>
> 因此，p。

还记得吗？在“如果 p，那么 q”这个命题中，p 叫作“前件”，q 叫作“后件”。**肯定前件式**是一种逻辑有效的形式，它的第二个前提（小前提）说的是前件 p 成立（查一查规则 22）。然而，肯定后件 q 就是另一种形式了，而且并非逻辑有效。即便前提正确，也不能保证得出正确的结论。例如：

如果路面结冰，那么邮件就来得晚。

邮件来晚了。

因此，路面结冰了。

尽管路面结冰会导致邮件来得晚，但邮件来得晚还可能有其他原因。上面的论证**忽略了其他可能性**。

乞题（begging the question）：暗中将结论用作前提。

上帝是存在的，因为《圣经》中有记载，而我知道《圣经》是正确的，因为它是上帝写的！

这个论证按照“前提-结论”的形式写出来就是：

《圣经》是正确的，因为它是上帝写的。

《圣经》说上帝是存在的。

因此，上帝是存在的。

为了证明《圣经》是正确的，论证者声称上帝写了《圣经》。但显然，如果上帝写了《圣经》，那么上帝就是存在的。因此这个论证恰好把它试图证明的东西当成了先决条件，或者说前提。

循环论证（circular argument）：乞题。

WARP News 节目是可信赖的事实来源，因为节目里老是说“本台只呈现事实”，所以他们说的一定是事实！

在现实生活中，循环论证往往会兜一个大圈子，但归根结底都是把结论代入了前提。

复合问题（complex question）：这种提出问题的方式使人们无论同意还是不同意，都不得不承认提问者希望证明的另一观点。一个简单的例子：“你仍然像过去一样以自我为中心吗？”无论回答“是”或“不是”，你都承认了自己过去以自我为中心。一个复杂些的例子是：“你能不能顺从良心，放下财欲，为我们的事业慷慨解囊呢？”如果回答“不能”，那么无论不出钱的真正原因何在，你都会感到愧疚；回答“能”，那么无论出钱的真正原因何在，你都会感到高尚。如果你想让别人捐款，直接开口要就行了。

否定前件（denying the antecedent）：指的是下面这种错误的演绎推理形式。

> 如果 p，那么 q。
>
> 非 p。
>
> 因此，非 q。

还记得吗？在“如果 p，那么 q”这个命题中，p 叫作“前件”，q 叫作“后件”。**否定后件式**是一种逻辑有效的形式，它的第二个前提（小前提）说的是后件 q 不成立（查一查规则 23）。然而，否定前件 p 就是另一种形式了，而且并非逻辑有效。即便前提正确，也不能保证得出正确的结论。例如：

> 如果路面结冰，那么邮件就来得晚。
>
> 路面没有结冰。
>
> 因此，邮件没有来晚。

尽管路面结冰会导致邮件来得晚，但邮件来得晚还可能有其他原因。这种论证**忽略了其他可能性**。

偷换概念（equivocation）：在论证的过程中先用一个词的某个意思，之后又改用这个词的另一个意思。

> 女性和男性在生理和心理上存在差别。所以男女两性是不平等的，因此法律不应该声称男女平等。

前提和结论中的“平等”意义不同。说男女生理和心理上不平等，这里的

“平等”是“相同”的意思。然而，法律面前的平等并不是指生理和心理上相同，而是指应该拥有相同的权利和机会。如果把“平等”一词的两个不同含义明确区分开，上述论证就可以改写成：

> 女性和男性在生理和心理上是不相同的，因此女性和男性不应该拥有相同的权利和机会。

一旦去掉模棱两可的地方，我们就能明显发现，该论证的结论不但得不到前提的支持，甚至根本与前提无关。论证中没有给出任何理由证明，生理和心理上的差异为何意味着权利和机会也应该不同。

错为因果（false cause）：因果性结论有误的论证的统称。具体参见第五章。

假二难推理（false dilemma）：将两个往往完全对立的选项不公正地摆到别人面前，而排除其他一切选项。例如，“要么爱国，要么出国”。一篇学生论文中有一个更复杂的例子：“由于宇宙不可能由无生有，所以它一定是由一个有智慧的生命创造出来的……”好吧，也许说得没错，但除了由无生有，宇宙由智慧生命创造出来是**唯一**的可能吗？这个论证**忽略了其他可能性**。

道德争论似乎特别容易陷入假二难推理。我们说，胎儿要么是一个人，拥有你我的一切权利，要么是一团没有任何道德含义的组织器官；要么使用任何动物制品都是错误的，要么现在的所有使用方式都是可以接受的。实际上，其他可能性一般都是存在的。尝试寻找更多值得考虑的选择，而不是排除它们！

诱导性言论（loaded language）：以煽情为主的语言。事实上，这种语言根本就不算是论证，而只是操纵（参见规则 5）。

复述结论（mere redescription）：前提仅仅是把结论换了一种说法，而不是给出具体的、独立的理据（宽泛来说，**复述结论**可以算作**乞题**的一种形式。但是在这种情况下，前提和结论区别实在太小，连前提预设结论都说不上。将复述作为单独的一种谬误比较好）。

> **列奥**：马里索尔是一名优秀的建筑师。
>
> **赖拉**：你为什么这样说？

列奥：马里索尔擅长设计建筑。

“是一名优秀的建筑师”和“擅长设计建筑”基本上是一个意思，列奥并没有为先前的论断提出具体的证据，而只是**复述**了一遍。真正意义上的证据包括专业资质、优秀设计成果等。

莫里哀的话剧《无病呻吟》(*The Imaginary Invalid*) 中对“复述结论”的讽刺可谓经典。剧中有个一本正经的医生，他在解释某种药物为何能帮人们入睡的时候说，它有“催眠功效”。听上去很有道理，很科学吧？其实“催眠功效”的意思就是它能帮人们入睡，丝毫没有解释机理。看上去医生在解释，实际上在剧中只是用拉丁语复述了一遍。简单吧 (Ig-Bay eal-Day[1])。

不当结论 (non sequitur)：得出“无从得出的”结论，也就是说，从证据中无法合理推断出的结论，甚至是与证据无关的结论。这个词是不良论证的统称，应当具体考察错误的缘由。

以偏概全 (overgeneralizing)：根据过少的例证进行概括。仅仅因为跟你要好的同学都是运动员、都学商科、都是素食主义者，并不能推断出你的**所有**同学都是如此（想想规则 7 和规则 8）。大样本也未必能得出正确的概括，除非可以证明它具有代表性。要谨慎！

忽略其他可能性 (overlooking alternatives)：忘记了事件发生的原因可能多种多样，而不止一个。例如，规则 19 指出，只因为事件 E_1 和 E_2 可能有关联，并不能得出 E_1 导致 E_2 的结论。也可能是 E_2 导致 E_1；或者其他某事**同时**导致了 E_1 和 E_2；或者 E_1 导致了 E_2，**反过来** E_2 又导致了 E_1；或者 E_1、E_2 之间干脆没有关系。假二难推理是另一个例子：通常可能性远远不止两个！

劝导性定义 (persuasive definition)：给某个词语下一个看似简明，实则具有劝导性的定义。例如，有人可能把“进化”定义为“一种无神论观点，认为在假定的数十亿年时间里，各个物种在纯粹偶然事件的作用下不断发展变化”。劝导性定义也可能暗含褒义，例如，有人可能把“保守主义者”定义为“对人类的限度

1 属于儿童黑话，英文叫 pig Latin，直译为“猪猡拉丁语”，只是在英语上加一点儿规则使发音改变而已。此句即 It is easy nay，意思是“简单吧”。——译者注

有着现实认识的人”。

扣帽子（poisoning the well）：在论证展开前就用诱导性言论加以诋毁。

> 我深信，你们还没有上那些顽固分子的当，他们到现在仍然执迷不悟地认为……

一个更加不容易发现的例子：

> 没有一个敏感的人会认为……

错置因果（post hoc，ergo propter hoc）：仅仅因为时间上前后相继便草率地断定存在因果关系。这也是一个统称，具体参见第五章里谈到的问题。反思一下，其他因果解释是不是更加合理。

扯开话题（red herring）：引入一个不相关的、次要的话题，从而将注意力从主要话题上移开。这种方法通常会扯到容易让人们情绪激动的话题上，免得引起注意。例如，在讨论不同品牌汽车的相对安全程度时，转而讨论汽车是否在美国制造就属于扯开话题。

稻草人谬误（straw man）：歪曲地描述对立的观点，夸大本来每个人都可能会相信的看法，这样反驳起来就简单多了（参见规则 5）。

本书配套网站的“相关资源”栏目列出了若干书籍和线上资源，专门讲解论证谬误。

练习 11.1　发现谬误（上）

【目标】 练习发现谬误。

【要求】 本节习题给出的大部分论证中都包含下列谬误之一。

人身攻击

诉诸无知

诉诸怜悯

诉诸群众

乞题（即循环论证）

复合问题

偷换概念

错为因果

假二难推理

部分论证并无谬误。如果你认为某个论证存在谬误，请指出是哪一种，并解释谬误在何处。如果不存在谬误，请注明“无谬误”。注意：下列论证中，某一种谬误可能多次出现，也可能一次都没出现。

【提示】 有的谬误一看便知，有的则需要认真琢磨之前给出的谬误描述和例子，然后再来对照。某些情况下，论证的解读方式甚至不止一种。

初学者经常混淆乞题和偷换概念这两种谬误。

多义词有益于理解偷换概念谬误。用同一个词表达两个意思会造成混淆，老喜剧片《帝国时代》（*History of the World: Part I*）中就有很好的体现：莫奈伯爵警告法国国王“人民正造反呢”（The people are revolting），国王答道：“你早说过了，他们冻在冰里都发臭了。”（revolt 作动词有造反、起义的意思，所以它的现在分词形式 revolting 表示“正在造反”；同时，revolting 也是一个形容词，意思是令人反感的、恶心的。）国王误解了伯爵的警告。

在论证的语境下，这种混淆会让一望而知的坏论证看起来有那么点儿说服力。我举一个搞笑的例子：

有温苏打水（总）比没有好。在大热天里，没有比冰激凌好（的东西）。因此，在大热天里，温苏打水比冰激凌好。

你知道这是错的！但上述论证的格式看起来简明又合理：A比B好，B比C好，因此，A比C好。举个例子，如果论证是“奔驰比本田好。本田比雪佛兰好。因此，奔驰比雪佛兰好”，那这个结论是可以信任的（假设前提确实为真）。那温苏打水怎么了？

在轿车论证里，“本田”在两个前提里是以同样的方式指代同样的东西。逻辑学家称之为“中项”，放到上面的格式里就是B，它将A和C可靠地连接在一起。而在温苏打水论证里，中项是个麻烦的家伙，“没有”。它在两个前提中不是以同样的方式指代同样的东西。用明确的语言改一下就明白了：

> 喝温苏打水总比什么都不喝好。在大热天里，没有什么东西比冰激凌更好。因此……

好吧，什么都“因此”不出来。一旦明确了各个前提中“没有”的含义，好论证的表象就消失了，它甚至都不像一个论证。遇到偷换概念的论证，替换同义词或者像这样改写就能让人明白：原来有一个前提是错的，或者与另一个前提和（或）结论无关。

许多偷换概念谬误的例子都有点儿蠢，那是因为“严肃”的例子——你可能会同意的那种论证，而不仅仅是让你好奇哪里出了错——通常更难理解。下面举一个改写自哲学家约翰·斯图亚特·穆勒的例子：

> 我们应当追求一切可欲之物。既然所有人都欲求快乐，快乐显然是可欲之物。因此，我们应当追求快乐。

批评穆勒的人指出，第一句中的“可欲”（desirable）意思是“值得欲求”；第二句中的“可欲”则是“能够被欲求”的意思，就像“可见”的意思是“能够被看见”那样。当我们把“可欲”换成别的词，后一个前提显然就与“我们应当追求快乐”的结论无关了。既然第一个前提只是主张我们应当追求一切值得欲求之物，那么从“快乐能够被欲求”根本就得不出我们是否应当追求快乐。你看，这里的偷换概念就比温苏打水微妙一点儿了（不过也没有那么微妙。穆勒这样的聪明人会犯这种初级错误吗？有没有对他有利的解读方式？）。

下面再给出一个例子，供读者自行思考：

> 就连最支持进化论的人也给进化贴上了“理论”的标签。但是，“理论”的意思不过是模糊的揣测。因此，进化其实不过是模糊的揣测。

这个经常见到的论证会不会只是利用了“理论”的多义性呢？

接下来看乞题谬误。现在有越来越多的人将“乞题”当作“发问”来用，比如“市长乞题：市政府怎么能为这么多项目买单”。但逻辑学家所说的“乞题”意思大不相同！要记住，论证是为了让你相信你原本不相信的事情。乞题论证则要求你在接受某一个前提之前先接受结论。以前面举过的《圣经》为例，在你接受上帝写了《圣经》之前，你必须先接受上帝存在。因此，根据上帝写了《圣经》得出上帝存在的论证不是好论证。所以，乞题也叫“循环论证”。就像环路一样，乞题论证好像把你引到了某个新的地方，但其实并没有，目的地（结论）与出发点（前提）并没有实质性的不同。

有人觉得，做出可疑假定的论证一概是乞题，这是不对的。乞题论证必须是假定了它想要证明的结论本身，否则就是做出了可疑假定的普通论证。

上述谬误大多违反了本书给出的某条规则。要确认一段话犯了哪条谬误，不妨先看看它是否属于第二章至第六章中介绍过的某类论证。如果属于，再看看它是否违反了对应章中的某条规则。这样一来，寻找谬误就有章法了。

如果你用了先查章节再查规则的方法，但还是不知道犯了哪条谬误，不妨用自己的话大概解释一下论证错在哪里（如果真有错的话！），然后翻阅上面的谬误列表，看有没有哪一条对得上。

解释一个论证如何犯了某条谬误需要说明该谬误的定义，并引用论证中的具体特征来表明它确实符合定义。认真看下面的范例是怎样做的。

【范例】

现在还有什么好说的？房间里有 12 个人，11 个人认为被告有罪。真相昭昭啊，除了你，谁还会再去想？来呀，承认吧！他有罪！

答案 诉诸群众。该论证的结论是被告有罪。然而，论证给出的唯一理由就是，房间里有 12 个人，其中 11 个人都认为被告有罪。为什么 11 个人就是对的，就比剩下的那一个人更了解真相？论证并未给出理由。

答案解析 上述回答点明了谬误类型，并引用论证的具体细节，解释了该论证如何犯下该谬误，而没有说这样的话："该论证犯了诉诸群众的谬误，因为它试图向某人指出其他人都相信某事，以此让这个人也相信这件事。"这种回答不过是重复了谬误的定义，并未说明该论证怎样符合定义。

【习题】

1. 儿科医生大多没有受过心理疾病方面的训练。既然没受过这种训练，儿科医生就不能给予心理疾病患儿恰当的治疗。这对心理疾病患儿构成了一个巨大的问题，因为他们不能获得至关重要的医疗服务。

2. 一个人做过的一切事情都是由他自己的愿望和动机导致的。换言之，一个人做过的一切事情都是为了满足他自己的愿望。满足自己愿望的行为就是自私。人人都知道，好人是不自私的，至少有的时候不自私。因此，归根结底，没有一个人是真正的好人。

3. 死刑是错误的，因为死刑是谋杀。

※ 延伸练习 ※

前往本书配套网站，点击"附录一"。"附录一"内含若干举例讲解论证谬误的网址链接，其中许多例子的来源都与本书相近。请阅读这些网站上的例子，并用自己的话解释它们为何符合某个论证的定义。

练习 11.2　重新解释和修正论证（上）

【目标】 练习如何有效地回应谬误论证。

【要求】 回顾练习 11.1 中给出的各论证。如果你认为一个论证存在谬误，请重新解释、修正或改写，以避免谬误。请尽可能保留原意。如果你认为一个论证没有谬误，请注明"无谬误"。

【提示】 我们很容易觉得，有谬误的论证肯定无可救药。这样看来，只要发现一个人给出的论证里存在谬误，你就不用再把它当回事了。

回应谬误论证还有一种更积极的方式，那就是将谬误视为**改进**论证的机会。

有时，你需要加入新前提，或者说明论证里的关键假定。有时，你需要去除情绪化、诱导性的语言，突出论点中的合理性。有时，你需要重新写一段意思相近的论证。看病要对症下药，对论证也是一样，要看具体犯了哪条谬误。

例如，**人身攻击**是批评他人论证的一种错误方式。比如，你将对方称为“偏执狂”，以此反驳他的论证，这就是**人身攻击**。但是，如果对方采用的前提不可靠，确实有偏执的地方，那么你就可以指出该前提是假的，这是合理的。你甚至可以更进一步，说某些人之所以觉得该前提合理，是因为他们自己就是偏执的。

诉诸无知有时可以通过添加前提解决。毕竟，如果有人认真寻找过支持它的证据的话，那么，某个主张缺乏证据可能是该主张为假的证据。因此，添加一个（真实的！）前提说确实有人尝试找过证据，那么**诉诸无知**的论证就会变成合理的论证。你可能需要解释，为什么在这种情况下，缺失证据是主张为假的合理理由。

令人心碎的**诉诸怜悯**可能只是一种诱导性论证，主张某人的生活困苦确实应该得到特殊待遇。毕竟，生活困苦有时是要求特殊待遇的合理依据。如果一个人因为生活困苦而应当获得特殊待遇，那么他本用不着煽情。因此，纠正**诉诸怜悯**谬误的一个有效办法就是，把焦点放在生活困苦为什么是要求特殊待遇的合理依据，而不是生活困苦本身。

诉诸群众就是把群众奉为权威。某些情况下，群众未必就是权威。在这种情况下，我们就要说明，**为什么**要相信“每个人”的看法，合理性在哪里。

乞题往往只是因为发言者没有意识到自己的某个前提预设了结论为真。看看能不能将这个前提换成一个类似但不乞题，而且能得出同样结论的前提——可能还要添加一或两个前提。

复合问题就是隐含某个假设为真，却没有给出证据。蓄意利用的情况可能有，但许多**复合问题**之所以出现，是因为作者觉得隐含假设是毋庸置疑的。不管是哪一种情况，恰当的处理方式都是要求对方给出该假设的证据或理由，给对方一个为自身信念辩护的机会。

几乎不能挽救或重新解释的谬误不多，偷换概念算是一个。不过，万事无绝对。想想练习 11.1“提示”中讨论过的约翰·斯图亚特·穆勒的快乐可欲论。有人为穆勒辩护说他的论证隐含着一个论断，内容是“可欲”的两种含义存在某种“特殊”关联，即某物人人都欲求就是它值得欲求的证据。因此，即便论证中的

“可欲”看似犯了偷换概念的谬误，但或许并非无法补救。

一个论证看上去犯了**错为因果**的谬误，或许只是作者提供的背景信息不够。前提补充好之后，该因果论证可能就更合理了。无论如何 对**错为因果**谬误的最好回应方式，就是真诚地寻找真正的原因。

当然，上面开出的“药方”不免挂一漏万。而且，情况不同，要求的回应方式也不同。

诚然，有些论证确实无力回天。这种情况下，你不可能把谬误论证改成一个好的论证，除非推倒重来。如果你觉得本节习题中的某个论证就是这样，请你说出来，并解释原因。更宽泛地讲，当你遇到确实无法补救的论证时，不要幸灾乐祸，而是要看一看是否有其他接受其结论的理由。毕竟，如果光是说“因为你的论证不成立，所以你的结论是错的”，这可就是诉诸无知了。

【范例】

现在还有什么好说的？房间里有12个人，11个人认为被告有罪。真相昭昭啊，除了你，谁还会再去想？来呀，承认吧！他有罪！

答案 该论证似乎犯了诉诸群众的谬误，试图用群众信念来证成结论。鉴于上述论证的语境是陪审团讨论，我们可以用下列语句重新解释：“在法庭上，12名陪审员都听到和看到了同样的、全部的证据。我们11个人都认为证据很有说服力。你对本案的了解不比我们更多。所以，如果你有不同意见，或许是你对证据有误解，或者犯了一个错误。”第一个前提是新增的，即12名陪审员都听到和看到了同样的、全部的证据。该语句让论证显得更合理了（虽然仍然不是完全有说服力，毕竟，被告在影片中是无辜的），因为它强调了一个事实，即11名陪审员对案件的了解与第12名陪审员同样多。

答案解析 上述回答先是强调，有人可能觉得该论证存在谬误，然后用另一种方式重新解释，表明该论证并无谬误。请注意，重新解释后的论证戾气小了很多，有助于讨论进行，而不是让人泄气，我们在第十章讨论过这一点。更重要的是，回答运用了原论证的具体细节来解释，而没有流于空泛。这一点很重要，因为同样的重新解释方式未必适合于该谬误的每一个实例。本例中，重新解释就需要把原论证隐含的假设说出来。［这里为没看过《十二怒汉》（*12 Angry Men*）的读者说明一下：像这样的重新解释也有助于说明论证本身的错误。第12名陪审员确实掌握更多的证据，他有一把和被告一样的折叠刀，所以他知道检察机关声称那把刀不同寻常是错的。最后，第12名陪审员确实说服了其他11人。被告无罪！]

这种看待问题的方式与认识论的一个主题有关。认识论是哲学的一个分支，研究对象是知识。该主题是：当我们发现其他有思维能力，且掌握同等信息的人与我们在某个话题上的看法不同时，我们是否应该改变自己的信念，应该如何改变？至少就目前来看，哲学家还没有达成共识。

【习题】

1. 儿科医生大多没有受过心理疾病方面的训练。既然没受过这种训练，儿科医生就不能给予心理疾病患儿恰当的治疗。这对心理疾病患儿构成了一个巨大的问题，因为他们不能获得至关重要的医疗服务。

2. 一个人做过的一切事情都是由他自己的愿望和动机导致的。换言之，一个人做过的一切事情都是为了满足他自己的愿望。满足自己愿望的行为就是自私。人人都知道，好人是不自私的，至少有的时候不自私。因此，归根结底，没有一个人是真正的好人。

3. 死刑是错误的，因为死刑是谋杀。

※ 延伸练习 ※

找一名伙伴，你们两人分别从《附录一　常见论证谬误》中选择一个谬误，写几段存在该谬误的论证，然后互换，重新解释或改写对方的论证，把原来的谬误改掉。看一看，你能改好几段？

练习 11.3　发现谬误（下）

【目标】 练习发现谬误。

【要求】 本节习题给出的大部分论证中都包含下列谬误之一。

诱导性言论

不当结论

以偏概全

忽略其他可能性

劝导性定义

扣帽子

错置因果

扯开话题

稻草人谬误

部分论证并无谬误。如果你认为某个论证存在谬误，请指出是哪一种，并解释谬误在何处。如果不存在谬误，请注明“无谬误”。注意：下列论证中，某一种谬误可能多次出现，也可能一次都没出现。

【提示】 与练习 11.1 一样，本节习题中有的谬误一望而知，有的则需要认真琢磨之前给出的谬误描述和例子，然后再来对照。

你可能已经注意到，有几条谬误的关联很紧密。例如，扣帽子往往会出现某种特殊的诱导性言论，而错置因果论证往往是忽略其他可能性的特例。因此，当你发现一个论证犯了错置因果的谬误时，不要泛泛地说它忽略了其他可能性，而要具体指出是错置因果，更精确地界定论证的缺陷。

更一般地说，许多谬误论证都包含诱导性言论。不过，这些论证往往还有更深层的问题。因此，评判下列段落时，答案可能有好几种，你需要仔细思考哪一种抓住了要害。

【范例】

看啊，有些人之前被我方当事人说的话冒犯到了。现在有人坚持要求他为自己的话道歉。听着，他不会道歉，他也用不着道歉。如果每一个人都要为每一件事道歉的话，那我们整天就剩下道歉了。

答案 该论证犯了稻草人谬误。发言者针对的主张是：他的当事人应该为某些具体的冒犯言论道歉。反驳此观点时，发言者将它歪曲成了“每一个人”应该为“每一件事”道歉。那个观点显然是荒谬的，但人家主张的不是它，而是发言者的当事人应该为一件具体的事情道歉。

答案解析 上述回答具体引用了原论证的内容来支持原论证犯了稻草人谬误的主张。这比单纯复述谬误定义有效得多，因为方便读者看清原论证为何与谬误定义相符。

【习题】

1. 我看小熊队的棒球比赛时一般会穿我最喜欢的选手克里斯·布莱恩特的球衣。但我发现只要我穿布莱恩特的球衣，他的表现就欠佳。今晚的比赛特别重要，我可不想布莱恩特搞砸了，所以我换上了乔瓦尼·索托的球衣。你知道吗？布莱恩特打得可好了！换球衣看来真的有用。

2. 学生不爱写，教师不爱布置。这些开夜车赶在截止时间半小时前写出来的玩意儿，这些表明作者智力有缺陷的可悲证据满篇都是对英语的犯罪，充斥着由无稽之谈“支持”的薄弱论点。你知道我在说什么：大学必修导论课论文。我知道老师布置论文是因为他们不得不布置，但你知道吗？他们可以不布置。他们不应该布置。就是这样。既然每个人都痛恨论文，所有导论课都应该只安排选择题考试。

3. 蝙蝠侠显然是罪犯。不然的话，他为什么要戴面具呢？他为什么要隐瞒身份呢？他之所以隐瞒身份，是因为他犯了法！你想想，我们听说蝙蝠侠的事情，或者看到他的照片，他身边总有罪犯！只有罪犯才会整天跟其他罪犯混在一起！

4. 托马斯·赫胥黎说：“根据进化论，我相信人类是猴子的后代。”威尔伯福斯主教说：“你是猴子的后代？你祖母是猴子，还是你祖父是猴子？”

※ 延伸练习 ※

找几个支持评论的新闻网站，看上面的争议性报道，然后阅读底下的评论。许多评论都会给出论证，关于报道本身的，关于相关（或不相关）话题的，等等。你能在评论里发现多少谬误？

练习 11.4　重新解释和修正论证（下）

【目标】 练习如何有效地回应谬误论证。

【要求】 回顾练习 11.3 中给出的各论证。如果你认为一个论证存在谬误，请重新解释、修正或改写，以避免谬误。请尽可能保留原意。如果你认为一个论证没有谬误，请注明“无谬误”。

【提示】 与练习 11.2 中一样，你现在不仅要辨别谬误，更要积极地回应谬误。

回答要量体裁衣，根据发现的谬误来定。

谈话对象将一些可能性忽略时，最有意义的回应就是指出其他重要的可能性，然后问对方是否要更改结论。这往往意味着要废弃之前的论证，因为只要考虑到新的可能性，原论证可能就不成立了。然而，某些情况下，加入新的可能性并不会改变最终的结论。因此，当你注意到有人忽略了某些可能性时，不要急于得出结论。

论证中出现诱导性言论时，你要问一问自己：如果诱导性言论全部用不带立场的语言替换掉，你觉得替换后的论证怎么样？包含诱导性言论的论证未必就是坏论证，只是你在评价该论证的时候，要小心不要被带节奏。扣帽子论证同理。想一想：如果对方的论证或主张里没有扣帽子，没有将某些论证或主张与可憎的事情联系在一起，你的看法会是如何？

你觉得一个论证犯了不当结论谬误，但换成一个更了解该话题的人，他可能会觉得论证很有力！如果你怀疑某人的论证犯了这个谬误，请要求对方澄清，而不是发起抨击。如果作者不能为你澄清，不妨自己试着把省略的前提补上。要是作者认为自己的前提为结论提供了很好的理由，他必然做了哪些假定呢？

人们有时只用一两个例子就得出概括。此处的例子未必是论据，可能只是为了说明问题。问一问自己或者论证的作者，要我们相信概括为真，是否还有其他合理的理由？补充理由时可能会增加例子数量，但也可能运用其他策略，比如引用资料。

与循环论证、复合问题等涉及隐含假设的谬误一样，劝导性定义并不总是有意为之。实际上，它往往都是无意的。不要只因为定义夹带私货，就判处论证死刑。问一问自己：如果改用不带立场的定义，论证是否成立？或者，针对劝导性定义中隐含的假设，你能不能补充前提来证明其合理性？

错置因果是错为因果的一个特例。与后者一样，表面上看犯了错置因果的论证，也许只是背景信息不够。只要补充一些前提，论证中提出的因果关系或许就更合理了。自己想一想这些前提可能是什么，或者去咨询作者。

只有把情绪性话题引入辩论的时候，扯开话题的效果才最好。这种情况之所以发生，往往只是因为犯了这条谬误的人自己带入感情了，而它之所以奏效，是因为听众自己也带入了感情。如果这个话题与原结论无关，请思考一下：如果将它忽略掉，论证是否仍然成立？如果不成立，想一想结论还需要什么前提来支持？作者本人可能就有答案，虽然话题扯开后，他就没有给出来。

稻草人谬误有时包含着部分真实。虽然稻草人论证回应的靶子是简单化的，本身也失于简单化，但是我们或许可以将稻草人论证加以完善，构成对遭到歪曲的原靶子的合理批评。

与练习 11.2 中对谬误的讨论一样，本节练习开出的“药方”也并不完全。情况不同，适合的回应方式也不同。要记住，论证的目标不是争**谁对谁错**，而是要**发现真相**。请读者关注每一个论证的贡献，而不是缺陷。

【范例】

为了惩罚常年从商店偷东西的 10 岁儿子，一位澳大利亚母亲逼他挂牌游街，牌子上写着“不要信任我。我是小偷，我会偷你的东西”。批评者说这样的公开羞辱是虐待儿童。但那是无稽之谈。就因为她没有用气泡垫把儿子裹起来，让他的感情永远不会受到伤害，那可不是虐待儿子。

答案 该论证犯了稻草人谬误。要想改进它，我们就要寻找“就因为她没有用气泡垫把儿子裹起来，让他的感情永远不会受到伤害，那可不是虐待儿子”这句怨言中的正确内核。这句话要说的可能是：教育子女有时需要让孩子感情受伤。于是，我们可以这样改写论证的内核：“教育子女有时需要让孩子感情受伤，至少在一定程度范围内。这位母亲对儿子的惩罚并未过分伤害他的感情，因此，这位母亲并没有虐待孩子。”改写后论证的第二个前提或有争议，但最起码没犯稻草人谬误，它现在是诚恳地直接针对批评者的虐童指责。

答案解析 回答一开始就指出了谬误种类，然后马上讲如何重新解释和改进论证。改写后论证的前提当然是有争议的，回答中也提到了这一点。但上述回答做到了该做的事，那就是从原来的谬误论证中发掘出合理的想法，并利用这些想法构建出更好的论证。

【习题】

1. 我看小熊队的棒球比赛时一般会穿我最喜欢的选手克里斯·布莱恩特的球衣。但我发现只要我穿布莱恩特的球衣，他的表现就欠佳。今晚的比赛特别重要，我可不想布莱恩特搞砸了，所以我换上了乔瓦尼·索托的球衣。你知道吗？布莱恩特打得可好了！换球衣看来真的有用。

2. 学生不爱写，教师不爱布置。这些开夜车赶在截止时间半小时前写出来的玩意儿，这些表明作者智力有缺陷的可悲证据满篇都是对英语的犯罪，充斥着由无稽之谈“支持”的薄弱论点。你知道我在说什么：大学必修导论课论文。我知道老师布置论文是因为他们不得不布置，但你知道吗？他们可以不布置。他们不应该布置。就是这样。既然每个人都痛恨论文，所有导论课都应该只安排选择题考试。

3. 蝙蝠侠显然是罪犯。不然的话，他为什么要戴面具呢？他为什么要隐瞒身份呢？他之所以隐瞒身份，是因为他犯了法！你想想，我们听说蝙蝠侠的事情，或者看到他的照片，他身边总有罪犯！只有罪犯才会整天跟其他罪犯混在一起！

4. 托马斯·赫胥黎说：“根据进化论，我相信人类是猴子的后代。”威尔伯福斯主教说：“你是猴子的后代？你祖母是猴子，还是你祖父是猴子？”

※ 延伸练习 ※

练习 11.3 的“延伸练习”环节曾建议你去寻找新闻网站读者评论中的论证谬误。现在，针对你找到的谬误论证，思考能够避免谬误发生的重新解释或改写方法。

练习 11.5　两条演绎谬误

【目标】 区分**肯定前件式**与肯定后件谬误，**否定后件式**与否定前件谬误，更好地理解这两种谬误的机理。

【要求】 下面每个论证都符合肯定前件式、否定后件式、肯定后件谬误、否定前件谬误之一。指出每个论证符合的格式。对于肯定后件或否定前件的论证，请描述出一个条件句的前件为假而后件为真的情境。（要记住，“如果 p，那么 q”中 p 是前件，q 是后件。）

【提示】 乍看起来，肯定后件谬误和否定前件谬误与**肯定前件式**和**否定后件式**很像。开头都是“如果……那么……”形式的句子，第二个前提来自“如果……那么……”句中的一个部分，结论来自剩下的那个部分。我们把 4 种放在一起看：

肯定前件式

如果 p，那么 q。

p。

所以，q。

否定后件式

如果 p，那么 q。

非 q。

所以，非 p。

肯定后件谬误

如果 p，那么 q。

q。

所以，p。

否定前件谬误

如果 p，那么 q。

非 p。

所以，非 q。

虽然表面上相似，但**肯定前件式、否定后件式**和肯定后件谬误、否定前件谬误之间有一个关键的区别：前两者是逻辑上正确的演绎推理形式，而后两者是谬误。

第六章里给“有效”下了一个定义：如果一个论证的前提为真，则结论必然也为真，那么它就是有效的。换句话说，有效的论证**不可能**前提为真，而结论为假。

如果“如果 p，那么 q”为真，p 也为真，那么 q 就不可能为假（如果 p 为真，q 为假，那么“如果 p，那么 q”可能为假）。同理，如果“如果 p，那么 q”为真，非 q 也为真，那么非 p 就不可能为假。

但就算假定“如果 p，那么 q”为真，我们往往也能找到 q 为真而 p 为假的情境（如果不能，那是因为“如果 q，那么 p”也是真的！）。这样的情境表明了肯定后件式为什么逻辑上不正确，因为这种可能的情境表明：哪怕论证的前提都为真，结论仍然可能为假。另外，这种情境中非 p 为真且非 q 为假，于是也表明了否定前件式为什么逻辑上不正确。举个例子，“如果我唯一的宠物是一条狗，那么我唯一的宠物是一只哺乳动物”这句话是真的。但假设我唯一的宠物是一只猫，那么“我唯一的宠物是一只哺乳动物”是真的，但“我唯一的宠物是一条狗”却是假的。因此，如果你根据“我唯一的宠物不是一条狗”推出“我唯一的宠物不是哺乳动物”，结论可就错了；同理，如果你根据“我唯一的宠物是一只哺乳动物”推出“我唯一的宠物是一条狗”，那也是错的。

请注意，你不必说明前提在现实中的真假。“逻辑上正确”不看前提真假，而只看前提和结论有没有逻辑联系，也就是：**如果**前提为真，结论是否可能为假。

【范例】

如果罗莎琳今晚在照料加尔文，那么加尔文就会早睡。加尔文会早睡。所以，罗莎琳今晚肯定在照料加尔文。

答案 肯定后件谬误。如果今天晚上罗莎琳不在家，是加尔文的父母让他早睡的，则前件为假而后件为真。

答案解析 回答正确地指出，论证犯了肯定后件谬误。接着简要描述了一个条件句的前件（*罗莎琳今晚在照料加尔文*）为假，而后件（*加尔文会早睡*）为真的情境。这一情境展现了肯定后件式为什么不是逻辑上正确的论证格式。如果你知道加尔文会早睡（*这在情境中是正确的*），然后得出罗莎琳在照料他的结论（*这在情境中是错误的*），那么，你就从正确的前提得出了错误的结论。逻辑上正确的论证格式不会出现这种情况。

【习题】

1. 如果鲍勃是好人，那么鲍勃就是社会主义者。鲍勃是好人，因此，鲍勃是社会主义者。

2. 我身在得克萨斯州，正沿着美墨边境的一段行走，这里有一段高高的钢制栅栏将两国隔开。如果有许多人从墨西哥一侧越境进入美国的话，那么栅栏对阻挡非法移民就有大用处。但对面一个人都没有，因此，修建栅栏对阻挡非法移民没有大用处。该论证来自吉姆·阿科斯塔。

3. 如果地球绕着太阳转，那么其他行星有时就会逆行。其他行星有时会逆行，因此，地球绕着太阳转。

4.《公主新娘》（*The Princess Bride*）中，如果黑衣人的酒里下了毒，那么他很快会死掉。黑衣人没有很快死掉，因此，黑衣人的酒里没有下毒。

※ 延伸练习 ※

找一名同学做搭档，两人各写 10 个“如果……那么……”形式的句子，然后在每个句子的基础上写一个论证，肯定前件式、否定后件式、肯定后件谬误、否定前件谬误都要有。接下来与搭档交换，看你用多少时间能分辨出哪个论证是哪种格式。

批判性思维活动：规则与谬误的联系

第三部分的“规则与谬误的联系”活动能帮助你将《附录一 常见论证谬误》中的谬误和第一章至第六章中的规则联系起来。

练习 11.6 给出谬误论证

【目标】 加深对谬误的理解。

【要求】 针对下列谬误，分别给出一个论证，并说明该论证如何犯了谬误。

【提示】 某些种类的谬误论证比较容易给出。比如，人身攻击论证就很容易给出。你只需要选一个支持某观点的人，然后给他泼脏水，以此论证其观点是假的。

有的谬误就不好写了。一种思路是先思考该谬误最突出的特点是什么。比如，偷换概念谬误最突出的特征就是使用多义词。所以，要写犯了偷换概念谬误的论证，你要先挑一个多义词，然后围绕这个词的两个义项构建论证。同理，假二难推理的核心是强行二选一，即便其实还存在其他选项。所以，要写犯了假二难推理谬误的论证，你要先设想出一种至少有 3 种选项的情境，然后从中选出两个，迫使读者从中选择一个。

许多谬误论证与合理的论证很像。如果你知道一条谬误违背了哪些规则，不妨先写一个符合这些规则的论证，然后改成谬误论证。例如，以偏概全谬误违背了规则 7 和规则 8。如果你写下了一个合理的概括论证，只要去掉几个例子，以偏概全的论证就出来了。

不管用什么思路，都不妨先定好谬误论证的结论。然后，想一想如何论证该结论，合理不合理都可以。如果能找到合理的论证，尝试将其改写为谬误论证。

如果你希望挑战自己，你就可以试着写写“现实谬误”，即其他人可能会误认为合理论证的谬误。

【范例】

稻草人谬误。

答案 “我的历史老师说，每个人都应该学习世界史，因为这是理解当今世界的唯一方式。真是自我陶醉的昏话！许多人没有历史博士学位，可他们同样理解当今世界啊！”

稻草人谬误。该论证为了表明历史老师是错误的，对老师的立场进行了歪曲。历史老师说的是，每个人都应该“学习世界史”，而该论证却将其错误地表达为每个人都应该“有历史博士学位”。学习世界史只需要上一两门课，或者有空的时候看看书，并不需要拿下历史博士学位。因此，“许多人没有历史博士学位，可他们同样理解当今世界”这一事实并未削弱历史老师的主张，即为了理解当今世界，每个人都应该学习世界史。

答案解析 上述回答给出了一个显然犯了稻草人谬误的论证，然后通过引述具体细节解释了谬误的原因。

【习题】

1. 复合问题。

2. 诉诸无知。

3. 错置因果。

4. 人身攻击。

※ 延伸练习 ※

与一名同学或朋友合作，从《附录一　常见论证谬误》中选择5—10个谬误，围绕每个谬误写一段论证。然后互换，找到对方论证中的谬误。如果要提高难度的话，可以加入一个或两个没有谬误的论证。

批判性思维活动：发现、重新解释、修正谬误

第三部分的“发现、重新解释、修正谬误”是一种帮助你辨别谬误的小组活动。

批判性思维活动：宣传批判性思维

第三部分的“宣传批判性思维”是一种能帮助你理解特定谬误及其规避策略的课外活动。

附录二

定　义

在有些论证中，需要特别重视词义。有时我们可能不知道一个词语的既有含义，或者需要具体形容。如果你要论证的结论是“渔貂（wejack）是食草动物”，那么，除非你是在和一名阿尔冈昆生态学家讲话，否则你的头一个任务就是解释词义[1]。如果你在其他地方碰到这个结论，那么你首先需要一本词典。

在其他一些情况下，用的词虽然很常见，但词义依然不明确。例如，我们在讨论“辅助性自杀”这个话题时，并不一定理解它的确切含义。在围绕它进行有效的论证之前，我们需要对论证对象有统一的认识。

当对一个词语的含义有争议时，我们也需要给出定义。例如，什么是“毒品”？酒精是毒品吗？烟草呢？如果它们是毒品，怎么办？我们能否从逻辑上回答这些问题？

1　渔貂是阿尔冈昆人对北美洲东部一种形似臭鼬的动物的称呼。实际上，渔貂不是食草动物。——原注

规则D1 当词语含义不明确时，使之明确

我的一个邻居被本市历史街区委员会训斥了一番，因为她在庭前放置了一个四脚灯塔模型。市政府规定，历史街区内的庭院里禁止放置任何“固定装置”。我的邻居被传唤到委员会，他们勒令她将灯塔模型拆除，她大发雷霆。这件事登上了报纸。

然而，一本词典带来了转机。在《韦氏词典》（*Webster's Dictionary*）中，“固定装置”是指固定或附着在其他物体（如房屋）上的东西，例如房屋固定附着物，或者结构件。然而，这个灯塔模型是可移动的，像草坪上的装饰品一样。既然法律没有具体给出其他定义，那么灯塔模型就不是“固定装置”，因此它不应被拆除。

问题越繁难，词典的用途就越小。一方面，词典往往是通过同义词来下定义的，而这些同义词可能跟你要解释的词语同样不明确。另一方面，词典也可能给出多个义项，你不得不从中选择。还有的时候，词典根本就是错误的。

在上一个故事中，《韦氏词典》或许起了很大作用，但它给“头疼”下的定义是“头部疼痛”，太宽泛了。前额或鼻子被蜜蜂蜇了一下或者被刀割伤，也会造成头部疼痛，但那不是头疼。

于是，对某些词语，你需要进一步阐明词义。措辞要明确，不能模糊（规则4）；具体，但也不能太狭隘。

> 有机食品是不施化肥或农药生产出来的食品。

这样的定义能使人形成明确的概念，可以进一步调查和评估。当然，论证过程中要确保定义**前后一致**（不要模棱两可）。

词典的一个好处是中立性。例如，《韦氏词典》将“堕胎”定义为“强行将哺乳动物的未成熟胎儿从体内取出”。这是一个恰到好处的、不偏不倚的定义，我们不能靠词典来决定堕胎是否道德。对比一下堕胎争论中一方常用的定义：

> “堕胎”意思是谋杀婴儿。

这种定义有诱导性。胎儿与婴儿不一样，“谋杀”这个词不公正地把邪恶之念强加给善意之人（无论下这个定义的人认为他们犯了多么大的错误）。结束胎儿的生命与结束婴儿的生命相似这个命题值得商榷，但论证旨在**证实**结论，而非靠定义来**假定**观点。（参见规则5和《附录一 常见论证谬误》里面的“劝导性定义”。）

你可能需要做一些调查。例如，你会发现，“辅助性自杀”的意思是允许医生帮助有意识、有理性的人安排和执行自身的死亡过程。这不包括允许医生在未经病人同意的情况下为病人“拔掉医疗器械的电源插头”（那是“非自愿安乐死”，不是一码事）。人们可能有很好的理由反对如此定义的辅助性自杀，但如果从一开始就明确了定义，至少可以保证争论各方谈论的是同一件事。

有时我们可以把一个词语定义为一套测试或程序，旨在判断一种情况是否符合该词。这就是**可操作定义**。例如，威斯康星州立法规定所有立法会议都要向公众开放。但就这条法律的目的而言，究竟什么算是“会议”呢？这条法律给出了一条非常到位的标准：

> 如果有足够数量的立法议员聚集在一起，反对集会讨论之法案通过实施，那么任何这样的集会都是“会议”。

这是一个很狭隘的定义，不能涵盖日常用法里的所有“会议”。但它确实达到了这条法律的目的：防止立法者在没有公众监督的情况下做出重大决定。

练习12.1 明确定义

【目标】 练习让定义明确的能力。

【要求】 针对下列每个定义，请给出一个该定义应该包含却没有包含的例子，或者一个不应当包含，却被包含的例子。然后提出一个更好的定义，正确地包含或排除你举出的例子。

【提示】 定义将世界一分为二：它包含的部分和不包含的部分，也就是说，符合定义的部分和不符合定义的部分。下定义往往是很难的。

哪怕相对较好的定义也会遇到两种问题：一是包含了应当排除的事物，二是排除了应当包含的事物（或者两者兼备）。例如，我们前面讲过词典里“头疼”的定义：头部疼痛。根据该定义，蜜蜂蜇伤脑袋算头疼，但这是错误的。另外，“头疼是由压力或疾病导致的头部疼痛”这样的定义又太狭隘了，排除了应当包含的事物，比如由脱水或噪声导致的头部疼痛。

本节习题的每道题都分两步。第一步要求你给出例子，表明定义存在上述问题之一。你可以先问问自己：这个定义是太宽泛了，还是太狭隘了？如果太宽泛了，就去找第一类问题的例子。如果太狭隘了，就去找第二类问题的例子。

第二步要求你给出更好的定义。一个判断标准是：它应该正确地包含或排除了第一步里举出的例子。如果你举了一个不应当包含却被包含的例子，那么定义就要收缩一些。如果你举了一个应当包含却没有包含的例子，那么定义就要放宽一些。不过，你要注意别把原定义没有的问题引进来，尤其是不要矫枉过正，比如原来的定义太狭隘，改后的定义却太宽泛。你的目标是将所有直观上应该符合该定义的对象都包含进来，而且只包含这些对象。

【范例】

毫无疑问，哪怕是保证言论出版自由的国家，也有权力限制淫秽作品的销售。“淫秽作品”指的是一切不避讳地表现性内容的材料，包括文字材料和影音材料。

答案 上述“淫秽作品”的定义包含了某些教学性质的材料，这些资料不避讳地表现了性内容，却不是淫秽作品（例如，医学教科书、性教育课教材等）。此处给出一个更好的定义：“淫秽作品”指的是一切不避讳地表现性内容，且专门为刺激性欲而制作的材料，包括文字材料和影音材料。

答案解析 该回答详述了定义的内容，并给出了一个不应当被包含的例子。然后提出了一个更好的、更狭窄的定义。

【习题】

1. 在许多城市，游行需要获得许可。“游行”指的是包括人群行进的节庆队伍。

2. 许多教育局都希望确保辖区内学校的教师为高资质小学教师。拥有本科及以上学历，通过各州举办的严格考试，具有阅读、写作、算术等常规小学科目的学科知识与教学技能者，即为“高资质小学教师”。

3. 成年人在知情情况下交给儿童毒药是有违道德的。“毒药”指的是，使用不当或过量会对人类或动物造成伤害的一切物质。

4. 为了保护一种宝贵的生活方式，人们应当尽量购买家庭农场生产的食物。“家庭农场”就是由单一家庭所有的农场。

※ 延伸练习 ※

“头疼”的例子表明，连词典定义也未必完美无缺。请与多名同学合作，寻找过于宽泛或狭隘的词典定义（你们可以算一算，哪个人用 10 分钟找到的不妥定义最多，或者全组用 5 分钟能找到多少个不妥定义）。举例表明哪些事物被错误地排除或被错误地包含了。然后，全组合作为每个词找到更好的定义。

规则 D2　当词义存在争议时，从明显的例子着手

有时候一个词语的含义**存在争议**。也就是说，人们对这个词语的具体适用范围有不同意见。这种情况下，单纯明确词义是远远不够的，需要一种更为复杂的论证。

当一个词语的含义存在争议时，你可以区分出 3 个相关的范畴。第一个范畴包括这个词语明显适用的事物。第二个范畴包括这个词明显**不**适用的事物。第三个范畴在两者之间，包括地位不明确的事物，也就包括存在争议的地方。你的任务是给出一个定义，使之能够：

1. **包括**这个词语显然适用的一切事物；
2. **排除**这个词语显然不适用的一切事物；
3. 在两者之间划定一条**尽可能清楚的界线**，并**解释**为何定于此处，而非他处。

考虑一下，怎么去定义“鸟”。是啊，究竟什么是鸟呢？蝙蝠是鸟吗？

为了符合第一个要求，可以先从它属于哪一个大类（**种属**）出发。对于鸟来说，自然的种属就是“动物”。为了符合第二个和第三个要求，我们需要具体说明，鸟如何有别于其他动物（**种差**）。所以我们的问题是，与其他动物相比，鸟类——**所有**鸟，而且**只有**鸟类——具有哪些特征？

这个问题看起来简单，实则不然。例如，我们不能把界线划定在飞行上，因为鸵鸟和企鹅不会飞（所以这个定义不能涵盖所有鸟，违背了第一个要求），而黄蜂和蚊子却可以飞（所以这个定义纳入了非鸟类的动物，违背了第二个要求）。

结果，所有鸟都具有且只有鸟类具有的特征是拥有羽毛。企鹅和鸵鸟有羽毛，尽管它们不会飞，但仍然是鸟类。但会飞的昆虫没有，蝙蝠也没有。

现在请思考一个更难的问题：“毒品”的定义是什么？

还是先从明显的例子着手。海洛因、可卡因和大麻显然是毒品。空气、水、大多数食品和洗发剂**不是**毒品，尽管它们与毒品一样，也是“物质”，并且都被我们吸收入体内或涂抹在身体表面。不那么明确的例子包括烟草和酒精。

那么，我们的问题是：有没有任何概括性描述能**涵盖所有明显是毒品**的例子，**不涵盖任何明显不是毒品**的例子，而且在两者之间划定了一条明显的界线？

有人——甚至包括一个总统委员会——已经对“毒品”下过定义，即以某种方式影响大脑或身体的物质。但这个定义太过宽泛，空气、水、食品等都符合这个定义，所以它没有满足第二个要求。

我们也不能把“毒品”定义为以某种方式影响大脑或身体的**非法**物质。这个定义可能涵盖了所有毒品，但它没有满足第三个要求。它没有解释，为什么这条线要划在这个地方。毕竟，定义“毒品”的最初目的很可能就是为了决定哪些物质**应该**合法，哪些不应该！把“毒品”定义为非法物质等于绕开了定义这一步（严格地说，它犯了乞题的谬误）。

试试这样来论证：

> “毒品”是一种能够以某种具体的方式影响大脑和身体，并以此为主要用途的物质。

海洛因、可卡因和大麻显然都可列入此类。食品、空气和水不能，因为尽管它们能影响大脑，但这种影响不是具体的，也不是我们吃东西、呼吸和喝水的主要原因。下面来看不那么明确的例子：**主要**影响是**具体的**吗，是对**大脑**的影响吗？使人产生错觉，并使情绪发生变化似乎的确是当前关于毒品的道德争论的主要焦点，所以，我们可以说这个定义找到了人们真正想要的那种区分。

我们应该加上毒品使人上瘾这一条吗？或许不应该加。有些物质使人上瘾，但不是毒品，比如某些食品。如果某种物质“以某种具体的方式影响大脑”但没有成瘾性怎么办？那么它就不是毒品了吗？或许成瘾性可以定义“吸毒成瘾”，但不能定义“毒品”。

练习 12.2 从明显的例子着手

【目标】 练习给模糊的、有争议的概念下定义。

【要求】 请为下列词语分别给出一个明显符合的例子、一个明显不符合的例子，还有一个不明确的例子。然后，根据这些例子给出一个定义，说明定义的合理性，以及它如何澄清了不明确的例子。

【提示】 正如规则 D2 所说，先从明显的例子着手，即明显符合的例子和明显不符合的例子。思考这两类例子的区别在哪里。所有符合的例子都具有且只有符合的例子具有的性质是什么？这些问题的答案会引导你给出定义。

请认真考虑，你下的定义对不明确的例子有何意义。你的定义包含了哪些原本不明确的例子，你对此感到满意吗？你的答案取决于你对该词的兴趣点，许多其他与定义相关的问题也是如此。

以“军用载具”一词为例。坦克和喷气式战斗机显然是军用载具。丰田或福特的紧凑型轿车明显不是。悍马则在两者之间。军方确实装备悍马，但是悍马也有民用版。军用载具和民用载具的分界线在哪里，很可能要看你从一开始为何要给“军用载具”下定义。如果你的目标是判断哪一类载具不应该公开销售，你的关注点可能就是危险性。如果你的目标是判断哪一类载具应该进入军事历史博物馆，你可能就会关注作战中确实用过的载具。本节习题没有具体规定目标，但是，思考“我干吗要给这个词下定义？”这个问题或许是有好处的。如果你想到了多个目标，请从中选择一个明确阐述，然后用它来指引思路。

【范例】

慢

答案 “慢”的定义取决于语境。假设语境是用于日常交通车辆，比如通勤或购物的车辆。那么，最高时速 15 英里的高尔夫球车显然是慢的，最高时速超过 200 英里的法拉利跑车显然是不慢的，而最高时速 39 英里的 Vespa LX 50 小型摩托车就不好说了。摩托车有这个速度算是快了，不过上高速还是慢了点儿。对于车辆来说，"慢"的一个合理定义是"最高时速不到 20 英里"。该定义排除了 Vespa 小型摩托车和类似车辆，因为它们的最高时速比较快，而且能够与轿车和普通摩托车并驾齐驱。该定义包含高尔夫球车等车辆。

答案解析 该回答首先指出，"慢"的意思取决于语境。毕竟，民用合法车辆的"慢"和树懒的"慢"、火箭的"慢"大不相同。接着，该回答任意假定了一个语境。你也可以提出别的语境，比如大型非洲哺乳动物的"慢"和象棋大师（落子）的"慢"。不过，举的例子肯定会不一样，甚至都不是一类例子。

明确语境之后，回答给出了一个明显包含在定义中的例子（高尔夫球车）和一个明显不包含在定义中的例子（法拉利跑车），并给出最高时速的数据来解释为什么两者是明显的例子。接下来，回答给出了一个不明确的例子（Vespa 小型摩托车），并给出了相应的理由。最后给出了一个定义，并说明了不明确例子的归属。

"用于日常交通车辆"不是唯一的语境，"最高时速不到 20 英里"也不是唯一的合理定义。尤其是在经常需要上高速的地方，"最高时速不到 40 英里"的定义可能要好一些。语境很重要！

【习题】

1. 秃头

2. 快餐店

3. 勇敢

4. 自然的

※ 延伸练习 ※

找到你喜欢的报刊，浏览文章标题，寻找不明确的词语，分别给出明显符合、明显不符合、不明确的例子。然后阅读文章，看主题属于明确的情况，还是不明确的情况。

规则D3 定义不能代替论证

定义能够帮助我们组织思想，将相似的事物归类，发现主要的相似点和差异点。有时人们甚至会发现，在清楚地定义词语之后，他们在某个问题上实际不存在任何分歧。

然而，单凭定义本身很少能够解决疑难问题。例如，我们之所以要定义“毒品”，部分原因是要确定对特定的物质采取何种立场。但这样一种定义无法回答问题本身。根据这个提出的定义，咖啡也是毒品。咖啡因当然能以某种具体的方式影响大脑，它甚至能使人上瘾。但我们能因此认为咖啡应该被禁止吗？不能，因为对于很多人来说，这种影响是轻微的，社会效果是积极的。在我们得出任何结论之前，有必要权衡利弊。

按照这个提出的定义，某些抗抑郁药和兴奋剂也属于毒品，但我们不需要禁止它们，而是应该**管控**。

同时，按照我们给出的定义，酒精也是毒品。实际上，它是所有毒品中使用最广泛的一种。它的危害是巨大的，包括肾病、婴儿先天缺陷、半数的交通死亡事故等。应该限制或禁止酒精吗？或许应该，虽然对立的论证也存在。然而，仅仅断定酒精是毒品同样无法解决问题。这里考虑的重点是酒精的**影响**。

一言以蔽之，定义有利于明确问题，但大部分情况下，定义本身并非论证。你应该做到用词明晰，这样别人才知道你问的是什么问题，但不要觉得明确问题就等于回答问题。

批判性思维活动：给关键词下定义

第三部分的“给关键词下定义”是一种课外活动，练习在议论文的语境里下定义。

批判性思维活动：给难词下定义

第三部分的“给难词下定义”是一种课内活动，练习给难以区分的词语下定义。

附录三

论证导图

面对复杂的论证，画一张导图有助于理解论证结构。导图的意义在于，它能帮助你理解论证各部分之间的关联，哪些部分需要夯实，论证讨论的各个问题之间的联系等。

论证导图就好比论证的流程图，形象地展示了各个前提之间有什么关系，它们又是怎么共同得出结论的。另外，导图也能辅助议论文写作（别忘了规则 36：论证要遵循提纲）和发言稿组织。多种论证导图的方法在正式辩论中有着广泛应用。

学习制作论证导图是学习论证分析的延伸。基本的论证分析包括区分前提和结论（规则 1）、理顺论证脉络（规则 2）。更具体的论证分析则要求准确地理解各个前提如何支持主结论。论证导图只是形象呈现具体分析的一种方式。

论证导图是由编号和箭头组成的。编号代表论证中的前提和结论，前提和结论之间用箭头连接。

我们先举一个简单的例子：

在棒球的历史上，纽约洋基队赢得美国职业棒球大联盟世界大赛的次数排名第一。因此，纽约洋基队是史上最伟大的棒球队。

要制作该论证的导图，第一步就是找到论证中的所有命题，即结论加上所有前提。我们可以把每个命题都括起来，然后给一个编号，比如这样：

(1) [在棒球的历史上，纽约洋基队赢得美国职业棒球大联盟世界大赛的次数排名第一。] 因此，(2) [纽约洋基队是史上最伟大的棒球队。]

第二步就是区分结论和前提（规则 1）。“因此”是结论指示词，表明命题（2）是结论，而命题（1）是论证唯一的前提。

命题（1）和命题（2）之间的关系可以这样用导图来表示：

(1)
↓
(2)

在上图中，(2) 代表论证的结论（纽约洋基队是史上最伟大的棒球队），而（1）代表前提（在棒球的历史上，纽约洋基队赢得美国职业棒球大联盟世界大赛的次数排名第一）。结论放在图的底部，向下的箭头表示（1）导向（2），即（1）是（2）的一个前提。

当然，大部分论证要更复杂。比如，大部分论证的前提不止一个。我们来看这段论证：

参加乐团，比如管弦乐队和唱诗班，很有意思。参加乐团还能学到纪律与合作精神。因此，我们应当鼓励儿童参加乐团。

和前面一样，第一步是把论证的所有命题都括起来，然后给一个编号：

(1)［参加乐团，比如管弦乐队和唱诗班，很有意思。］(2)［参加乐团还能学到纪律与合作精神。］因此，(3)［我们应当鼓励儿童参加乐团。］

接下来，我们要区分前提和结论。结论指示词依然是“因此”，表明（3）是结论，（1）和（2）是前提。

再用箭头表示命题之间的关系：

（1）　　（2）

↘　↙

（3）

照例，结论（3）放在底部，前提（1）和前提（2）放在上面，然后在前提和结论之间加上箭头。在上图中，（1）和（3）之间的箭头表明（1）是（3）的前提，（2）和（3）之间的箭头表明（2）是（3）的前提。

某些论证中，多个前提会联合支持一个结论。如下例：

(1)［不应该让孩子接触可能助长其做危险事情的媒介。］(2)［暴力电子游戏可能助长孩子做危险的事情。］因此，(3)［如无父母同意，不应该允许孩子购买暴力电子游戏。］

跟以往一样，我们要区分前提和结论，要看到（3）是结论，而（1）和（2）是支持（3）的前提。不过，请注意，（1）和（2）两个前提存在一种特殊的“关联”：单独来看，它们都不能支持（3），要合起来才行。这种情况下，（1）之所以是（3）的理由，是因为（2）为真；而（2）之所以是（3）的理由，是因为（1）为真。如果两者之一为假，另一个也不再是（3）的合理依据了。

鉴于（1）和（2）有这种特殊的关联，要想准确地呈现上述命题之间的关系，论证导图就要换一种画法，如下：

(1) + (2)
↓
(3)

(1) 和 (2) 中间用加号连接，然后在加号下面加一个指向 (3) 的箭头，表明 (1) 和 (2) **联合**支持 (3)。

将它与参加乐团的论证比较一下。乐团论证中，每个前提都独立地提供了相信结论的理由。参加乐团很有意思，该事实本身就是鼓励孩子参加的一个理由。就算什么都不能教会孩子，这个理由依然成立。同理，参加乐团能学到纪律和合作精神，该事实本身也是鼓励孩子参加的一个理由，哪怕没有意思。因此，我们在 (1) 和 (3) 之间、(2) 和 (3) 之间分别加了一个箭头，表明每个前提都能独立地支持结论。

上述讲解突出了论证导图相对于前提-结论格式提纲的一个优点：论证导图可以体现前提之间的关系，而提纲做不到。

面对更复杂的论证，论证导图还会显示出另一个突出优点。例如：

> (1) [世界上的石油是有限的。] 所以，(2) [石油不是永续的能源。] 因此，(3) [我们需要开发替代能源。]

论证中的命题都括起来，编了号，但接下来区分前提和结论时却出现了一个问题：(2) **和** (3) 前面都有结论指示词（“所以”和“因此”），哪一个才是结论？

退后一步，从整体观察就会发现，论证主旨是“我们需要开发替代能源”。因此，主结论就是 (3)。(2) 是 (3) 的理由，所以 (2) 是论证的一个前提。那它前面为什么要加结论指示词？因为 (2) 得到了 (1) 的支持，换句话说，(1) 是 (2) 的理由。因此，(2) **既**是前提，**也**是结论，就好比链条中间的环节。集前提和结论于一身的命题叫作 **“子结论”**。论证内部推出子结论的论证叫作 **“子论证”**。

该论证的论证导图如下：

(1)
↓
(2)
↓
(3)

结论（3）照例放在底部。(2) 在（3）上面，用一个向下的箭头连接。(1) 又在（2）上面，也用一个向下的箭头连接。在论证导图中，(1) 是（2）的理由，(2) 又是（3）的理由，这层关系一目了然。

对于更复杂的论证，我们可以综合运用上述方法。

> (1)［网站应该排版统一。］(2)［排版统一能节省用户时间，］因为(3)［每个人都会知道想要的信息在哪里。］另外，(4)［排版统一能方便网站设计。］这是因为(5)［排版统一可以基于简单模板制作，］而且，(6)［这种排版可以通过易学易用的软件来制作。］(7)［网站设计师也无须花太多时间去自己排版。］

认真分析后发现，最后 3 个命题是（4）的前提；(5) 和（6）是关联的，而（7）是独立的。(3) 是（2）的前提。(2) 和（4）是主结论（1）的前提，两者相互独立。画成图就要直观多了！论证导图如下：

(5) + (6)　(7)　(3)
↘　↙　↓
(4)　(2)
↘　↙
(1)

与前提-结论格式提纲相比，导图对上述论证的复杂关系的呈现要清晰得多。每个子论证都很清楚，甚至显示出子论证的结构。不仅表明（5）、（6）和（7）都导向（4），而且（5）和（6）还是关联的，而（7）是独立的，（3）也是独立的。还能看出来，（2）和（4）是主结论的独立前提，两者没有关联。

本书配套网站的“相关资源”栏目包含论证导图的延伸阅读和资源，包括导图软件链接。

练习 13.1　制作导图：简单论证

【目标】 练习制作简单论证导图。

【要求】 将下列论证抄写或打印出来，把其中的结论和所有前提都括起来，加上编号，然后制作论证导图。

【提示】 学习制作导图是需要时间的。但是，制作导图是一门技艺，我们只要多加练习，就一定可以学会。论证导图对分析任何论证的用处都很大。

第一步是找出论证的结论和所有前提，然后加上编号。请记住，就像练习 1.1 和练习 1.2 中一样，一段话里未必每个句子都是前提或结论。你要把结论和前提括起来，然后编号。

本节习题中的论证结构都不复杂。有些习题要求你区分联合前提和独立前提，有些则要求你分辨环环相扣的子论证，就像前面讲石油和替代能源的三步骤论证一样。

在区分联合前提和独立前提时，你要考虑一个前提之所以能支持结论，是不是主要（或完全）因为另一个前提为真。如果是的话，这两个前提就是联合的，或者说有关联的。如果一个前提本身就构成了支持前提的理由，它就是独立的。

【范例】

贝尔伊万斯肉品公司推出了一种更人道的杀鸡方法。贝尔伊万斯肉品公司经济状况良好。因此，人道地对待动物与经济状况良好是相容的。我在想，快餐公司什么时候才能明白这一点？

答案　(1)[贝尔伊万斯肉品公司推出了一种更人道的杀鸡方法。] (2)[贝尔伊万斯公司经济状况良好。] 因此，(3)[人道地对待动物与经济状况良好是相容的。] 我在想，快餐公司什么时候才能明白这一点？

(1) + (2)

↓

(3)

答案解析 该回答的前一部分将原论证的命题加上了中括号和编号（请注意，最后一句话没有中括号和编号，因为它既不是前提，也不是结论）。编号是必不可少的，这样才能知道哪个数字代表哪个命题。

第二部分是制作论证导图。确定好论证的全部命题后，你就只需要分清哪一个是主结论，前提是独立还是联合的就可以了。

上述论证的主结论是（3），所以（3）放在了导图的底部。（1）和（2）是联合的，因为除非（2）成立，否则（1）并不能表明人道手段与经济状况良好是相容的，反之亦然。（为什么不能呢？设想贝尔伊万斯肉品公司推出了更人道的杀鸡方式，并因此破产。在这种情况下，贝尔伊万斯肉品公司的新举措就不是一个支持“人道地对待动物与经济状况良好可以并存”的理由。）

【习题】

1. 贫困率、文盲率、儿童死亡率的下降速度比过去任何时候都要快。普通人遭受战乱、被独裁者统治、死于自然灾害的可能性比过去任何时候都要小。这表明过去从没有过像现在这样好的时代。

2. 大部分美国人的家离工作地点都太远了，不可能骑自行车上班。修建自行车道基本上是浪费钱，至少对解决交通问题是这样。除了修建昂贵的自行车道，政府应该想出别的办法来减轻交通压力。

3. 通过减免学生贷款取消医学院学费的做法能让更多年轻医生投身初级医疗。美国初级医疗医师短缺。因此，医学院应该免费。

4. 为了更好地理解商界和学界高级职位男多女少的原因，研究者分析了一家大型跨国公司的 100 名员工上班时的行为。他们发现导致男女职场成绩巨大差异的不是女性的行为方式，而是女性被对待的方式。为了理解这一点，他们追踪研究了 4 个月时间里的上千次交往互动。他们发现男性和女性的行为基本没有区别。如果男性和女性的行为方式没有区别，那么男女职场成绩的差异必然是因为男女被区别对待。

※ 延伸练习 ※

为练习 1.1、练习 1.2、练习 6.1 和练习 6.2 中的各个论证制作导图。另外，你还可以找来自己喜欢的报刊，为其中的读者来信制作论证导图。

练习 13.2　制作导图：复杂论证

【目标】 练习制作复杂论证导图。

【要求】 制作下列论证的论证导图。

【提示】 与简单论证的导图一样，制作复杂论证导图的第一步也是找到论证中的各个命题，然后加上中括号和编号。要记住：只有前提和结论需要编号。其他句子不需要，比如背景信息和间接相关的内容。

第二步是搞清楚前提之间的关系，以及前提与结论的关系。方法有多种，请选择最适合自己的那一种。

倒推法是一种策略。先找主结论，放在论证导图的底下。然后找直接推出主结论的前提，放在主结论上面一层（不用管这些前提是独立的还是关联的）。接下来观察这些前提，看论证为它们给出了什么理由，把**这些**理由再往上放一层。前提和子结论的关系千万别搞混。以此类推，直到所有前提都放在了导图中。

各个子结论和前提之间的关系搞清楚了，再来考虑前提之间是独立的，还是有关联的。先看成对出现的前提。假设其中之一为假，那么另一个前提还是不是两者直接推出结论的理由呢？如果是的话，那么两个前提就是独立的，否则就是关联的。

有些人不喜欢这么一板一眼。那么，有一个办法，就是把导图当拼图。思考论证中命题之间的推导关系和相互关联，把论证“拼出来”。随着前提一点点串联成子论证，论证的整体结构或许便会清晰起来，于是，你就可以将各个部分拼成一张总的导图。你甚至可以用卡片或便条来代表各个命题，给它们编号，在桌面或者墙面上用多种方式去编排。

不管用什么方法，你都要记住：在找到正确答案之前，你很可能要尝试多种可能性。

【范例】

铀会放射出类似X光的射线。这些射线要么来源于铀元素与环境的相互作用，要么来源于铀元素本身。如果射线来源于铀元素与环境的相互作用，那么放射量应该会随着温度、光照等因素变化。但是，放射量是恒定的，不会随着温度、光照等因素变化。那么，射线就不来源于铀元素与环境的相互作用。所以，射线来源于铀元素本身。

答案 铀会放射出类似X光的射线。(1) [这些射线要么来源于铀元素与环境的相互作用，要么来源于铀元素本身。] (2) [如果射线来源于铀元素与环境的相互作用，那么放射量应该会随着温度、光照等因素变化。] 但是，(3) [放射量是恒定的，不会随着温度、光照等因素变化。] 那么，(4) [射线就不来源于铀元素与环境的相互作用。] 所以，(5) [射线来源于铀元素本身。]

(2) + (3)

↓

(4) + (1)

↓

(5)

答案解析 上述论证就是练习6.5中的范例（回去翻翻看）。请注意，与练习6.5中的前提–结论格式提纲相比，论证导图是不是清晰多了？

练习6.5里面讲过，前提（2）和前提（3）根据否定后件式（规则23）推出了（4）。前提（4）和前提（1）根据选言三段论（规则25）推出了主结论（5）（提示：第六章讲解的演绎论证中的前提总是相互关联的）。

要想把论证"拼好"，不妨先去找主结论（5）。主结论找到以后，再看哪些前提能直接推出它。答案是前提（1）和前提（4）。那么，（2）和（3）在论证里起什么作用呢？因为（4）的前面有结论指示词"那么"，它大概是个子结论。这就意味着，论证肯定还为它给出了理由。(2) 和 (3) 共同构成了 (4) 的理由，所以两者在导图中的位置就是 (4) 的前提。

第一句话，即“铀会放射出类似X光的射线”是背景信息。如果你给它也加上了中括号和编号，估计就很难在论证导图里给它找到位置。如果你发现一个命题怎么也放不到论证导图里，那么它可能根本就不是论证的一部分。

【习题】

1. 政府不应该向绑架人的恐怖分子支付赎金。那样会鼓励恐怖分子绑架更多人。支付赎金还会为恐怖分子提供资源去杀害更多人。因此，即使向恐怖分子支付赎金能挽救人质的性命，但支付赎金最终会造成更多死亡。尽管或许很难接受，但与挽救个别人质相比，尽可能减小恐怖分子造成的总体伤害才更重要。

2. 我知道你妻子出城了。我怎么知道？因为你的女侦探同事喷的是男士香水，所以我觉得她今天早晨借了别人的香水用。又因为她喷的香水和你的香水闻起来一模一样，所以她喷的应该就是你的香水。这只有一种可能的情况：她在你家过夜，今天早晨在你家醒来。所以，她在你家过夜了。我到目前说的都对吧？当然对了。因为你已经结婚了，她就不可能在你家过夜，除非你妻子出城了。我就是这么知道的。

3. 蓄意对他人造成致命伤害就是谋杀。资本主义制度剥夺了许多人的生活必需品。它强迫人们住在拥挤的、肮脏的、有毒的环境中。它让人们得不到医疗资源。它让人们买不起最基本的、有营养的食物。它让人们不停地工作，根本顾不上性生活和喝酒。不仅如此，由于资本主义制度让少数人掌握财富和权力，所以在它导向的权力结构下，受压迫者不能通过武力获得生活必需品。生活必需品被剥夺以致死亡与被主动杀死没有两样。社会完全明白资本主义有这样的影响。因此，社会允许资本主义存续，这就是在施行谋杀。

4. 很久以前，我们的祖先生活在规模很小的社会中。人们平常碰到的都是从小就认识的人。社会之间的来往很少。吃穿用度几乎全部产自本地。当然，我们今天的社会很庞大。向窗外熙熙攘攘的城市街道望去，一眼看到的人就比祖先一辈子见过的人都多。我们生活在全球贸易体系中。我们的世界与祖先的世界相差何止万里。然而，我们的头脑是按照祖先的生活方式设计的。因此，我们的头脑或许并不适应现代世界的种种特殊挑战。

※ 延伸练习 ※

为练习 1.6、第二章至第五章各习题、练习 6.4 给出的论证，以及第七章读者自己提出的论证制作导图。报纸社论和专栏也是练习的素材。此外，本书配套网站的“相关资源”栏目下有若干经典文本链接，供读者练习分析，请为它们绘制论证导图。

批判性思维活动：论证导图工作坊

第三部分的“论证导图工作坊”是一种练习制作论证导图的活动。

批判性思维活动：利用导图展开论证

第三部分“利用导图展开论证”活动的目标是练习利用论证导图来展开自己给出的论证。

第二部分

习题答案及答案解析

本部分会给出大部分习题的参考答案。一些习题给出了“好答案”和“坏答案”两个版本答案。许多参考答案附有解析，具体讨论优点和不足。本书中大部分习题的好答案都不止一个，本部分给出的答案仅供参考，辅助理解。

第一章

简论：若干基本原则 习题答案及答案解析

练习 1.1 答案及答案解析

【第 1 题】

答案 [种族隔离将某些人贬低为物。] 因此，种族隔离在道义上是错误的。

答案解析 论证里的主要线索是"因此"，它是一个结论指示词。由于"种族隔离在道义上是错误的"前面有"因此"，所以这句话可能是结论。此外，认为"种族隔离将某些人贬低为物"是"种族隔离在道义上是错误的"的理由比反过来更说得通。

请注意，"因此"一词没有加下画线。结论指示词标明结论，但本身并非结论的一部分。

【第 2 题】

答案 大学老师不应该给学生的作业打分，因为 [分数会造成负面的激励，反馈效果也不大。]

答案解析 论证的前提和结论在一个句子里。前提指示词"因为"表示前提出现在句子的后半部分，结论则在前半部分。就此而论，英语里的“因为”（because）是一个特殊的指示词。它通常插在结论和前提之间，因此能帮助你区分前提和结论。

请注意，参考答案没有将句子的后半部分当作两个独立的前提。你可以将“因为”后面的内容全都括起来，当作一个前提，但更好的做法是将“分数会造成负面的激励”和“反馈效果也不大”分为两个前提，因为它们为结论提供了两个相当不同的理由。

【第 3 题】

答案 2017 年 10 月，天文学家发现了一个神秘的天体，将其命名为“奥陌陌”。天文学家不仅发现 [奥陌陌来自太阳系外，] 还发现 [奥陌陌是奇特的扁长形状，][反射率特别高，][没有彗星那样的“尾巴”，] 而且 [越过太阳之后速度变快。] 这些特征让奥陌陌不太可能是小行星或彗星。因此，<u>奥陌陌是外星人的造物这一可能性值得考虑</u>。

答案解析 该论证有 5 个前提，大部分是一个长句子里的独立分句。结论指示词“因此”表明结论出现在最后一句话。第一句话只是背景信息，因此不必括起来。

练习 1.2 答案及答案解析

【第 1 题】

答案

（1）勒布朗 · 詹姆斯自称是有史以来最伟大的篮球运动员。

（2）许多优秀篮球运动员，比如比尔 · 拉塞尔、迈克尔 · 乔丹和拉里 · 伯德做过许多勒布朗 · 詹姆斯吹嘘说自己做过的事。

（3）勒布朗 · 詹姆斯自称是有史以来最伟大的篮球运动员是不尊重上述运动员的。

因此，（4）勒布朗 · 詹姆斯不应该自称是有史以来最伟大的篮球运动员。

答案解析 该论证不太好分析的原因在于语序。只要你发现主要观点（结论）是詹姆斯不应该自称是有史以来最伟大的篮球运动员，理解论证过程就容易了。

我们觉得上面的顺序是最合理的，但略有不同也没关系。

要关注参考答案中对原文的改写，目的是让每个前提“独立成句”：每一条都可以单独读懂。例如，“他不应该说这种话”被改成了“勒布朗·詹姆斯不应该自称是有史以来最伟大的篮球运动员”。

值得注意的是，原文中有些句子并非“勒布朗·詹姆斯不应该自称是有史以来最伟大的篮球运动员”的理由，比如说勒布朗·詹姆斯真的很棒那一句。因此，它不是论证的一部分，不需要列入前提-结论提纲。

【第 2 题】

答案

（1）在达特茅斯，一支由布伦丹·奈汉领导的研究团队为一些家长提供了来自美国疾控中心的信息，内容是没有证据表明疫苗会引发自闭症。

（2）该团队没有为其他家长提供关于疫苗安全性的信息。

（3）与未收到信息的家长相比，收到信息的家长给子女接种疫苗的可能性并没有更高。

因此，（4）仅仅提供疫苗安全性的相关信息不能提高给子女接种疫苗的家长比例。

答案解析　这道题给出了一个科学推理的简单例子。科学推理常常会以叙事方式呈现，讲述科研团队都做了哪些事情，但你通常可以从叙事中重构科研人员的推理。在这个例子中，叙事开头解释了科学家的假说，也就是他们想要验证的想法。他们要验证的想法是：为家长提供疫苗安全性的相关信息能够提高给子女接种疫苗的家长比例。最后一句中的“得出的结论是”表明接下来就是推理的结论，此处的结论是假说不成立，即为家长提供疫苗安全性的相关信息不能提高给子女接种疫苗的家长比例。

请注意，支持结论的理由不仅仅包括科研团队观察到的结果。他们做了一次实验：只将信息提供给一部分家长，然后将这些家长的行为与未收到信息家长的行为做比较。这是科学推理中的常见方法。首先提出一个假说，然后通过实验获得检验该假说所需的观察结果，最后从观察结果推出结论。

【第 3 题】

答案

(1) 1908 年，西伯利亚通古斯有 800 平方英里森林被夷为平地。

(2) 科学家最近在当地发现了一个撞击坑形状的湖泊，可能是小行星或彗星造成的。

所以，(3) 通古斯大爆炸是由小行星或彗星撞击造成的。

答案解析 围绕通古斯大爆炸的成因还有其他理论，这一事实会让我们对结论产生怀疑。不过，它并非支持结论的理由，所以不能加入提纲。

【第 4 题】

答案

(1) 一个人即便知道自己过得很快乐，他也可能怀疑自己的人生是否有意义。

所以，(2) 有意义的人生与快乐的生活不是一回事。

(3) 一个人做着不符合本性的事情，或者感觉生活没有意义，哪怕从客观角度来看，他在做的事情或许有其价值，他的人生也称不上有意义。

所以，(4) 有意义的生活与做着客观上有价值的事情也不是一回事。

所以，(5) 分别来看的话，快乐和客观价值都不是有意义的生活的充分条件。

答案解析 前提 (1) 是前提 (2) 的理由，前提 (3) 是前提 (4) 的理由，而前提 (2) 和前提 (4) 合起来构成了主结论 (5) 的理由。

要想更准确、更形象地呈现该论证，一种办法是画图，也就是论证导图。以该论证为例，下面的论证导图就体现了前提、子结论和主结论之间的关系：

(1)　(3)
↓　↓
(2) + (4)
↓
(5)

《附录三　论证导图》中介绍了论证导图。本书其他习题中都用不着画。但是，学习论证导图能帮助你理解和给出更复杂的论证。

练习 1.3 答案及答案解析

见本书配套网站。

练习 1.4 答案及答案解析

【第 1 题】

答案

（1）你吃的每一块肉都是用动物的苦难和死亡换来的。

（2）把动物尸体放进口中咀嚼很恶心。

（3）优质的素食有很多。

（4）吃素食也比吃肉食更健康。

（5）成为素食者能让你加入许多伟人名流的行列，从达·芬奇、牛顿、爱迪生到保罗·麦卡特尼、仙妮亚·唐恩、托比·马奎尔。

所以，（6）你应该做一名素食主义者。

前提（1）是最可靠的。你吃的肉是用动物死亡换来的，这是显而易见的。大部分肉——并非全部——也来自为了产肉而受苦的动物（例如，工厂化养殖场或屠宰场里的动物）。前提（2）是不可靠的。它的争议性和主观性太强了，不适合作为论证的起点。许多人并不认为吃肉恶心，吃肉都要把动物尸体放到嘴里，因此，他们并不会觉得这很恶心！前提（3）比较可靠。目前，大部分人都知道优质的素食有很多，尤其是美国菜之外的饮食。

前提（4）是不可靠的，因为它太模糊了。某些素食确实比某些肉食更健康，但也有不健康的素食。该前提要想变得可靠，必须更准确地说明指的是哪些素食，很可能还要说明素食在哪些方面更健康。最后，前提（5）是部分可靠的，因为列举的人里面，有些是公认的素食主义者（比如保罗·麦卡特尼），但其他人就不是了。

答案解析 上述回答有条理地依次考察并评价了各个前提，没有采取非黑即白的态度。有的前提是部分可靠，而且答案解释了哪一部分可靠、哪一部分不可靠。

请注意，前提（2）和前提（3）都是“主观”论断。但是，该回答声称一个前提是可靠的而另一个是不可靠的。许多人容易将所有主观论断都斥为“个人观点”，但有的时候，某些主观论断确实得到了普遍的认可，是辩论的良好出发点。例如，“夏天游泳真清爽”是一个主观论断，但放到论证里，大部分人应该都会觉得它是可靠的前提。伦理学命题同理。“堕胎都是不道德的”的争议性太大，不算可靠的前提。不过，“以折磨他人来取乐或牟利是错的”就得到了普遍认可，要是说它是不可靠的前提，大部分人都会觉得奇怪。

【第 2 题】

答案

（1）通过一块岩石中放射性物质的衰变速率，我们就能准确地估计这块岩石的形成时间。

（2）放射性定年法表明，地壳的某些大型岩石构造有 40 亿年的历史。

因此，（3）地球本身至少有 40 亿年的历史。

前提（1）是可靠的，因为我们可以通过观察岩石中放射性物质的衰变速率来估计其形成时间，这是一个公认的事实。但是，某些读者可能不知道这一点，这要看受众的情况。因此，如果论证能引用资料来支持就更好了。前提（2）不可靠，因为它既不是公认的事实，段落中也没有给出信息来源或论证。因此，我们不能确定它是真是假。

答案解析　该回答省去了原文的几句话。省略的语句要么是术语（例如，“放射性”和“放射性定年法”）解释，要么是举例，而没有给出支持结论的理由。因此，我们没有把它放在前提–结论格式提纲中。

该回答主张前提（1）是可靠的，因为它是一个公认的事实。同时承认有人可能不知道前提（1）为真。请记住，一句话算不算“公认的事实”，要看目标受众。因此，对前提来说，可靠与真实的区别是很重要的：事实就是事实，不管有没有人知道。但是，单凭一个前提是真的，它未必就是论证的可靠起点。论证的目标是：从我们合理地相信为真的事情中推出我们之前不知道的事情。因此，我们必须从可靠的前提出发，也就是我们合理地相信为真的事情。

该回答最后指出，在上述论证的语境下，前提（2）是不可靠的。要记住，这并不表明前提（2）是假的，而只是说，在上述论证的语境下，我们没有合理的理由接受它。如果一个前提是真的，而且有好的信息来源能说明它是真的，那么论证的作者就应该引用来源，免得犯错误。

【第3题】

答案

（1）真正的教育不只是积累知识，更要陶冶情操。

（2）通识教育不仅会让学生接触历史、自然科学、数学，还会让他们接触文学和艺术。

（3）接触文学和艺术能够直接地表情达意。

因此，（4）通识教育是任何“真正”教育的关键一环。

前提（2）和前提（3）是可靠的，因为两者都是公认的事实。前提（1）是不可靠的，因为里面有一个模糊的短语，“真正的教育”，因此很难判断该前提的真假。什么才算“真正的教育”呢？最起码，我们需要看到一个论证来说明“真正的教育”不只是积累知识，更要陶冶情操。

答案解析　有时，一个前提之所以难知可靠与否，是因为难知其确切含义。该论证的第一个前提无疑便是如此。要想让这种前提变得可靠，最好的办法就是明确语义（参见规则4和《附录二　定义》）和给出理由。

【第4题】

答案

（1）频闪闪光灯可能引起癫痫患者癫痫发作。

（2）癫痫发作可能造成死亡。

（3）我们有可能向别人的手机发出看起来像是频闪闪光灯的照片。

（4）当一个人用可能造成死亡的物件对他人造成致命伤害时，他就是用致命武器攻击了后者。

因此，（5）以诱发癫痫为目的，向癫痫患者的手机发出频闪闪光灯的照片应当被视为用致命武器攻击后者。

前提（1）和前提（2）都是可靠的，因为它们是关于癫痫的常识。前提（3）从常理看应该可靠，因为每个人都知道你可以向别人的手机发图片，而且手机图片可以展示各种事物。只有一点值得质疑：在这个论证的语境中，前提（3）的意思似乎是你可以给别人发出真的像闪光灯那样频闪的图片。我能想象到有人会质疑图形交换格式或其他图片格式能否做到这一点。前提（4）是可靠的，因为它是从“用致命武器攻击”的定义中推理出来的。

答案解析 上述回答指出，前提（3）的含混之处会让人质疑其可靠性。要记住，表述模糊笼统会损害前提的可靠性，因为如果一个前提很难看懂的话，人就不容易知道该不该接受它。前提表述一定要尽可能清晰，一个原因就在这里。

练习 1.5 答案及答案解析

【第 1 题】

答案 没有男人的女人就像没有自行车的鱼。

答案解析 该回答进行的众多改动之一是用更常见的“就像”替换了不太常见的“宛如”。用生僻词替代常见词的时候要小心，有时确实很有意义，但有时只会让别人觉得你“掉书袋”。

【第 2 题】

答案 智慧的灵魂是简洁的。

答案解析 请注意，在引语的复杂化版本中，“即”字后面的内容只是复述了前面的话，没有添加新内涵。因此，简化版本里可以全部去掉。“才思敏捷的核心就是尽可能简练地表达自己”这样的说法是没有必要的。只要明白整句话的核心意思，然后尽可能简单地重述出来就好。

【第 3 题】

答案 我们必须在自己身上展现出我们希望在世界中看到的变化。

答案解析 请注意，复杂化版本中的某些词句是冗余的。比如，复杂化版本里面说“我们生活的世界”。上下文表明，“世界”指的就是“我们生活的世界”，而不是其他世界（难道是木星？）。所以，你可以去掉“我们生活的”，句意还跟原句的一样。

【第 4 题】

答案 千里之行，始于足下。

答案解析 该回答用单字（“行”“足”）替换了长词组（“从一个地方去另一个……地方”“从一个位置迈出一步到另一个位置”）。扩大词汇量有助于用更简洁凝练的方式表达同样的意思。

练习 1.6　答案及答案解析

【第 1 题】

答案　该论证用了多处诱导性言论："肮脏的小秘密""令人发指的虐待""无意义地残酷对待动物"。它们都带有强烈的负面色彩。前两处可以通过用中性的语言（例如，描述工厂化养鸡场内每个鸡笼的面积）描述工厂化养殖来避免，至于是不是"令人发指的虐待"，就让读者自己判断。"无意义地残酷对待动物"可以替换为"这样对待动物"。论证还说"道德正派的人们痛恨"工厂化养殖，暗示所有不对此感到愤怒的人都是道德不正派的。这句话的调子可以放得低一些，只要说"许多人相信这样对待动物是错误的"即可。

答案解析　有时，由于句式，我们做不到简单的词语替换，有时需要整个重写包含诱导性言论的句子。上述回答就是如此。

【第 2 题】

答案　该论证的成立依赖于一处隐晦的诱导性言论。"异想天开的故事"这个短语暗示男孩关于小刀遗失的说辞是虚假的，但这段话并未加以论证。同理，"你们不会真的相信了吧？"这个反问句暗示相信男孩"故事"的人是轻信或愚蠢的，但这段话并未给出理由表明男孩的说辞是假的。

答案解析　请注意，放在别的语境下，"凶器"和"凶手"或许算得上诱导性言论，但在此处并不是。该论证是关于一名谋杀案犯罪嫌疑人的，谈到的刀子是用来杀人的，确实是凶器。如果事情果真如该论证所说，男孩犯下了杀人罪，那么他就确实是凶手。

【第 3 题】

答案　该论证没有使用诱导性言论。有几个短语或许像是诱导性言论，比如"无辜的人正在死去"和"没有人愿意"，但考虑到它出自以第一次世界大战为背景的电影《神奇女侠》，当时确实有无辜的人在死去，而且神奇女侠出生的岛屿确实没有人愿意从阿瑞斯手中拯救世界。实在没有更中性的方式来描述这样的情境了。

答案解析 如果你没看过《神奇女侠》，你可能会得出不一样的结论。毕竟，人们有时会不假思索地认为“无辜的人”一类短语是煽情。但在此处的语境中，它并非诱导性言论。许多无辜者正在死去的事实与神奇女侠要出手相助的推理思路直接相关。它准确地把握住了神奇女侠推理的本质，再没有更中性的方式来描述当时的情境了。规则 5 的要义正在于此：关注点要放在推理的本质上，而非表现形式上。

章练习 1.7 答案及答案解析

【第 1 题】

好答案 这段话的结论表达得比较明确，有些句子的用意显然是支持结论的，但其他句子或短语在段落中的作用就有点儿不清晰了（规则 1）。例如，美国大学体育总会“打着爱护运动员的旗号”这句话在论证中有什么用呢？一部分问题在于思想表述的顺序不太自然，不利于理解论证（规则 2）。论证应该这样改写：先提出德索萨受到的裁决，然后说他根本不知道裁决的事，接着得出他应该继续打球的结论。原论证明显违反了规则 3，因为作者没有给出任何证据表明德索萨对贿赂不知情，或者美国大学体育总会取消了他的参赛资格。而且这两个论断不属于常识——尽管作者写信时，它们在堪萨斯城或许是常识。删掉一些不必要的评语会让论证更符合规则 4。将“不许德索萨追求梦想”和“不负责任的人”等短语替换成“不能参加大学篮球校队”和“其他人”绝对会让论证更符合规则 5。论证用语没有前后不一致，不违反规则 6。

答案解析 和前面的好答案一样，该回答逐条讨论了规则，并解释了论证为何符合（或不符合）规则，给出了具体的例证和具体的改进建议。

坏答案 这段话严重违反了规则 3。我不知道西尔维奥 · 德索萨是谁，也不知道他是不是作者口中那么无辜——具体点儿说，我不知道他有没有被禁赛，也不知道阿迪达斯有没有贿赂德索萨的监护人。我基本上一无所知，所以我一丁点儿都不信。

答案解析 该回答太狭隘了，揪住论证的一个问题不放，回答都在批判文中关于西尔维奥 · 德索萨及其法定监护人的主张。该回答说对了一点：作者提出了关于德索萨的论断却没有给出任何具体的理由，这确实不符合规则 3。但回答者并未给出任何建设性的改进意见，也没有说明论证是否符合本章中的其他规则。

【第 2 题】

好答案 这段话不符合规则 1 和规则 2。结论应该是“我们应当对今日政坛的话语水平感到羞耻”，但它却被埋在段落中间。如果作者把第三句话和第四句话调换顺序，论证会清晰得多。这样的话，“胡言乱语”那句话就会挨着“深思熟虑”那句话，这是恰当的位置，而结论会放在末尾。勉强符合规则 3，大部分人对这段话中的 3 个前提可能有共鸣，但前提的概括太模糊，太绝对了。符合规则 4，个别词可以去掉而不影响原意，比如“深思熟虑”，但整体是明快简洁的。不符合规则 5，“虚声恫吓”和“胡言乱语”都是对政客的强烈负面描述。“胡言乱语”可以直接删掉，“虚声恫吓”可以改成“回避讨论”。基本符合规则 6，里面用了“讨论”“话语”“辩论”这几个近义词，而没有坚持用一个。

答案解析 该回答针对每条规则给出了具体的建设性改进建议。

坏答案 这段论证很好，阐述了一个确实重要的观点。结论讲的是政客们如何回避有思想的辩论（规则 1），这绝对是真的（规则 3）。我完全能理解（规则 2），这段论证既不特别抽象（规则 4），诱导性言论也不多（规则 5）。

答案解析 该回答赞赏原论证，主要原因是回答者赞同论者的结论。该回答想要把自己的赞赏跟规则联系起来，但说得太简略，方法也不对。规则 1 不是指读者有没有发现或认同结论，而是论证有没有为读者分辨结论和前提提供方便。规则 2 是指前提编排要容易理解，方便读者跟上论证思路；评判时应该把重点放在前提的顺序和连贯上。规则 3 与结论真假无关，要看的是可靠与否。

针对规则 4 和规则 5，回答里确实有简短的评语，但没有给出证据支持。回答一句都没提规则 6。总体来看，评价一个论证的好坏，并不在于你是否认同它的结论，而要集中考察作者呈现论证的方式如何、前提是否能够支持结论。

【第 3 题】

好答案 尽管这段话没有任何前提或结论指示词，但很容易发现第一句话是结论，后面是前提（规则 1）。前提展开的顺序是有意义的（规则 2），有助于分清前提和结论。主要问题是前提全都不可靠——至少对一般读者是这样（规则 3）。对专家这样讲或许就够了，但大多数人需要有好的理由才能相信论证中说的话。

用语没有诱导性（规则 5），也没有前后不一致的情况（规则 6），但我说不好是否符合规则 4：论证中包含一些专业术语，比如“内在光敏性视网膜神经节细胞”。尽管这说不上是炫耀，但其实对论证帮助也不大，删掉大概也可以。

答案解析 该回答强调了规则 1 和规则 2 的关联。按照自然的顺序表述思想有助于分辨结论。

回答还强调了专业技术类论证的一个通病。人在写作或谈论专业话题时常常会用到专业术语。某些情况下，术语能更精确地表达复杂思想，从而促进交流。在另一些情况下，受众理解不了术语，反而妨碍交流。这很大程度上要看语境和受众。对于某个特定情况下是否应该用某些术语，有思想的人可能会有不同的看法。

坏答案 论证符合规则 1 和规则 2。不符合规则 3，因为前提没有给出依据。符合规则 5 和规则 6，但黑话太多，不符合规则 4。

答案解析 这个回答比前面几个坏答案好的地方在于，它分别讨论了每一条规则，甚至（极其）简略地解释了论证不符合规则 3 的理由。但它没有为任何一个观点提供理据，而且认为专业术语是“黑话”也太草率了。

【第 4 题】

好答案 这段话明确了结论是哪一句，其余部分显然都是支持该结论的理由（规则 1）。除了最后一句，整体思想表达是流畅的（规则 2）。末句应该放到倒数第二句前面。所有前提都是可靠的（前提 3），因为它们都是常识。信中没有过分抽象的语言（规则 4）。前提中没有诱导性言论（规则 5），但结论有点儿煽动性，也没有说清楚想要读者相信什么，或者做什么。给地方政府写信，组织二手书市集，在保险杠上贴“支持地方图书馆”的标语，还是跑到有意削减图书馆预算的政客家门口聚众示威？作者只说“保卫图书馆”，我们也不明其意。这封信没有用不同的词来表达同样的意思（规则 6）。

答案解析 该回答逐条解释了上述答案为何符合或不符合规则，并指出了结论的多种可能含义，从而解释了这一点：该结论煽情多于实质内容。

坏答案 上述论证没有使用任何结论指示词，所以不符合规则 1。整体思想表达是流畅的（规则 2），只有最后一句似乎位置不太对。至于规则 3，作者还有许多工作需要做。她提到了若干主题，可她怎么知道我家附近的图书馆里有没有讲这些内容的书？她又没去过全国的每一家图书馆。她还说图书馆会鼓励人们为了快乐而读书，同样没有给出根据。她需要提供数据来支持自己的论断。她说网上能找到的内容有限，而我要说，估计她没好好查。结论煽情多于实质（规则 5），但是其余部分的用语还好（规则 4 和规则 6）。

答案解析　该回答很详细，但有两条规则出了错。符合规则 1 未必要有结论或前提指示词。只要能明确区分前提和结论就可以了，而上述论证做到了这一点。该回答针对规则 3 提出的要求太高了。我们也可以合理地认为，大部分图书馆都有图书介绍信中提到的各个主题，哪怕作者没有去过每一家图书馆，而且图书馆会鼓励人们为了消遣而读书，哪怕没有给出详细数据。最后，大部分人都有过上网查资料结果没找到的经历。所以，认为互联网本身有缺陷，比认为作者没有好好查要更加合理。你要记住，可靠并不要求毋庸置疑。只要听众能够认可前提为合理的论证起点，就符合了规则 3。

第二章

举例论证　习题答案及答案解析

练习 2.1　答案及答案解析

【第 1 题】

答案　鸽子、鹦鹉、天鹅。

答案解析　恰当的例子必须是会飞的鸟。鸽子、鹦鹉、天鹅都符合标准。

请注意，有些例子在两可之间，比如鸡。鸡飞不远，飞行能力也不强，但通过扑扇翅膀可以飞一小段距离。鸡算吗？只找明确符合的例子有利于支持概括结论，所以不要找这些有争议的例子。

当然，这道题的概括是错的。有些鸟不会飞，比如鸵鸟和企鹅。因此，尽管我们能轻易找到许多鸟会飞的例子，却不能得出所有鸟都会飞的结论。凡是概括，不论真假，一般都能找到正面例子。因此，随便找到几个好例子不足以证明概括成立。

【第 2 题】

答案　菠萝、橘子、番石榴。

答案解析　恰当的例子必须符合两条标准：必须是水果，（成熟后）必须是甜的。请注意，有的例子可能会遭到质疑：如果你举出胡桃南瓜的例子，有人可能会说它不是水果——即便严格来说，它是水果。有人还可能说它甜度不够，算不上“甜”。

收集科研数据时会出现同类问题。为了解决这些问题，科学家的定义常常要详细得多。例如，他们可能不会用“甜”这样模糊的词语，而会说大部分水果至少每克包含一定量的糖分。（但同样模糊的“水果”和“成熟”呢？）《附录二 定义》会进一步讨论定义问题。

就本习题而言，专门找明确无疑的例子即可规避上述难题。

【第 3 题】

答案　约翰·列侬、埃尔顿·约翰、阿黛尔。

答案解析　对于这条概括，恰当的例子必须是音乐家，也必须是名人，而且还必须是英国人。

选择例子之前，你仍然需要认真思考这句概括的意思。什么人算音乐家？写流行歌曲的，还是指挥管弦乐队的？谁又算名人呢？

约翰·列侬妇孺皆知，没问题。埃尔顿·约翰显然也是名人。但是，阿黛尔呢？喜欢音乐的年轻人都知道她，父辈和祖辈就够呛了。英国大提琴家杰奎琳·杜普雷呢？古典乐爱好者认为她是有史以来较伟大的大提琴家之一，但是大部分人估计听都没听说过她。她是名人吗？

练习 2.2　答案及答案解析

【第 1 题】

答案　该论证的结论是关于美国重罪犯人的，因此，例子也要从所有重罪犯人中随机抽取。虽然论证中没有明说，但“无辜者计划”组织可能会专门寻找有错判证据（至少是较高可能性）的犯人，因为该组织关心的就是这种案子，而这种案子的翻案机会也最大。为了改进该论证，我们需要搜集、抽取被判多年监禁的犯人，然后请“无辜者计划”组织为他们辩护。

答案解析　该回答指出了样本偏差的另一个隐蔽来源：选取样本的人并不以

客观研究刑事司法体系为目标。“无辜者计划”组织的目标是释放蒙冤入狱者，因此会专门寻找无辜可能性较高的人，这也情有可原。如果他们工作得力，那么他们的许多客户就都应当脱罪。

对“无辜者计划”组织来说，上述样本缺乏代表性并不是问题。但是，如果一个人想要根据“无辜者计划”组织接手的案子，得出许多美国人蒙冤入狱这一结论，那样本代表性可就成问题了。

【第 2 题】

答案　该论证以一项针对 1938 年波士顿男性市民的研究为基础，得出了一个关于哪些因素能让所有人幸福的结论。尽管研究者试图涵盖来自不同社会经济背景的人，但如果他们能涵盖更广大的人群——女性、之后的世代、来自其他城市和国家的人——论证会更有力度。论证中没有说明白人比例，但多样化的种族和族群背景肯定是有好处的。对其他群体的人来说，或许会有比人际关系更重要的因素。该研究可能也没有考虑其他影响幸福感的因素，比如性别歧视或种族主义。

答案解析　正如该回答指出的那样，结论涉及的是一个非常大的群体：所有人。但例子全部来自一个非常特殊的小群体：1938 年生活在波士顿的男性。为了改进论证，我们需要考察更广泛的例子。

回答中不仅指出了例子如何缺乏代表性，还列出了其他应该考虑的人群类型，并解释了现有的样本偏误为何会削弱论证。

当然，哈佛研究团队不可能回到 1938 年从头再来，但至少对 75 年后还能看到新结果的各位读者来说，参与者更多样化的新研究或许会很有启发！

【第 3 题】

答案　该论证只考察了从原来的保险公司改签到奥尔斯泰特的司机，其结果是有偏的，因为它将所有未改签司机排除在外。如果能考察全体司机的随机样本（例如，从驾照持有者名单上随机选人打电话），而不是只看改签到奥尔斯泰特的司机，论证会更加有力，能更准确地估算改签司机改签奥尔斯泰特平均能少花（或多花）多少钱。

答案解析　这是一个微妙的例子：研究者允许人们自行决定是否要加入样本。当社会科学研究者试图了解某项计划、政策、措施的影响时，他们随时会面临这种问题。举一个事实为例，结婚早的美国人离婚率高于结婚晚的人。这是否意味着整体平均等 5 年结婚会降低离婚的可能性？或者说，结婚早的人本来就是更可能离婚的人，哪怕他们等 5 年结婚，离婚的可能性还是更高？单纯比较早婚者和晚婚者的平均离婚率是看不出这些的。你需要用更复杂的方法，例如其他方面类似、只是结婚年龄不同的人。这些方法超出了本书的范围，但统计学的课上会讲。社会科学的一大难点就在于统计学中的疑难。

【第 4 题】

答案 该论证无视了历史上所有产下后代，却没有将后代养大的生物。因此，无偏样本必须考察那些还没产下自己的后代就死掉的生物——可能大多数生物都是这样。

答案解析 正如提出这个搞笑的论证的作者所指出，我们每个人都来自一条延绵不断的世系，每一代都产下了后代，后代又都产下了自己的后代。这正是“一切取样偏误之母”，因为后代没活下来的生物被正好排除在外了。就像只看在史努克杂货铺工作的大学毕业生的练习 2.2 范例一样，这个论证只看育儿成功（尽管是最低限度的成功：活着就行）的生物。为了避免这种错误，样本绝不能直接排除不能支持结论的个体。

另一个值得注意的点是，论证举出的例子里面有许多算不上合理意义上的“好父母”：产下成千上万个后代，然后任其自生自灭的生物算不上好父母，但只要有一个后代活下来，它们就能通过这一个幸存者成为今天许多生物的祖宗。

练习 2.3 答案及答案解析

【第 1 题】

答案 第一，我们要知道该校园里有多少辆汽车。换句话说，我们要知道该校园的汽车失窃率是多少，能自己算出来也行。第二，我们要知道周边地区的汽车失窃率是多少。如果该校园内汽车数量很少，或者周边汽车失窃率本来就低，那么，该校园里没有车失窃就算不得大成就了。

答案解析 我们甚至可以更精确一些，给出计算该校园内汽车数量的方法。比如，我们是找一个正常工作日的上午 10 点，去数该校园里有多少辆车，或是看晚上停在该校园内的汽车的平均数量，还是本月曾停在该校园内的汽车的总数？

这些建议都是对一个基本想法的完善，即我们要知道该校园内有多少辆汽车。

【第 2 题】

答案 要想确定麻疹和麻疹疫苗哪一个更危险，我们需要知道有多大比例的人死于麻疹（麻疹患者的死亡率），又有多大比例的人死于麻疹疫苗（接种麻疹疫苗的死亡率）。接种麻疹疫苗的人数远远多于麻疹患者。因此，哪怕麻疹疫苗引发的死亡率远远低于麻疹，死于麻疹疫苗的人还是可能多于死于麻疹的人。

答案解析 批判地看待数字是想清楚疫苗问题的关键。麻疹会害死 0.2% 左右的感染者，也就是平均每一千个人里有两个。对麻疹疫苗产生严重过敏反应的比例大约是三千分之一。因此，即便论证中提到的数字确实是死于麻疹疫苗的人数（而不只是接种后产生严重过敏反应的人数），那么只要用心想一想背景率，我们就知道接种麻疹疫苗比感染麻疹要更安全。这场争论的一大讽刺之处是：美国之所以麻疹病例稀少，正是因为许多人接种了麻疹疫苗。

当前疫苗之争的部分原因正是人们难以想清楚统计数字。（另一部分原因是人们对因果推理的常见误解。详见第五章。）正反双方都能轻易甩出看似有说服力的统计数字，而破除劣质论证往往需要理解一些微妙的点，比如背景率的重要性。所以，下一次参与疫苗之争时，切记要非常认真地考察你看到的论证，也要尽可能（礼貌地）鼓励其他人认真思考。

【第 3 题】

答案 我们需要了解“选 5”彩票每天售出的数量，这样才能计算出中奖率。要想判断赢钱的机会大小，我们必须知道中奖率才行。

答案解析 此处的相关背景率是中奖率。计算中奖率既需要知道中奖彩票的数量，也要知道未中奖彩票的数量。

请注意，售出彩票的数量很可能远远高于买彩票的人数，因为有些人会一次买好多张。因此，你要看的是中奖彩票的数目，而不是中奖人的数目。

该论证还有一个具有欺骗性的地方：它没有区分奖的种类。彩票公司有时会发放很多小奖，然后宣传中奖彩票数量多；具体到“选 5”彩票上，几乎可以肯定就是这样。纽约不可能每天开出 10 万个大奖。我们平常说“彩票中奖”指的都是得大奖。但是，在广告里吹嘘的 10 万张获奖彩票里，真正得了大奖的凤毛麟角，可能只有一两个，甚至一个都没有。总体来说，一切有组织的赌博都属于营利性质，彩票也不例外。所以，你在花钱买彩票之前就应该明白：长期来看，你肯定是吃亏的。

假设10万张获奖彩票里只有一张开出了大奖。于是，一个人抱着50万美元回家，其余99 999人却几乎一无所获。与把钱随便交给陌生人相比，买彩票赚大钱的概率只有十万分之一而已。

【第4题】

答案 要想知道延长保修派上用场的可能性，我们需要知道两个论证中均未给出的比例。首先，我们要知道有限保修期满后损坏，或者损坏方式不在保修范围内的昂贵电子设备的比例有多大，而不只是美国人为某一类手机的此类损坏花了多少钱。其次，我们要知道从未损坏，或者只受过保修范围内的轻微损坏的昂贵电子设备有多少。

答案解析 正如参考答案所说，原论证甚至没有告诉我们判断结论是否成立的必要信息。为了判断延长保修划不划算，你需要知道你用得上保修的可能性有多大，保修费用有多高，以及保外维修要花多少钱。大部分财务专家的建议是：通常情况下，延长保修不划算（你不信？用本章的规则，看我们讲得对不对！不妨先看看第四章）。

练习2.4 答案及答案解析

【第1题】

答案 该论证提出“多达80%的非法入室都是从正门或窗户进入”，借此说服你购买一种安全门产品。这是有误导性的，原因有多个。首先，它为什么要说“多达80%”？它要说的是非法入室从正门或窗户进入的全国平均比例接近80%，还是别的什么意思？其次，它只涉及非法入室。盗窃案的非法入室比例有多大，其他情况的比例呢？最后，请注意论证里说了“正门或窗户”。安全门可管不了窗户，那么非法入室从窗户进入的比例到底有多大呢？

答案解析 上述回答说明了原论证引用数字的目的，然后有条理地解释了该引用数字的误导之处。回答中给出了该引用数字的多种解释方式，还讲了为什么有些解释方式是合理的，却不能支持原结论。

原论证改编自一则“伪装”成科普视频的广告。不幸的是，广告商经常用数字来误导人。该回答具体说明了令人不禁怀疑引用数字可靠性的地方，这样做比单纯声称论证者心怀叵测要更好。

【第 2 题】

答案 该论证比较了人类累积的二氧化碳排放量与火山在所有地质时期的累积二氧化碳排放量，指出人类的排放量与火山排放量相比简直是微不足道——连百分之一的千分之一都不到。这是误导，因为比较的对象是人类 1 万年来的排放量和火山将近 50 亿年来的排放量。此外，论证中没有说明这样比较的相关性何在。人类排放总量占火山在全部地质时期的排放总量的比例有多大，这个问题到底有什么意义？

答案解析 甩出微小（或庞大）的数字能让论证看起来很厉害。毕竟，“连百分之一的千分之一都不到”好像不是很多的样子。但只要选对计量单位，放大缩小都是信手拈来。例如，杰夫·贝索斯（前世界首富）的财产只占世界财富总量的 0.000 5% 左右。听起来不多，对吧？如果你每周往存钱罐里放一枚 0.25 美元的硬币，那么攒够私立大学的平均学费需要九千多年——即便学费不上涨。听起来很长，对吧？

这道题给我们的教训是应该关注论证中的单位，而不只是数字本身。距离是按千米算，还是按米算的？成本是按元算，还是按分算的——还是百万元？单位有时需要仔细看，就像这道题。对不常见的单位要尤其警惕——比如“过去 45 亿年中火山累积排放量的一个零头”。

另一个教训是数字听起来小，不代表影响就小，反之亦然。例如，砷的致死量只有成年人体重的三百万分之一。数字够小吧，但不代表你可以不当回事。

【第 3 题】

答案 该论证的结论是：别人说的话大多不可信。换言之，结论说明了**真话的比例**。然而，前提讲的却是**对别人撒过谎的人的平均比例**。由于结论及其“相关”数据讲的不是一码事，所以该数据并不能支持结论。为了看清原因，不妨假设我本周对 100 个人分别说了 100 句话，一共是 1 万句。如果我对三分之一的人说了假话，每人一句。那么，从人数来看，我说谎的比例很接近 34%，但从句数来看，比例只有约 0.33%，也就是 1 万句话里约有 33 句是假话。

答案解析　上述回答解释了为什么原论证引用的数据与结论说的不是一回事。这是一个很好的例子，说明了确知数据的含义及其能否支持结论是很重要的。回答的前面一部分比较抽象，所以后面举例加以阐明。

此外，该论证至少还存在一个问题：如何定义"说谎"？假设你觉得不舒服，这时走廊里有一个同事路过，她问你："你怎么了？"你答道："没事，谢谢。"在原论证引用的研究里，这算不算说谎呢？它与你对"在普通的一周里遇到的人中，一个人平均要对其中34%的人撒谎"这句话的理解有很大的意义。要想搞明白，你就需要查阅研究原文。校图书馆里很可能就有（问问图书馆馆员）。

练习 2.5　答案及答案解析

【第1题】

答案　哈维尔·巴尔德姆是好莱坞影星，但他的母语是西班牙语。

答案解析　本题概括的对象是好莱坞影星，内容是所有好莱坞影星的母语都是英语。因此，反例就是母语不是英语的好莱坞影星。哈维尔·巴尔德姆在西班牙长大，他的母语是西班牙语，因此他是一个反例。

【第2题】

答案　鸭嘴兽。

答案解析　在本题中，概括是反面性质的，对象是哺乳动物，内容是哺乳动物都不产卵。因此，产卵的哺乳动物就会构成反例。鸭嘴兽生活在澳大利亚，是一种哺乳动物，但也会产卵（产卵的哺乳动物极少）。

【第3题】

答案　鸡蛋沙拉。

答案解析　这句概括的对象是沙拉，内容是沙拉都是蔬菜。这里面的解释空间就很大。到底什么是沙拉？这句话的意思到底是沙拉里只能有蔬菜，沙拉里主要是蔬菜，还是沙拉里都包含蔬菜？那问题又来了，蔬菜是什么呢？

鸡蛋沙拉是一种沙拉，主料显然是鸡蛋，而鸡蛋并不是蔬菜。因此，它构成了这句概括的一个反例。

那么，希腊沙拉呢？希腊沙拉一般有西红柿（严格来说，它属于水果）、黄瓜

（严格来说，它也属于水果）、柿子椒（严格来说，它还是属于水果）、橄榄（水果）、奶酪和洋葱。严格来说，它的主要成分是水果和奶酪，不过也有一种蔬菜：洋葱。希腊沙拉算不算一个反例呢？这要看你怎么理解那句概括（另外，很多人觉得西红柿、黄瓜、柿子椒和橄榄是蔬菜，虽然严格来说属于水果。《附录二 定义》中对定义问题有更多讲解）。

如果你决定不了一样东西是不是反例，不妨试着完善定义，把需要解释的问题解决掉。比如，如果你不确定希腊沙拉是不是本题的反例，你可以让“沙拉都是蔬菜”这句话精确一些：希腊沙拉显然是“沙拉里只能有蔬菜”的反例，但并不是“沙拉里都包含蔬菜”的反例。

【第 4 题】

答案 无反例。

答案解析 这句话也很特殊。它的概括对象是哺乳动物，内容是哺乳动物都有毛发。它可能指的是，所有类型的哺乳动物一般都有毛发（至少在生命的某些阶段）。如果是这样，那么这句概括显然就是对的，“有毛发”是哺乳动物定义里的一部分（连鲸鱼和海豚在小时候也有少量毛发）。然而，它的意思也可能是所有哺乳动物的个体都有毛发。如果是这样，它或许就是错的。有的哺乳动物个体患有一种自体免疫疾病，会导致所有毛发脱落。它们算是这句概括的反例吗？

章练习 2.6 答案及答案解析

【第 1 题】

好答案 该论证不是很有力。它确实给出了多个例子（规则 7），但代表性不强（规则 8）。论证的对象是所有的帝国，但例子都来自 20 世纪。作者或许估计读者们都知道 20 世纪有多少个帝国覆灭，但实际应该思考的是整个历史上有多少个帝国覆灭（规则 9）。论证中没有数据，所以规则 10 不适用。作者忽略了很多反例（规则 11）。想一想罗马帝国、奥斯曼帝国、神圣罗马帝国和西班牙帝国吧！

答案解析 该回答不仅谈到了本章的每一条规则，而且详细解释了该回答不符合规则 8、规则 9 和规则 11 的原因，还针对规则 11 给出了具体反例（虽然还可以更详细些）。

坏答案　该论证符合规则 7，但不符合规则 8、规则 9 和规则 11。论证中没有数据。

答案解析　该回答基本上只说了符合哪些规则，不符合哪些规则，而没有解释符合或不符合的原因。

【第 2 题】

好答案　这个论证不是很有力。一方面，它看起来基本符合前 3 条规则：所有例证大概足够多（规则 7），因为它基于一项至少自称能代表全国的调查结果。它似乎努力贴合规则 8，不过它是线上调查，取样的随机性令人怀疑（我们需要更多信息才能确知），背景率方面没有问题（规则 9）。该论证甚至在反例方面也做得不错（规则 11），因为它隐晦地承认了接受调查的美国成年人中有 93% 不相信巧克力牛奶是棕色奶牛产的。但问题在于，它只看到了调查结果的表面，没有用批判的眼光看待统计数字（规则 10）。我们拿到的统计数字表明，一次线上调查中有 7% 的应答者说他们认为巧克力牛奶是棕色奶牛产的。但更可能的情况是：这些人中的大部分只是开玩笑（希望如此吧）。

答案解析　回答有条理地讨论了每一条规则，并引用论证的具体特征来支持回答者对符合规则程度的判断。但归根结底还是规则 10 出了问题。在这道题中，我们要考虑相关统计数字到底来自哪里，应答者讲的是不是真心话。永远要记住：一个人对调查员说的话——如果是网络调查，情况还要更糟——与他的真实信念有很大区别。

坏答案　这个论证很有力，但还可以更好。它说例子来自一次“具有全国代表性”的调查，因此例子数量肯定很多（规则 7），而且能代表美国全民（规则 8）。它既说了百分比，也说了绝对值，方便我们理解背景率（规则 9）。不过，它大概还应该更批判地看待关于棕色奶牛产巧克力牛奶的统计数字（规则 10）。它考虑了反例（规则 11），考察了参加调查的所有人，而不只是认为棕色奶牛产巧克力牛奶的那些人。因此，它符合本章中的所有规则，只有一条不符合。

答案解析　与好答案一样，它也有条理地讨论了每一条规则，并引述了与各条规则相关的具体论证内容。它在这方面干得不错。（不过，它对规则 8 的把握有些问题：对于网络调查具有全国代表性的主张，回答者应该多一点儿怀疑。）但该回答的主要问题是：回答者好像觉得论证的有力程度与符合的规则条数挂钩。正如好答案中说的，不符合规则 10 会彻底毁掉一个论证：因为那意味着你很可能不应该接受论证的结论。这道题的教训是运用规则不能机械，而要认真动脑。

【第 3 题】

答案 该论证相当薄弱。它给出了 10 个例子，样本量相当小，所以不符合规则 7。我们不知道这些例子有没有代表性，所以不清楚是否符合规则 8。未具名的“职业拳击承办人”从何处获得了 23 名拳击手的名单？他们比普通拳击手更容易受到脑损伤吗？此外，马特兰博士联系上了 10 名拳击手，还有 13 名没联系上，这两类人的区别在哪里？或许患有脑损伤的拳击手更容易被找到，因为他们当年参加的比赛更多，因此也更出名。马特兰博士提到了各种症状，但我们不能根据该论证确知这些症状的背景率（规则 9），特别是我们不知道当马特兰联系上拳击手时，他们的年纪有多大。毕竟，70 多岁的人患有老年痴呆症的背景率要比 30 多岁的人高得多。论证中没有数据，因此不用考虑规则 10。马特兰博士确实研究了每名联系上的拳击手，而且对患有和未患脑损伤的拳击手应该是一视同仁的，所以他没有忽略反例（规则 11）。

答案解析 本回答有条理地讨论了各条规则，并逐条解释了论证不符合规则的原因。

【第 4 题】

好答案 这是一个薄弱的论证，但原因很微妙。一方面，它给出了许多例子——确切说是 314 个（规则 7）。它考察了美国全部的 3141 个县，因此没有专门挑选支持结论的例子（规则 8），也没有忽略反例（规则 11）。问题出在背景率（规则 9）和统计数字的使用（规则 10）上。由于背景率——肾癌患者的发病率——非常低，因此论证中给出的统计数字并不支持乡村县居民患肾癌风险最低的结论。在人口稠密的县，哪怕背景率相当低，肾癌患者的病例数也可能有很多。但在人口稀疏的县，同样的背景率常常意味着全县在某一年无一人患上肾癌。因此，这些县的肾癌患者最少就不足为奇了。但这与声称这些县的人患肾癌风险更低不是一码事。

答案解析 回答承认了原论证做得好的地方，接着详细解释了论证中用到的统计数字为何不能支持其结论。

原论证的问题表现出了一个常见的错误，“样本量小”——意思是说，统计数字来自规模比较小的群体。随机过程在小群体中产生“极端”结果的可能性要远远高于大群体中同样的过程。比如，你朝天上扔4枚硬币，你的老师扔100枚。硬币落地时，你的硬币全部正面朝上的可能性要远远高于老师的硬币全部正面朝上。但这并不意味着你的硬币正面朝上的概率更大（或者说“风险”更高）。

为了避免这种问题，科学家更喜欢较少发生偶然极端情况的大样本。你需要多大规模的样本量取决于许多因素，包括你要研究的现象的少见程度。比如，如果你要研究经常发生的普通感冒，那么所需样本量就要比研究罕见的肾癌小。

坏答案 这是一个有力的论证。它给出了300多个例子（规则7），例子来自覆盖美国所有县的普查（规则8）。因为它给出了县的总数，所以我们可以算出肾癌发病率低的县的百分比（规则9）。统计数字可以说得更详细一些（规则10），比如给出最安全的314个县的平均肾癌发病率。论证没有忽视反例（规则11）。

答案解析 该回答确实谈到了本章中的每一条规则，但用得并不好。首先请注意，好答案中对规则8和规则11的讨论要清晰得多，详细解释了论证为何符合这两条规则。但更重要的是，坏答案在应用规则9和规则10时死板而欠考虑。在谈及规则9时，它根据论证里的两个数字算出了一个百分比，这样做有时是有意义的，但此处不是。正如好答案所示，原论证在统计数字和背景率方面存在更深层、更微妙的问题。总体来说，你记住了规则，但只是列出了需要考虑的事项，应用时要用脑用心，不能机械死板。

章练习 2.7 答案及答案解析

【第1题】

好答案 该概括是错误的。不少美国总统确实出生于俄亥俄州或弗吉尼亚州：格兰特、海斯、加菲尔德、本杰明·哈里森、麦金莱、塔夫脱、哈定出生于俄亥俄州，而华盛顿、杰斐逊、麦迪逊、门罗、威廉·亨利·哈里森出生于弗吉尼亚州。加起来大约占到美国总统的四分之一。然而，大部分总统还是出生于其他地方：马萨诸塞州和纽约州各有4人，北卡罗来纳州、得克萨斯州、佛蒙特州各有2人，其余分别来自其他10余个州。

答案解析 该回答考察了反例（规则11）。它列出了所有反例，并表明它们不足以证明原概括为假。它列出了14位总统的出生地，虽然没有给出姓名。这些例子的数量足够了（规则7），而且样本选择范围很广，从而确保了代表性（规则8）。回答者指出俄亥俄州和弗吉尼亚州一共贡献了12位总统，占到总数的约四分之一，从而给出了相关的背景率（规则9）。在本例中，作者可以预期听众知道美国有过多少位总统——到2011年为止共有44位（规则9）。该回答没有其他相关数据了，因此没有违反规则10。

坏答案 该概括是错误的。贝拉克·奥巴马、乔治·W. 布什、比尔·克林顿、乔治·H.W. 布什、罗纳德·里根都并非出生于俄亥俄州或弗吉尼亚州。

答案解析 上述回答是薄弱的，因为它只考察了现代美国总统。样本规模小，代表性较弱，很多反例都被漏掉了。

【第2题】

好答案 该概括是错误的。许多古典乐都是激动人心的。想一想贝多芬《第五交响曲》的第一乐章和《第九交响曲》的第四乐章《欢乐颂》，想一想巴赫《b小调弥撒》中的《光荣颂》、亨德尔《弥赛亚》中的《哈利路亚大合唱》、莫扎特的《唐璜》、柴可夫斯基的《1812序曲》、瓦格纳的《飞翔的女武神》、马勒的《第二交响》、斯特拉文斯基《火鸟》的尾声、柯普兰的《平凡人的号角》。这还没提勃拉姆斯、施特劳斯、穆索尔斯基、威尔第、拉威尔、巴托克、普罗科菲耶夫、肖斯塔科维奇等作曲家的作品。激动人心的音乐有很多，哪怕是没听过多少古典乐的人也知道一些。

答案解析 该回答首先指出概括是错误的，然后给出了另一条概括，意在表明原概括的错误性：许多古典乐都是激动人心的（请注意，反驳古典乐无聊这一主张也有其他的方式，比如，你也可以说古典乐富有趣味，而不是激动人心）。

接下来，该回答给出了许多例子来证明许多古典乐是激动人心的（规则7）。它具体指出了9位音乐家创作的10部激动人心的曲目，然后是8位写过激动人心的乐曲的古典乐作曲家。这些曲目和作曲家来自许多国家和时期，是一个有代表性的古典乐样本（规则8）。当然，除了上述例子，我们还知道许多其他的曲目和作曲家，所以这些例子只占全部古典乐的一小部分，无须赘述（规则9）。不过，既然结论只是“许多”古典乐都是激动人心的，所以这也没有什么问题。

当然，如果我们能给“激动人心的音乐”下一个准确的定义，那么判断上述例子的优劣会容易一些。如果能描述一下部分例子，表明它们确实激动人心，那么论证会更加丰满。

坏答案 该概括是错误的。只要能听懂，你就会发现许多古典乐是富有趣味的，有些更是激动人心的。问题在于，人们不懂如何欣赏古典乐。比如，如果你不知道要听什么，巴赫的《赋格曲》会有点儿无聊。但是，如果你懂它的话，那么赋格曲就会像侦探小说一样激动人心、富有趣味。

答案解析 该回答首先指出概括是假的，然后给出了另一条概括，和上面的好答案一样。但是，它只举了一个激动人心的古典乐例子，即巴赫的《赋格曲》，而且竟然承认，只有真正懂赋格曲的人才会觉得它们激动人心、富有趣味。该回答更多是在解释人们为什么会觉得古典乐无聊，而不是论证古典乐其实并不无聊。在完成练习 2.7 的过程中，你要坚持把重点放在举出例子、给出数据来支持自己关于题面概括的主张上，而不是用其他方式支持你的主张。

【第 3 题】

好答案 该概括是错误的。据美国跳伞协会报告，2007 年跳伞人次达 220 万，其中仅有 821 人受伤，8 人死亡。死亡率不足十万分之一，受伤率约为千分之四。根据牛津大学出版的《子弹带》(*Bandolier*) 期刊，跳伞的死亡率仅略高于打网球。

答案解析 回答开宗明义：该概括是错误的。接着用统计数字提供支持，包括与打网球——一种大部分人从来不会觉得危险的活动——进行比较。

值得注意的是，我们需要一点儿说明才能看清“跳伞是危险的”是一个概括句。这句话的意思是：许多或所有跳伞者都面临巨大的风险。要表明某件事没有风险的一个好方法是指出它的伤亡率很低。上述论证正是这样做的。

请注意，该论证在给出死亡率后将其与另一项人们不视为危险的活动做比较，在语境中看问题。面对“危险”这样模糊的词语时，这样做常常是有益的。

坏答案 概括是正确的。你想一想，从数千英尺[1]高空的飞机上一跃而下，这显然很危险。可能出问题的情况太多了：打不开降落伞，跌进水里，被绳索缠住。必须上专门的课学习跳伞，第一次必须和专业教练一起跳……你觉得原因是什么？

---

1 1 英尺 =30.48 厘米。——编者注

答案解析 该论证表现了人们支持（或反对）一个概括论断时常犯的错误。它不去看具体的例子——也就是通过统计数字告诉你受伤的可能性有多高——而是给出了跳伞危险的其他理由。但实际受伤（以及没有受伤！）的人数才是真凭实据。毕竟，论证中提到的那些问题可能极少发生。即便意外发生时会很惨，但发生概率相当低，那也只是小小的风险而已。

【第 4 题】

答案 该概括是错误的。有的概括是没有例外的。例如，“三角形都有三条边”和“地球上海拔超过 7438 米的山都在亚洲”等概括就没有例外。

答案解析 证明全称概括命题为假很简单，给出一个反例即可。该回答给出了“一切概括，皆有例外”的 3 个反例——“一切概括，皆有例外”本身也有例外，所以也是假的！

第三章 类比论证 习题答案及答案解析

练习 3.1 答案及答案解析

【第 1 题】

答案 小鼠和成年人都是哺乳动物，都可能患上癌症，许多对小鼠有毒性的物质对人也有毒性。

答案解析 该回答中提到的相似性部分解释了生物学家和生物化学家经常将小鼠用作人体模型的原因。（本练习第 3 题的参考答案提到模型在科学推理中很重要。）科学家说他们以小鼠为模型研究人类，比如人体患上的癌症时，他们的意思是在小鼠身上研究癌症或癌症疗法，然后——利用类比——得出关于人身上的癌症或癌症疗法的结论。

当然，专业生物学家还能给出小鼠和人之间的许多具体相似点。对于确认小鼠是研究某些人体生物过程的好模型而言，这些相似点至关重要。不过，即使你是一名生物系学生，现在提不出那些高深的相似点也正常。

【第 2 题】

答案 上学和上班都涉及特定的责任。两者都给予你提高能力的机会。如果表现不好，你都会被开除（退学或解雇）。

答案解析 不要太担心什么才算是“重要的相似点”，只要别是蠢话或废话就可以。如果你不确定一个相似点算不算重要，不妨想一想：会不会有别人利用它给出类比论证。比如，有人可能会给出这样一个论证：“你应该趁着自己还是学生，尽可能多学知识。上班和上学是类似的，因为两者都给予你提高能力的机会。因此，你应该尽量从工作中多吸取知识。”

你在回答时不需要包括这样的论证，但如果能想到的话，你就可以确信自己找到的相似点是重要的。

【第 3 题】

答案 地球仪上各个大洲的形状与地球上各个大洲的形状是相同的。位于地球仪两端的城市也位于地球两端。如果一条河在地球仪上位于另一条河的北边，那么在地球上也是如此。

答案解析 回答中指出了地球仪之所以是地球的好模型的多个两者间的相似之处。说一样东西是另一样东西的好模型，意思就是由于两者的相似性，我们能通过研究前一样东西来了解后一样东西。想想火车模型。研究火车模型能让我们了解真火车有哪些部件，部件之间是如何连接的，等等。地球仪是地球的模型，正如火车模型是火车的模型。地球仪展示了不同地貌（例如大洲、河流、山脉）之间的关系，还有不同城市或国家之间的关系。看地球仪能学到很多关于地球的知识——比如哪些国家是接壤的，河流从哪里流向哪里，哪些城市滨海，等等。当我们依据地球仪上的图像得出关于地球的结论时，使用的论证方法就是类比：“地球仪上的亚马孙河是流入大西洋的。一条河流在地球仪上的位置与它在地球上的位置相似。因此，地球上的亚马孙河也是流入大西洋的。”

模型在科学推理中很重要。模型能让我们通过考察一样东西（例如天气的计算机模型、蛋白质的物理学模型、其他动物的免疫系统）来得出关于另一样东西（例如天气、蛋白质、人类免疫系统）的结论，前者更容易研究。这就要用到类比论证。

读者的答案无须与模型相关。我们选择这几条相似点是为了说明模型的原理。

【第 4 题】

答案　谋杀和安乐死都是有意造成他人死亡的行为。两者都是非法的（至少大部分地方如此）。

答案解析　谋杀和安乐死虽有明显的差别，但在本题中，你要专注于两者的相似点。哪怕你不喜欢把两个东西相提并论，你也几乎总能找到它们的某些重要相似点。要记住：说两个事物在某些方面相似不代表它们在大部分方面都相同，甚至连类似都未必。

类比对思考复杂伦理问题来说是有用的工具。思考伦理问题的一项重要技能是分辨两种行动或两种情景有哪些与问题相关的异同。

练习 3.2　答案及答案解析

【第 1 题】

答案　小鼠的智力远不如人。与人类胚胎相比，小鼠胚胎中谷胱甘肽（一种抗氧化剂）的含量更高。

答案解析　该回答提到了一个显然的区别和一个需要受过科学训练才能发现——甚至是理解——的区别。两个区别都显示了以小鼠为模型研究人类的局限性。第一个区别的重要性一望而知。第二个区别看似细小，却造成了一场大悲剧：2008 年，于尔根·克诺布洛赫及其科研团队记录了小鼠胚胎与人类胚胎在这种抗氧化剂含量方面的差异，这种差异导致小鼠对一种名为沙利度胺的药品的某些副作用免疫。20 世纪 60 年代，沙利度胺曾造成严重的人类新生儿先天缺陷，但由于小鼠与人类的微妙生理差异，在小鼠身上进行的沙利度胺研究并未发现这一风险。另外，人工甜味剂糖精钠曾长期被认为会引发人类膀胱癌，因为它会引发小鼠膀胱癌。但进一步研究发现，由于小鼠和人类的某些生理差异，糖精钠引发小鼠患上膀胱癌的情况在人类身上并未出现。2000 年，美国政府将糖精钠移出了可能致癌物列表。这道题给我们的一般性教训是：以小鼠为模型研究人类能得出很多知识，但任何情况下都可能出现小鼠与人类存在某些微小的区别，从而类比失效的情形。（顺便说一句，认为小鼠总体来说是人类的好模型的一个原因正是基于本书第二章讨论的论证类型；有许许多多通过研究小鼠得到的知识也适用于人类。）

【第 2 题】

答案 上学（往往）要花钱，上班能赚钱。

答案解析 本节习题中给出的区别不一定要与练习 3.1 给出的相似点相关联。不过，判断区别是否重要的标准是相同的：一个区别是否重要，就看它对你能想象出来的类比论证的强度会不会产生影响。

【第 3 题】

答案 地球有大气层，地球仪没有；地球仪是中空的，地球表面下还有不同的圈层，比如地幔与地核；地球仪通常会用黑色线条表示国家边界，但地球上（大部分地方）没有。

答案解析 在练习 3.1 的第 3 题参考答案中，我们说地球仪之所以是地球的好模型，是因为通过研究地球仪能得出某些关于地球的结论。而本题参考答案给出的前两个区别表明，一切科学模型都有局限性。地球仪对学习地理位置是有用的，但对于研究地表或地下发生的天气或地质活动就不太有用了。第三个区别——地球仪上有黑色线条表示国境线，地球上没有——则表明，即使在地理位置方面，地球仪是好模型，做推论之前也要三思。模型不可能每个方面都与原型相符，不考虑两者区别的话就会得出错误的结论。

【第 4 题】

答案 谋杀是违背他人意愿杀人，安乐死则是取得对方同意，或对方主动要求的。按照我们所用的定义，安乐死必须由医生执行，而谋杀可以由任何人实施。

答案解析 安乐死是帮助病入膏肓的患者死去。在某些情况下（“被动安乐死”），只需要病人提出要求，然后停止或抑制延续生命的治疗手段就可以了。在其他情况下（“主动安乐死”），则需要开致死剂量药物的处方以至亲手施药。谋杀和任何形式的自愿安乐死有一个大的区别：安乐死需要病人同意。生命伦理学——研究生物学和医学中涉及的伦理学问题——对安乐死是否符合道德的观点不一，尤其是主动安乐死。

第二个区别——按照定义，只有医生可以执行安乐死——突出了类比的一个要点。不同点有时也能让论证更有力。假如你主张安乐死在道德上是错误的，因为它与谋杀有相关的相似点。许多反对安乐死的人认为，这一点——安乐死只能由医生执行——事实上让安乐死错上加错，尽管这是安乐死与谋杀的一个不同点。

毕竟，医生是帮助人，而不是伤害人的，杀人听起来当然是一种伤害了。

章练习 3.3　答案及答案解析

【第 1 题】

好答案　对一段关于木卫二是否可能有生命的论证来说，这段开头是不错的，不过也存在严重的问题。之所以说不错，是因为它给出了地球和木卫二之间的一个重要相似点，即存在液态水构成的海洋。众所周知，水是生命之源，所以木卫二的液态水让我们有理由相信，这颗卫星上可能存在生命。但是，生命还需要其他条件，比如能源，而该论证的一个大问题是并未说明木卫二是否存在其他对维系生命很重要的事物，就像地球那样。它的另一个大问题是，地球和木卫二之间也有着重要的区别。最重要的一条是，木卫二比地球寒冷得多、黑暗得多，其能量不足以产生或维系生命。该论证尚有进一步的区别没有讨论。比如，木卫二的液态水或许酸性很强，以致生命难以存在。最后一个大问题是，它的结论太绝对了。该论证让我们有理由相信木卫二**可能**存在生命，而不是木卫二**确实**存在生命。

答案解析　该回答有几个优点。第一，它对原论证符合规则 12 的程度没有给出非黑即白的总体评价。第二，它讨论了原论证提到的相似点与结论之间的关联。第三，它谈到了地球和木卫二的一个重要区别，说明了这个区别与结论的关联，还提及一处可能存在的区别。第四，回答者意识到原结论略作改动会更好。这就比单纯说原论证不成立要更有建设意义。

然而，该回答还有提高的空间。它只是推测地球和木卫二的异同，如果能提供更多确实信息，那就更好了。当然，这需要查查资料。

坏答案　这个类比论证做得不好。回答者提到了一个重要相似点，即地球和木卫二都有液态水，但没有讲任何区别。另外，水对地球上的生命或许是必要的，但对其他行星上的生命就未必了。科学家们在思考可能的生命形式时，或许应该再发挥一点儿想象力。

答案解析　尽管该回答有几点说得不错，但它有 3 个大问题。第一，它没有详细说明相似点和结论之间的关联。第二，它既没有指出地球和木卫二的具体区别，也没有说明区别为何与结论有关联。第三，它跑题了，转而去讲其他行星上的生命是不是需要水。这个话题很有趣，但与评价原论证无关，因为原论证隐含了木卫二可能存在与地球类似的生命这层意思（毕竟，地球和木卫二存在相似点怎么会是“木卫二存在与地球不同的生命”的理由呢）。类比论证是开放性的，很多学生于是就天马行空，引入与评价原论证不相干的内容。要专注地考察相似点和区别为什么会与结论有关系。

【第2题】

答案 这是一个好的类比论证。虽然只提出了酒驾和边开车边打电话的一个相似点，但它是支持结论的有力论据。禁止酒驾的主要原因就是危险。因此，边开车边打电话与酒驾同样危险就是认为“不应该边打电话边开车”成立的一个有力理由。当然，两种行为也有重要的区别。最重要的一条是，当车多或者路况不好的时候，打电话的司机可以挂掉电话，而醉酒的司机不可能马上清醒。因此，与酒驾的人相比，边开车边打电话的人要更易负责任些。不过，如果边打电话边开车的车祸率远高于不打电话，那么相似点就比上述区别更重要。

答案解析 该回答清晰地说明了相似点与结论有关联的原因，还指出了一个重要的区别，并解释了该区别为什么是重要的。

请注意，回答明确提出：酒驾和边开车边打电话的相似点比两者的区别更重要。这也是该回答主张原论证合理的原因。你对两者的相似点和区别的相对重要性或有不同看法。打电话的司机可以挂掉电话，而醉酒者在接到指令时却不能清醒过来，你可能会认为这个区别要比相似点更重要。这种情况下，你或许就会认为原论证不合理。由于各理由之间的相对重要性很难达成一致，所以这种分歧很难解决。那么，最好的办法就是找到其他论证来支持或反对。不过，我要再说一遍：本节习题的意义是评价酒驾与边开车边打电话之间与结论相关联的相似点和区别。

【第3题】

答案 这个类比论证不是很有力。相关的相似点是小鼠会回避陌生和新奇的事物，自闭症患者也会。这个相似点的重要性在于，它表明被感染小鼠的大脑活动可能与自闭症患者的大脑活动相同。如果这是真的，那么导致小鼠大脑产生这些活动的物质可能也会导致人类患上自闭症。然而，表现出自闭症患者的某些典型行为未必就是自闭症。此外，以小鼠为模型研究自闭症这样复杂的情况似乎不太可靠。尽管纳维奥的研究提出了一些认识自闭症的有趣可能性，但这里给出的论证并不构成有力的理由让我们相信，人类自闭症是由纳维奥在小鼠身上发现的那种“过度应激反应”引发的。

答案解析 本题讲的是以小鼠为模型研究人类。回答中很好地解释了题里面的相似性为什么被认为能支持其结论，接下来又说这一相似点尽管是相关的，但支持结论的力度并不强。该回答如果能给出更多证据表明自闭症过于复杂，不适合以小鼠为模型研究（你需要什么样的证据呢？看看第四章吧！），那就更好了。

请注意，回答中没有指明结论是错误的，甚至还承认小鼠论证给出了进一步探究其结论的良好理由。但该回答不认为单凭论证本身就足以让人接受其结论。很多好的科学研究都是这样：不是确证某个论断是正确的，而是给出了足够多的证据让人们严肃看待这个论断并进一步研究。

【第 4 题】

好答案 这个论证很没有力度。它比较的对象是两个论证，但两个都没有具体展开。大略来说，第一个论证是我们身边应该有更多枪，因为那会减少大规模枪击案；第二个是人们应该抽更多香烟，因为那会减少患肺癌的人数。两者有一个相似之处：它们都是依靠增加 X 来减少 Y，即便 X 并不是 Y 发生的原因。如果把这一层讲清楚，类比会更有力一些，但也不会很有力，因为它忽视了枪支论证和香烟论证之间的一个关键区别。在枪支论证中，增加枪为什么能减少大规模枪击是有一个原因的。当然原因存在争议，但提出这个论点的人至少可以解释自己为什么相信它。香烟论证则完全不能解释为什么抽更多香烟会减少肺癌患者。这一区别毁掉了论证。

答案解析 第 4 题中的类比论证不同寻常，因为它要证明的是关于另一个论证的情况。具体来说，它要证明“枪支论证”——讲枪支和枪击案的那一个——是一个坏论证。为此，它将“枪支论证”比作另一个显然是坏论证的类似论证。它基本上说的是：“论证 A 类似论证 B。论证 B 显然是坏论证。因此，论证 A 必然也是坏论证。”这种做法有时是反驳其他人论证的一条极为有效的策略，即便你无法指出论证 A 到底错在哪里（一个著名的例子是高尼罗用“找不见的岛屿”来反驳安瑟伦的本体论证明）。但本题中的论证或许是好的修辞，却不是好的推理。正如参考答案所示，就连搞清楚被拿来比较的两个论证到底是什么都要费一番功夫，更别说还要搞清楚两者何以被认为是相似的，费的功夫将更多。如果你想表明一个论证的基本思路与另一个显然错误的论证相同，以此来反驳前一个论证，那么你需要尽可能带着善意将两个论证阐述清楚。

坏答案 这是一个糟糕论证的典型范例。对枪的刻骨仇恨似乎让作者脑筋出了问题。将以枪支阻止枪击比作用香烟治肺癌是愚蠢的。不管怎么说，作者在解释比较对象和相似原因方面都做得很差。

答案解析 某种意义上，坏答案说中了好答案里的多个要点：它指出原论证没有说清楚要比较的是哪两个论证，至少要暗示增加枪支为何会被认为能减少大规模枪击。但坏答案没有深入阐释，也没有重构那两个被比较的论证，好让我们看清楚。

该回答还落入了一个很常见的诱惑陷阱，以挑衅的、显然欠考虑的方式谈论一个政治敏感话题。好答案做出了平静克制、带着善意的评价，并认真解释了出问题的地方。坏答案则用煽动和刻薄予以回击。好答案更有可能引发有成效的交流，最后让对方改变看法的可能性也更高。关于建设性的文明辩论，详见第十章。

章练习 3.4　答案及答案解析

【第 1 题】

答案 从唱片店里偷激光唱盘（CD）是错误的。不付费下载版权音乐与从唱片店里偷激光唱盘是相似的。两者都涉及获取他人创作的音乐，却没有向作者付费（而且未得到作者许可）。因此，不付费下载版权音乐是错误的。

答案解析 第 1 题的关键在于，找到一个与不付费下载版权音乐相似，但显然是错误的事情（如果你认为不付费下载版权音乐没有错，那你要找的就是显然没有错的事情）。

【第 2 题】

答案 吸烟并不违法，也不应该定为非法。吸烟就像不戴头盔骑摩托车，两者都会以各自特殊的方式大大增加死亡的可能性。因此，不戴头盔骑摩托车不应该定为非法。

答案解析 该论证确实回答了问题，但仍然很薄弱。此处要考虑的相关问题并非吸烟事实上是否违法，而是是否应该定为非法。如果你单纯指出吸烟是合法的——就像该论证里那样——那么，这个类比逆推回去同样应该成立：既然不戴头盔骑摩托车（*在某些地方*）是违法的，那么吸烟也应该定为非法！给出类比论证时，强调的重点一定要选对。

【第3题】

答案　2003年美军入侵伊拉克，在推翻萨达姆·侯赛因时，巴格达天堂广场的萨达姆巨像被拉倒了。雕像被毁象征着伊拉克旧政权被推翻。肢解并埋葬奥尔梅克统治者头像的行为类似毁掉天堂广场的萨达姆雕像，因为两者都涉及摆脱某位统治者（*或某些统治者*）的象征物。因此，埋葬头像可能是一场推翻统治圣洛伦佐政权的革命或入侵行动的一部分。

答案解析　答案中将奥尔梅克头像与一个毁掉大型政治纪念碑的具体实例做了比较（*支持同样论点的类似例子还有很多*）。举出具体例子比宽泛地与"革命或入侵行动中将政治纪念碑毁掉"做比较更好，因为方便发现具体的相似点和不同点。

本题展示了如何将类比运用于科研过程中的"形成假说"环节。看起来挺唬人，其实就是说科学家有时会用类比论证来提出假说。如果一位考古学家利用上述论证提出假说，认为奥尔梅克头像是在一场革命或入侵中被毁的，那么下一步就是寻找正面或反面的证据。比如，如果另一座奥尔梅克城市在圣洛伦佐头像被埋前后突然崛起，这就会支持头像在入侵中被埋的假说。

【第4题】

答案　以放射性疗法不"自然"为由，认为人类不应该运用放射性疗法，这种论证是愚蠢的。以人类不是天生的素食动物为由就认为人类不应该成为素食者的论证，与放射性疗法不"自然"，所以不应该使用的论证是相似的。两个论证都是从"人类在自然状态下不会做某件事"出发，然后推出人类不应该做这件事。因此，以人类不是天生的素食动物为由，认为人类不应该成为素食者，这种论证也是愚蠢的。

答案解析　该回答展示了一条重要的推理策略。反驳某论证的一种方式，就是将它比作另一个与其相似但明显有缺陷的论证。这种方法在逻辑学里叫作"逻辑类比反驳"，它的好处在于，哪怕拿不准如何解释原论证的缺陷，你仍然可以用它来反驳。以本题为例，我们不需要具体说明“从不自然推出不应当”的论证形式为何愚蠢，而只需给出该论证形式的一个明显有缺陷的实例（练习 3.3 第 4 题的参考答案也属于逻辑类比反驳）。

第四章

诉诸权威的论证　习题答案及答案解析

练习 4.1　答案及答案解析

【第 1 题】

好答案　大型电器连锁店的员工可能是有偏见的信息来源。如果卖出延保或其他增值服务有提成或其他奖励，哪怕延保大多没有必要，他们也会让你买。

答案解析　最起码，你要问售货员一些具体的、有针对性的问题，比如你要买的电器破损概率是多少。

坏答案　刚给新电视买了延保服务的好朋友是有偏见的信息来源。他只会让你买延保服务，免得承认花钱买延保不值，显得自己很蠢。

答案解析　该回答中的考量原本是合理的，结果被夸大了。大多数人确实不喜欢承认自己犯的错。如果你的朋友觉得买了延保是错的，他可能不愿意承认。但是，他是你的好朋友，这一点很可能足以克服他心里的这点儿偏见。好朋友应该会更关心有没有帮到你，而不是关心自己承不承认错误。

放宽视野来看，对于任何一个问题，许多人都会有小小的偏见。这并不意味着，他们肯定不是公正的信息来源。真正的问题是：与这些小小的偏见相比，他们是不是更关心对你说实话。

【第 2 题】

答案 凭借“关于疫苗如何削弱儿童免疫力”的书名利双收的知名作家是有偏见的信息来源。如果承认疫苗不会削弱儿童免疫力，他们会蒙受惨重损失。

答案解析 回答中描述的知名作家是一个典型案例：他们有鼓吹某个具体主张的强烈经济动机。疫苗生产厂家也是一样。

有人可能想说，在这个话题上，儿科医生也是有偏见的信息来源。毕竟，儿科医生靠提供医疗服务赚钱，而注射疫苗是一种医疗服务。此外，如果疫苗确实会削弱儿童的免疫力，儿科医生就会有更多业务，因为他们的患者注射疫苗后会更容易得病。人们有时会对研究疫苗的公共卫生学者——或者研究其他争议性话题，比如气候变化的科学家——有类似的说法，认为这些学者为了确保研究经费流入口袋而希望得出特定的结论（比如疫苗是安全的，或者气候变化是危险的）。

但人的动机不是只有金钱。行业和社会规范也会影响人。医疗领域的规范要求医生改善患者的健康状况——更重要的是不得伤害患者。绝大部分儿科医生都建议乃至坚持家长给孩子注射疫苗。如果疫苗确实是危险的，那就意味着大部分医生背叛了本领域的核心价值观。同理，科研领域的规范要求研究者追求真理，而不是由政治因素预先定好的答案。这种规范对保护医学界和科学界的伦理道德至关重要，尽管肯定有害群之马，但大部分医生和学者对待行业规范都是非常严肃的。

简言之，当你考虑一个信息来源有没有偏见时，你要权衡经济动机和规范因素这两个方面。

【第 3 题】

答案 主张反堕胎的竞选政客是有偏见的信息来源。出于两个原因，他可能会夸大堕胎手术并发症出现的可能性。第一，如果他能说服你相信堕胎是危险的，你就更有可能支持他的竞选活动。第二，支持反堕胎的候选人可能不愿意发表折中言论，向支持女性有堕胎权一方妥协，因为高度意识形态化的选民可能会将其解读为“反堕胎议题不坚定”。选战激烈的时候，主张单一议题的政客夸大其词的可能性还要更高。

答案解析 请注意，该回答并没有说：在堕胎问题上，所有政客都是有偏见的信息来源，或者都言不由衷。它没有谴责整个政客群体，而是具体指出“主张反堕胎”的政客不是堕胎问题的公正信息来源。当然，主张堕胎权的政客同样是有偏见的。

【第4题】

好答案 医疗保险公司高管是有偏见的信息来源。全民医保通常是指由政府推出单一的医疗保险项目，这样一来，医疗保险公司可能就要歇业了。于是，保险公司高管有明确的动机要让人们——尤其是美国选民——相信全民医保不会降低医疗开销。

坏答案 发表过认为全民医保会降低医疗开销的论文的大学教授是有偏见的信息来源。他不希望别人证明自己是错的。

答案解析 第二个回答犯了另一个常见错误。有人认为，一个人只要在某场辩论中采取了某个立场，他就是有偏见的信息来源。然而，合理的假说是学者基于对证据的严谨评估得出结论，而非基于个人偏见——除非你有具体理由认为不是这样。有偏见和有观点不是一回事，偏见指的是由合理理由以外的因素决定的观点。

练习 4.2 答案及答案解析

【第1题】

答案 1. 美国疾病控制与预防中心的论文。2. 发表于知名学术期刊上的论文。但你要确定两者没有相互引用。

答案解析 对于这么专业的问题，所有面向大众的信息来源——比如报纸——本身肯定有一个更专业的信息来源，比如科学论文。因此，如果你引用了一篇报纸文章，你其实是间接地依赖于写文章的记者读过的那篇论文。所以，引用那篇论文不算另一个独立的信息来源。

答案明确指出有必要核查是否存在相互引用的情况。基本每一篇论文都在很大程度上依赖于其他科研人员之前的成果。科学就是这样的：一群科学家在之前科学家的成果基础上继续研究，要查清某篇论文的信息是否来自其他某个地方，你必须查阅原文（可以向图书馆工作人员求助！）。接着找到你感兴趣的那个观点所在的句子或段落，看有没有标记引用来源。如果有，那就是你要的信息来源（当然，除非它也是引用了其他信息来源……）。

【第 2 题】

答案 你的哲学课老师；或者纽约大学哲学教授吉姆·普赖尔的网站，里面有写论文的实用建议。

答案解析 当然，前提是吉姆·普赖尔不是你的老师！如果是的话，你可以去看看其他的实用类书籍，比如刘易斯·沃的《哲学写作指南》（*Writing Philosophy*）。

【第 3 题】

答案

1. 询问你的祖父或祖母。2. 查阅曾祖母出生地的出生档案。

答案解析 在这个问题上，找到独立可靠的信息来源可能比看上去要难。如果你的祖父祖母都已去世，那肯定问不成了（祖父祖母可能也不清楚，或者不确定曾祖母的出生地，尤其是在她来自国外的情况下）。如果你不知道曾祖母的出生地，那就不能去追查出生档案，比如出生证明或教区登记之类。即便你知道她出生于何处，亲自去找档案可能也很难，或者根本不可能找到。在你曾祖母那个年代，很多地方甚至根本没有出生档案。

光是找到正确的档案，你可能就需要求助专家。家谱学家可能会帮你找到正确的地方。不过，你也应该明白，经济利益会促使家谱学家找到某些线索，然后让你相信这些线索，这种动机也会带来偏见。接下来，当地图书馆馆员或地方历史协会的档案管理员可能会帮你找到正确的档案。对于找到适当的信息来源而言，图书馆馆员总体上能起到很大的作用。

【第 4 题】

答案

1. 研究刑事司法体系的知名社会科学家。2. 公正无偏见的智库。

答案解析 请注意，对于这种争议性话题，真正无偏见的研究者可能并不容易找！你应该尽可能多搜集该话题的专家意见。

章练习 4.3 答案及答案解析

【第 1 题】

答案 该论证不太符合规则 13。它依赖于瓦西里博士的研究，却只提供了作者姓名和专业背景。我们不知道该文的发表时间和刊物，所以很难回溯。作为一名宇航工程师，瓦西里博士应该是可靠的消息人士（规则 14）。我们没有具体理由认为他是有偏见的，所以该论证符合规则 15。不符合规则 16，因为没有多方核实瓦西里博士的研究。不适用规则 17。

答案解析 上述回答系统地阐述了本章的每一条规则。它没有单纯说论证符合或不符合规则 13，而是给出了辩证的分析。它还解释了瓦西里博士是可靠消息人士的原因。

【第 2 题】

答案 这是一个好论证。某种意义上，它引用信息来源的方式（规则 13）是说明《今日美国》采访过埃里克·安格内尔并介绍埃里克·安格内尔其人。《今日美国》的文章估计也采访了卡斯·桑斯坦。根据论证中给出的资质信息，安格内尔显然很了解经济决策中的心理学，桑斯坦似乎也是（规则 14）。我们没有特别的理由怀疑这两个信息来源有偏见（规则 15），因为他们都是研究人类决策行为的学者，别人采纳他们的建议也不会付费，而且他们的结论应该是独立得出的（规则 16）。论证中没有使用网络信息来源（规则 17）。

答案解析 与第 1 题的参考答案一样，该回答也是依次讨论了本章的每一条规则，并给出了相应的评价理由。回答中指出了一个值得注意的点：原论证依赖于与专家的直接交流（访谈），因此引用的信息来源是专家本人。

请注意，第 2 题题面的论证在多个方面优于第 1 题——其中一个方面是本章规则没有涉及的：它给出了专家得出结论的理由。尽管我们可能仍然要依赖专家来判断这些理由是强是弱，但了解他们的理由有助于理解他们的结论为什么是对的。

【第 3 题】

答案 该论证符合规则 13。它给出了史蒂芬·霍金致辞的时间和地点，因此很容易进一步了解他的发言。关于黑洞问题，想找到比霍金更可靠的消息人士是很难的（规则 14），而霍金承认自己错了几十年亦无私利（规则 15）。该论证最大的问题在于，它没有多方查证霍金的言论（规则 16）。霍金的新观点是否得到了其他专家的认可，还是存在争议呢？这个问题是很难搞清的，对他（和我们）来说，暂时不要选定立场会不会明智一些？

答案解析 与第 1 题的参考答案一样，本回答有条理地逐条讨论了本章的规则，没有谈规则 17 是因为原论证没有引用网络资源。它还为自己的每条主张提供了理由。

该回答的最后一句话强调了一个事实：哪怕是专家，对于他们某些话题的了解也可能并不深入。而且，即便一个专家对某个话题有很深的了解，他有时也可能搞错这个话题的某个方面。科学里没有万古不易，就连看似无可置疑的知识有时也会被发现是错误的。因此，许多科学家说科学不是一个事实的集合，而是一种发现事实的方法。

本题中的例子还强调了一点：科学的基础不是权威。史蒂芬·霍金——2014 年的电影《万物理论》（*The Theory of Everything*）讲述了他的人生经历——是 20 世纪最著名的天体物理学家之一。但这并不意味着他垄断了天体物理学的真理。

【第 4 题】

答案 该论证的引证做得不错，但还有提升空间。论证中说明了来源是全国健康与营养检查系统，并对该系统做了解释，表明我们可以将其视为可靠（规则 14）、公正（规则 15）的来源。然而，该论证如能说明查阅引证数据的方法，那就能更符合规则 13。它没有做多方查证（规则 16），但原因可能是没有优质的独立来源。收集大规模人口的详细数据成本很高，因此就此主题而言，或许确实没有可靠性能与该系统相近的信息来源。我们不清楚该系统数据是否来自网络，但就算是的话，疾病控制与预防中心也显然是一个可靠的网络信息来源（规则 17）。虽然存在上述问题，但该论证对材料的引用是扎实的，我们可以信任它的结论。

答案解析 该回答承认，原论证在某些具体方面可以做得更好，但也认可它能够得出其结论。不完美的论证也可以有说服力。该回答也承认，原论证的主题很难做多方查证，甚至根本不可能。再说一遍：当某种信息获取难度大或成本高的时候，独立来源可能最多只有一个。

章练习 4.4　答案及答案解析

【第 1 题】

答案　错误。根据联合国粮农组织数据［可以在联合国粮农组织数据库(FAOSTAT）网站上查到］，意大利、法国、西班牙的葡萄酒产量均高于美国。2012 年，法国葡萄酒产量超过 500 万吨，意大利约为 400 万吨，西班牙超过 300 万吨，美国则只有近 300 万吨。加利福尼亚州葡萄酒协会是一家宣传酒商的组织，它的一份报告称法国、意大利、西班牙的葡萄酒产量高于美国，报告见协会网站的“数据”一栏。

答案解析　该回答引用了两个独立论证，证明美国葡萄酒产量低于某些国家。两个来源都是有关葡萄酒产量的可靠资料，两者都不太可能存在偏见（加利福尼亚州葡萄酒协会是宣传加利福尼亚州酒商的组织，所以它对葡萄酒品质的说法可能值得怀疑，但真实产量是很难歪曲的。另外，它也没有撒谎，而是承认美国葡萄酒产量低于其他国家）。该回答的引用格式不太正规，但信息量是足够的，能让我们轻易找到相关来源。

【第 2 题】

答案　错误。根据世界卫生组织腹泻病实况报道（第 330 号），每年因腹泻而死的儿童人数约为 52.5 万——至少这是它发布时的数据。该数据于 2017 年 5 月 2 日由世界卫生组织和联合国儿童基金会发布，官网免费阅读。

答案解析　该回答来源引用清晰，且来源发布方为可靠、公正的机构。它还写明了发布日期。日期对腹泻状况这样的主题很重要，因为全球公共卫生统计数据通常都会随着时间变化（事实上，我们不得不根据新版实况报道将死亡人数从 76 万改成 52.5 万，因为仅仅与几年前相比，死于腹泻的儿童数量已经减少了）。如果你运用了这些来源，那就应该想到出版以来情况可能已经有了变化。

【第 3 题】

答案　正确。田纳西大学人类学教授戴维 · G. 安德森的研究方向是美国东南部早期人类聚落。在收录于 2014 年出版的《古代美洲人的奥德赛》(*Paleoamerican Odyssey*）一书的一篇论文中，安德森及其同事广泛收集并总结了关于南北美洲早期聚落的论文中的证据。证据表明至少 1.3 万年前美洲就有人类居住了，但人类很可能在之前数百以至数千年就已经抵达美洲了。此外，安珀·惠特在美国考古协会主办的2012年版《美国考古协会考古报告》(*SAA Archaeological Record*) 中发表了一篇专家调查报告，报告发现有58%的调查参与者认为人类至少在1.5万年前就来到美洲了。

答案解析 当然，关于这个主题可以写一整篇论文，甚至是一整本书。但为了确证人类来到美洲至少有1.3万年是专家共识，参考答案做了几件重要的事。它发现了提供可靠无偏见内容的信息来源（规则14和规则15），引用比较清晰（规则13）。回答中强调两个信息来源的结论都依赖于一批其他专家，这些专家都不是观点与主流意见相左的少数派科学家。这正是规则16的实质：要说明专家普遍认可你的结论。当然，多数派科学家有时也会出错，但并非专家的我们需要很有力的理由才能相信大部分专家在某件事情上都错了。因此，对我们这些非专家来说，确信一位专家的主张是学界共识是一个接受该主张的好理由。

【第4题】

答案 错误。美国公路安全保险协会（IIHS）官网的数据显示，美国生产的小货车克莱斯勒帕西菲卡在2016年至2019年名列“最高安全等级”，韩国公司生产的起亚嘉华也在2016年至2018年名列“最高安全等级”。

答案解析 该论证给出了供读者查阅的美国公路安全保险协会官网，并强调了是研究会提供的信息让作者得出结论，认为并不是所有最安全的小货车都是由日本车企生产的。

第五章

因果论证　习题答案及答案解析

练习 5.1　答案及答案解析

【第 1 题】

答案　哲学训练可能有利于形成拿 GRE 高分需要的思维方式（这就是说，学哲学是因，而拿 GRE 高分是果）。另一种可能的情况是，原本能拿 GRE 高分的人（比如，因为他们擅长 GRE 考查的各个项目）更可能去学哲学，因为对 GRE 有用的技能同样对哲学有用。当然，也可能两方面原因都有：擅长 GRE 考查的各项技能的人更可能去学哲学，而学哲学也会进一步提升这些技能。

答案解析　针对观察到的相关关系，该回答提出了两种不同的解释：一种是，学哲学导致拿 GRE 高分；另一种是，学哲学和拿 GRE 高分有着共同的原因。最后又提出了一种更中庸的说法，即上述两种解释可能都有道理。

请注意，回答中略谈了各种解释的合理性所在。具体来说，学哲学可能会提高 GRE 所需的技能，而掌握这些技能也可能会提高选择哲学专业的可能性。

本节习题无须说明极可能成立的解释，而只需要大开脑洞。

【第 2 题】

答案 秋天日照时间变短可能是树叶变黄、大雁南飞的原因。另外，这也可能是巧合：大雁南飞可能是因为南方的原因，例如新的食物来源，只是恰好北方的树叶同时开始变黄而已。我认为还有一种可能性：大雁南飞是大雁对树叶变黄的反应，它们不喜欢这种颜色，于是南飞躲避。

答案解析 该回答没有单纯说题面中的相关关系可能是巧合，而是提出了巧合的一种机理。

【第 3 题】

答案 姜黄中可能含有某种抗阿尔茨海默病的成分。另外，印度人也可能普遍有某种基因，既让他们喜欢姜黄的味道，也能降低阿尔茨海默病的发病率，而美国人没有该基因。该因素会同时导致印度姜黄消费量巨大和阿尔茨海默病发病率低。最后，这可能只是巧合：姜黄消费量的差异可能是由印美两国的一个差异（如偶然的文化差异）导致的，而阿尔茨海默病发病率的差异是由另一个无关的差异导致的。

【第 4 题】

答案 要么是巧合，要么是特库姆塞的兄弟诅咒造成了这些总统死于任上。

答案解析 虽然题面中的相关关系确实存在，但值得注意的是：它没有告诉我们，有多少名不是整十年份当选的总统死于任上（规则 9）。如果很多总统都死于任上，那么这个相关关系可能根本就不存在，自然也无须解释。只要有人提出令人震惊的相关关系，就一定要认真检查证据的合理性！

练习 5.2 答案及答案解析

【第 1 题】

好答案 兼而有之是可能性最大的解释：擅长 GRE 考查的各项技能的人更可能去学哲学，而学哲学也会进一步提升这些技能。该解释的两句话之一若要成立，有一点必须为真：GRE 所需的技能，如批判性思维和详细阅读，是哲学也要用到的。但是，如果两者都需要同样的技能，那么已经掌握这些技能的人就更可能学习哲学，因为他们很可能从一开始就喜欢哲学，擅长哲学；而学哲学也可能会进一步提高这些技能。因此，兼而有之的解释比两个单独的解释更合理。

答案解析 该回答主张第三种兼而有之的解释（见练习5.1第1题的参考答案）比其他解释更合理，并给出了详细的论据。请注意，该回答谈及了练习5.1第1题答案中给出的所有可能解释。

坏答案 显然，兼而有之是可能性最大的解释。与“学哲学导致GRE分数提高”这个简单解释相比，兼而有之的可能性要更大。与“掌握拿GRE高分所需的技能导致学哲学”这个简单解释相比，兼而有之的可能性也要更大。

答案解析 该回答没有具体给出“兼而有之”的解释更合理的原因。它只是声称“兼而有之”的解释比其他两个解释更合理，接着又重复说了两遍。如果一个人不明白为什么“兼而有之”的解释比其他解释更合理，那么他也不会从该回答中得到任何信息。

【第2题】

答案 最好的解释是：树叶变黄和大雁南飞都是由秋季的天气导致的。由于日照时间缩短，光合作用产生的能量减少，于是叶子变黄脱落。日照时间缩短也会导致鸟类迁徙。众所周知，许多鸟类都会季节性迁徙，树叶也会随着季节变换颜色，因此这不太可能是巧合。大雁南飞不可能是为了躲避树叶，因为封闭饲养、不会接触到变色树叶的鸟儿也会有迁徙鸟儿的部分行为。

答案解析 你有可能不知道到了秋天，封闭饲养的鸟儿也会表现出迁徙鸟儿的部分行为。然而，这个事实能支持大雁南飞不是在回应视觉信息（如叶子颜色）的主张。这是一个好例子，表明了解更多相关知识有助于判断是什么导致了什么。

【第3题】

答案 印度和美国的饮食、环境、文化有许多差异，姜黄吃得多导致阿尔茨海默病发病率低的结论似乎太草率了。另外，单个基因突变既能让人喜欢吃姜黄，也能降低阿尔茨海默病发病率的可能性很小。因此，目前来看，该相关关系的最佳解释似乎是巧合。不过，如果有人发现了姜黄降低阿尔茨海默病发病率的具体机理，那么我们就有理由相信，两者之间存在因果关系。

答案解析 请注意，该回答没有排除因果关系的可能性，也没有匆忙做出结论，说相关关系存在因果解释。它只是提出，目前来看——也就是说，根据掌握的现有情况——该相关关系的最佳解释是巧合，而且给出了因果关系成立所需的发现。

事实上，某些研究者确实认为自己找到了姜黄能降低阿尔茨海默病发病率的机理，即姜黄素。此例也表明，掌握大量背景知识对提高批判性思维能力有好处——又是一个拓宽知识面的理由！

【第 4 题】

答案 对于该相关关系，唯一合理的解释是巧合。死于任上的美国总统共有 8 位，其中 7 位是整十年份当选的（不过，有的是连任），4 位被刺杀，3 位为自然原因（哈里森本人的死因是肺炎。他就职当天下雨，发言时间太长，结果得了肺炎）。如果“特库姆塞诅咒”确实导致了总统死亡，那么它不仅要导致哈里森喋喋不休，要导致其他两人的自然死亡（如罗斯福的脊髓灰质炎），还要导致 4 名显然对印第安人问题无甚兴趣的刺客动手杀害总统。由于没有合理的解释能说明这种情况何以会发生，因此，认为诅咒导致总统死亡是不合理的。

答案解析 该回答强调，没有合理的解释能说明一件事如何导致另一件事的发生。这往往是一个认为相关关系只是巧合的好理由。请注意本题与第 3 题的区别。第 3 题参考答案得出的结论比较弱：除非有人能发现姜黄导致阿尔茨海默病发病率降低的机理，否则这一相关关系很可能是巧合。本题参考答案则直陈是巧合。之所以有这个区别，是因为我们知道食物会影响健康，我们只是不知道姜黄是否会以这种特定的方式影响健康。与此相对，没有证据表明多年以前的诅咒会杀人。

章练习 5.3 答案及答案解析

【第 1 题】

答案 这个论证相当有力，但还可以做到更好。某种意义上，它确定了面包被多双没洗过的手碰过与面包发霉之间有相关关系（规则 18）。尽管论证本身没有明确考虑其他解释，所以不太符合规则 19，但它确实简短地说明了唯一合理的解释是孩子们用没洗过的手碰过面包导致霉菌生长（规则 20）。教师的实验确实似乎排除了至少一种备选假说，也就是面包被任何东西碰过都会导致霉菌生长，因为教师用认真洗过的手碰过第二片面包。论证中并没有真正考虑情况的复杂性（规则 21），但因果关系似乎是相当明了的。

答案解析　这个论证在某种意义上确实相当明了，但它有一个很有趣的特征：它只关注很少的几件事。在许多因果论证中，我们确定相关关系——两类事物之间的某种特定的统计学关系——要通过考察大量的例子。但这里的“相关关系”只是一个事件（孩子用没洗过的手接触面包）和另一个事件（面包发霉）之间的关联，而且这种关联在另外两个类似事件上没有出现。在某些情况下（比如这次实验），关联的原理一目了然，可以证明结论的正确性。但很多情况下，我们很容易将巧合误认为因果关系。

【第 2 题】

好答案　这个因果论证相当薄弱。它一开始就提出越战服役经历与 10 年后收入水平存在负相关关系（规则 18）。作者提到了其他几个可能的解释（规则 19），但认为这些解释不可能正确，因为征兵是随机的（规则 20）。但该论证忽视了两个复杂性的来源（规则 21）。第一，它忽视了有些人可以免征入伍（例如在校就读），而且钱多人脉广的人免征入伍的可能性更高，日后赚到更多钱的可能性同样更高。第二，它从入伍参加越战的美国人这一个例子就得出了关于任何地方、任何时代的所有入伍者的概括性的结论，这太草率了。也许是越南的状况，或者美国二十世纪七八十年代的经济状况有其特殊性。

答案解析　除了好答案的其他常见特征，比如有条理地逐条讨论规则，这个回答还有 3 个特别值得一提的优点。第一，利用原论证中的具体细节来支持对论证的评判：在讨论规则 20 时，它引用了原论证中提出的征兵随机论，借此说明原论证是怎样尽可能寻找最佳解释的。第二，细心思考了越战服役经历与 20 世纪 80 年代收入水平之间为何会有负相关关系。第三，没有被其他可能的解释带偏。回答中将这些解释描述为复杂性的来源，而不是将原论证毁掉的复杂性。

要记住参考答案给出的告诫。征兵构成了社会学家所说的“自然实验”。社会科学家常常不得不使用统计学方法来测量某件事的影响，因为他们不能随机安排人去服役、从大学毕业，等等。但我们有时能够靠近随机实验：寻找人们（或多或少）被随机分配去做某件事的现实世界场景，然后观察被选中的人和没被选中的人身上都发生了什么。

坏答案　这个论证太好了！它确证了参军服役会导致最差的职业前景，从而表明老兵确实受到了不公正待遇！更多的人应该关注这个议题！

答案解析 除了坏答案的所有常见特征，比如回答时完全不联系相关规则，这个回答还有两个特别令人遗憾的地方。第一，它从老兵挣钱比不是老兵的人少直接跳到了老兵遭受不公平待遇的论断。待遇或许确实不公平，但这个论证没有证明这一点。尽管论证里说了那么多，但越战服役经历或许让老兵们看清了生活中什么才是重要的，于是许多老兵选择了对个人更有意义，而不是更赚钱的工作。第二，对于观察到的相关关系的其他可能解释，它没有进行批判性的考察，从而得出了原论证很有力的结论，尽管其实并没有那么有力。当你对一个重要议题——比如老兵的待遇的公平性——满怀激情时，你可能容易接受不是很有力的论证，只因为你想利用这些论证来支持你的立场。但归根到底，依赖薄弱的证据对你不会有任何好处。

【第3题】

答案 这是一个不错的因果论证，但改进空间还很大。它明确提出批判性思维能力与识别假新闻的能力之间有相关关系（规则18），并通过戴维·兰德和戈登·潘尼库克的一项新研究支持其论点。它提供了一种批判性思维何以能提高辨别假新闻能力的解释，但没有考虑其他解释（规则19），也没有说明这是可能性最大的一种解释（规则20）。例如，或许另外有某种因素会让人对假新闻更警惕，而且练习辨别假新闻能锻炼分析能力，进而提高认知反应测试的分数。该论证在规则21上做得不算差，因为它没有说明批判性思维能力是辨别假新闻能力中唯一的因素。但可以做得更好，它没有考虑擅长辨别假新闻与擅长回答高难问题——就像认知反应测试中的问题那样——之间的复杂关系。

答案解析 与大多数好答案一样，本题参考答案有条理地逐条讨论了相关规则，并引用论证中的具体细节来支持对论证的评判。当一个论证像本题中这样没有考虑相关关系的多种可能解释时，像参考答案这样自己提出其他解释是很重要的。这样做有利于评价原论证中提出的解释到底可信度有多大。

原论证中描述的论文尽管很有价值，但其主要目标是检验另一个主张，而不是题面的结论。部分研究者认为擅长批判性思维有助于辨别假新闻，但也有一些人的观点恰恰相反，因为批判性思维能力会让你更擅长想出支持你认同的主张，质疑你反对的主张的理由。对你（和我们！）来说幸运的是，兰德和潘尼库克的新研究提供了支持前一种假说、反对后一种假说的证据。换句话说，新研究提供了正相关关系的证据，尽管它未必能确定相关项之间的因果关系。

【第 4 题】

答案　这个因果论证比较有力。该论证首先提出了一种相关关系（规则 18），虽然没有说明和查证其存在的方法。该论证考察了多种不同的可能解释（规则 19），从素食导致高智商，到高智商可能导致素食的各种方式。接下来，该论证又给出理由来说明，有一部分解释要更合理（规则 20）。最后，它承认真正的解释很可能比较复杂，包含论证中提出的多种高智商导致素食的机制（规则 21）。

答案解析　该回答提出，原论证并没有证明：儿时智商高与成年吃素食之间确实存在相关关系。原论证仅仅是“比较”有力，一个原因就在于此。为了支持自己的主张，即原论证符合本章规则，该回答具体引述了原论证的多个方面，比如原论证针对相关关系提出的各种解释。

章练习 5.4　答案及答案解析

【第 1 题】

好答案　吸烟确实会导致肺癌。根据美国疾病控制与预防中心官网发布的《吸烟对健康的影响》（“Fact Sheet on the Health Effects of Cigarette Smoking”）一文，男性和女性烟民患上肺癌的可能性分别是非烟民的 23 倍和 13 倍。因此，吸烟与肺癌之间存在强相关关系。肺癌导致吸烟的可能性很低，因为大部分癌症患者患癌之前曾长期吸烟。另外，吸烟致癌的机理很清晰，香烟的烟雾中包含有毒的化学物质。吸入肺脏后，这些物质就会损害吸烟者的肺部细胞，最终导致肺癌。由于上述机理的存在以及相关性的强度，肺癌与吸烟之间的相关关系极不可能仅是巧合。

答案解析　该回答有 4 个优点。第一个优点是，它在开头就明确提出了主张。第二个优点是，它引述可靠来源来证明吸烟与肺癌确实有相关关系（要是能列出网址，那就更好了）。第三个优点是，它有条理地考察了其他可能的解释，并一一驳斥。第四个优点是，它简要说明了吸烟导致肺癌的机理。

坏答案　吸烟会导致肺癌。众所周知，吸烟的人比不吸烟的人更常得肺癌，因为香烟的烟雾中包含尼古丁和砷化合物等化学物质。

答案解析　该回答确实包含了因果论证的各个要素。它提出了一种明确的因果关系，它声称因和果之间存在相关关系，也含混地解释了吸烟致癌的机理。然而，该回答诉诸常识来证明相关关系存在，虽然聊胜于无，但也算不得有力。有的时候，“众所周知”可能是错误的。另外，它也没有讨论其他的解释。

【第2题】

答案　地震会导致火山喷发。每日科学网于2009年1月12日报道了牛津大学的一份研究。该研究表明，强烈地震之后火山喷发的次数高达平时的4倍。科学家提出，地震会扰动附近火山下的岩浆，导致压力增大，进而岩浆喷发。该研究的详尽数据分析表明，这种现象不太可能是巧合。另外，我们也找不到共同导致火山喷发和地震的显然因素。火山喷发确实会引发地震，这一点让问题复杂了一些。然而，该研究探讨的火山喷发均发生于强震之后，间隔有时长达数月，因此这些地震不是由火山喷发导致的。因而，至少有部分大地震确实导致了火山喷发。

答案解析　该回答引用细致的统计学分析来支持相关关系不只是偶然的主张。统计学家常常能够估计出一个相关关系纯属偶然的可能性大小。当科研人员报告说某个效应“统计显著”时，他们的意思通常是该效应纯属偶然的可能性只有5%（有时是1%）。但请注意，极其微小的效应仍然可能是统计显著的，统计显著只与观察到的效应是否仅为巧合有关。

【第3题】

答案　小时候开灯睡觉不会导致近视。虽然1999年发表于知名科学杂志《自然》的一篇文章发现，小时候开灯睡觉与长大后近视之间有相关关系，但最好的解释并非两者存在因果关系。在《自然》杂志发表的后续研究发现，近视的父母更有可能开灯给孩子睡觉。这些研究表明，如果将父母的近视程度设为控制变量，开灯睡觉与近视的相关关系就消失了。因此，有一个因素同时导致了小时候开灯睡觉和长大后近视，即父母是近视眼。晚上，当近视眼父母不戴眼镜的时候，他们大概不想走进黑屋子吧！

答案解析　该回答展示了科学研究的一大特点。当科学家发现两件事有相关关系时，他们往往会提出，两者之间可能存在因果联系。这便会刺激其他科学家去探究这两件事的关系，或许会提出更好的解释。当然，媒体往往会夸大最早提出的因果关系，于是大谈“X导致Y的神话”如何被新研究证伪。当你读到一篇说两件事有相关关系的论文时，要找找试图解释或推翻这个相关关系的后续研究。寻找后续研究的一个好办法是上学术搜索引擎，比如谷歌学术（免费使用）或科学网（大概需要通过学校图书馆网站才能登录）。

第六章

演绎论证　习题答案及答案解析

练习 6.1　答案及答案解析

【第 1 题】

答案　肯定前件式：p 代表“我在思考”，q 代表“我存在”。

答案解析　要想把第 1 题中的论证符号化，请注意，第一句话的形式是“如果……那么……”。从这些句子入手往往是很好的。用 p 代表“如果”和“那么”之间的部分，用 q 代表第一句话剩下的部分。你还要注意到，第二句话前半部分是 p，而最后一句话是 q。这样，我们就能看到论证是肯定前件式。

【第 2 题】

答案　二难推理：p 代表“我只是一个可怜的乡村老男孩”，q 代表“我是一个恶魔”，r 和 s 都代表“你最好对我客气点儿”。

答案解析　这道题还有另一种同样好的答案：p 代表“我只是一个可怜的乡村老男孩”，q 代表“我是一个恶魔”，r 代表“你最好对我客气点儿”，论证的格式是“要么 p，要么 q。如果 p，那么 r。如果 q，那么 r。因此，r”。乍看起来不像二难推理。毕竟，二难推理的结论难道不应该是“要么 r，要么 s”这种格式吗？但既然 p 和 q 都能得出 r，结论就是“要么 r，要么 r”，这和 r 是一样的。前面讨论“刺猬困境”时已经暗示过，这其实是二难推理的一种常见用法：只有两种可能，两种可能都会得出同样的结论，因此结论必然为真。

【第 3 题】

答案 否定后件式：p 代表“用镊子夹出毒针比用手拔出更有效”，q 代表“用镊子拔出毒针留下的伤口比用手拔出更小”。

答案解析 该论证体现了演绎逻辑与科学推理的一项联系。“检验假说”是科学推理的关键环节。科研人员首先要明确如果假说为真，那么在某个情境下预期会观察到什么现象；接着进入这个情境；最后看有没有观察到预期现象。如果没有，他们就有理由得出假说为假的结论，就像本题中的研究者那样。

最起码这是一个科研过程的简化版。现实中要更复杂。科研人员可能会搞错假说对要研究的情境意味着什么，可能建立的情境有问题，可能测量出偏差。确定假说被“证伪”——也就是表明假说是错误的——需要严格实验和认真思考。用演绎逻辑的形式来说，问题往往出在论证里的条件句“如果……那么……”并不严格为真：有可能假说为真，但科研人员的预期不应该是观察到他们以为的现象。简言之，否定后件式是检验假说环节的实用工具，但前提是要记住：在科学中，“如果……那么……”形式的句子并不总是百分之百准确的。

【第 4 题】

答案 肯定前件式：p 代表“编剧能写出人类生活在虚拟世界，智能机器利用人体发电的科幻反乌托邦故事”，q 代表“编剧能编出某位足球运动员在最后关头射进一球，打平重要比赛的情节”。

答案解析 请注意，原文中有一段对 p 的简短论证：我们知道他们能写出这样的剧本，“因为他们已经写出来了”。［这里提到的反乌托邦科幻剧本是《黑客帝国》（*The Matrix*）的剧本。］不过，这段对 p 的论证不是本题要求的肯定前件式论证的一部分，所以这里就不用符号化了。

练习 6.2 答案及答案解析

【第 1 题】

答案 否定后件式：p 代表“3 个光点是恒星”，q 代表“3 个光点与其他恒星同样明亮且随机分布”。

答案解析 千万不要被背景信息搞糊涂了。你要寻找逻辑连接词（本题中为“如果”），然后寻找它所连接的两个短句在段落的什么地方出现。请注意，本题是练习 6.1 中第 3 题参考答案中讨论过的“检验假说”的又一个例子。

【第 2 题】

答案 否定后件式：p 代表“燃烧是释放燃素”，q 代表“金属燃烧后应该变得更轻”。

答案解析 这道例题的一个难点是，p 和 q 在不同地方的表述略有差异。例如，q 一开始的表述是“金属燃烧后变得更重”，但非 q 被表述成“金属燃烧后变得更轻”。p 一开始被表述成“燃烧就是释放燃素”，但它（非 p）在结论中的表述形式却更宽泛：“燃素论是错误的。”只要意识到燃素论的意思就是“燃烧是释放燃素”，你就会明白“燃素论是错误的”可以算作非 p。（严格来说，“燃烧不是释放燃素”和“燃素论是错误的”的意思略有差别。但仅就理解本题论证思路的话，我们可以认为两者是等同的。）

本题还体现了科学推理中的假说检验的另一个重要特征。你可能会觉得科学家刚发现金属燃烧会变重，就马上抛弃了燃素论。但许多科学家没有这样做，反而着手修补燃素论。例如，有的科学家提出燃素拥有“负重量”，于是损失燃素就会增加重量，就像放掉氦气的气球会掉下来那样。问题在于，检验假说需要保持许多背景设定不变。因此，当你检验一个假说发现不成立时，原因有可能是某项背景设定出了错。

【第 3 题】

答案 否定后件式：p 代表“明星代言不是产品质量好或公司值得信赖的信号”，q 代表“明星代言不会在消费者中引起反响”。

答案解析 该论证可能不太好懂，因为 p 和 q 都是以否定形式表达的。换句话说，它们讲的是明星代言不是什么，不会带来什么。不少人愿意用 p 来代表“明星代言是产品质量好或产品质量值得信赖的信号”，q 代表“明星代言会在消费者中引起反响”。这样做也可以，只要你认识到一点就可以：现在原论证的第一个前提是“如果非 p，那么非 q”，而后一个前提是“非非 q”（等价于 q），最后的结论是 p。不过，你也能看到，像参考答案中那样设定 p 和 q 要简单些。

【第 4 题】

答案　肯定前件式：p 代表“伯特兰·罗素不相信上帝和永生”，q 代表“伯特兰·罗素不是基督徒”。

答案解析　该论证有若干难点。第一，第二个前提和结论都与第 3 题一样是否定形式。

第二，它前面在谈“一个人”，后面又讲伯特兰·罗素，这里有一个转换。第一个前提说的是，如果“一个人”不相信上帝和永生，那么这个人就不是基督徒。第二个前提说的是，伯特兰·罗素不相信上帝和永生。我们还没有掌握将这个论证完全形式化的工具。但是，如果我们这样来改写他的论证，伯特兰·罗素应该会同意的：“如果伯特兰·罗素不相信上帝和永生，那么他就不是真正的基督徒。伯特兰·罗素不相信上帝和永生，所以，伯特兰·罗素不是基督徒。”

练习 6.3　答案及答案解析

【第 1 题】

答案　假言三段论。结论是：如果“大陆漂移”假说是正确的，那么就会有一些只存在于南美洲东部和非洲西部的化石。

答案解析　令 p 代表“‘大陆漂移’假说是正确的”，q 代表“有一些动物只生活在古代超大陆裂开的地方附近”，r 代表“有一些只存在于南美洲东部和非洲西部的化石”。于是，两个前提是“如果 p，那么 q”和“如果 q，那么 r”。假言三段论的结论是一个“如果……那么……”形式的句子，“如果”后面和第一个前提一样，“那么”后面和第二个前提的后件一样——放在这里就是“如果 p，那么 r”。

只要看到两个“如果……那么……”形式的句子，你就应该先看它们是不是首尾相接，从而构成假言三段论。如果不是，再看是不是二难推理。

这个论证体现了演绎推理在科学中的另一个作用。1915 年，魏格纳首次提出

“大陆漂移”假说，主张各个大洲在几百万年的跨度内可以分分合合。按照一种过分简化的科学观，这个假说好像不科学，因为没有人能直接观察到几百万年间发生的事情。那么，你要如何检验这个假说呢？为了解决这个问题，科学家会用演绎推理和其他类型的推理来确定检验假说需要观察到什么现象。在本题中，魏格纳做了这样的推理：如果他的假说是正确的，那么我们就会发现只存在于南美洲东部和非洲西部的化石。这种化石确实存在，最著名的是淡水爬行动物中龙。但要注意的是，这只是为魏格纳的假说提供了证据，而没有证明他的假说在逻辑上正确。（你知道原因吗？）

【第 2 题】

答案　令 p 代表“光是由微粒组成的”，q 代表“光是由波组成的”，那么前提就分别是“要么 p，要么 q”和“非 p”，由选言三段论可得结论为 q，即“光是由波组成的”。

答案解析　物理学家托马斯·杨（1773—1829）在完成 1801 年著名的“双缝实验”之后，就给出了一个类似的论证。而现代物理学表明，杨的结论是正确的，但他的一个前提错了：光确实是波，所以 q 为真；但光也是粒子，所以非 q 为假！真是脑洞大开！（还记得吗？逻辑上正确的演绎推理形式，如选言三段论，并不总是意味着结论正确。它只能保证，如果所有前提为真，那么结论必然是正确的。）

这个例子体现了背景设定对检验假说的重要意义。托马斯·杨的设定是光要么是波，要么是粒子——不能既是波又是粒子。看起来非常合理，后来却发现是错误的。

【第 3 题】

答案　二难推理。结论是：要么离线的时间让同事感到头疼，要么离线的时间得到同事的认可。

答案解析　令 p 代表“人们可以试图靠自己减少对智能手机的依赖”，q 代表“人们可以靠与同事协调好来减少对智能手机的依赖”，r 代表“离线的时间让同事感到头疼”，s 代表“离线的时间得到同事的认可”。第三句话是“要么 p，要么 q”。第四句话是“如果 p，那么 r”，最后一句话是“如果 q，那么 s”。

【第 4 题】

答案 肯定前件式。结论是：计算机文件不可能创建于 2003 年。

答案解析 令 p 代表“计算机文件是用微软 Office 2007 创建的”，q 代表“计算机文件不可能创建于 2003 年”。于是，题面的末尾两句符号化后就是 p 和“如果 p，那么 q”（“q，如果 p”的意思就是“如果 p，那么 q”）。

请注意，前提的排序未必和你预期的顺序相同。肯定前件式的典型格式是“如果 p，那么 q。p。因此，q。”本题中前提语序倒了过来。你可以将前提顺序调整为规则中的样式，只是要小心别改动了前提内容！

你或许想把结论写成“计算机文件**不是**创建于 2003 年”。这样说也是合理的，不过与“计算机文件不可能创建于 2003 年”略有不同（而且要更弱）。实然、或然、必然命题之间的关系有一种专门的逻辑研究：模态逻辑。

练习 6.4 答案及答案解析

【第 1 题】

答案 **为了证明：**太阳不比整个太阳系大。

假定情况与此相反：太阳比整个太阳系大。

论证在这种情况下，结论只能是：太阳比自己还大。

但是：没有东西能比自己还大。

结论：太阳不比整个太阳系大。

答案解析 要将原论证整理成归谬法格式，第一步是发现结论是太阳不比整个太阳系大。

与所有归谬论证一样，我们要假定——为方便论证——欲证结论是错误的。这就是说，我们要假定欲证结论的反命题为真，即太阳比整个太阳系大。（如果用符号 p 来表示结论的话，假定的命题就是非 p。）

把“太阳比整个太阳系大”与前提“太阳是太阳系的一部分”放在一起，我们只能得出“太阳比自己还大”的结论。请注意，本题不需要读者说明从假定是如何得出结论的，而只需要指出荒谬的结论本身。

“太阳比自己还大”本身就是一个荒谬的结论，但我们可以做进一步的阐明，加上“没有东西能比自己还大”。如果要说得再明白些，我们可以接着说：因为没有东西能比自己还大，所以太阳不比自己大。于是我们得出了两个彼此矛盾的命题：一个是太阳比自己大，另一个是太阳不比自己大。归谬论证的关键是向受众说明，某个假定会得出受众知道是荒谬的结果，因此你有时可以不把结论挑明。

请注意，结论（你按照归谬法格式整理的论证的最后一行）和原论证试图证明的主张（论证格式的第一行）是一样的。本习题的所有答案都应该是这样。

【第 2 题】

答案　为了证明：“矮子”没有向培尼亚·涅托行贿 1 亿美元。

假定情况与此相反：“矮子”向培尼亚·涅托行贿 1 亿美元。

论证在这种假定下，结论只能是：“矮子”在无人注意的情况下送了培尼亚·涅托一卡车现金。

但是：他不可能做到这一点。

结论：“矮子”没有向培尼亚·涅托行贿 1 亿美元。

答案解析　和前面一样，我们首先要辨别论证的主要结论，然后假定情况与之相反。通过一连串推理（做本习题中的题目时不需要写出来），你从相反假定中得出的结论是：“矮子”在无人注意的情况下送了培尼亚·涅托一卡车现金。

这个论证体现了归谬论证的两个弱点。第一，从起初的假定推导出（据说是）荒谬结论的推理链条没有作者认为的那样牢固：要想给一个手眼通天的人送 1 亿美元现金，肯定还有除了将一辆装满现金的卡车开到对方办公室或家门口的办法，对吧？比如，这笔钱可以一点点送——或者送的根本不是现金。第二，据说是荒谬的那个结论或许难以置信，但“矮子”就是真在无人注意的情况下送了培尼亚·涅托一卡车现金，那也不是没有可能。毕竟，“矮子”的专长就是在无人注意的情况下跨境运输大量毒品。因此，这个论证并不像培尼亚·涅托希望的那样令人信服。

【第 3 题】

答案　为了证明：任何物体都不可能达到光速。

假定情况与此相反：存在某个物体可能达到光速。

论证在这种假定情况下，结论只能是：加速到光速的物体长度为零。

但是：长度为零的物体不存在。

结论： 任何物体都不可能达到光速。

答案解析　请注意：从“存在某个物体可能达到光速”的假定推出“加速到光速的物体长度为零”的结论要用到爱因斯坦的相对论。因此，我们不一定要否定该假定，也可以否定相对论。归谬论证中经常出现这种情况：你可以通过否定从假定出发的论证所包含的另一个前提，以此来否定假定本身。

哪怕你不确定自己想要否定哪一个前提，你同样可以用归谬法来推导一个理论的内涵。比如，爱因斯坦运用题面论证来说明，他的相对论意味着任何物体都不可能达到光速。这是爱因斯坦坚持以“他的相对论是正确的”，而非“存在某个物体可能达到光速”这个假定为前提的原因之一。他要做的是，如果我们假定相对论为真，还有什么事情也必定为真（顺便说一句，某物“长度为零”的意思是它的长度是零英寸[1]——或者零厘米、零英尺，什么单位都可以——而不是长度极短，接近零英寸。长度为零就是零，不管单位多小都是零。因此，某物长度为零才是荒谬的）。

该论证还有一个常见的变体：根据相对论，任何物体达到光速都需要无穷大的能量，但任何物体的能量都不可能无穷大，这是荒谬的。

【第 4 题】

答案　**为了证明：** 世界不像房屋那样有一个创造者。

假定情况与此相反： 世界像房屋那样有一个创造者。

论证在这种假定情况下，结论只能是： 世界的创造者是不完美的。

但是： 世界的创造者不可能是不完美的。

结论： 世界不像房屋那样有一个创造者。

答案解析　18 世纪哲学家大卫·休谟用这个归谬论证来反驳一种说法：世界必然有一个创造者，因为世界有被设计出来的迹象。休谟从初始假定推出（据说是）荒谬结论的过程足够清晰：房屋有缺陷反映了盖房子的人的缺陷，因此，如果世界——世界是有缺陷的——像房屋那样有一个创造者，那么世界的缺陷必然反映了世界的创造者的缺陷。但下一步似乎令人惊讶：为什么世界的创造者不完美是荒谬的呢？不完美的创造者本身并不像——打个比方——圆的三角形那样自

1　1 英寸 =2.54 厘米。——编者注

相矛盾（至少不是显然自相矛盾）。理解休谟论证的关键是明白一点：这个论证是说给虔诚的基督徒的，他们既相信上帝创造了世界，也相信上帝是完美的。同时相信这3个命题是自相矛盾的：（1）上帝创造了世界；（2）上帝是完美的；（3）世界的创造者不完美。因此，休谟的论证至少表明认可（1）和（2）的基督徒不能用智能设计论来证明上帝像人盖房子那样创造了世界。

我们讨论第3题时指出，回避归谬法结论的一种方法是反对从初始假定推出荒谬结论的过程中用到的某个假定。本题展现了另一种方法：不接受让荒谬结论之所以被说成是荒谬的某个假定。

练习 6.5　答案及答案解析

【第1题】

答案　二难推理和选言三段论：p代表“上帝能够阻止罪恶”，q代表“上帝不能阻止罪恶”，r代表“上帝并非全能”，s代表“上帝并非全善”。

答案解析　本题论证的前提次序一看就像是二难推理和选言三段论。虽然句子多，但难点只有一个：论证包含了若干不属于论证本身的说明性句子。

顺便说一句，本题给出的论证在宗教哲学里面叫作“罪恶问题”。针对该问题，哲学家和宗教信徒给出了许多种不同的回应。有些人同意“如果上帝全能且全善，那么世界上就不会有罪恶”，然后运用肯定前件式，得出世界上没有真正的罪恶，只有因为不明白上帝的计划而“看似”罪恶的事物。也有人像本题论证中那样，推断出上帝要么并非全能，要么并非全善（实际上，有些人不承认上帝的全能全善与罪恶的存在有关。或许，上帝允许罪恶存在，是为了赋予我们自由意志。又或者，在上帝的至高智慧中，邪恶是实现某种崇高目标的手段）。

【第2题】

答案　假言三段论（两次）和肯定前件式：p代表“温德海姆小姐烫过大约30次头”，q代表“温德海姆小姐知道烫头后不能弄湿头发”，r代表“温德海姆小姐不会在烫头后淋浴”。这3个命题构成了第一个假言三段论，得出的结论是“如果p，那么r”。接下来是s，“温德海姆小姐说自己没听见枪声是撒谎”。由“如果p，那么r”和“如果r，那么s”可得“如果p，那么s”。由于题中说明了p为真，因此由肯定前件式可得 s，即论证的主结论。

答案解析　第 2 题论证的次序符合常规，但有一些中间步骤没有明说。比如，论证里没有说“如果温德海姆小姐烫过大约 30 次头，那么她就不会在烫头后淋浴”。该中间结论是隐含的。省略部分步骤很常见，如果每个中间结论都要说一遍的话，那也太啰唆了。

与许多结合了假言三段论和肯定前件式的论证一样，该论证也可以理解为一串肯定前件式。按照这种理解，该论证形式化以后就是：“p。如果 p，那么 q。所以，q。如果 q，那么 r。所以，r。如果 r，那么 s。所以 s。”两种答案都是正确的，不过假言三段论版要更贴近原文。

【第 3 题】

答案　假言三段论和肯定前件式。令 p 代表“南北方向的地震波传播速度表明内核的大部分晶体沿南北方向排列”，q 代表“穿过内核中央的地震波传播速度表明内核中央的大部分晶体沿东西方向排列”，r 代表“内核有一个‘里内核’”。于是，末尾的两个“如果……那么……”形式的句子就分别是“如果 p，那么 q”和“如果 q，那么 r”。按照假言三段论，两者能推出“如果 p，那么 r”。前面有一句话“这表明内核中的晶体是顺着南北极方向排列的”，意思就是 p。于是，通过肯定前件式可得主要结论 r。

答案解析　与第 2 题一样，本题中的论证也没有把每一步都写明，比如从“如果 p，那么 q”和“如果 q，那么 r”推出“如果 p，那么 r”这一步。另一个与第 2 题的共同点是你可以将它理解为连环套用肯定前件式，而不是假言三段论。它比第 2 题更难理解的地方在于内容专业。但理解论证的逻辑结构其实并不需要确切地知道论证说了什么。

这个论证突出了科学的一个常常被忽视的特征：尽管中小学教师往往强调科学需要大量观察，但科学也需要大量推理——包括演绎推理。本题中的地震学家当然观察了大量地震波，但要想从观察到的现象得出有意义的结论，他们必须用心构建一条长长的推理链条。（事实上，如果读过原文，你就会发现作者的论证比题目中还要复杂。）科学并不只是观察，更多的是观察加思考。

【第 4 题】

答案　假言三段论、否定后件式和选言三段论。令 p 代表“我醒了”，q 代表

“我仍在梦中”，r 代表“家里的一切看上去、摸起来都和现实生活中一样”，s 代表“这块地毯摸起来是羊毛材质”。那么，前两句话就是“要么 p，要么 q”，第三句就是“如果 p，那么 r”，第四句是“如果 r，那么 s”，由假言三段论可得“如果 p，那么 s”。第五句话的原文是“这块地毯摸起来绝对是化纤材质”，可理解为“非 s”，因为如果地毯摸起来是化纤材质，那么它摸起来就不会是羊毛材质。根据否定后件式，“非 s”和“如果 p，那么 s”可得“非 p”。根据选言三段论，“非 p”和“要么 p，要么 q”（第一、二句话）可得 q，即论证的主结论。

答案解析 与第 2 题一样，该论证省略了部分中间步骤，例如假言三段论的结论（如果 r，那么 s）。部分前提的表达不太直接。比如，前两句话里面没有“要么……要么……”的字样，但合起来的意思就是“要么我醒了，要么我仍在梦中”，所以我们才将其解释为“要么 p，要么 q”。另外，原文中说“这块地毯摸起来绝对是化纤材质”，而没有说地毯摸起来不是羊毛材质（若想严格一些，你可以加一段演绎论证：“这块地毯摸起来是羊毛材质。如果一块地毯摸起来是化纤材质，那么它摸起来就不会是羊毛材质。所以，这块地毯摸起来不是羊毛材质。”这样就可以得出“非 s”了）。总的来说，面对复杂的演绎论证，你可能需要自己添加一些步骤，这样才能符合规范形式。你也可以重新解释原文里的命题，使它更贴合论证里的其他命题。只是要小心，解释的时候不要窜改原意！

第七章

详论　习题答案及答案解析

练习 7.1　答案及答案解析

【第 1 题】

答案

(1) 应当。

(2) 不应当。

(3) 不应当，除非开发商能为该物种另辟栖息地。

答案解析　关于开发商摧毁濒危物种栖息地的适当条件，你可能会提出很多种回答。有些条件和“应当”“不应当”差别太小，根本不值得考虑。比如，“应当，只要开发商不可能在其他地段获得更高收益”就与“应当”相差无几（如果开发商能够在其他地段获得更高收益，又怎么会选择濒危物种栖息地呢）。同理，“不应当，除非这样做会导致某些人没有房子住”往往就与“不应当”没有区别。

你现在可能还不知道要提出什么附加条件。没关系。在详细论证之后，总是可以回顾和重新考虑之前的答案的。

【第 2 题】

答案

（1）通过学生的学年末标准化考试成绩。

（2）通过学年末标准化考试成绩相对于学年初的进步。

（3）通过学生对教师的评价。

（4）通过外校校长的观摩授课。

（5）综合上述方法。

答案解析　你不必每一个答案都从零开始。不管你在思考什么问题，几乎肯定都有别人思考过。花一点儿时间，了解前人成果往往是值得的。其他人可能会提出你自己想不到的主意呢。

请注意，有些问题可以有综合性的解决办法。比如，如果单纯用考试成绩或学生评价来衡量教师工作都有缺陷，那就不妨把考试成绩和学生评价结合起来，以提高准确性。

【第 3 题】

答案

（1）参加国家养老金计划，比如社会保险。

（2）每月将固定比例的工资存入银行；购买股票。

（3）购买债券。

（4）既买股票，也买债券。

（5）20—30 岁不应该为退休攒钱。

答案解析　有些问题存在诱导性，指的是提问方式预先排除了某些答案（另见《附录一　常见论证谬误》中的复合问题）。问 20—30 岁的人应该怎样为退休攒钱，似乎就假定了他们应该为退休攒钱。一定要发现这种有隐含假定的问题，并考察隐含假定所排除的答案，就像本题参考答案的最后一项一样（严格来说，这种答案没有正面回答问题。但是，对于抛出这种问题的人来说，它们可能仍然是适当的回答）。

练习 7.3 答案及答案解析

【第 1 题】

答案 正面论证：

(1) 一个物种只要灭绝，它就会永远消失。

(2) 永远失去一样东西是个大问题。

所以，(3) 濒危物种灭绝是一个大问题。

反面论证：

(1) 地球自出现以来，一直有物种灭绝。

(2) 过去，物种灭绝后会有新物种出现或者迁入，填补灭绝物种留下的位置。

所以，(3) 濒危物种灭绝不是一个大问题。

答案解析 第一个论证偏向哲学思辨，探讨永久失去某物的严重性。你或许自己就能想出此类答案，但做一点儿研究，了解其他人的说法总是可以的。第二个论证依赖于某些古生物学方面的事实。要想给出这个论证，你可能需要查阅一些资料——最起码，在为前提给出论据时是需要的（参见规则 31）。

这两种论证都应该考虑，许多争论是不能仅靠一种论证解决的。你既需要挖掘事实，也需要认真思考论证本身蕴含的哲学问题。

【第 2 题】

答案 正面论证：

(1) 青少年过度使用社交媒体与负面情绪（例如孤独和嫉妒）和心理问题（例如焦虑和抑郁）相关。

(2) 过度使用社交媒体的人会将自己的真实生活与其他人通过社交媒体呈现的虚假生活做对比。

(3) 过度使用社交媒体的人没有足够的时间去参加其他让他们的生活更有意义、更有趣味的活动。

因此，(4) 青少年过度使用社交媒体会造成心理问题。

反面论证：

(1) 社交对青少年心理健康很重要。

(2) 哪怕朋友不在身边，社交媒体也能够让青少年随时社交。

因此，(3) 社交媒体对青少年心理健康有益。

答案解析 两个论证都提出了一个关于青少年使用社交媒体的关键点，但都很不完整。第一个论证是因果论证，有些地方符合第五章的规则：它首先提出了一个相关关系，然后说有一个因果联系能解释相关关系。但它的前提需要更多佐证，它也需要考虑相关关系的其他可能解释。第二个论证的前提需要更多佐证。就本题的要求来看，这都没问题。你在这个阶段不需要给出尽可能完整的论证，而只需要简述正反论点背后的基本思路，做到这样就可以了。

【第 3 题】

答案 正面论证：

(1) 人类最早进入美洲不太可能是乘船。

(2) 如果人类不是乘船进入美洲的，那么他们肯定是走陆路的。

(3) 如果人类是走陆路进入美洲的，那么他们肯定是通过北美洲和亚洲之间的陆桥进入的。

所以，(4) 人类最早是通过北美洲和亚洲之间的陆桥进入美洲的。

反面论证：

(1) 考古学家在美洲发现了 1.3 万多年前的工具和聚落。

(2) 如果美洲在 1.3 万多年前就出现了人类，那么他们不可能是通过北美洲和亚洲之间的陆桥进入美洲的。

所以，(3) 人类最早不是通过北美洲和亚洲之间的陆桥进入美洲的。

答案解析 两个论证都依赖于某些很可能大多数人都不知道的事实。实际上，除非你之前就对该话题有一定了解，否则回答这个问题大概要做一番研究。不要灰心。只要查一点儿资料，你就能给出不错的论证梗概——再说了，这也是学习新知识的一个好方法。论证梗概能够引导你深入探究，确定各个前提的真假（为什么走陆路进入美洲只有从亚洲经陆桥这一种方法？为什么 1.3 万多年前的人类遗迹能够排除从亚洲经陆桥进入美洲的可能？）。

请注意，前一个论证中采用了多种演绎论证形式（参见规则 22、规则 24 和规则 28）。

【第 4 题】

答案 正面论证：

（1）如果不懂统计学的话，人们就不能恰当地理解许多重大议题的争论，包括政治问题。

（2）理解重大议题的争论是重要的，包括政治问题。

所以，（3）本科教育应当设置至少一门统计学必修课。

反面论证：

（1）高中数学课中的统计学内容已经够用了。

所以，（2）本科教育不应当设置至少一门统计学必修课。

答案解析 本题要求先填入一个科目，补全话题，然后再回答。参考答案中填入的是“统计学”。当然，你可以选择其他科目，包括你觉得不应该要求每个人都学的科目。

练习 7.5 答案及答案解析

【第 1 题】

答案

（1）根据一篇 2012 年 12 月发表的论文，波士顿大学医学院科研团队检查了 85 名死亡患者的大脑，发现证据表明重复发生的脑震荡造成了一种名为“慢性创伤性脑病变”的大脑损伤，症状类似阿尔茨海默病。

（2）2014 年，青少年体育运动相关脑震荡委员会发现，大部分针对重复发生脑震荡的研究表明患者认知功能发生了“负面变化”，包括记忆衰退和反应速度下降。

因此，（3）脑震荡——尤其是重复发生的脑震荡——是很危险的。

答案解析 面对来自专业领域的论断，比如医学，最好的办法通常是寻找支持该论断的近年权威信息来源。不过，切记要多方查证：寻找支持某个论断的信息来源时，你可能会忽略反对它的信息来源。有意识地查找反对论断的信息来源能帮助你发现不可靠的前提或后来被证伪的研究。

【第 2 题】

答案

（1）如果人们总是害怕其他人，那么他们就会害怕投入时间和精力来生产其他人可能夺走的东西。

（2）如果人们害怕投入时间和精力来生产其他人可能夺走的东西，那么就不会有工业或商业。

所以，（3）如果人们总是害怕其他人，那么就不会有工业或商业。

答案解析　该回答运用假言三段论（规则 24）阐述了人们害怕其他人与工商业不会出现之间的联系。假言三段论对阐述因果关系往往很有用。

【第 3 题】

答案

（1）一些性骚扰的受害者觉得就算报告了性骚扰，他们也不会被认真对待。

（2）一些人可能还害怕遭到报复。

因此，（3）一些性骚扰的受害者可能会有一种合理的担忧，害怕举报性骚扰会妨碍事业发展。

（4）一些性骚扰的受害者不选择或不能冒着妨碍事业发展的风险举报。

因此，（5）如果职场性骚扰的受害者害怕举报会妨碍事业发展，他们就不太可能举报。

答案解析　为了说明“如果职场性骚扰的受害者害怕举报会妨碍事业发展，他们就不太可能举报”这一论断，回答中给出了两个不同的理由：一是有些人认为不值得冒险，因为他们觉得不会有结果；二是有些人不能承受遭到报复的风险。如果你已经看过《附录三　论证导图》的话，这道题很适合练习制作导图。

【第 4 题】

答案

（1）如果你是缸中之脑，那么你感受到的经验与作为正常人感受到的经验就是相同的。

（2）如果你作为缸中之脑感受到的经验与作为正常人感受到的经验相同，那么你就不能分辨自己是缸中之脑还是正常人，因为你不能区分两个相同的事物。

所以，（3）如果你是缸中之脑，那么你就不会知道自己是缸中之脑。

答案解析　该回答运用假言三段论（规则 24）来支持“如果你是缸中之脑，那么你就不会知道自己是缸中之脑”这一命题。对于条件句（即“如果……那么……”形式的句子）来说，这往往是为其提供论证支持的一个好方法。

练习 7.7 答案及答案解析

【第 1 题】

答案 论证中说“家长不应该让子女陷入巨大的风险”。但家长不可能——也不应该——努力保护子女免受所有风险。例如，允许青少年谈恋爱会让他们面临心碎的风险，但禁止他们谈恋爱对青少年人格发展的重要一环是不利的。因此，论证不成立。

答案解析 反对意见主张原论证有一个前提是错的，方法是说这个前提“太强了”——意思就是话说过头了。为了回应反对意见，我们可能想要改掉这个前提。我们可以将它改成“家长不应该让子女陷入巨大的风险，除非达成某个重要目标必须承担风险”。当然，这样一来，你就必须说明鼓励孩子进行涉及高强度冲撞的运动对于达成某个重要目标是必不可少的。（什么目标？为什么重要？有没有其他达到目标的方式？）

【第 2 题】

答案 该论证的第一个前提是错误的。如果没有政府，人们可能会害怕陌生人，但他们还是会有信任的朋友和亲戚。

答案解析 第 1 题参考答案里的反对意见表明，原论证的结论需要修改。而本题参考答案里的反对意见表明，原结论的一条前提需要修改。我们想说的可能不是“如果没有政府，人们就会总是害怕其他人”，而是一个不那么绝对的命题，比如“如果没有政府，人们会害怕与陌生人打交道”，从中仍然能够得出有力的论证。

【第 3 题】

答案 尽管有一些好处，但允许匿名举报性骚扰是错误的，因为那会让人们更不把指控当回事，更容易把指控当作诬告。反过来看，性骚扰的受害者会更加怀疑自己的指控会不会被认真对待，从而更不愿意举报性骚扰。

答案解析 这是直接的反驳：它不是试图说明原论证的某个前提不可靠或不相关，而是要说明原论证的结论是错误的。具体来说，它主张拒绝结论的理由人过接受结论的理由。

【第 4 题】

答案 该回答给出的论证取决于一个命题：除自身经验，没有其他方法能让我们知道自己是缸中之脑。这个命题是需要辩护的。也许有巧妙的——或者不巧妙的——论证能表明我们不是缸中之脑。除非该命题有依据，否则论证就不成立。

答案解析 还记得吗？反对意见不一定要说明某个前提为假，论证还可能有其他种类的缺陷。就本题而言，论证的缺陷就是有一个前提没有依据，因此不可靠（规则 3）。

练习 7.9 答案及答案解析

【第 1 题】

答案 替代方案一：政府应该发起一场包括公益广告在内的宣传运动，让开车发短信像酒驾一样成为社会上人人喊打的行为。

替代方案二：政府应该强制汽车生产商安装信号屏蔽器，车开起来就让手机收不到信号。

替代方案一是最好的选择。原方案不会比针对开车发短信的现有法律更有效，甚至可能效果更糟，因为司机可能会将开车发短信和使用手机上的全球导航卫星系统功能等而视之，因为两者都会触犯同一条法律。另外，禁止使用全球导航卫星系统也是不现实的。替代方案二不仅会增大使用全球导航卫星系统的难度，更会使乘客发不了短信，打不了电话，查询不了附近的加油站或餐厅，等等。如此重大的不便会促使人们想办法关掉屏蔽器。

答案解析 有时说服比强迫更有效。毕竟，如果你说服人们相信你要求他们做的事情是正确的，他们配合的意愿就会大得多。

请注意，大部分问题的解决方案本身往往也会带来问题——最起码要付出时间、金钱或精力成本。因此，评估方案时权衡成本收益很重要，而不应直接选择最能达成预定目标的方案。例如，替代方案二防止开车发短信的效果非常好，但会造成各种各样的新问题。当你考虑解决一个问题的办法时，千万要考虑过程中会产生的其他问题。

【第2题】

答案 替代方案一：粉丝应该直接通过网络音乐平台打赏自己喜欢的音乐人。

替代方案二：粉丝应该参加喜欢的音乐人的演唱会并购买周边。

替代方案一是最好的选择。买专辑给音乐人送钱的效率很低，因为销售额的一大部分都被唱片公司拿走了。因此，如果你的目标是给音乐人经济支持，那么直接打赏是最好的途径。尽管参加演唱会是有趣的体验，也是支持音乐人的好方法，但你喜欢的音乐人未必会在你所在的区域办演唱会。

答案解析 选择方案时，往深里想一想目标是有好处的。原方案将目标表述为“支持”音乐人。如果“支持”意味着帮助他们靠创作音乐谋生的话，那么问题就是购买专辑是不是达到这个目标的一种好方式——事实上，你还要考虑买专辑是不是最好的方式。将目标细化到这个程度，替代方案一似乎确实要比原方案好（不过，这是不是对“支持”音乐人的最好解读方式呢？购买新专辑或者参加演唱会算不算以其他方式支持音乐人呢？哪一种支持最重要？）。

【第3题】

答案 替代方案一：需要或想要用吸管并养成习惯的人应该自己带金属或木质吸管去餐厅。

替代方案二：餐厅完全不应该提供塑料吸管，但可以为有需要的客人提供纸质吸管。

替代方案二是最好的选择。它比替代方案一好，因为走到哪里都要带着吸管很麻烦。它比原方案也好，因为原方案没有改变餐厅仍然使用塑料吸管并默认向客人提供的事实。另外，原方案将责任全都放在客人身上，而非更有能力做出切实改变的餐厅身上。最后，替代方案二会让饮料不带吸管成为默认选项，同时想要吸管或者需要吸管的人（比如有特定残疾的人）也能获得吸管。

答案解析 考虑替代方案时，一定要问问自己原方案中的主动方是谁，然后考虑有没有其他人能够或者应该采取主动。这样会找到全新的可能性。

禁用吸管这个例子指明了另一个要点：不同备选方案对不同群体的影响可能是不同的。尽管大部分人不用吸管也能喝饮料，但有些残疾人做不到。因此，彻底禁用吸管的方案会对部分餐厅顾客带来严重的困难。想一想各个方案分别会对哪些人造成最严重的负面影响是有价值的。

【第 4 题】

答案 替代方案一：学校应该重罚不遵守校规的学生，比如留校察看或开除。

替代方案二：教育局应该为低年级学生的家长提供育儿课程，为高年级学生提供心理咨询，以防止或减少不良行为。

原方案是最好的选择。推行校服的学校称，穿校服带来了遵守纪律、学习成绩、精神面貌的全面提升。因此，推行校服能实现多个重要目标。替代方案一可能会改善校内纪律，却意味着不遵守校规的学生无法获得良好的教育，甚至可能埋下更大的隐患。替代方案二或许会有帮助，但比替代方案一成本更高，也更难施行。

答案解析 请注意，上述回答中支持原方案的论证至少有两个地方存在争议。第一，推行校服的学校自己说有效果，我们有什么理由必须采信呢（关于穿校服的效果，有没有可靠的研究）？第二，替代方案二果真就比替代方案一成本更高、更难施行吗？因此，上述回答还有待进一步研究和展开（参见练习 7.3）。

第八章

议论文　习题答案及答案解析

练习 8.1　答案及答案解析

【第 1 题】

答案　尽管看似出人意料，但与纯素食相比，将散养牛肉加入食谱其实对动物的伤害更小。

答案解析　这是一个“硬”开场白，明确提出了论证的主要结论。当你的结论本身就出人意料，或者能够以其他方式吸引读者注意力时，这种开场白特别有效。

【第 2 题】

答案　如果你的学生贷款一下子全都没了，你会做什么呢？你会去买想要——或者需要——好多年的东西吗？你会自主创业吗？如果会的话，你不是一个人。事实上，一些经济学家认为免除学生贷款会极大激发经济活力，政府应当考虑买下并免除所有学生贷款。

答案解析　对美国听众——尤其是美国大学生或刚毕业的人——来说，这段软开场白几乎肯定会提起他们的兴趣。但它不只是提起兴趣而已。通过引发听众思考自己在贷款消失后要做什么，它悄悄地引出了免除学生贷款的两大作用，接着迅速给出主要结论。

如果听众合适的话，硬开场白同样能激发他们的兴趣："美国政府应该买下并免除现有的 1.4 万亿美元学生贷款。"

【第 3 题】

答案 若是放到当今的高中校报，谁都不会用"黑鬼"这个词来指非裔美国人。但是，在马克·吐温的《哈克贝利·费恩历险记》里，这个词出现了 200 多次，而这本书竟然还是高中语文课的必读书。区别就在于《哈克贝利·费恩历险记》是"美国文学的经典之作"。

答案解析 这段开场白比第 1 题参考答案要更"软"，运用一种假想（而且很短）的情境，引导读者进入正题，即马克·吐温对"黑鬼"一词的使用。

请注意，引子为正文里围绕《哈克贝利·费恩历险记》的经典文学地位展开的论证做了铺垫，但并没讲正文的主要观点。不仅没有提该书新版将"黑鬼"这个冒犯性的词换掉一事，也没有表明原作者的主要立场，即该书应当保持原样。实际上，换一段论证，讲《哈克贝利·费恩历险记》应该受到审查，结果却没有被审查，因为人们不愿意修改"美国文学的经典之作"，所以上面这段开场白同样不违和。

你不一定要开篇就摆出主要结论，但在引言部分里一定要亮出来。

【第 4 题】

答案 在互联网电影资料库（IMDb）电影排行榜排名前 10 的家庭题材电影中，只有一部的主角是女性。这并非反常现象。总体来说，美国家庭电影中的女性都是胸大无脑，很少做出像男性主角那样的大事或壮举。

答案解析 这段话结合了"软""硬"两种方式。第一句是软的，通过有趣的事实来表现主旨。第三句则明确表达了主旨。第二句是过渡。

练习 8.2　答案及答案解析

【第 1 题】

答案　明确版一：学校应该考查学生学年末与学年初相比的考试成绩变化，以此评估教师教学质量。

明确版二：学校应该聘请最近退休的教师来观察其他教师授课，以此评估教师教学质量。

答案解析　本题的原方案含混到了无意义的程度。除了教学成果，教师评估难道还有其他标准吗？问题在于，学校怎样才能掌握教学成果的情况。

上述回答给出了两种大相径庭的思路，而且两者都可以进一步明确：对于前一种，我们可以明确考试的类型；对于后一种，我们可以明确观察授课的频率、观察员的人数、评课指标等。

第一次表达主张或提出方案时要加入多少细节？这往往要个人做判断。如果加入细节后不会太难懂或者太长，那就可以加。如果细节会让主旨模糊，那最好留到以后。

【第 2 题】

答案　明确版一：政府中应该有专人代表我们子孙后代的利益，就像有人代表不同地区的利益一样。

明确版二：在通过任何有长远重大影响的法律之前，政府应该被强制进行一项针对法律提案的研究，考察长远的社会、经济及环境后果。

答案解析　原主张含混的地方主要是政府应该如何将后代利益纳入考量。两个明确版给出了两套大相径庭的可供政府采用的机制。明确版一建议政府设置专人代表子孙后代。明确版二则建议修改政府通过有长远影响的法律的流程。

请注意，两项提议都需要进一步充实。明确版一：这些代表是选举产生的吗？如果是的话，由谁选出？代表人数有多少？他们在立法机关中有投票权吗？明确版二：如何判定一项法律是否有“长远重大影响”？长远影响里的“长远”是多长？现在的环境影响评价报告在一定程度上不是已经做到了吗？迄今为止的效果如何？

在本习题中，你不需要排除所有含混之处。要点是以多种方式明确原主张。

【第3题】

答案 明确版一：10% 最富裕的人口比 10% 最贫穷的人口更有可能服用大麻、可卡因或海洛因。

明确版二：1% 最富裕的人口比联邦贫困线以下人口更有可能服用非法麻醉品。

答案解析 原主张有 3 个含混之处："富人"和"穷人"、"吸"以及"毒"。每个词都有多种明确化的方式，两个明确版采用的方式都不同。

我们看看"富人"和"穷人"的不同明确方式。明确版一用类似的方式来处理"富人"和"穷人"，分别看财富分布最前面 10% 和最后面 10%。明确版二的标准则有更鲜明的文化色彩："1%"在关于经济不平等的思考中常常具有特殊的重要性，联邦贫困线则是一条穷人与非穷人的官方分界线。

我们可以采取一种更科学的办法来处理这个问题，也就是考察财富水平与吸毒可能性之间的相关关系，而不只是比较财富分布中最前端和最末端的人。那样做需要更专业的统计学方法，本书无法涵盖。

【第4题】

答案 明确版一：大部分美国人是基督徒。

答案解析 明确版二：美国的法律和公共机关应当尊重基督教教义和价值观并受其引导。

老生常谈的"美国是一个基督教国家"有许多种不同的含义，至少一部分相关分歧或许正源于旨意不明。如果只是大部分美国人信仰基督教的意思，那么这句话的真假很容易查明，但从基督教应该如何影响美国法律和公共机关这个含义出发，这就难说了。如果"美国是一个基督教国家"的含义类似明确版二，那么要证明它成立就需要另一种截然不同的论证了。

与本节习题的第 1 题一样，本题参考答案中的两个明确版都可以更精确一些。明确版一中讲的是美国公民吗？是面对"你是基督徒吗"的提问时回答"是"的人，是按时参加教堂活动的人，还是其他什么人呢？在明确版二中，美国法律应当"尊重基督教教义和价值观并受其引导"到底是什么意思呢？尽管有这些含混之处，但两个明确版都比原主张"美国是一个基督教国家"清楚多了。

练习 8.4 答案及答案解析

【第 1 题】

答案 埃隆·马斯克及其支持者肯定会反对说，除了解决地球上的迫切问题，我们还需要做有趣和刺激的事。首先，他们可能会提出我们永远不会彻底消除饥荒和疾病这些问题，所以等到消除了这些问题再考虑别的事情是愚蠢的。其次，他们可能会说刺激的事情本身就能激发创新，有利于解决紧迫问题。

尽管我们确实永远不会消除饥荒和疾病这些问题，但重点是我们应该先尽力解决这些紧迫问题，然后再去做别的事。另外，只要人们看到解决世界饥饿问题与发射火星太空船是同样巨大的成就，我们就没理由认为饥荒、疾病、战争等紧迫问题不会激发创新。

答案解析 该回答简要复述了题目中的反对意见，接着为反对意见给出了两个可能的理由，表达方式上没有贬低或轻视反对意见。下一段反驳了这两个理由——具体讲就是说明为什么第一个理由是无关的，第二个理由不够有力。

【第 2 题】

答案 然而，艾米莉亚·埃尔哈特研究专家理查德·吉莱斯皮反对照片中的女人是埃尔哈特的说法。他说，与临行前照片中的埃尔哈特相比，她的头发太长了。如果埃尔哈特坠机后不久被带到了贾卢伊特港，那么这张照片最多是在她出发后几天拍的。因此，按照这条推理思路，她的头发不可能明显长于临行前拍的照片。

但该反对意见假定埃尔哈特坠机后在贾卢伊特岛上停留的时间最多不超过几天。日本人有可能把她带到贾卢伊特，然后让她在岛上待了一段时间，以便决定要怎么处置她。这样一来，她的头发就有足够的时间长长，这足以说明两张照片的差异。因此，尽管该反对意见促使我们做出了额外的假定，但它并没有排除照片中的女人就是埃尔哈特的可能性。

答案解析 该回答先复述了反对意见，然后更详细地阐明了背后的推理过程。第二段点出了反对意见的一个重大弱点：它草率地假定埃尔哈特没有在贾卢伊特岛上停留多日。由于这个假定值得商榷，我们可以在承认反对意见背后的基本观点——照片中的女人头发比临行前的埃尔哈特长——的同时，又不放弃照片中的女人是埃尔哈特本人的结论。

请注意，如果没有具体展开反对意见的话，这个弱点可能并不明显。这表明展开反对意见的好处不只是确保你应对的是最有力形式下的反对意见；有时，你还会发现反对意见其实比想象中要薄弱。

【第 3 题】

答案 有人可能不同意，认为重要的是在大学里做了什么，而不是去了哪所大学。许多成功人士并没有上顶尖大学，他们的成功源于刻苦努力，源于选课选得好，源于课外活动，源于把握有利于事业发展的机会，例如实习，等等。

但是，这并没有驳倒原论证的基本观点，即一流大学为学生提供了其他学校不具备的重大优势。刻苦努力和正确的选择确实重要，但若能得到一流大学提供的优质服务、资源和机会，它们肯定会带来更多回报。因此，反对意见并没有抓住重点。

答案解析 详述反对意见时，该回答首先略有区别地复述了它的主旨，即"做了什么"比"去了哪所大学"更重要。接下来给出了相应的理由。比如，回答中指出，许多成功人士并没有上一流大学。这就是说，它为"上什么大学不如在大学里做了什么重要"这个结论提供了前提支持。

针对反对意见，该回答解释了它为何没有驳倒原论证的基本观点。原论证的结论是：与其他学校相比，一流大学能带来显著的优势。因此，反对意见有点儿文不对题。原论证并没有说，上普通大学就不能成功；而是说，在其他条件相同的情况下，上一流大学比上普通大学的优势更大。

【第 4 题】

答案 许多父母会提出反对意见：他们只是在"保障投资"。不少父母拿出很多钱供孩子上大学，因为他们觉得，上大学对孩子有好处。不过，有些学生难以适应大学生活，因此单靠自己可能得不到这些好处。最坏的情况下，难以适应大学生活会导致糟糕的结果，比如退学。父母之所以要与孩子保持联系，只是不想这种事情发生。对很多父母来说，这是合理的策略，哪怕会让孩子更难独立。这就好比把钱存进银行，收益率可能比炒股低一些，但胜在风险小。

如果父母有充分的理由认为，自己的孩子会难以适应大学生活，这不失为一种合理的考量。然而，大部分新生不需要父母监督，自己就能适应大学生活。另外，除了全天候监督、妨碍孩子独立和“撒手不管”、放任子女面临失败风险，中庸之道肯定是有的。因此，“保障投资”这一理由，并不能证明全天候监督对大多数新生是合理的。

答案解析　在详述反对意见时，该回答首先复述了反对意见的主旨，即父母监督孩子是在“保障投资”。接下来，它解释了反对意见的含义，并给出有力的理由来支持反对意见（请注意，存钱炒股的类比论证是为了支持该反对意见）。

回应反对意见时，该回答并没有非黑即白。它承认反对意见中合理的成分，但也指出：这些成分只适用于部分大一新生，而且并不能完全证明父母应该全天候监督孩子，哪怕是对这些新生。原论证的主结论——父母需要让大一新生自己照顾自己——仍然是合理的。

针对有力的反对意见，这种折中的回答往往会特别合适。不要假装看不见对方的合理根据。你可以既承认它们，又为自己的立场辩护。

第九章

口头论证　习题答案及答案解析

练习 9.1　答案及答案解析

【第 1 题】

答案　众所周知，我们有许多食物可以选择。是从汽车穿梭餐厅提汉堡，还是在家自己下厨？应该吃牛肉吗？鸡肉呢？鱼肉呢？养殖的鱼还是野生的鱼？你还可以继续往下列。暂且假设我要决定吃牛肉还是吃纯素食的依据是对动物伤害最小。如果要尽可能减少对动物的伤害，你们有多少人觉得我应该吃牛肉？有多少人认为我应该吃纯素食？答案是：吃牛肉。原因如下。

答案解析　该回答首先引出了一个全体听众都有的经验：决定要吃什么。接着通过提问提起听众的兴趣，可能会用一个手势。最后给出出乎大部分人意料的正确答案，以此吸引听众的注意力。

【第 2 题】

答案　电影《搏击俱乐部》（*Fight Club*）的结尾是主角为了抹掉所有人的信用卡债务记录，炸掉了银行大楼。假如我们也这样解决学生贷款——但不炸掉任何东西——那会怎样呢？假如政府买下全部学生贷款并将其免除，作为一次性的经济刺激计划，那会怎样呢？我今天就要来探讨这个问题。

答案解析　该回答首先引述了一部著名电影中的戏剧性事件，目的是为要讨论的建议增加戏剧色彩（请注意，听众看没看过《搏击俱乐部》其实都不要紧。除非你确信大部分或全体听众都看过一部电影，否则开场白一定要让没看过的人也能听懂！）。接下来马上进入正题，明确提出了主要议题。

【第 3 题】

答案　首先，想一想在当年高中语文课上，你说过哪些给自己惹下麻烦的词？好，我们再想想，当年高中语文课上，你读过哪些不止一次用到这种词的书？你可能会想起《麦田里的守望者》(*The Catcher in the Rye*)，不过，实话说，这本书算不上多“脏”。我能想到的最典型的书——至少是我上高中的时候——当属《哈克贝利·费恩历险记》。这本书里满篇都是“黑鬼”，足足有两百多处。最起码，直到不久前还满篇都是。新版《哈克贝利·费恩历险记》把“黑鬼”都替换成了“黑奴”。我接下来要论证，这是错误的做法。教师应该坚持原文，“黑鬼”留下，一个字都不能动。

答案解析　与本节第 1 题的参考答案一样，该回答请听众回想自己的经历。此外，它还请听众报告自己的感受，举出包含“不当言辞”的书（你甚至可以让学生喊出那些在高中会给自己惹上麻烦的词。当然，这要看你的课堂对这些词的敏感程度。如果听众觉得无聊疲惫，或者因为其他因素提不起兴趣，这种“破冰”活动会有帮助）。请听众报告自己的感受之后，发言者又分享了自己读《麦田里的守望者》和《哈克贝利·费恩历险记》的经历，以此和听众建立联系。最后转入正题，直言不讳地摆出了主要结论（请牢记规则 42 设置节点，让他们了解当前进度是有好处的）。

【第 4 题】

答案　我不知道你们怎么样，反正我是能跟着迪士尼电影《小美人鱼》(*The Little Mermaid*) 整个唱下来的，因为我妹妹特别喜欢《小美人鱼》，看了一遍又一遍。那么，她小时候看《小美人鱼》时都看到了什么呢？她看到了一个性感的美人鱼卡通形象，除了贝壳挡住胸口，一件衣服都不穿，经常犯愚蠢的错误，比如用叉子梳头，需要勇敢的王子（男性）拯救，还要有螃蟹（公的）和父亲（也是男性）照看。片中只有一个强大的女性角色，还是大坏蛋巫婆。如果你想想自己小时候最喜欢的电影，估计也差不多：女性角色——尤其是“好人”——往往都是性感和愚蠢、需要男性帮助的。我要提出：这些电影对美国儿童传达了不好的性别角色观。

答案解析 在回答中，发言者首先讲了自己的一件趣事，结合发言者平常的性格，可能会让听众哈哈大笑。讲讲自己身上的怪事乃至糗事是引起听众兴趣、使他们消除戒备心理的一种有效方式。

接下来，发言者简明扼要地讲了自己和一个熟人（妹妹）的经历，然后请听众对照一下自己的经历。引起了听众兴趣，并在他们思考过与主题相关的自身经历后，发言者才揭示了主要论点。

练习 9.3 答案及答案解析

【第 1 题】

答案 我们的底线是：如果你关心动物遭受的痛苦，那么选择食物就不像看起来那么简单。养活我们自己肯定会对动物造成一定痛苦。尽管看似出乎意料，但某些畜牧方式对动物造成的痛苦反而比种植粮食要小，比如散养牛。所以，如果你真的想要挽救动物的生命，那就放下豆腐，拿起汉堡吧！

答案解析 该回答复述了核心论点，而且用一句俏皮话结尾，有助于听众记住发言的“要点”。

【第 2 题】

答案 我承认，第一次听说政府免除所有学生的教育贷款的主意时，我觉得它奇怪极了。你们可能也一样。但我思考得越多，就越觉得这个主意好。你也许在听过我的论证后已经改变了想法。如果你赞同的话，我鼓励你写信给议员，向他介绍这个主意，讲讲我今天在这里简要说明的免债的益处。或许到了 10 年后再聚的时候，我们每个人都不用还学生贷款了！

答案解析 该回答不仅明确标记了发言结束，而且明确号召听众采取行动——“写信给议员”，同时强调了议题对于听众生活的相关性和重要性。

【第3题】

答案　我相信，新版《哈克贝利·费恩历险记》编辑的意图肯定是好的。但是，如前所述，他的改动不仅去掉了原文的一个重要部分，而且让教师们失去了有价值的一堂课。原文就应该原样，哪怕是“黑鬼”这个词。

答案解析　“如前所述”表明，发言已经接近尾声。最后一句精练地重申了主旨。

【第4题】

答案　现在总结一下。根据我今天讨论的研究，儿童家庭题材电影有三大问题：第一，女性角色偏少；第二，女性角色性感、暴露；第三，女性角色很少做出壮举或值得尊敬的事。你以后要是好奇孩子们的性别角色观念从何处来，只要看看最新的“儿童”大片就行了。

答案解析　该回答的路标很明显：“现在总结一下”“第一”“第二”“第三”。它们都表明，发言者正在收尾。接下来，该回答又将论证与听众的个人经验联系起来，提醒他们论证主题的现实意义。

章练习 9.4　答案及答案解析

答案见本书配套网站。

第十章
公共辩论　习题答案及答案解析

练习 10.1　答案及答案解析

【第 1 题】

答案　作者要说的是：将一件用来做某件事的工具交到错误的人手上，这个人就更可能去做那件事，而且有时会产生恶劣后果。给醉汉一辆车的例子与给杀人犯一把枪的相似性最高，因为那个人已经有做出冲动危险行为的倾向了，你还赋予他那样做的能力，也就是方便他去做出冲动危险的行为。该论证不能推广到所有持枪者，但我猜那也不是作者的观点。

答案解析　原论证的第一个例子是给别人一把用来吃冰激凌的勺子具有危险性。搞笑是搞笑，但这大概既不是真的，也不太适合与给杀人犯一把枪相提并论。回答中关注的是更有力的那个类比，也就是将给杀人犯一把枪比作给醉汉一辆车。这样有利于让未来的对话聚焦于最优质的论证，而不是纠缠在薄弱乃至傻气的论证上。

请注意，复述论点未必是赞同。你只是说明作者说了什么，以便理解对方的观点，同时去掉可能让持枪者不舒服的修辞。

【第 2 题】

答案　亚历山德里娅·奥卡西奥-科尔特斯先转述了其他人说过的一些话，然后给出了几个鲜明的论点。第一，她声称她所在的纽约城区比农业州居民更能代表“当代美国”。第二，她声称至少有一部分农业州居民是缺乏知识、沉迷于阴谋论、信奉种族主义的老年人，我猜她是要暗示她所在区域的选民能做出更好的选择，因此如果由他们“替我们做决定”不是一件坏事。第三，她重申了农业州在美国总统大选中具有不成比例的势力是不公平的，因为所有人对于谁当总统应该有同等的发言权。

答案解析　该回答从亚历山德里娅·奥卡西奥-科尔特斯的言论中拆解出了 3 个截然不同的方面。这一点很重要，因为你可能认为论证的有些方面比其他方面更可靠、更相关。例如，你可能会反对亚历山德里娅·奥卡西奥-科尔特斯所在的区域更能代表美国的主张。或者，你可能认为所有选区——包括亚历山德里娅·奥卡西奥-科尔特斯的选区——都有一些缺乏知识、观念可疑的选民，因此农业州有这种选民与谁应该有更大的发言权，或者与谁会做出更好的决定无关。但是，就算你不接受这两条，你仍然可以认为所有美国人对总统人选应该有同等的发言权。

关于第二点（缺乏知识、信奉种族主义的选民），你可以将亚历山德里娅·奥卡西奥-科尔特斯的观点解读为农业州的大部分选民都是鲜明或者彻头彻尾的没知识的种族主义者。如果你来自农业州，那就更可能这样解读了。我们常常会采取冒犯到我们的极端解读方式。但放到语境里，她要表达的观点是每个人应该有同等的发言权，于是我们或许可以这样解读她的话：如果在总统选举中，一名农业州选民的影响力要大于一名人口更稠密的州的选民，那么农业州的“害群之马”就会具有不应得的势力。一般来说，寻找引战言论的最合理的解读方式——表面下的真实成分，如果有的话——很重要（常有人将其描述为最“善意”的解读方式）。这样做可以避免 场本来可能的建设性对话被引战修辞带偏。

练习 10.2　答案及答案解析

【第 1 题】

反对者答案　开场白：我听完了你关于有枪方便杀人的观点。我当然和你一样担心人们被杀害，尽管我不确定自己认不认同你对枪支管控的看法。不过，我希望更好地理解你的观点。你说“单独把枪拿出去”到底是什么意思？另外，假如杀人犯拿不到枪，那会发生什么事？我想听你多讲讲。

过渡语：我现在觉得更理解一点儿你的立场了。我觉得吧，我一贯以来对枪支和枪支权利的看法和你有差别。在我生活的地方，人们觉得枪是打猎和自卫的工具，不是杀人的凶器。我现在能多讲讲我老家的情况吗？

答案解析　对于强烈支持持枪权利的人来说，建议“把枪拿出去”以免杀人犯拿到枪可能就像禁止汽车以免醉汉开车上路一样愚蠢。如果你就是这样看的，那么你可能会很想跳出来反驳，哪怕你把反对意见伪装成问题的形式（“我听完你说的话了，但不许负责任的持枪者持枪真能解决问题吗？”）。慢慢来，之后会轮到你的……但如果你直接将对方的观点斥为蠢话，你们俩就都学不到东西。

上面的回答没有这样做，而是试图用真诚的提问来开启对话，以便更好地理解对方到底是什么意思，是怎样展开论证的。另外，请注意“我希望更好地理解你的观点”和“我不理解你的观点”之间的微妙区别。有人会将后者解读为“我认为你的观点不可理喻”，前者则是真正对进一步了解感兴趣。回答中还宽慰对方说你已经听过了，现在想要理解对方的观点，还强调了双方的共识基础。

过渡语礼貌地表示双方有不同的地方，并指出了与原论证作者的一处重要分歧。请注意，做这道题不需要阐发自己的论点，目的是练习如何建设性地表明双方存在的分歧，并请求对方给你一个从自己的视角阐述观点的机会。

赞同者答案　开场白：对于你认为我们应该把枪拿出去的观点，我觉得我是赞同的。但我想知道你这么说的意思到底是什么？另外，我不确定自己有没有理解你关于车和枪的论证。这个类比似乎很有力，但我不清楚它的原理。我们能讲得充实一些吗？

过渡语：好的，现在我知道自己确实赞同你的立场了。我觉得我们有进步。我认为我们还能让论证更加有力。我是这样想的。

答案解析 本练习中的每道题都有澄清和改进的空间。上面的回答展现了促使他人完善关于某话题的思想的一种方式。和反对者的参考答案一样，它没有一上来就批判对方论证或抛出改进方案，而是首先请求对方澄清观点，然后才过渡到提出（更有见识的）建议。

【第2题】

答案 开场白：等等，难道你也是我叔叔的网络好友？不过说真的，我理解你的主要观点，你认为一些美国人比另一些美国人在总统大选中的发言权更大，对吧？你肯定知道约翰·卡迪洛那样的人为什么认为让大城市完全主导选举是不公平的吧？所以我想听听你对此的看法。我还想知道你是否真的认为农业州不能代表“当代美国”，农村选民比城市选民知识少，因为我看不出你对此到底是什么想法。

过渡语：好吧。我已经听了你认为每个人的选票应当有同样权重的理由。我觉得我知道我们的分歧点到底在哪里了。那么，我来讲一讲我赞成选举人团的理由吧。

答案解析 该回答开头开了个小小的玩笑——重点是“小小的”。有时，开玩笑是一种缓解紧张气氛、与别人建立联系的有效手段。具体到这个玩笑，它还认可了对方话语中的合理成分，同时没有承认对方的总体观点是正确的。剩下的部分比本练习中的其他一些参考答案更直率，但仍然表达出了愿意进一步听取对方观点的态度。

请注意“你肯定知道约翰·卡迪洛那样的人为什么认为让大城市完全主导选举是不公平的吧”这句话。这种说话方式背后是有策略的，目的是跳过双方都了解的老生常谈，直接推动论证前进。它表达的意思是：我知道你知道你的观点会遇到的常见反对意见，所以我们直接跳到有意思的部分——你会如何回应那种反对意见？这也是一种承认对方讲道理——比他的第一句话给人的印象更讲道理——的方式，同时鼓励对方在接下来的讨论中一直讲道理。

回答的后半部分没有说明为什么不同意对方，但强调已经听了并且理解了对方说的话，现在准备具体谈分歧点了。

练习 10.3　答案及答案解析

【第 1 题】

好答案　如果你要减肥，我有一个好消息！研究者发现了一种促进体内糖类代谢的方法，其有助于预防肥胖症和糖尿病。方法很简单：不要喝无糖碳酸饮料。这些饮料中的人工甜味剂会改变人体肠道中的细菌群落，从而妨碍糖类代谢。当然，均衡膳食和经常锻炼也很重要，但对于我们这些想减肥的人来说，刮油小妙招多多益善。

答案解析　请注意，回答中包含的信息几乎完全相同，但语气完全不同。它没有用负面的语气批判无糖碳酸饮料不利于减肥，而是强调这一事实的积极方面：不喝无糖碳酸饮料可能会促进减肥。（这里要小心！你可能想说戒掉无糖碳酸饮料有利于减肥，但严格来说，本题中给出的信息并没有说戒掉无糖碳酸饮料之后，肠道菌群就会恢复正常。得出这个结论之前需要进一步研究。）

坏答案　如果你体重超标，为了甩掉几斤肉正在喝无糖碳酸饮料，那么我有一个坏消息。无糖碳酸饮料中的人工甜味剂会让人体更难代谢真正的糖类，进而妨碍减肥。但归根到底，我认为这是一件好事。一旦人们知道改喝无糖碳酸饮料不能减肥，他们大概就会努力避免长胖！因此，如果你已经胖了，我只能说声抱歉。但这项研究至少可能会帮到其他人。

答案解析　某种意义上，坏答案的主旨与好答案相差不大，但表述方式却会让超重的听众泄气——甚至可能受到侮辱。当你思考自己传达的信息是否积极时，要想想不同类型的听众可能会有怎样的感受。

【第 2 题】

好答案　对运动员来说，香蕉与运动饮料同样好。一项新研究发现高强度锻炼期间吃一根香蕉能带来与喝一瓶运动饮料相同的效果，而且没有人工成分或塑料包装。另外，香蕉还比运动饮料便宜。所以，下次锻炼健身或者剧烈运动时，不妨带上一根香蕉替代运动饮料。

答案解析　原文是批判运动饮料在提高运动员成绩和运动后恢复体力方面的效果不比香蕉更好，该回答却将目光投向光明面：香蕉与运动饮料同样好。然后又接过原文中针对运动饮料的每一条意见，指出香蕉没有运动饮料的那些缺点。

坏答案　放下运动饮料，换上香蕉吧！科学表明香蕉对运动员更好。

答案解析　这个回答除了没有好答案详细，还讲了原文中没有的内容。原文强烈暗示香蕉和运动饮料同样有效，回答中却说香蕉更好（也没说哪方面更好）。给出积极信息不代表要夸大好处。

【第3题】

好答案　目前拉丁裔的本科入学率高于黑人或非拉丁裔的白人，但许多拉丁裔学生难毕业，因为只有一半人为本科英语课程做好了准备，三分之一为本科数学课程做好了准备。旨在提升拉丁裔学生学业能力的新项目有望改善上述两个比例，确保本科毕业率赶上入学率。

答案解析　原文中给出的统计数字令人气馁，要改成积极的表达方式有难度。一种办法是关注光明面，比如本科入学率高和学业能力提升项目的实施。另一种比较隐晦的办法是换一种方式来表述统计数字，不说有多少学生没有为本科课程做好准备，而说有多少学生做好了准备。回答中的改动仅限于此，因此没有盲目乐观，只说新项目“有望”提高毕业率。

坏答案　有人认为，拉丁裔高中毕业生没有为本科做好准备。他们中可能确实有很多人没毕业，但至少他们的本科入学率比其他群体高。而且有一半学生能够在本科英语课程中取得好成绩。我觉得这听起来不错，尤其是与我们以前的水平相比。

答案解析　与好答案一样，该回答将关注点放在了约有一半拉丁裔学生为本科层次的英语课程做好了准备，而不是有一半人没做好准备上。（但千万不要夸大好消息！一半拉丁裔学生为本科英语课程做好了准备不代表他们能“取得好成绩”！）高入学率“听起来不错”的说法表现出了积极的态度，但一定程度上也表现出了拒绝面对事实的态度。如果有一半或更多学生没有为本科课程做好准备，这就是一件坏事。与其挂上笑脸，假装这种情况可以接受，不如承认存在问题并解释你认为问题可以解决的原因。给出“我们以前的水平”的相关现实数据也会有好处。

【第4题】

好答案　你有拯救生命的力量。通过捐款给反疟疾基金会这样干实事的公益机构，你可以为买不起蚊帐的家庭提供蚊帐。蚊帐真的能挽救本来会死于疟疾的孩子的生命。为反疟疾基金会捐赠7500美元得来的蚊帐至少能拯救两到三个孩子。许愿基金会的每个“愿望”平均也要花这么多钱，但你的钱不只是点亮了其他人的一天，而是拯救了其他人的生命。这不是说许愿基金会的暖心事业毫无价值，而是说如果你把钱捐给最能用好捐款的公益组织，你将拥有做更多善事的机会和力量，你应该为此感到高兴。

答案解析　原文在某些方面已经包含了积极的内容——一种拯救儿童生命的办法。但表达的方式带着很强的火药味。原文关注的是仅仅为了让得病的孩子高兴就“浪费”钱不好。对听众说他们是坏人，竟然想要支持“小蝙蝠侠”可不是赢得支持的有效做法。相反，该回答关注的是捐款给反疟疾基金会能挽救生命，那是一件好事。回答中对许愿基金会的批判意味要少得多，没有将重点落在捐款给他们是浪费钱上，而是落在捐款给别的基金会更好上。

坏答案　给许愿基金会捐7500美元能帮助一位得病的孩子实现梦想。看到梦想成真是一种真正温暖人心的体验，就像11 000人伸出援手，帮助一名得病的5岁男孩扮演一天“小蝙蝠侠”那样。但是，将同样的钱捐给其他公益机构——挽救生命，而不只是点亮他人的一天的机构——会做更多善事。诚然，点亮他人的一天会让你感觉良好，但拯救孩子的生命难道不会让你感觉更好吗？

答案解析　尽管这个回答提供的信息与好答案大体相同，但论证的力度要弱一些，具体有3方面。第一，小蝙蝠侠的例子写得太多，听众的心弦已经被拨动，不太会愿意用积极的眼光看待其他提议了。第二，没有提供另一个积极方案的具体信息。哪家公益机构会挽救孩子的生命？如何挽救？第三，回答中说与点亮别人的一天相比，挽救生命应该会让你感觉更好，这会面临使听众有疏离感的风险，因为与大多数人一样，听众从小蝙蝠侠故事中得到的快乐要多于介绍有多少个无名的孩子没有死于疟疾这样冷冰冰的统计数字。

练习10.4　答案及答案解析

【第1题】

答案

1. 提高最低工资至少会增加一部分劳动者的收入。

2. 提高最低工资与增加收入之间的相关关系未必意味着因果关系。

3. 其他条件相同的情况下，降低企业招工成本是好事。

答案解析　第一个主张是希瑟·布歇和迈克尔·斯特兰两人都明确说过的话，因此是一个显而易见的共识基础。但第二个和第三个主张只能在一人的言论中找到，凭什么认为它们也是共识基础呢？讲相关关系未必有因果关系的第二个主张是布歇做出的让步，她承认举证的责任在自己一边，斯特兰大概会热心地强调这一点。第三个主张是斯特兰的一个主张的弱化版。为什么要认为布歇也会认同它是共识基础呢？这就必须做一点儿揣测了。鉴于布歇感兴趣的似乎是让人们过上体面生活，我们可以假定她会同意让人们更容易找到工作是好事——在其他条件相同的情况下。这就是说，她很可能会同意降低找工作的难度是好事，只要不带来其他的负面影响，比如收入降低。

尤其是在你不掌握大量关于他人观点或者你的辩论对手的观点的信息时，你有时或许不得不从别人的实际言论出发，推测对方可能还有什么别的想法。不过切记要谨慎推衍，特别是不要对别人有刻板印象。当然，只要有可能，向对方当面求证总是好的。

【第 2 题】

答案

1. 气候变化是真实的，是由人类导致的，而且是危险的。

2. 世界需要减少温室气体排放并停止使用化石燃料。

3. 我们应该确保容易受到气候变化侵害的人不受侵害。

答案解析　戴维·基斯与科技监察组织针锋相对，但有一些显而易见的共识基础。基斯与科技监察组织都认为气候变化是危险的，而且世界需要通过少用化石燃料（*以及其他手段*）来减少温室气体排放。从两者的言论中也能清楚地看到，他们都认为保护易受侵害的人是重要的。于是，分歧点在于太阳能地球工程与上述目标的关系。基斯认为该技术有助于在减少排放期间保护人类，科技监察组织则认为它会直接对人造成威胁并增加减少排放的难度。

这道题要强调的是：共识基础取决于语境。指出戴维·基斯与科技监察组织都相信地球是圆的，水是湿的，没什么意思。所有人基本都这样认为，再说了，这与眼下的分歧也没有关系。与此相对，指出双方都相信气候变化是真实的，是由人类造成的，而且是危险的就很有价值（因为有些人不这样认为），而且这一点强调了即便双方在解决办法上有分歧，基斯与科技监察组织对问题至少在部分程度上有共同乃至迫切的认识。

【第3题】

答案

1. 种族因素对是否判处死刑发挥重大影响的状况是不可接受的。

2. 死刑的威胁并不总能阻止谋杀。

3. 刑罚与罪行应该相当。

答案解析 这道题特别难，因为罗伯特·布勒克尔与戴安·拉斯特-蒂尔尼探讨问题的角度似乎截然不同。但认真考察还是能发现一些共识基础，至少可以做出一些合理的猜测。第一个主张在拉斯特-蒂尔尼那里是被明白提出的，而且似乎从布勒克尔对罪刑相当的坚持中也能推论出来。毕竟，从罪刑相当能推出相同的罪行应当处以相同的刑罚，意味着种族因素不应该影响谁被判死刑。第二个主张是拉斯特-蒂尔尼明确提出的，布勒克尔也很难否认。与前面两个主张不同，第三个主张是布勒克尔明确提出来的，我们必须问问自己拉斯特-蒂尔尼是否会同意。我们很难认为她会完全不同意。如果刑事司法体系的目标是保护公众——这是她的观点，那么为了达到这个目标，不同的罪行应该处以不同的刑罚。另外，打个比方，认为杀人犯和从商店偷东西的人应该处以相同刑罚也是不合理的。不过，拉斯特-蒂尔尼与布勒克尔当然可能对罪刑相当有不同的理解。强调双方在大原则上的共识会为理解双方在原则理解方式上的分歧铺平道路。

这道题表明发现共识基础可能会很费劲，尤其是在双方似乎在自说自话的情况下。如果没有明显的共识基础，你可以分别考察两人的主张，看看有没有哪个观点是双方都可能接受的。要是能说明这个观点隐含于另一方的言论中，那就更好了！

【第4题】

答案

1. 每个人都有生命权。

2. 生命权与医疗权有一些重要的区别。

3. 政府保障了教育权。

答案解析 从本题中很容易找到一些共识基础，但我们也需要做一些揣测。显然，斯科特·康韦和罗伯特·普法夫都同意人有生命权，他们的论证都用到了这个观点。但除此之外，两人的观点截然不同，没有多少共同点。于是，我们最多只能去找一个人的论证里有没有另一个人可能会同意，而且能够作为后续讨论出发点的内容。康韦认为生命权（至少按照他的理解）不同于医疗权，这似乎是一个无可否认的观点。引起普法夫对两者区别的关注似乎有助于阐明分歧。类似地，正如普法夫所指出的，政府将公立教育视为一项权利。这可能会带来一些围绕康韦观点的有益讨论。康韦认为，将医疗视为一项权利意味着医护人员会被迫无偿提供医疗服务。教师没有被迫无偿上课，对吧？

在视角截然不同的人之间寻找共识基础时，你要到一方的论证中寻找看似无可争议但对另一方的论证有重要意义的前提。换句话说，不要只关注双方可能共有的信念，也要看哪些对话可能会引发建设性的对话。

练习 10.5 答案及答案解析

【第 1 题】

好了，这就是我从人生中学到的幸福之道。我最后说一点：认真回顾自身经历对我的帮助很大，帮助我得出了这些结论。我建议你也这样做，你可能也会回顾人生中那一两次特别幸福的时候。在那一刻、那一天、那一年，是什么让你如此幸福？

你也可以想想自己当时的感受。是平和满足，还是欣喜若狂？这是两种很不一样的幸福。这些感受与你谈的、我谈的幸福有什么契合关系？

再想想你选择的时间是一刻、一天，还是一年。幸福——真正的幸福，我们讨论的那种幸福——是转瞬即逝的东西，还是真的能持续一整年呢？

答案解析 回答中提了 3 个彼此相关的问题，留待听众思考。第一个问题是请听众回顾自身经历，以此评价发言者给出的理由（它还隐晦地运用了第五章的规则，鼓励大家确认自己真的找到了让自己幸福的事物）。第二个和第三个问题以对第一个问题的反思为基础，提出了两个截然不同的关于幸福的问题。它们是那种一次讨论不可能得出定论的大问题，或者就幸福这个话题而言，是 3000 年的哲学传统都没有解决的问题。发言者只是希望引起大家思考，也许离开后还能别开生面。

【第2题】

答案 我认为你提出的最有趣的一点是，你害怕从编辑医用胚胎滑向通过编辑胚胎来创造“设计款婴儿”。我还有几个问题，虽然还没有答案，但问题似乎是重要问题。

一个问题是：我们把自己放到家长的位置上，如果医学基因编辑对孩子有好处，那要怎么办？如果我们因为担心就禁止编辑医用胚胎，那就相当于对这些家长说：“你的孩子不能享受这个好处，其他人可能会滥用你需要的技术。”站到他们的位置上，我们会作何感想？有没有其他因为害怕滥用而被禁止的技术？或者尽管有可能被滥用但还是被允许的技术？基因编辑能从中获得什么教训？

答案解析 该回答找到了一个与指定话题相关的话题——对于“设计款婴儿”的担忧，接着问了几个与之相关的具体问题。做题过程中的一个有益做法是，找到一个你在现实中参与讨论指定话题时会想讨论的具体话题。这样有助于聚焦问题。

该回答还有其他值得注意的地方。从请大家把自己放到家长的位置上出发，我们很容易跳到反对禁止胚胎编辑。但现在不是这样做的时候，那个时候已经过去了。眼下的任务是推动辩论继续，而通过提出一系列从家长不能利用基因编辑技术，因为其他人可能滥用的情境引出的问题，该回答完成了这个任务。

【第3题】

答案 这真是一次激发思想的讨论，引发了我对国家安全中孰轻孰重的思考。关于我们为了国家利益应该（*或不应该*）做什么，前面已经谈了很多，达成的共识不太多。我在想，如果我们去思考哪些事情是最重要的，那么我们也许能取得一些妥协的空间。假如你有一根魔杖，能够实现我们谈到的一件事，只有一件事，你会做哪一件？为什么？

通过讨论，我不禁思考起国家安全相对于其他问题的轻重。我特别喜欢看电视剧《行尸走肉》（*The Walking Dead*）。剧中主角有好多次必须决定要不要为了他人而犯险，比如，要不要帮助朋友，要不要对抗坏人，或者要不要构建一个整体上更好的社会。抉择往往是艰难的，在我看来，剧中角色之所以值得敬佩的部分原因在于，他们有时会为了高尚目的——至少我认为高尚——而置个人安危于不顾。我要问大家一个同样的问题：有没有什么事情是如此重要，以至于我们哪怕付出一点儿国家安全的风险也要实现它？它是什么？它与我们现实中为之付出一定国家安全风险的事物有何关联？

答案解析　回答中体现了本练习中的两条截然不同的思路。第一个问题是将视野缩小，试图从讨论中谈及的各个话题中找到最重要的那一个，以此打破僵局。但请注意，这里并不试图说服任何人接受任何观点，而只是激发进一步的思考。第二个问题则是将视野放大，请每一个人从一个似乎全新的角度展开思考。它还联系了一个具体的虚拟世界，带来了丰富的类比素材；甚至给出了一个这样的类比，不过表述得相当宽泛，有很强的试探意味，不至于将讨论封闭。

【第 4 题】

答案　围绕真正的成功到底是取得某个领域的巨大成就，还是过上心满意足、富有个人意义感的生活这个问题，我们一直在反复地争辩。可惜时间不够了，我们没法思考更多生活中的例子，因为我觉得那样真的会帮助我理解你的想法从何而来。比如，一个人上了名牌法学院，迅速升为大律所的合伙人，赚了好多钱，他一定就是你所说的那种高成就人士吗？还是说，必须在各自领域留下浓墨重彩的一笔才算是高成就，是一个人临终时可以指着它说“那是我做的”的那种事呢？

我最欣赏的哲学家之一大卫·休谟写过许多哲学著作，但没有一本在他生前发挥了重大影响，他也从来没找到哲学家的工作。然而，人们在他去世后意识到了他的著作的意义，他现在是一位大名鼎鼎的人物。因此，在某种意义上，他显然取得了巨大成就，但他的“成功”是身后事，这有影响吗？

还有一件事我常常在想。我的曾祖母是一位家庭主妇，她有 4 个孩子。她从来没有到外面工作过。她过着快乐而富有个人意义感的生活。她爱自己的家人。她当然不是典型的“高成就人士”，但她一直认为自己取得了巨大的成就。她过去经常说，她这一辈子的巨大成就就是养出了 4 个杰出的孩子。她的 4 个孩子确实都很优秀，包括我的祖父。想一想，养育出 4 个优秀的人是一件很了不起的成就，尽管有许多人都做到了这件事，却没有人因此赢得大奖。那么，她是一位高成就人士吗？

答案解析 回答中给出了3个不同的例子来激发与对方观点相关的进一步思考。它们不是作为对方观点的反例被提出来的，也不是打着幌子论证发言者自己的观点，而是为了促进进一步的思考。同时，它们确实给对方观点（真正的成功在于取得高成就）出了难题，让辩论各方都不得不深入地、批判地审视自己的观点。这些问题以及本书要做的就是这件事。

附录一

常见论证谬误　习题答案及答案解析

练习 11.1　答案及答案解析

【第 1 题】

答案　无谬误。据说，医学生容易得一种疑心病：总是怀疑自己和其他人得了自己学过的病。学习论证谬误也是如此，我们很容易觉得到处都是谬误。

答案解析　不要草率地说一个论证里有谬误，要逼着自己详细解释该论证如何与某条谬误的定义相符，这可是避免批判性思维课程上的学生患上“医学生综合征”的好办法。

【第 2 题】

答案　偷换概念。论证里的“自私”用到了两种不同的含义。第三句将“自私”定义为“满足自己愿望的行为”。而在下一句的“好人是不自私的”里面，“自私”大概是“只关心自己的利益”的意思。满足自己愿望的行为未必就只关心自己的利益。有些人的愿望就是帮助他人，包括家人、朋友和陌生人。于是，论证里的“自私”就有两重含义，“人们的行为总是为了满足自己的愿望”和“好人不只关心自己的利益”这两句话是大不相同的。

答案解析 第2题题面论证涉及“心理利己主义”，这种哲学观点认为，每个人的行为总是自私的。然而，从巴特勒主教到乔尔·范伯格的众多哲学家早已指出，心理利己主义要么是假的，要么没有意义，要么是含混的。

你可能要想一想才能明白，两个“自私”确实是不同的意思（不妨想一想具体事例：一个人做了满足自己愿望的事，但不能算是只关心自己的利益）。在现实生活中，你遇到的偷换概念更可能类似于本题。

【第3题】

答案 乞题。它的结论是：死刑是错误的。一个关键前提是：死刑是谋杀。但是，谋杀就是错误地杀人（比如，自卫杀人不是谋杀，因为这在道德上并非错误）。所以，说死刑是谋杀就等于说死刑是错误地杀人，也就是说死刑在道德上是错误的。

答案解析 因为乞题（又称循环论证）涉及假定结论成立，以证明某个前提为真，所以该回答首先指明了结论。接下来，它又说明了论证里的一个前提如何假定了结论为真。在本题中，除非你已经接受了“死刑是错误的”这一结论，否则你不会接受它的前提，即“死刑是谋杀”。

请注意，该回答没有单纯复述谬误的定义。换句话讲，它没有说论证犯了乞题的谬误，因为它的前提假定了结论为真（这句话本身也有乞题之嫌）。相反，它引用了具体细节，以此表明原论证符合乞题谬误的定义。

练习11.2 答案及答案解析

【第1题】

答案 无谬误。

答案解析 第1题里给出的论证并无谬误，自然也就不必重新解释或修正了。

【第2题】

答案 该论证犯了偷换概念的谬误。略加调整，便可挽救。具体来说，我们可以添加一个前提：很多人的愿望主要是关心自己的利益。倒数第二句话改为“好人的主要动机不是自私”。结论改为“许多人不是好人”。该论证或许成立，或许不成立，但至少没有明显的谬误。

答案解析 只有极少数偷换概念的论证可以挽救，本题就是一例。但要注意的是，此处的“挽救”意味着修改结论。与许多存在谬误的论证一样，该论证包含合理的主张——许多人的行为是自私的——只是尺度没把握好。为了避免谬误，我们可能需要把结论的调子往下降一点儿，然后相应调整一下论证。

请注意，重新解释后的论证不再是心理利己主义的论证了（即每个人的行为总是自私的），它支持的结论要弱得多——也可能是假的！——许多人的行为往往是自私的。前后结论存在重要的差异。

【第 3 题】

答案 该论证是乞题，因为前提只是结论的另一种说法。要想完善该论证，我们需要将前提替换为一个中性的死刑定义，例如“处决犯下死罪的人”，然后再证明死刑是错误地杀人，即谋杀。

答案解析 给出乞题论证的人很可能并未发现，他的前提只是结论的另一种说法。如果要求他解释前提和结论的区别，他或许能够给出理由来表明：处决犯下死罪的人等同于错误地杀人。如果他能给出这样的理由，那么存在谬误的论证就会变成没有谬误的论证。

该回答并未说明，为了证明死刑是错误地杀人，我们具体需要用到哪些前提。而只是点明，为了“解决”原论证的谬误，我们需要做什么。

练习 11.3 答案及答案解析

【第 1 题】

答案 错置因果。错置因果指的是因为两件事前后相继发生，就错误地推论出两者存在因果关系。该论证从前提（克里斯·布莱恩特的赛场表现与发言者穿布莱恩特的球衣有相关关系）跳到了结论（布莱恩特在某场比赛中发挥较好，因为发言者穿了另一个人的球衣）。显然，不管某个球迷穿不穿布莱恩特的球衣，布莱恩特的赛场发挥都不会受到影响。用纯属巧合来解释要好得多。

答案解析 该回答确定了谬误类型，给出了简短的谬误定义，接着解释了——具体参考了论证内容——该论证如何符合谬误定义。就错置因果谬误而言，最后一步要说明为什么从相关关系推不出因果关系。

当然，原论证的作者绝不是唯一以为自己的行为或幸运符会影响钟爱球队成绩的球迷。对许多人来说，当球迷的一部分乐趣正在于此。但我们也要指出有时不仅仅是如此，比如，一旦你开始怀疑穿某件球衣会让你钟爱的球队输，你就会留意你穿那件球衣时球队输掉的比赛，而忽略你穿那件球衣时球队赢得的比赛。过不了多久，球衣和成绩之间好像就有了强相关关系，强到似乎不可能是巧合。事实上，你只是因为确认偏误在自欺欺人。确认偏误的意思是专门寻找能确认你信念的证据，而忽略或者根本注意不到与你的信念相冲突的证据。

【第 2 题】

答案　诱导性言论。诱导性言论是依赖情绪化的语言来诱导读者接受论证的结论。论证中使用了“智力有缺陷的可悲证据”、“对英语的犯罪”和“薄弱论点”等引战言论，目的是让读者相信本科导论课论文是糟糕的。

答案解析　你可能对论证有多方面的异议，但从本练习中列出的谬误列表来看，最合适的选择是诱导性言论。论证的力度在于提出了论文质量差的看法。通过以高度引战的方式呈现这一看法，论证试图激起读者的怒火，这样他们就更容易接受废除本科导论课论文的观点。

你可能想说论证犯了以偏概全的谬误。毕竟，并不是所有学生都讨厌写必修导论课的论文，也不是所有导论课论文都存在论证中说的那些问题，等等。因此，尽管该论证采用了错误的概括命题，但并不是只举出几个例子就下了概括性的论断，所以“以偏概全”并不是本题最恰当的答案。

你或许注意到论证中还有一个谬误，一个不在本练习列表中的谬误：假二难推理。论证的结论是教师应该从布置论文转向选择题考试，好像考察手段只有论文和选择题考试这两种似的。

【第 3 题】

答案　忽略其他可能性。该论证忽略了蝙蝠侠戴面具和别人看到他时他总是跟罪犯在一起的其他解释。最合理的解释是：他之所以戴面具，是因为不希望罪犯在日常生活中发现他就是布鲁斯·韦恩；之所以别人看到他时，他总是跟罪犯在一起，是因为他只有打击罪犯时才会用蝙蝠侠的身份。

答案解析　该回答先是简单解释了原论证犯下的谬误，然后给出详细的解释。

注意，如果只给出简单解释，如“该论证忽略了蝙蝠侠戴面具与经常和罪犯出现在一起的其他可能解释”，是不够的，就算你只知道“忽略其他可能性”的定义，你也能给出这种解释。因此，该回答没有止步于这个肤浅的回答，而是运用论证的具体细节来支持“该论证忽略了其他可能性”这一主张。

【第 4 题】

答案 稻草人谬误。所谓“稻草人谬误”，就是歪曲他人的立场或论证，使其显得很荒谬或者容易驳倒。在这段对话中，威尔伯福斯主教犯了稻草人谬误，因为赫胥黎的主张并非自己的祖父母是猴子。赫胥黎只是主张，猴子是人类很遥远的祖先。

答案解析 据说，这段对话发生于1860年的一场著名辩论中，一方是达尔文进化论的重要早期支持者托马斯·赫胥黎，另一方是批评进化论的威尔伯福斯主教。

练习 11.4 答案及答案解析

【第 1 题】

答案 该论证犯了错置因果的谬误，错判了发言者所穿球衣和克里斯·布莱恩特在棒球比赛中的表现之间的联系。可惜，重新解释或修正论证都不能让它更合理，球衣和布莱恩特的表现根本没有说得通的因果关系。

答案解析 有时坏论证是真的无力回天，有时谬误背后没有一丁点儿真理。如果是这样，尽可能讲清楚论证不可补救的原因是值得的。该回答就是这样做的，明确提出这个例子中“根本没有说得通的因果关系”。

【第 2 题】

答案 清除论证中的诱导性言论很容易，只需要用更平和的语言来解释许多本科课程论文中据说存在的问题。例如，可以这样说：“学生们常常到马上要交论文的时候才动笔，这意味着论文中会有语法错误、论点不清或论证不充分的问题。”但改写过后的论证就不再能够明显支持教师应该完全放弃布置课程论文的论点了。学生或许需要更多规矩和支持才能写好论文。因此，论证作者可能需要修改结论。

答案解析　包含诱导性言论的论证，通常很容易用平和的方式改写言语冲撞的前提。不过，换上平和语言后再来反思论证本身是值得的，就像参考答案中做的那样。少了诱导性言论，论证看起来的力度可能会弱了许多。

【第 3 题】

答案　该论证忽视了可能性最大的解释：蝙蝠侠是自愿维护治安的斗士，不能让罪犯发现自己的身份。该论证是不可救药的，因为我们知道蝙蝠侠不是罪犯。

答案解析　该回答承认原结论几乎肯定是错的，因此原结论很难修正。

【第 4 题】

答案　该结论似乎犯了稻草人谬误，因为赫胥黎并没有说自己的祖父母是猴子，这是显然的。虽然威尔伯福斯的论证不可能驳倒进化论，但最起码提出了一个合理的、有趣的问题：当一个旧物种进化为新物种的时候，判断新物种形成的标准是什么？因此，威尔伯福斯可以通过略微修改其（隐含的）结论来完善论证。他不一定要暗示进化论是假的，而是可以主张，他的想法对进化论构成了有意义的挑战。

答案解析　有些论证表面上犯了稻草人谬误，其实论证是合理的，只是表达得不好。本节练习“范例”的论证就是一个例子。另一些此类论证的内核却相当薄弱，本题就是一个例子。要想完善薄弱的论证，一个方法就是削弱结论。例如，本题参考答案就给威尔伯福斯提了建议，让他不要论证进化论是假的，而要论证进化论面临着一个具体的挑战。新的主张要弱一些，但与证明一个理论是假的相比，证明它面临着一个具体的挑战要更容易。

练习 11.5　答案及答案解析

【第 1 题】

答案　肯定前件式。

答案解析　切记判定一个论证是否犯了形式谬误时，你只要看论证的形式。第一个前提显然是错的，因为有些好人不是社会主义者，但这并没有改变论证符合肯定前件式的事实。因此，论证在逻辑上正确，但并没有证明其结论，因为有一个前提是假的。

【第 2 题】

答案 否定前件谬误。那里没有人试图从墨西哥一侧进入美国或许正是因为那里有钢制栅栏。那么，对面没有人和钢制栅栏对防止非法移民很重要这两句话就都是真的了。

答案解析 请注意，回答中解释了没有人试图从墨西哥一侧进入美国和钢制栅栏对防止非法移民很重要如何能够都为真。

吉姆·阿科斯塔是一名记者，他在一段发到社交媒体上的视频中做出（或至少隐含）了这个论证，结果被普遍嘲笑为“恰恰证明栅栏是有用的”。尽管他的论证确实存在谬误，但要说阿科斯塔的短视频证明了他的结论的反命题，那也太过了。那样的话，我们就得给出这样的论证：“如果栅栏有用，那么就不会有人试图从墨西哥一侧越境。没有人试图从墨西哥一侧越境。因此栅栏是有用的。”仔细看就会发现，它犯了和原论证类似的谬误。

【第 3 题】

答案 肯定后件谬误。设想地球是宇宙的中心，太阳、月亮、其他行星和恒星都绕着地球转。再设想行星各自按照“本轮”运动，就像古典时代和中世纪欧洲天文学家认为的那样。本轮的意思是行星在绕着地球转的同时还会绕小圈运动，小圈的中心是行星绕地球运行的轨道（想象一下迪士尼乐园里的游乐设施“疯狂茶会派对”，每个茶壶座位既绕着整个设施的中心转，又绕着茶壶自己的中心转）。那样一来，行星有时会在天空逆行，但太阳是绕着地球转的。

答案解析 该回答中描述的情境类似过时的托勒密地心说。该理论据说出自古罗马时代的埃及天文学家托勒密，它认为，行星绕着各自的“本轮”运动，以此来解释行星逆行现象。你甚至可以大开脑洞，想出其他情境使得后两个论证的前提为真，而结论为假。

本题还表现了科学方法的一个有趣特征。科学家——比如本题的原型哥白尼——总是在思考从自己的理论中能推出什么命题。我们可以通过“如果……那么……”这种关系来看待这些推论，例如“如果地球绕着太阳转，那么其他行星有时就会逆行”。接着，科学家会将这些推论与现实观察结果做比较。当他们观察到了假说预测的现象——例如，行星有时会逆行——时，他们就认为假说被“确认”了。但这个例子表明，假说被确认并不代表假说逻辑上正确，否则就是犯了肯定后件的谬误。确认只是为假说提供了证据。或许更有趣的情况是观察结果不符合科学家的预期。这时，他们就要确定到底是“如果……那么……”句有误，还是应该通过否定后件式得出假说有误。

【第 4 题】

答案 否定后件式。

答案解析 你如果看过《公主新娘》这部片子，那么肯定会记得黑衣人对与维齐尼斗智时喝下的毒酒免疫。所以，尽管他没死，他的酒还是被下了毒。于是，题中的论证让我们得出了一个错误的结论。它怎么可能是逻辑上正确的呢？它之所以逻辑上正确，是因为逻辑上正确与否不取决于前提和结论事实上的真假。一个论证逻辑上正确的意思只是：如果前提为真，那么结论也必然为真。但在这道题中，第一个前提——“如果……那么……”句——是假的。就算他的酒被下了毒，他还是不会死。因此，逻辑上正确的否定后件式让我们从一个错误的前提得出了错误的结论。

练习 11.6 答案及答案解析

【第 1 题】

答案 “阿什沃斯先生，你在庭审中坚持自己是无辜的。你表演得很好。毕竟，银行劫案之后，你的消费习惯一如往昔。因此，你大可声称自己不是劫匪。但是，阿什沃斯先生，我想知道的是：既然你没有把钱花掉，那么你是把它藏在附近了呢，还是转移到离岸账户中了呢？”

复合问题。上述发言中的问题假定了阿什沃斯确实从银行抢了 600 万美元。除非阿什沃斯承认自己是劫匪，否则它给出的两个选择都是阿什沃斯不能接受的。

答案解析 该回答为存在谬误的论证铺垫好了语境。许多谬误都是要看语境的，所以，你的回答里可以加入语境，可以像本题一样嵌入发言里，也可以拿到外面来，比如：“在一场银行劫案的庭审中，检察官问被告，‘你怎么处理了从银行抢来的 600 万美元’？”

该回答还简要说明了论证的谬误之处。

【第 2 题】

答案　“我们的产品绝对安全。绝对没有确切科学证据表明它不安全。”

诉诸无知。论证指出“没有确切科学证据”表明产品不安全，以此证明产品“绝对安全”。这就是说，它主张结论正确的依据，仅仅是没有证据表明结论错误。

答案解析　该回答强调了一个事实：论证为产品安全给出的唯一理由是，产品目前还没有确证有害（最起码提出论证的人还挺得意的）。如果没有其他前提，这就是诉诸无知。（当然，“它是危险产品。没有研究证明它不危险！”同样是谬误。）如果论证中有“本厂产品的安全性经过了多重严格科学检测”这样的前提，情况就不一样了。毕竟，如果产品真的经过了多重严格科学检测，而且检测都没有发现不安全的证据，那么论证完全可以这样改写：“我们的产品绝对安全，经过多重严格科学检测，所有检测均表明该产品是安全的。”新版本不是诉诸无知，而是诉诸正面理由，让我们相信产品是安全的。同理，你也可以指出该产品与危险性已经确证的其他产品类似，或者给出一个说明产品有必要进行安全性证明研究的理由，从而支持该产品有危险性的假设。

【第 3 题】

答案　“我上个星期觉得自己感冒了，所以喝了很多橙汁。这个星期好点儿了。我估计这是橙汁的功劳。”

错置因果。这段话假定橙汁使说话的人身体好转，却没有考虑其他的解释。比如，也许说话的人上周的感冒很轻，不管他做什么，本周都会好转。

答案解析　该回答给出了错置因果的一个典型情境：思考身体变好或变糟的原因。平常遇到这种情况，先想一想有什么正常的、现实的解释——如果能找到的话——这样就容易分辨错置因果谬误了。不过要记住：当你觉得别人犯了谬误时，不要表现得高高在上，要试着平和地问对方为什么随便挑一样吃过的食物、喝过的饮料、做过的事情，就说它与身体健康有真实的因果关系。

【第 4 题】

答案　“我爸爸抓到我抽烟了，他不让我抽，因为吸烟对身体不好。真虚伪啊！他每天可是抽两包呢！”

人身攻击。该论证没有直接回应父亲的论证，即说话的人不应该再抽烟了，因为吸烟对身体不好，而是说他父亲虚伪。他父亲是虚伪，但他父亲的论证不会因此受损。不管他父亲抽还是不抽，吸烟**确实**对身体不好，这**确实**是戒烟的一个好理由。他父亲可能自己也很想戒烟，可惜自己做不到，就希望至少儿子别染上烟瘾。

答案解析 该回答突出地表现了另一种常见的论证谬误。很多人容易接受或者给出这种谴责别人虚伪的人身攻击论证（实际上，它真是太常见了，逻辑学里面给它专门起了个名字：诉诸虚伪。外文里面叫“tu quoque”，是拉丁语“你也是”的意思）。然而，就像该回答里面说明的，说对方虚伪不一定会损害对方的论证。

要记住：在论证里，人身攻击的问题不在于攻击是虚假或者没有根据的，而在于不能让被攻击者的一个强论证变弱，除非那个论证依赖于攻击者的专业程度。虚伪固然不是好事，但是，一个人虚伪（如果确实虚伪的话）并不代表他的论证就不合理。

附录二

定义　习题答案及答案解析

练习 12.1　答案及答案解析

【第 1 题】

好答案　“游行”的这个定义排除了完全由船只、车辆、坦克等组成而没有行进人群的情况。因此，更好的定义应该是：“游行”指的是包括人群或交通工具行进的、穿过公共区域的节庆队伍。

答案解析　该回答指出了一种原定义不应该排除的情况，给出的新定义直接把这种情况加了进去。这是最简单的定义改进方法：把不应当排除的词加到原定义里，或者把不应该包含的词去掉。

请注意，回答提出的新定义依然不够精确。比如，“交通工具”就不明确：到底是只包括卡车、轿车等机动车呢，还是自行车这样的非机动车也算？割草车算不算？它属于交通工具吗？另外，“公共区域”这个词也不明确，还有行进队伍的种类。在某些情况下，伦敦威斯敏斯特教堂是公共区域。凯特王妃和威廉王子结婚时，凯特王妃在多名伴娘的陪同下走过教堂通道，这算是游行吗？这些例子表明，有时定义或许不可能做到完全精确，但这并不意味着不能接近精确，或者努力达到精确是没有意义的。

修改后的定义还有一个不完善的地方：除非你愿意把马当成“交通工具”（这么说似乎有点儿不合理），那么新定义会把骑马游行排除在外。对于现代大城市里的游行来说，这可能不是一个大问题，但会排除许多其他时代和地方的游行。这表明给出定义时可能需要考虑定义是否适用于其他地方或历史时期。

坏答案 “游行”的这个定义排除了完全由船只、车辆、坦克等组成而没有行进人群的情况。更好的定义应该是：“游行”指的是任何有秩序地沿着指定路线行进的人群或交通工具。

答案解析 该回答正确地发现了原定义的问题：将不应该排除的情况排除了。然而，新定义犯了矫枉过正的问题：把不应该包含的情况包含了，例如：沿着走廊向教室走的学生、在高速公路上开车的上班族、开球后追着足球跑的球员。

【第 2 题】

好答案 “高资质小学教师”的上述定义排除了这样一种教师：执教 30 年，校长、同事、学生和家长交口称赞，都说她是好老师，可就是没有通过州里举办的考试，因为她从来没有参加过这种考试。为了确保“高资质小学教师”确实教学素质高，我要提出一个更好的定义：“满足以下条件之一者为高资质小学教师。小学执教 10 年以上；拥有本科及以上学历，通过各州举办的严格考试，具有阅读、写作、算术等常规小学科目的学科知识与教学技能者。”

答案解析 原定义大概是一个可操作定义。它是准确的，但官僚气太重。与它相比，“高资质小学教师即充分掌握所教科目、教学方法、小学课堂管理手段的小学教师”这样的定义核心意思相同，也更自然，但不好量化。

该回答发现，原有的操作性定义忽略了一个事实：即便没有参加过州里组织的考试，教学能力强的教师同样拥有成为“高资质”教师的资格。为了弥补这一缺陷，该回答提出的新定义中给出了两种界定“高资质”的方法：一是拥有 10 年以上的教学经验，二是拥有本科学历并通过州里组织的考试。符合其一条即为“高资质”教师。

另外一条回答思路是看哪些人不应当被包含进来。举个例子：有的老师有本科学历，也通过了考试，但根本管不住教室里的孩子。

坏答案 该定义错误地包含了暗暗仇视孩子的老师。哪怕她有大学学历，也通过了州里的考试，你都不想让这种人在小学任教。一个更好的定义是："拥有本科及以上学历，通过各州举办的考试，且喜欢和孩子们在一起的人。"

答案解析 该回答把两件不同的事搅在了一起。我们的目标是给一个特定的词下定义，也就是"高资质小学教师"，这与确定最适合担任小学教师的人有哪些特点是两码事。该回答有一点说对了：高资质小学教师不一定适合担任小学教师。但是，有资质和适合做毕竟是不同的，定义的方式也不能一样。

【第3题】

好答案 该定义错误地包含了使用不当会杀人的枪支，以及吃多了会死人的正常药物。一个更好的定义是："服用后会对人或动物造成伤害的非药品化学物质。"

答案解析 该回答强调，原定义不正确地包含了某些显然不属于"毒药"却符合该定义的物品。为了原定义的两个不同问题，该回答给出了两个而不是一个例子。第一个问题是，原定义包含了枪支，枪支能杀人，但并非毒药。为了解决这一问题，新定义里加入了"化学物质"的限定。第二个问题是，很多东西吃多了也会致死，但并非毒药，比如药品。为了解决这一问题，定义里加入了"非药品"的限定（但是，药品服用过量难道就不算中毒吗？你完全可以去联系中毒控制中心去解决药品服用过量以致中毒的事情。你要如何修改定义而将这种情况包括进去呢？）。

你可能会觉得，修改后的定义太狭窄了。比如，它排除了酒精等有害成瘾物质，这些物质可以把人害死，虽然极少乃至从未被用于杀人。我们可以这样来辩护：此类物质大量服用后会使人中毒，但其本身并非毒药。

坏答案 该定义不正确地包含了车辆和水。车开得不好，或者水太多（比如淹死）都会把人害死。一个更好的定义是"有毒性的物质"。水和车都没有毒性，虽然有些时候它们会把人杀死。

答案解析 与好答案一样，该回答也指出原定义不正确地包含了某些事物。接下来提出了一个新定义，虽然正确地排除了这些事物，却引入了一个同样有问题的概念：毒性。"毒性"和"毒药"的意义紧密相关，而且本身也很难定义。因此，毒药就是"有毒性的物质"这一定义并不能让我们更好地理解毒药是什么。

【第4题】

好答案 该定义错误地包含了所有权属于家庭，但经营权属于大企业，而且工人全都是与业主毫无关系的外籍劳工的农场。一个更好的定义是“由单一家庭所有，且主要劳动力来自该家庭的农场”。

答案解析 该回答强调了一点：农场的所有者不一定就是经营者或耕种者。然后，提出了一个接近美国法律规定的定义，即农场所有者必须实际经营和耕种土地。

发现定义中的缺陷可能需要质疑定义背后的假定。有些人或许会假定，农场的所有权和经营权是不会分离的。该定义的问题正在于，这种假定未必正确。

如果你对被定义的词了解不多，那么举例表明定义有缺陷会有难度。找例子的一种方式是拓宽查找定义的范围——不只是字典，还有法条、政府文件（例如税码）、报纸文章等，看看这些定义有何区别。问问自己有哪些例子会被一个定义涵盖，却被另一个定义排除。这样一来，你就可以开始思考“家庭农场”这个词下面的种种区别了。

坏答案 该定义错误地包含了所有权属于大型家族企业的农场。一个更好的定义是“归居住于该农场且不拥有大型企业的家族所有的农场”。

答案解析 原定义是否包含所有权属于大型家族企业的农场呢？此处尚可存疑。另外，与所有权属于一个家庭但经营权归其他人的农场相比，大型家族企业拥有的农场数量要少得多（当然，从面积来看，属于大企业的农场可能会非常大）。因此，好答案中指出的例外比坏答案意义更大。

此外，坏答案给出的新定义并不比原定义好多少。它包含两个额外的条件：农场主一家必须住在农场，而且不能拥有大型企业。第一个条件太弱了。就算农场工人全都是雇来的，农场主也可以住在农场里。第二个条件又太窄了，因为它只关注原定义的一个小毛病，却忽视了更大的问题，即农场的实际经营者是谁。要看普遍性的标准，不要逐个填补小漏洞。

练习 12.2　答案及答案解析

【第 1 题】

答案　在《X 战警》(*X-Men*) 中扮演查尔斯·泽维尔，并在《星际迷航：下一代》(*Star Trek:The Next Generation*) 中饰演皮卡德舰长的帕特里克·斯图尔特显然是秃头。布莱德利·库珀显然不是秃头。在《饥饿游戏》系列电影中扮演黑密曲的伍迪·哈里森不确定。一个好的“秃头”定义是：“额头与头顶之间头发稀少，如无遮蔽，该区域下的头皮可清晰看到。”这个定义给出了一个简单而合理的方法来判断是不是秃头。它排除了发际线较高的人和剃短发的人，但包含了头顶只有少数几根头发的人（或许对这种人更好的描述是“秃头中”）和“地方支援中央”发型的人，也就是从一边将头发梳到另一边把秃头的区域盖住。

答案解析　该回答提到了 3 个家喻户晓的例子，很多人应该都能分辨出他们是不是“秃头”。给出的定义相当准确，而且讲了哪些不明确的情况包含在定义里，哪些又不包含，以此说明定义带来的便利（我们也可以通过“每平方英尺[1]头皮上的头发根数”来定义秃头。精确固然精确，但用起来太难了，因为我们很少有机会去数别人的头发）。

【第 2 题】

答案　麦当劳显然是快餐店。正餐只供应 9 道菜，常年名列全球顶尖餐厅的纳帕谷高端餐厅“法国洗衣房”(French Laundry) 显然不是快餐店。“墨西哥风味”(Chiptole) 不确定。快餐店的一个好定义是“所有不配服务员，需要顾客自己到前台或收银处点单的餐厅”。“墨西哥风味”包含在内，因为“墨西哥风味”没有服务员。这个定义比关注菜品价格或上菜速度的定义要好，因为说一家餐厅“在快餐店里算贵的”和“在快餐店里算慢的”是合理的。

答案解析　该回答提出了一个定义，并将其与其他显而易见的定义方式做比较，以此证明其合理性，在快餐店和其他餐厅类型之间划出了一条清晰的界线。

与往常一样，画线的位置大概取决于你的兴趣点。如果你是一位商业分析师，要写一篇关于“墨西哥风味”一类连锁餐厅崛起的报告，那么你的定义可能就会

1　1 平方英尺 ≈0.09 平方米。——编者注

把餐饮市场分得细一些，以免将“墨西哥风味”和塔可钟分成一类。在这种情况下，你可能会关注其他因素，比如冷冻食材或深加工食材的使用比例有多高，或者菜品是不是半成品。

【第 3 题】

答案 假设我们要界定的是行为（而非人）的勇敢。一名中学生见到一个不受人待见的同学正在被欺负，于是站出来帮他，这样做是勇敢的，因为需要顶住很大的同伴压力。一名教师没有站出来帮受欺负的学生，这是不勇敢的。一名学生偷偷跟朋友讲，让他们不要欺负那个学生，这个说不准。勇敢的一个好定义是“为了达成重要目标而愿意面对生理或心理风险”。这个定义大概可以排除私下帮助的情况了，因为那个人并没有真正面对任何生理或心理风险。

答案解析 你也可以给出面临生理风险的例子，比如冲进着火建筑的消防员。如果你只关注这些例子，那么你给出的定义可能就只包含生理风险。但正如该回答强调的那样，愿意面对生理风险不是唯一的勇敢。广泛考虑明显符合和明显不符合的例子有助于给出更好的定义。

【第 4 题】

答案 地震显然是自然的。计算机显然不是自然的。奶牛是不明确的情况，因为如果没有人类驯化，奶牛绝不会是现在的样子。一个好的定义是“无显著人为参与即会存在、发生或呈现为现有形态”。这个定义包含了“人为参与”这一关键要素，同时排除了看上去是自然的，其实是由人类造就的事物，如奶牛或建造大坝后形成的人工湖。

答案解析 该定义下的“自然”比较宽泛，受到轻微人为参与的事物也包含在内，只是排除了受到显著人为参与的情况。比方说，有小径的山坡属于自然事物，而开了梯田，或者推土机开上去修公路、平整土地之后就不算了。在某些情况下，判断是否符合该定义需要查一些资料。比如，你要是了解一下现代奶牛与野生母牛的区别有多大，估计会大吃一惊。请注意，该定义是完全中性的。按照这个定义，有些“自然”事物是不好的（例如地震），有些“不自然”事物又是好的（例如计算机）。与许多其他词一样，对“自然”的定义往往带有倾向性，这对批判性思维是不利的。

附录三

论证导图　习题答案及答案解析

练习 13.1　答案及答案解析

【第 1 题】

答案　(1)[贫困率、文盲率、儿童死亡率的下降速度比过去任何时候都要快。](2)[普通人遭受战乱、被独裁者统治、死于自然灾害的可能性比过去任何时候都要小。]这表明(3)[过去从没有过像现在这样好的时代。]

(1)　　(2)
↘　↙
(3)

答案解析　如图所示，论证的前两句话——（1）和（2）——是主结论（3）的独立前提。主结论（总是）出现在论证导图的底部（原论证中主结论的指示词是“这表明”）。

两个前提是独立的，而不是相关的，因为它们分别给出了一个相信结论的理由——本身就是理由，不需要另一个前提的配合。

【第 2 题】

答案 [(1)] [大部分美国人的家离工作地点都太远了，不可能骑自行车上班。] 因此，[(2)] [修建自行车道基本上是浪费钱，至少对解决交通问题是这样。] [(3)] [除了修建昂贵的自行车道，政府应该想出别的办法来减轻交通压力。]

(1)
↓
(2)
↓
(3)

答案解析 上图中，每一个句子都是下一个句子的理由。命题（1）是命题（2）的前提，而命题（2）又是主结论（3）的前提。

论证里没有结论指示词来表明这一点。你需要自己发现，思考论证的要点是什么，各个命题之间又是怎样的关系。

解决这种问题有一个办法：想一想怎么安排最合理。命题（1）是命题（2）的一个好理由；反过来就不太说得通了。因此，认为（1）是（2）的理由比较合理。接下来看，命题（2）似乎又是命题（3）的一个好理由。因此，答案中给出的论证导图应该就是最合理的解读方式。

请注意，命题（1）本身似乎就是（3）的一个好理由。为什么不直接从（1）到（3）画一个箭头呢？如果论证里只有（1）和（3）两个命题，你当然应该这样做。但是，你要记住我们的目标是用导图的形式来表达论证本身。既然论证里有命题（2），我们就要给它找一个位置。命题（2）肯定不是主结论，这说不通；它与（1）也不是同一个命题的联合或独立前提。最自然的位置似乎是（1）和（3）之间的一个子结论。

本例表明，制作论证导图需要花时间比较各种可能的选择（本书作者认为，分析论证最有趣的地方之一正在于此）。有的时候，论证导图的选择是一个阐明角度的问题。

【第 3 题】

答案 (1)[通过减免学生贷款取消医学院学费的做法能让更多年轻医生投身初级医疗。](2)[美国初级医疗医师短缺。]因此,(3)[医学院应该免费。]

(1) + (2)
↓
(3)

答案解析 论证中的前两句话都是前提,两者共同得出了结论,也就是第三句话。反映到导图里就是(1)和(2)中间有一个加号,加号下有一个箭头指向底下的主结论。

要明白两个前提是互相关联而不是独立的,你可以这样想:如果初级医疗医师不短缺,那我们就没有理由采取措施增加初级医疗医师。因此,要是(2)不成立的话,(1)就不是(3)的理由。另外,如果取消医学院学费不能增加初级医疗医师的数量,那么对初级医疗医师的需求也就不构成医学院免费的理由。所以,要是(1)不成立的话,(2)就不是(3)的理由。

【第 4 题】

答案 为了更好地理解商界和学界高级职位男多女少的原因,研究者分析了一家大型跨国公司的 100 名员工上班时的行为。他们发现(1)[导致男女职场成绩巨大差异的不是女性的行为方式,而是女性被对待的方式。]为了理解这一点,他们追踪研究了 4 个月时间里的上千次交往互动。他们发现(2)[男性和女性的行为基本没有区别。](3)[如果男性和女性的行为方式没有区别,那么男女职场成绩的差异必然是因为男女被区别对待。]

(2) + (3)
↓
(1)

答案解析 由于主结论出现在论证的开头，所以论证导图把（1）放在了底部。如导图所示，两个前提——（2）和（3）——是互相关联的，合起来支持（1）。段落的第一句话是背景信息，不构成论证的前提。

如果你读过第六章，你应该会认出这是一个肯定前件式（规则 22）。一般来说，演绎论证的前提是彼此关联的（肯定前件式需要 p 和“如果 p，那么 q”两个前提，缺了哪一个都不能支持结论 q）。

制作论证导图有一个常犯的错误：把“如果……那么……”形式的句子拆成两个命题。比如，你可能想把“男性和女性的行为没有区别”和“男女职场成绩的差异必然是因为男女被区别对待”这两句话分别作为一个命题。第六章分析演绎论证时就是这样做的。但是，它放到这里就是错误的。理清论证结构时，要以完整前提（比如，“如果 p，那么 q”）为单位，而不能把前提拆散。

要想知道为什么，你可以考虑一下论证的关联结构。前提（3）指的是前提（2）和结论（1）存在某种联系，所以你既需要（2），也需要（3）才能支持（1）。不然，有人可能同意男性和女性的行为没有区别，但仍然坚持认为男女职场成绩的差异另有原因，而不是男女被区别对待。要想从前提（2）得出结论，必须有某个类似（3）的前提为真。

练习 13.2 答案及答案解析

【第 1 题】

答案 (1)［政府不应该向绑架人的恐怖分子支付赎金。］(2)［那样会鼓励恐怖分子绑架更多人。］(3)［支付赎金还会为恐怖分子提供资源去杀害更多人。］因此，(4)［即使向恐怖分子支付赎金能挽救人质的性命，但支付赎金最终会造成更多死亡。］尽管或许很难接受，(5)［但与挽救个别人质相比，尽可能减小恐怖分子造成的总体伤害才更重要。］

(2)　　(3)
↘　↙
(4) + (5)
↓
(1)

答案解析　本题适合用“拼图法”。结论提示词“因此”表示后面要么是主结论，要么是子结论。当我们思考它与其他命题的关系时会发现，(2) 和 (3) 都是 (4) 的理由，但 (4) 似乎是 (1) 的理由，而不是相反。于是我们得到了一个子结论：(2) 和 (3) 应该推出 (4)。那么，从 (4) 要怎么得出 (1) 呢？答案是把 (5) 加上。于是，导图剩下的部分就出来了。

现在，我们只需要确定哪些前提是关联的，哪些前提是独立的。由于 (2) 本身或 (3) 本身都是 (4) 的理由，因此这两个前提是独立的。那么 (4) 和 (5) 呢？(4)、(5) 和 (1) 符合一个你应该注意到的常见模式：(4) 提出一种做法会产生某种效果。(5) 提出我们不应该采取会带来那种效果的做法。主结论是我们不应该采取 (4) 中描述的做法。只要看到这种模式——做 x 会带来 y，我们应该避免 y，因此我们不应该做 x——前提应该就是关联的，而非独立的（你能解释原因吗？）。

【第 2 题】

答案　(1) [我知道你妻子出城了。] 我怎么知道？因为 (2) [你的女侦探同事喷的是男士香水]，所以 (3) [我觉得她今天早晨借了别人的香水用。] 又因为 (4) [她喷的香水和你的香水闻起来一模一样，] 所以 (5) [她喷的应该就是你的香水。] (6) [这只有一种可能的情况：她在你家过夜，今天早晨在你家醒来。] 所以，(7) [她在你家过夜了。] 我到目前说的都对吧？当然对了。因为 (8) [你已经结婚了，] (9) [她就不可能在你家过夜，除非你妻子出城了。] 我就是这么知道的。

```
        (2)
         ↓
      (3)+(4)
         ↓
      (5)+(6)      (8)
           ↘        ↓
           (7)  +  (9)
                ↓
               (1)
```

答案解析　这个复杂的论证出自英国广播公司的《夏洛克·福尔摩斯》重制版。从后往前推，用心关注前提和结论指示词能帮助你画出论证导图。

主结论显然是（1），所以放到图的底部。（9）说的是除非听者的妻子出城了，否则女侦探不会在听者家过夜，而（7）说的是女侦探在听者家过夜了。这两个命题共同推出了结论，所以放到上一层。

前提指示词“因为”表明（8）是接下来的话——也就是（9）——的前提，所以把（8）画到（9）的前提的位置。

那么，福尔摩斯是怎么知道女侦探和听者过夜的呢？发现她喷了听者的香水——也就是（5）——之后，福尔摩斯推理道，只有她在听者家过夜了才会喷他的香水——也就是命题（6）。于是，我们把（5）和（6）画到（7）的前提的位置。

不过，福尔摩斯是怎么知道她喷了他的香水呢？和前面一样，找指示词。命题（4）前面的“因为”告诉我们，它是（5）的一个前提。另外，有了命题（3），（4）才是（5）的一个有力理由，所以它们都是（5）的前提而且彼此关联。

最后，命题（2）为命题（3）给出了一个理由，于是又引出了一条线。这样一来，福尔摩斯的论证链条就完整了。

这个例子表明，看似非常复杂的论证往往只是一系列相对容易理解的论证组成的链条。面对原本看似费解的论证时，一次一步，逐步推进常常会有奇效。

【第3题】

答案　(1)［蓄意对他人造成致命伤害就是谋杀。］(2)［资本主义制度剥夺了许多人的生活必需品。] (3) [它强迫人们住在拥挤的、肮脏的、有毒的环境中。] (4) [它让人们得不到医疗资源。] (5) [它让人们买不起最基本的、有营养的食物。] (6) [它让人们不停地工作，根本顾不上性生活和喝酒。] 不仅如此，(7) [由于资本主义制度让少数人掌握财富和权力,] 所以 (8) [在它导向的权力结构下，受压迫者不能通过武力获得生活必需品。] (9) [生活必需品被剥夺以致死亡与被主动杀死没有两样。] (10) [社会完全明白资本主义有这样的影响。] 因此，(11) [社会允许资本主义存续，这就是在施行谋杀。]

```
        (3) (4) (5) (6)        (7)
         ↓   ↓   ↓   ↓          ↓
(1) +         (2)          +  (8) + (9) + (10)
                           ↓
                          (11)
```

答案解析 为该论证制作导图的关键，就在于把两层子论证抽出来。首先，我们只看（1)、(2)、(8)、(9）和（10）这几个命题。它们合起来论证社会“在施行谋杀”这一结论。但是，我们为什么要相信在资本主义下，“生活必需品被剥夺”了呢？为了支持这一主张，论证又给出了（3)、(4)、(5）和（6）作为（2）的理由，4 个理由之间是独立的。另外，命题（7）是接受（8）的理由。

我们也可以换一种理解方式：(2)（8)（9)（10）合起来推出了一个隐含的子结论，即“社会知道资本主义正在对某些人造成致命伤害”，不妨编号为（12*)。接下来，(1）和（12*）合起来推出（11)。面对有的复杂论证，加入隐含的子结论有助于把各个前提组织起来。

【第 4 题】

答案 (1) [很久以前，我们的祖先生活在规模很小的社会中。] (2) [人们平常碰到的都是从小就认识的人。] (3) [社会之间的来往很少。] (4) [吃穿用度几乎全部产自本地。] 当然，(5) [我们今天的社会很庞大。] (6) [向窗外熙熙攘攘的城市街道望去，一眼看到的人就比祖先一辈子见过的人都多。] (7) [我们生活在全球贸易体系中。] (8) [我们的世界与祖先的世界相差何止万里。] 然而，(9) [我们的头脑是按照祖先的

生活方式设计的。］因此，[10]［我们的头脑或许并不适应现代世界的种种特殊挑战。］

(1)　(5)　(3)
↓　↓　↓
(2) + (6)　(4) + (7)
↓　↓
(9)　+　(8)
↓
(10)

答案解析　本题适合用倒推法。主结论是命题（10），即“我们的头脑或许并不适应现代世界的种种特殊挑战”。论证中为它给出了两条不同的前提，即“我们的世界与祖先的世界相差何止万里”和“我们的头脑是按照祖先的生活方式设计的”。

其他前提都是用来表明“我们的世界与祖先的世界相差何止万里”的。分两条线论证。一条线是从遇到的人展开：祖先很少能碰见陌生人（因为他们生活在小社会中），而我们会遇到许多陌生人（因为我们生活在大社会中）。另一条线则是比较古人自给自足的生活方式和现代的全球贸易体系。

许多论证的导图呈现方式都有多种，尤其是本题这样复杂的论证。比如，你也可以将（2）和（4）放在一起作为（8）的联合前提，那么（6）和（7）就要放在一起了。因此，本题的正确答案不止一种。

第三部分

批判性思维活动

本部分将通过更深入、需时更长、互动性更强的活动来练习读者的批判性思维能力。有的活动可在课堂进行，有的需要在课外完成，有的两者均可，有的同时需要两者。

许多活动可以反复进行，不管书中是否给出了变种形式，例如“自寻材料分析”和“给编辑写一封信”。其他活动则只能进行一次。

部分活动末尾给出了变种形式。当然，教师可以自行变化调整，甚至根据本书中的活动构思出全新的活动形式。开始活动之前，一定要确认教师是否增加或调整了要求。

第一章

活动一

自寻材料分析

【目标】 练习发现和分析论证。

【要求】 开始本活动前需要先阅读规则 1 和规则 2 的正文，并完成练习 1.1 和练习 1.2。做好准备后，请依次完成下列步骤。

第 1 步　从课外找一段短论证，其长度不超过两个自然段。来源包括：图书、报纸、杂志；博客、论坛等线上资源；广播、电视节目、电影、线上视频；广告宣传；其他课程的讲座或教材；与别人对话，或者听来的对话——什么地方都可以！

第 2 步　将原论证打印、影印或记录下来。如果是文字形式，请打印出来，然后把论证部分剪下来。影印原材料也可以。如果是视频、对话或其他非文字形式，请记录下来，尽可能贴近原文。

第 3 步　将论证改写为前提-结论的格式。首先确认前提和结论，如练习 1.1。然后将前提依次编号，结论放在最后，如练习 1.2。

【成果】 论证原文的打印版或手写版，该论证的前提–结论格式的提纲。

【变种形式】 将材料换为“影像形式的论证”，即试图说服我们去做或相信某件事，却没有用文字形式表述论证的图片或视频。关于如何将影像形式的论证改写为前提–结论格式的大纲，参见练习 1.3。

【变种形式】 第二章至第四章具体论述了论证的各种类型。读完其中一章后，找一段对应类型的论证重复本活动（例如，看完第二章就要找一段概括论证）。

【变种形式】 读完《附录三　论证导图》后重复本活动，但要求制作论证导图，而非前提–结论格式的提纲。

给出影像论证

【目标】 理解影像形式的论证。

【要求】 开始本活动前需要先阅读规则 1 和规则 2 的正文，并完成练习 1.3。做好准备后，请依次完成下列步骤。

第 1 步　任选主题制作影像论证。影像形式的论证，即试图说服我们去做或相信某件事，却没有用文字形式表述论证的图片或视频。可简可繁，手绘漫画、剪报拼贴、自制视频都可以（制作视频之前，请确保教室有播放条件，并获得教师许可）。

第 2 步　给出前提–结论格式的提纲。按照前提–结论格式写下你对影像的解读，如练习 1.3。

第 3 步　（可选）分析同学制作的影像论证。将你制作的影像论证带到班里，组成一个 3 ～ 4 人的小组，组内分享影像论证，为其他组员的论证写提纲，写完后相互比较，每个影像视频评选出两份最佳提纲。

【成果】 至少包括一个影像论证及其前提–结论格式的提纲。如果完成了可选的第 3 步，还会有其他组员（2 ～ 3 人）的论证提纲。

给编辑写一封信

【目标】 练习给出论证，并用简单语言表达的能力。

【要求】 开始本活动前需要先阅读第一章，并完成练习 1.1、练习 1.2 和练习 1.6。做好准备后，请依次完成以下步骤。

第 1 步 找一篇你想要发表评论的报刊文章。许多报纸和杂志都会刊登读者关于近期文章的评论。给编辑写信的第一步，就是找到一篇你有话要说的文章。

第 2 步 给出一个论证，表达自己的观点。首先，你要想清楚信的主旨，这就是论证的结论。然后，写一份前提-结论格式的论证提纲，如练习 1.2。

第 3 步 将论证改写成文。现在，你要将第 2 步给出的论证提纲改写为议论文。一定要遵守报刊要求，比如字数限制等。

第 4 步 将信寄给报刊编辑。大部分报刊都可以通过电子邮件或网站提交读者来信。了解你选择的报刊接收来信的方式，然后寄出去吧！之后几期注意看，你的信有没有刊登出来？

【成果】 信件纸质版或电子版。信中应包含与近期报刊上文章相关的一段论证。老师可能会要求你抄送电子邮件，或者提供网站提交成功的截屏，以证明你确实提交了信件。

分析未改写的论证

【目标】 练习在原文语境中分析论证的能力。

【要求】 本活动需要先阅读正文中对规则 1 和规则 2 的讨论，并完成练习 1.1 和练习 1.2。做好准备后，请依次完成以下步骤。

第 1 步 确定本节例题中每一个论证的前提和结论。与本书中常规习题中的论证不同，这些论证没有被简化过，而是被（基本上）原原本本地摘录下来，完整保留了原文的复杂性。这意味着你要更认真地考虑主结论是什么，还要把前提从背景信息中分离出来。一条实用技巧是用下画线标示结论，用中括号标示前提，就像你在练习 1.1 中做过的那样。

第 2 步 将论证改写为前提-论证的格式。将每个论证都写成前提-结论的提纲形式，就像你在练习 1.2 中做过的那样。由于这些论证是逐字逐句从原文中摘录下来的，所以你可能要比做练习 1.2 时更认真地调整前提用语。调整用语时一定不要改变含义。

【成果】 本活动的成果是4份前提–结论格式的提纲，下列论证各有一个。

【变种形式】 读完《附录三　论证导图》并做完练习13.1后为下列每一个论证制作论证导图。

△ 原始论证例题

1. 大多数古柯种植户生活在哥伦比亚南部和东部的偏远地区。许多种植户需要种植古柯维持生计，因为政府几十年来对他们不闻不问，没有为他们建设将易腐败作物从偏远山区运到远方市场所需的基础设施。

2. 科学已经无可争议地证明了一个事实，借用基斯·摩尔在《人体发育：临床胚胎学》（*The Developing Human: Clinically Oriented Embryology*）第七版中的话："人体发育是从受精开始的。这种高度特化的全能细胞表明，每个人最初都是独一无二的个体。"早产儿不是潜在的人，而是拥有潜能的人，一个完整的、特别的、活生生的人。已经上大学的你和还是胚胎或胎儿的你之间的区别只在于时间和营养而已。既然科学已经证实堕胎就是杀死独一无二的、拥有不可重复基因的人类，那么问题（堕胎是不是杀人）就不是"女性能否控制自己的身体"。

3. 准确来说，世界上没有自我成就的人。（这个词）指的是一种不存在的个体独立性。

我们最好的、最有价值的收获或者来自身边的人，或者来自在思维和探索方面领先于我们的人。我们全都在讨要、借用或偷窃。别人播种，我们收获；别人散播，我们收集。

4. 我们有时会错误地以为工作是生活中"自私"的部分，因为我们从工作中赚取工资或利润。而利他的活动，比如捐钱、到救济厨房当志愿者、献血，才是为自己做的。我们以为那些事是让世界变得更好。我们忘记了干好本职工作也能帮助他人，让世界变得更好。

当一名好教师能改变学生们的生活。做一名好老板意味着为员工创造出个人发展和运用才能的机会。开一家好餐厅能为人们带来亲朋欢聚、体验菜品以外美好的机会，如交谈、友谊、创造回忆等。发现降低库存成本和售卖价格的方法，从而让人们有机会花更少的钱买到衬衫、苹果或轮胎，这样也能让人们以低于原本要付出的成本满足自己的欲望。

重构科学推理

【目标】 练习理解科学实验背后的推理思路。

【要求】 本活动需要先阅读第一章，并至少完成练习 1.1、练习 1.2 和练习 1.3。做好准备后，请依次完成下列步骤。

第 1 步　找一篇讲述科学史上著名实验的文章。通过图书馆或互联网找到一篇讲述科学史上著名实验的文章，比如伽利略关于物体下落速度的实验，托马斯·杨检验光是波还是粒子的实验，或者欧内斯特·卢瑟福揭示了原子基本结构的实验。确定好想要探究的实验后，你可能需要查阅一点儿资料才能找到足够详细的描述文章，然后影印或打印出来，以便之后交上去。

第 2 步　重构科学家得出结论的论证过程。用自己的话总结实验背后的推理思路。实验证明了什么？这就是结论。为了证明结论，科学家做了哪些事？科学家在实验过程中做出了哪些假说？这就是前提。

第 3 步　通过前提–结论格式的提纲来呈现科学家的推理过程。将第 2 步中写的总结改写为一份前提–结论格式的提纲，就像你在练习 1.2 中做过的那样。

【成果】 一份讲述著名科学实验的文章的影印或打印稿，一份呈现实验背后推理过程的前提–结论格式提纲。

分析科学推理中的论证

【目标】 练习辨别和理解科学资料，包括教科书中的论证。

【要求】 本活动需要先读完正文中对规则 1 和规则 2 的讨论，并完成练习 1.1 和练习 1.2。做好准备后，请依次完成以下步骤。

第 1 步　确定本节例题中每一个论证的前提和结论。与本书中常规习题中的论证不同，下列论证没有被简化过，而是被（基本上）原原本本地摘录下来，完整保留了原文的复杂性。这意味着你要更认真地考虑主结论是什么，还要把前提从背景信息中分离出来。一条实用技巧是用下画线标示结论，用中括号标示前提，就像你在练习 1.1 中做过的那样。

第 2 步　将论证改写为前提-结论格式的提纲。将每个论证都写成前提-结论格式的提纲形式，就像你在练习 1.2 中做过的那样。由于这些论证是逐字逐句从原文摘录的，所以你可能要比做练习 1.2 时更认真地调整前提用语。调整用语时一定不要改变含义。

【成果】 本活动的成果是 4 份前提-结论格式的提纲——下列论证各有一个。

【变种形式】 读完《附录三　论证导图》并做完练习 13.1 和练习 13.2 后为下面每一个论证制作论证导图。

【变种形式】 读完第二章至第六章后，确定下面每一个论证运用了哪一种或哪几种论证类型（有举例论证吗？有类比论证吗？有诉诸权威的论证吗？有演绎论证吗？是哪一种形式的演绎论证呢？）。你还可以根据相应章节的规则来评价论证的优劣。

△ 科学推理例题

1. 为了探究猴子的偏好是否受其决策影响，我们在卷尾猴身上做了一次改编版的著名选择实验。首先，我们找来了一组供猴子选择的物品：不同颜色的巧克力豆。接着，我们让猴子从两颗不同颜色的巧克力豆（比如，红色和蓝色）中选一颗，然后考察这一决定是否会影响猴子对颜色选择的偏好。检验的方法是拿出没被选中的那颗巧克力豆，加上第三种颜色的巧克力豆（比如绿色），让猴子再选。我们发现，在每选一颗巧克力豆之后，猴子对它的偏好都发生了改变。猴子总是选新颜色的巧克力豆，而不要之前没被选中的那颗，表明没选某件东西的行为可能也会影响猴子对这件东西的偏好。我们的重要发现是，如果猴子本身没有参与选择过程，偏好就不会改变。在对照组中，实验人员会代替猴子做选择。被试们的偏好之后没有表现出任何改变，这表明导致猴子偏好变化的是选择行为。

2. 20 世纪 80 年代，（研究婴儿的）心理学家开始利用婴儿能控制的少数行为之一：眼睛的动作。它确实是窥视婴儿内心的一扇窗户。通过婴儿盯着一件东西或一个人看了多久，即“凝视时间”，我们就能了解他们是如何理解世界的。

有一种针对凝视时间的特殊研究方法是习惯化。与成年人一样，婴儿反复看到同一件事物会感到厌倦，把头转开。厌倦，也就是“习惯化”，是对一成不变的反应，于是，这种方法能揭示婴儿将哪些事物视为相似，又将哪些事物视作不同……

更宽泛地讲，与凝视时间相关的各种方法有助于考察一个人认为哪些事物是新颖、有趣或意料之外的……

在凯伦·温的一份经典研究中，她发现婴儿会对物件做简单的计算。过程很简单。先给婴儿看一个空荡荡的舞台。再翻起挡板，在挡板后放上一个米老鼠玩偶。接着在挡板后再放一个米老鼠玩偶，最后放下挡板。成年人的预期是看到两个玩偶，5 个月大的婴儿也是如此。如果挡板放下后出现了一个或三个玩偶，婴儿凝视的时间就会比出现两个玩偶的情况长。

3. 一个多世纪以来，一直有人提出用“文化”来解释美国内部不同地区，以及美国与其他国家的暴力活动程度的差异……

在当前的语境下，“文化”的含义近似于普遍共有的信念体系……

基于文化的理论有很强的直观吸引力，但难以通过实证手段证明。一个问题是信念体系难以量化，而且往往与发展落后、秩序崩溃等其他催生暴力的因素同时出现……

另外，看起来很相似的地区可能有着差别很大的暴力事件发生率，这令情况更加复杂模糊。就拿电影制作人迈克尔·摩尔对美国和加拿大的考察来说，两国是邻国，都源于英国，都有开拓边疆的传统，都有高度发达的经济，都采取开放民主的治理方式，甚至有类似的流行文化，但枪击案件的数目差别极大。在《科伦拜校园事件》（*Bowling for Columbine*）中，摩尔提出加拿大枪击案件较少的原因是加拿大人比较安定，比较尊重通过集体共识来解决问题的方式。这是对加拿大人的常见描述。但加拿大的枪支法规比美国严格得多，手枪持有率也要低得多，这同样是事实。那么，到底是加拿大的“友善”文化将枪杀率保持在低水平，还是加拿大的枪支法规遏制住了枪击事件呢？还是兼而有之——文化促成了法规，法规反过来巩固了文化？

没有人说得准，至少现在不行。但情境证据让我们质疑“文化”是不是暴力活动最重要的解释因素（尽管我们相信文化在某些情境下可能是重要的）。我们的全面质疑源于一个事实：尽管美国的**枪击**杀人率大约是加拿大的 7 倍，但两国的**非枪击**杀人率其实是相当的。美国内部也差不多。美国南方特殊的地方是枪击而不是其他方式的暴力案件。如果暴力案件是由文化倾向引起的，那么我们的预期应该是美国与类似国家之间，美国南方与美国其他区域之间存在**非枪击暴力和杀人案件**的显著差异。但差异就算有，往往也很小。

4. 我的研究目标是确定阳光影响温度的不同条件。

实验器材包括一个气泵和两个大小相同的圆柱形气筒，筒高约 30 英寸，直径约 4 英寸，各配有两个温度计……两筒达到同样温度后并排置于阳光下……

我发现阳光影响最强烈的环境是碳酸气（二氧化碳）。

一个气筒充的是碳酸气，另一个充的是普通空气，结果如下［每隔几分钟的温度计（℉）[1] 读数］：

普通空气		**碳酸气**	
阴凉下	阳光下	阴凉下	阳光下
80	90	80	90
81	94	84	100
80	99	84	110
81	100	85	120

1　这里采用的是华氏温标。华氏温标单位称为“华氏度”，用°F 表示，是某些英语国家所采用的温标。国际通用的是摄氏温标，单位为“摄氏度”，用℃表示。两者之间的数值关系为：$t_F = 32 + (\frac{9}{5})t_C$ 或 $t_C = (\frac{5}{9})(t_F - 32)$。——编者注

充碳酸气的气筒本身变得很烫——跟另一个气筒比更加明显，从阳光下移开后降温所需时间也是另一个的好多倍。

不同气体的阳光下升温结果：氢气，104 ℉；普通空气，106 ℉；氧气，108 ℉；碳酸气（二氧化碳）125 ℉。

第二章 活动二

发现误导性数字

【目标】 练习发现并解释误导性的数字。

【要求】 开始本活动前需要先阅读规则 10 的正文，并完成练习 2.4。做好准备后，请依次完成下列步骤。

第 1 步　找到一个运用了误导性数字的论证。报纸、杂志、网络、电视节目、电视剧、广告、与亲友谈话等均可。

第 2 步　打印或记录该论证。如果论证是视频或其他非文字形式，请尽可能贴近原文地将论证记录下来。如果论证比较长，超过了两个自然段，可加以摘要。

第 3 步　说明论证里的数字为何存在误导性。用一两段话来解释你认为论证中的数字有误导性的原因，并尽量提出改进方法，避免误导。

第 4 步　（可选）小组评选最强误导数字。在班里组成 3—4 人的小组，和小组成员分享找到的论证，说明论证中存在误导性的地方。组内评选出误导性最强的数字，并选出一名代表向全班展示。

【成果】 一份长度不超过3页的书面文档，包括原论证（或者摘要）以及你对其中误导性数字的解释。

概括教室

【目标】 给出概括并找到例子支持。

【要求】 开始本活动前需要先阅读第二章正文，并完成章练习2.6和章练习2.7。做好准备后，请依次完成下列步骤。

第1步　组队给出关于教室或校园的概括，必须可在15—30分钟内验证真假。关于教室的概括举例："过去两周内，教室里的大部分学生都去听过音乐会""房间里的东西都不是本地制造的"。关于校园的概括举例："校园里的大部分建筑都可供轮椅通过""校园周边的自行车棚都满了"。请记住：这条概括不能太复杂，一个小组需要在15—30分钟（教师亦可自定）内找到足够的相关例证。判断概括本身是否过于复杂是活动的一部分！

第2步　与同班的另一个小组交换概括。每组都要把自己提出的概括给另一个组看，要确保每个组都拿到了另一个组的概括。

第3步　针对拿到的另一个组的概括，寻找例子并给出一个好的论证，可以支持也可以反对。就本活动而言，"好的论证"就是符合第二章规则的论证。你需要发现和追踪例子。比如，如果你拿到的概括是"这座楼里没有小组讨论室"，你就需要找到或制作一张教室列表，注意看其中有没有小组讨论室。如果你拿到的概括是关于整个校园的，找例子可能就要开动一点儿脑筋。比如，你要找的信息是教室活动安排，与其跑遍校园，不如考虑上网查。

第4步　根据找到的例子，写小组报告。根据找到的例子，把论证写下来，对你拿到的概括表示支持或反对，如练习2.7。一定要说明概括是对还是错。每组选一名代表在全班面前展示。

【成果】 若干例子和书面论证。例子要标明是正例还是反例。

第三章

活动三

类比新奇物件

【目标】 练习给出类比论证。

【要求】 开始本活动前需要先阅读第三章正文。做好准备后，请依次完成下列步骤。

第 1 步　找到一件新奇物件，也就是大部分同学都不熟悉的东西。不妨去旧货市场、二手商店、专卖店转转。想一想自己做过的不同寻常的事，学过的不同寻常的技能，里面用到了什么物件？比如，在木工商店和五金商店里往往就能找到大部分人不熟悉的东西。

第 2 步　简短描述它的用途或意义。用两三句话来描述它的用途或意义。

第 3 步　小组内分享。组成一个 4—5 人的小组，传看物件，但不要透露用途或意义。

第 4 步　以组为单位给出类比论证，试图说明物件的用途或意义。针对小组成员的每个物件给出一个类比论证，说明其可能的用途。换言之，找到第 1 步中发现的新奇物件与寻常物件的相似点，并以其为基础给出类比论证，有根据地猜测新奇物件的意义。指定一名组员负责记录。

第 5 步　揭晓用途。与组内其他成员分享自己写下的用途或意义描述，看大家猜得准不准。

第 6 步　选择一个物件向全班展示。从组员拿来的物件中选择一个在班级分享，传给同学们看，请同学们给出类比论证，猜测物件的用途或意义。最后揭晓真实用途。

【成果】 若干新奇物件，每个物件的用途或意义描述，针对每个物件的书面类比论证。

伦理学中的类比

【目标】 将类比论证应用于道德难题。

【要求】 开始本活动前需要先阅读第三章正文，并完成练习 3.4。做好准备后，请依次完成下列步骤。

第 1 步　写下一个道德难题，可以是自己最近的亲身经历，也可以是书里或电影里看来的，必须包含难以抉择的道德困境。一小段即可。

第 2 步　通过类比论证给出具体的解决方案。想出一个类似第 1 步给出，但道德上争议较小的情境。换句话说，大多数人对该情境下的正确决定应该有共识。运用类比的方法，主张第 1 步的困境与第 2 步的情境类似，因此恰当的解决方法也是类似的。用一两段话来论证。

第 3 步　（可选）与一名同学分享，看对方是否赞同你的解决方法。请一名同学阅读前两步的成果，然后讨论，看对方是否赞同你对道德困境提出的解决方法。如果不赞同，请找出原因。

【变种形式】 一份约为两三自然段的书面文档，第一段描述道德困境，其余部分通过类比论证来支持针对该困境的一个具体解决方法。

第四章

活动四

辨别可靠的网络资源

【目标】 区分可靠与不可靠的网络信息来源。

【要求】 开始本活动前需要先阅读规则17的正文。做好准备后，请依次完成下列步骤。

第1步　找到本书配套网站的相关页面。前往本书配套网站，点击“第三部分”链接下的“辨别可靠的网络资源”。

第2步　阅览该页面下给出的各个网页。第1步找到的页面下包含若干网址链接，其中部分网页的信息来自可靠且相对公正的专家，其他的不是（不可靠的方面各有不同）。认真阅览每个网页，努力辨别哪些可靠、哪些不可靠。对于不可靠的网页，尽可能说明其真实意图以及作者的身份。

第3步　把你认为可靠的来源和不可靠的来源分别列出，并附上简短理由，说明你是如何得出结论的。

第4步　结成小组，比较组员各自的列表，形成全组结果，分成3类：可靠来源、不可靠来源、不确定来源。如果组员都同意某网页是可靠的，则列入可靠来源。如果都认为不可靠，则列入不可靠来源。如果意见有分歧，尝试通过讨论或查资料解决；若仍未解决，则列入不确定来源。

第 5 步　形成全班结果，分成两类：可靠来源和不可靠来源。比较各组给出的结果，尝试通过讨论消除分歧，确认全班就每一个网页的可靠与否达成共识。

【成果】 3 组列表：第一组是个人列表，分可靠网页和不可靠网页两类；第二组是小组列表，分可靠网页、不可靠网页和不确定网页 3 类；第三组是全班列表，分可靠网页和不可靠网页两类。

寻找好的信息来源

【目标】 寻找好的信息来源来支持主张。

【要求】 开始本活动前需要先阅读第四章正文。做好准备后，请依次完成下列步骤。

第 1 步　从上一节课的课本中选择一页。主题不限，也不一定是议论文。

第 2 步　从这一页中找到 3 个可以用信息来源来支持的主张。选择时，既要考虑它们能不能用信息来源来支持，也要考虑你能不能找到好的信息来源。而且，不能选课本里已经提供了信息来源的主张。3 个主张写在 3 张纸上。

第 3 步　为每个主张找到两个好的信息来源。你在第 2 步中选择了 3 个主张，现在为每个主张找到两个相互独立、可靠、公正的信息来源。来源要引用完整，引用格式任选，可以使用芝加哥大学引文格式或导师要求你采用的其他格式。[1]

第 4 步　简短说明为什么你找到的信息来源是好的。既要引述相关原文（也可以用自己的话说），也要解释你认为来源可靠、公正的原因。

【成果】 一份 3 页的书面文档，每一页的顶部都是你从课本同一页中找到的主张，接下来引用两个信息来源，并简短说明你认为两者能支持该页主张的原因。

1　若要了解更多引文格式方面的信息，参见本书配套网站上的“相关资源”栏目。——原注

第五章

活动五

头脑风暴：因果关系

【目标】 通过头脑风暴得出相关关系的各种可能解释，并向着可能性最大的解释努力。

【要求】 开始本活动前需要先阅读第五章正文。做好准备后，请依次完成下列步骤。

第 1 步　以小组为单位，找到一个有意思或出人意料的相关关系。试着找到一个你能想出多种合理解释的相关关系。

第 2 步　小组共同得出最好的解释。如果你能找到好的信息来源来证明某解释就是真实解释，那就以它为准。如果做不到，请遵循第五章的各条规则，自己判断哪一个解释是最好的。最好的解释可能是相关事物之间存在因果关系，也可能是不存在。写一段话简要表述最好的解释是什么。

第 3 步　全组给出两个另外的解释。每个解释单独用一段话来讲（不能和第 2 步的解释混在一起）。要尽可能做到可信。

第 4 步　将 3 个解释读给全班听。不要揭晓你认为的正确答案。

第 5 步　班级投票。同学觉得哪一个正确，就给哪一个投票。全班投票结束后，揭晓你认为正确的答案，并解释原因。

【成果】　一个相关关系的 3 个不同解释，一个为真，两个为假。

第六章

活动六

辨认演绎论证的形式

【目标】 辨认复杂语篇的演绎论证形式。

【要求】 开始本活动前需要先阅读第六章正文，并完成练习 6.1、练习 6.2 和练习 6.5。做好准备后，请依次完成下列步骤。

第 1 步　结成小组，起一个组名，然后把组名写在 4 张便笺纸上。便笺纸要给下面几步留出空间。

第 2 步　以小组为单位，辨认本活动给出的 4 段论证的形式。每段论证至少都用到了第六章讲过的一种演绎论证形式，有些还包含多步骤演绎论证（参见规则 28）。把每个论证用到的论证形式分别写在一张便笺纸上。

第 3 步　按照论证编号把便笺纸贴在黑板上。教师会提前在黑板上写好论证的编号，学生需要把对应的便笺纸贴上去，这样就能看出来每一条论证采用的论证形式。

第 4 步　全班针对各组意见分歧展开讨论。如果多个小组对某个论证意见不一，请每个组上台解释原因，搞清楚每个论证到底用了哪些论证形式。

【成果】 黑板上贴着便笺纸，表明下列论证所符合的论证形式。

【变种形式】 下列论证均来自当代或古代哲学家，讨论的都是哲学话题。因此，它们不仅能练习分析演绎论证的能力（有些是很难的——可是一番好练习呢！），更能一窥哲学论证。如果你选的课恰好是哲学系开的，或者你以后想选哲学课，这个活动对你就会特别有用。如果老师不属于哲学系，换题也是可以的。

【变种形式】 不一定要用下面的论证，也可以让各组自己给出论证，每个论证要恰好符合第六章的一条规则。然后根据这些论证来进行本活动。

【变种形式】 读完《附录三　论证导图》并完成练习 13.1 和练习 13.2 之后，以小组为单位制作下列论证的论证导图。不妨做几张数字卡片，代表论证里的命题，方便小组合作，尝试调整各种不同的方式。

△《辨认演绎论证的形式》配套哲学论证

1. 虽然我们很少承认，但哲学史实际上就是一部个人性情大冲撞的历史。就性情而言，专业哲学家要么“心软”，要么“心硬”。心软的哲学家容易受唯理论、理念论、宗教性的、乐观的哲学思想吸引。而心硬的哲学家则更容易受实证论、怀疑论、非宗教的、悲观的哲学思想吸引。因此，专业哲学家要么倾向唯理论、理念论、宗教性、乐观一流，要么倾向实证论、怀疑论、非宗教性、悲观一流。

——改写自威廉·詹姆斯《实用主义》

2. 你说过，正义就是对好的朋友做好事，对坏的敌人做坏事。如果你是正确的，那么正义的人就要对不义的人做坏事。然而，对人做坏事会伤害他，而伤害他就会让他变得更坏。那么，如果正义的人要对不义的敌人做坏事，那么敌人就会变得更坏。这就是说，敌人会更坏，更不义。正义的人怎么会用义行令人更不义呢？因此，我认为你给正义下的定义是错误的。

——改写自柏拉图《理想国》

3. 为了将知识建立在更牢固的基础上，我暂且让自己相信，世界上一切熟悉的事物其实都不存在。我甚至可以让自己相信，连上帝都不存在。但是，我能相信我不存在吗？我不能，因为如果我不存在，那么我就不能让自己相信任何事情，我也不能相信自己不存在。归根到底，为了让自己相信某些事情，我必须存在。只要我在思考自己是否存在，那么我显然就不能相信自己不存在。

——改写自笛卡尔《第一哲学沉思集》

4. 有些事情是我们能控制的，比如我们的观点、欲望和行动。其他事情是我们不能控制的，比如我们的健康、财产和名声。对于我们不能控制的事情，你可以承认它们不能控制，也可以努力追求它们，假装自己可以控制它们。如果你努力追求它们，假装自己可以控制它们，那么你就会一直感到焦虑和压力。但是，如果你承认它们不能控制，那么就没有人可以强迫你做任何事情、阻止你做任何事情，或者对你造成任何伤害。那么，这个选择就在你手中：你可以选择永远焦虑的生活，也可以选择不受强制与不受伤害的生活。这是你可以控制的。

——爱比克泰德《手册》

第七章

活动七

撰写详细提纲

【目标】 学习将多个相同主题的短论证整理为一份详细议论文或发言的提纲。

【要求】 开始本活动前需要先阅读第七章正文，并完成练习 7.2、练习 7.4、练习 7.6、练习 7.8 和练习 7.10。做好准备后，请依次完成下列步骤。

第 1 步　写下你在练习 7.2、练习 7.4、练习 7.6、练习 7.8 和练习 7.10 要研究的问题。在练习 7.2 中，你提出了若干问题，然后从中选择一个，在第七章之后的题目中详细阐述。请找一张纸，将这个问题写在最上面；如果使用电脑文档，就把它放在开头。

第 2 步　根据练习 7.4、练习 7.6 和练习 7.8 中给出的论证和反对意见，选定一个最能得到论证支持的答案。在练习 7.4、练习 7.6 和练习 7.8 中，你从练习 7.2 中选择了一个问题，并给出了若干论证和反对意见。在其基础上做出判断：你的哪一个回答最能得到支持？一定要把练习 7.10 中给出的替代答案考虑进来。把选定的答案写下来，它就是你的详细论证的主结论。

第 3 步　确定最有力的论证。在练习 7.6 中，你至少已经给出了两个论证来支持你选定的答案，从中选择最能支持该答案的论证（一个或多个皆可），然后以前提–结论的提纲形式写下来。

第 4 步　确定最重要的反对意见。在练习 7.8 中，你至少已经提出了一条针对选定问题的反对意见。请把它们写下来。

第 5 步　确定最能够反驳其他答案的论证。你在练习 7.6 中给出了反对意见，针对你选定的问题的各个可能答案，也包括你在练习 7.10 中给出的替代答案，请从中选出最有力的一条或几条写下来。

【成果】 一份文档，内容包括问题描述、能得到论证支持的答案、支持该答案的一条或多条前提–结论格式的提纲、至少要有一条针对每条论证的反对意见、反驳替代答案的有力论证的前提–结论格式提纲。

第八章

活动八

完善样文

【目标】 将第八章的规则应用到一篇样文中。

【要求】 开始本活动前需要先阅读第八章正文。做好准备后，请依次完成下列步骤。

第 1 步　阅读本活动介绍末尾的样文。方便起见，你可以把样文打印下来，在上面做一些批注，标出文章的主结论、主要论证、反对意见及作者的回应。

第 2 步　回答下列各题，每题一两段即可。答案要尽可能具体，引用原文的具体句段，并给出切实可行的修改建议。

（1）文章是否开门见山（规则 34）？如何改进开头部分？

（2）文章是否提出了明确的主张（规则 35）？如何让主旨更清晰？

（3）文章对主要论证的表达是否清晰？是否遵循第一章至第六章给出的相关规则？如何让论证更清晰？如何更好地符合相关规则？

（4）文章是否详述并驳斥反对意见（规则 37）？如何更好地处理反对意见？

（5）文章的结论是否谦虚（规则 39）？如何让结论表达得更好？

【成果】 一份 5—10 段的文档，内容是给样文作者提出的改进建议。

△ 侵权是错的（样文）

围绕不付费下载音乐、电影等影音作品的道德对错，争论由来已久。正反双方都给出了许多论证，全体论点一致大概是永远达不到的。2000 年前后，下载第一次成为大问题。当时推出了一款名叫 Napster 的软件，用户可以分享 MP3 文件。最后，Napster 被唱片公司联合告倒闭了。然而人们对音乐的欲望并没有被遏制住。于是，新的文件共享平台发展了起来，包括 Gnutella 和比特流（BitTorrent）。从那以后，下载的范围扩展到了电影、电视剧等。作为回应，传媒企业开始起诉免费下载版权影音作品的个人。有的人只犯了一点儿小错，比如下载几个文件，就被开了高得离谱的罚单。许多人觉得，这种处罚过分严厉了。于是，为避免有损形象，传媒公司停止了这种做法。尽管确实有损自身形象，但是传媒公司发起诉讼是正当的，因为未付费下载有版权的影音文件不仅违法，而且不道德。

不付费下载影音作品是错误的，因为这是一种偷窃。只要注意到一点就能明白：不付钱下载电影就好比从沃尔玛偷数字激光视盘（DVD）。诚然，少收一部电影的下载费对创作者构不成多大损失，正如少了一张数字激光视盘对全球大企业也无伤大雅。尽管如此，被偷的数字激光视盘是沃尔玛的所有物，而不付费下载的歌曲、电影等也是创作者的财产。正如偷数字激光视盘剥夺了沃尔玛对所有物的控制权，不付费下载也剥夺了作者对所有物的控制权。只要一个人未经同意拿走另一个人的财产，这就是偷窃。比如，如果一名歌手录了一首歌，然后一家唱片公司拿到录音，未经作者同意就传播了出去，那么这家公司就偷窃了作者的知识产权，哪怕公司是免费传播的。当人们不付费下载影音作品时，其行径就与这家唱片公司一样，剥夺了作者控制自己产权的能力。歌手写歌，制片公司制作电影，歌和电影都是创作者的知识财产。既然是作者的财产，只有作者能决定谁可以使用这首歌或电影。因此，未经作者同意而获取歌曲、电影等影音作品就是偷窃，而偷窃是不道德的。

不是每个人都会觉得这个类比有说服力。有人提出反对：不付费下载影音作品与偷窃数字激光视盘不一样，因为前者不涉及实物。按照这种看法，偷数字激光视盘是拿走了沃尔玛的东西。而甲从乙的电脑里不付费下载影音作品时，乙仍然拥有该文件。这条反对意见不成立，因为从道德角度来看，偷窃数字激光视盘与下载影音作品的区别是无关的。

还有反对者可能会说：虽然不付费下载影音作品是一种偷窃，但并非不道德，因为它没有对任何人造成伤害。实际上，甚至有人主张，不付费下载影音作品对创作者有好处，因为它会鼓励下载者去听音乐会、买乐队 T 恤等。然而，这是不合道理的。如果将音乐白送出去对整体利润有好处，那么唱片公司和音乐人应该会高兴才对啊！他们却试图阻止不付费下载。另外，这套逻辑对电影、电视剧和其他媒体形式并不适用。电影没有巡回演唱会，人们也很少买电影或电视剧的周边，与买乐队 T 恤根本不能相提并论。

另外，偷窃之所以是错的，不仅在于它造成了伤害，而且在于它侵犯了所有者的权利。哪怕不付费下载影音作品对创作者真的有好处，它仍然是错的，因为它侵犯了创作者的权利。

最后一条反对意见是：很多人下载是为了决定是否购买。如果人们下载之后立即删除，那么这样做是可以的。但是，很多人并没有删除。下载“试听”或“试看”就好比从店里偷衣服，然后回家试穿。要是真想“试听”或“试看”，更好的办法是走合法途径，比如在线听示例音乐或者租碟。这就好比在店里试穿衣服，没有人会说个“不”字。

我反对不付费下载影音作品的主要论点是：这种做法等同于偷窃，而偷窃是错误的。不付费下载影音作品之所以是偷窃，是因为它妨碍了作者的知识产权。知识产权赋予了作者选择由谁获得自己作品的权利。本文讨论的反对意见既不能证明不付费下载影音作品不是偷窃，也不能证明偷窃影音作品不是错误。由于反对意见均不成立，我们可以得出一个合理的结论：不付费下载影音作品是错误的。因此，不付费下载影音作品的人都是罪犯，就像小偷、劫匪、海盗一样。他们应该被关进监狱，就像小偷和劫匪一样。

整理草稿

【目标】 学习将多个相同主题的短论证整理为一份详细议论文或发言稿。

【要求】 开始本活动前需要先阅读第八章正文，并完成练习 8.1、练习 8.2、练习 8.3、练习 8.5 以及第七章活动“撰写详细提纲”。做好准备后，请依次完成下列步骤。

第 1 步　写一段引言。引言要清晰而吸引人（规则 34），应该为读者提供恰到好处的背景信息，帮助其理解话题和文章的意义。最重要的是，引言应该明确提出你要回答的问题，以及你要给出的答案（规则 35）。问题和答案要与“撰写详细提纲”活动中的成果一致。

第 2 步　加入支持主结论的最有力论证。详细提纲写好之后，你已经给出了一个或多个最有力的论证，并在练习 8.3 中润色成文。现在，把它们放到引言后面，中间加入适当的过渡。

第 3 步　加入针对每个主要论证的反对意见和你的回应。详细提纲写好后，你已经为每个主要论证给出了一个或多个反对意见，并在练习 8.5 中改写为完整的段落，且给出了回应。现在，把反对意见和回应都加入文中。根据论证和反对意见的情况，你可以写完一个论证，后面跟着针对它的反对意见；也可以先把论证全部摆出来，然后一起讨论反对意见。

第 4 步　加入反驳备选答案的论证。如果你的问题还有其他可能的答案，那么你可能要告诉读者，为什么这些答案没有你选择的答案好。详细提纲写好后，你已经为每一个备选答案给出了最有力的反驳，并在练习 8.3 中将其润色成文。从备选答案中选择 1—2 个加入文中，并给出相应的反驳，最后加上适当的过渡。

第 5 步　写一段简短的结论。结论要复述文章的主要论点，尤其是主结论和支持结论的主要论证。要记住：总结不要过头（规则 39）！

【成果】 完整的议论文草稿。这可是不小的成就，恭喜你！不过，你要记住，文章还没大功告成呢！你还需要获取反馈，进一步完善（规则 38）。

同学评价工作坊

【目标】 运用第八章的规则，给其他人的议论文提供建设性的反馈，并利用其他人的反馈改进自己的文章。

【要求】 开始本活动前需要先阅读第八章正文。做好准备后，请依次完成下列步骤。

第 1 步 选择一篇自己的议论文。可以是“整理草稿”活动的成果，可以是其他课程的论文，也可以是其他论文。

第 2 步 与多名同学交换文章。结成一个 3—4 人的小组，分别交换自己的文章。

第 3 步 使用本活动末尾介绍的《同学评价表》详细地评价同学的文章。你的目标是给出建设性的反馈，帮助同学认清文章的优点和可以改进的地方。评价里应当包含具体建议，表达要直接，但也要有礼貌、有建设性。你应当逐条回答评价表的问题，也可以直接点评。

第 4 步 将评价结果反馈给同学，并收取其他人对你的评价。

第 5 步 思考如何修订自己的文章。阅读同学给出的反馈，判断哪些批评值得认真对待、哪些建议值得吸取。列出一张表，具体写明你要如何回应批评、采纳建议。

【成果】 2—3 份同学评价结果，一张根据评价结果改进文章的具体修订表，评价结果应逐条回答评价表的问题，也可以把文章打印出来，然后附上点评（其他组员也应该收到你的评价结果）。

△ 同学评价表

【要求】 回答下列问题，为同学的文章草稿提供反馈。

1. 草稿的开头吸引人吗？如果吸引人，为什么？如果不吸引人，请提出改进方法。

2. 引言的长度适当吗？有没有离题、冗余、过长的句子？有没有遗漏的话题？

3. 草稿是否明确、清晰地陈述了文章主旨？请用你自己的话复述主旨。

4. 在原文中每个主要论证旁边标 1 个星号。论证表达得清晰吗？如果不清晰，请具体指明哪些地方不清楚，或者遗漏了哪些重要假设。

5. 主要论证的阐述是否足够详细，有没有需要进一步解释或支持的前提？如果有，是哪些？

6. 文中使用了哪些类型的论证（演绎论证、类比论证……）？是否符合本书中介绍的相关规则？

7. 在原文中每条反对意见旁边标 2 个星号。反对意见的论述是否详细？有没有需要进一步展开的？如果有，是哪些？

8. 在原文中作者对每条反对意见的回应旁边标 3 个星号。是否恰当地回应了每一条反对意见？如果没有，哪些反对意见需要进一步说明，你有什么建议？

9. 你认为是否有其他反对意见值得考虑？

10. 你认为是否有其他备选主张或答案值得考虑？如果有，它们是什么？你为何认为它们是重要的？

11. 结论是否恰当，即忠实地重申了主要论点，没有做出过分大胆的主张？

12. 如果只能给文章提一条意见的话，你会提什么？越具体越好。

13. 文章最大的优点是什么？越具体越好。

14. 你还有什么其他的评论或改进意见吗？

第九章
活动九

撰写开场白

【目标】 为议论文和口头发言撰写开场白。

【要求】 开始本活动前需要先阅读规则 34 和规则 40 的正文，并完成练习 8.1 和练习 9.1。做好准备后，请依次完成下列步骤。

第 1 步　阅读老师布置的材料。老师会给你 3 篇近期报刊上的社论或专栏文章，请逐篇认真阅读。

第 2 步　每篇写 3 段开场白。拿到老师给你的 3 篇文章，想象你要分别写一篇文章，或做一次演讲来支持它们的主要论点。每篇文章都要写 3 段开场白，一段是针对文章的硬开场白，一段是针对文章的软开场白，一段是演讲的开场白。

第 3 步　组内分享开场白。结成 5 人小组，每人都要与所有组员分享自己的 3 段开场白。

第 4 步　评选最佳开场白。为每篇社论或专栏文章选出一段最佳开场白，这样每个组就会形成 3 段最佳开场白。

第 5 步　与全班分享。与全班其他同学分享本组的 3 段最佳开场白，并分别给出选择理由。

【成果】 每名组员都会有 9 段开场白：3 篇社论或专栏文章各有 3 段，一段是针对文章的硬开场白，一段是针对文章的软开场白，一段是演讲的开场白。另外，还有全组选出的 3 段最佳开场白。

制作视觉辅助工具

【目标】 运用第九章的规则 43 来制作优秀的口头发言视觉辅助工具。

【要求】 开始本活动前需要先阅读第九章正文。做好准备后，请依次完成下列步骤。

第 1 步　选择一篇议论文。可以是本课内写的文章（例如，“整理草稿”的成果），也可以是其他课程的论文。如果教师允许，也可以选择报刊社论或教材专著中的论证。

第 2 步　制作视觉辅助工具。想象你要做一次口头发言，主题是第 1 步选择的议论文。为了把展示做得更好，你要制作一份视觉辅助工具。形式不限：演示文稿、讲义等。

要认真思考视觉辅助工具的结构和内容。根据计划采用的形式，你也可以上网查一查相关教程。视觉辅助工具应该起补充和加强作用，而不能喧宾夺主。

第 3 步　用一两页的篇幅说明视觉辅助工具的设计思路。第一，解释你为什么要采用这种形式。比如，如果你选择写板书，请说明选择板书而不是演示文稿的原因。如果发讲义而没有做演示文稿（或者相反），原因是什么？第二，说明内容选取的原则，为什么要有这些内容，为什么不加入其他内容，或者干脆不做？尽可能具体，就算要讲解每一页演示文稿也在所不惜。

【成果】 第 1 步选择的议论文副本；第 2 步制作的视觉辅助工具的纸质版；第 3 步写的一两页说明。如果是演示文稿，请打印出来。如果是板书等现场内容，请提前准备好纸质版，交给老师。

口头发言

【目标】 将第九章的规则应用到口头发言中。

【要求】 开始本活动前需要先阅读第九章正文。做好准备后，请依次完成下列步骤。

第 1 步　选择一篇议论文。可以是本课内写的文章（例如，“整理草稿”的成果），也可以是其他课程的论文。如果教师允许，也可以选择报刊社论或教材专著中的议论。展示时间要控制在 10 分钟左右。

第 2 步　准备口头发言，主题是第 1 步选择的议论文，时间约为 10 分钟，要遵守第九章介绍的规则。原论证可以做简化处理。认真思考如何砍掉枝节，同时保留整体结构。

如果需要制作视觉辅助工具，可以先完成“制作视觉辅助工具”活动。

第 3 步　向全班发言。提前要排练，免得到时候盯着屏幕或者稿子念，要真正“展示”。排练也有助于把控时间。

请确定发言后有没有问答环节。如果有的话，要提前想一想会被问到哪些问题，准备好答案。特别要注意为了控制时间而砍掉的部分。

发言过程要被录下来。最好有视频，因为通过视频不仅能听到你讲得怎么样，还能看到你的表现。但是，录音也不错。回放自己的公开发言是很有益的过程。

第 4 步　列出优点和缺点。观看发言过程的录像，或者听录音。然后，列出优点和缺点。针对每个缺点，写几句改进建议，越具体越好。

【成果】 一份口头发言的要点提纲，如果有帮助的话，甚至可以写一份完整的演讲稿。还有录音或录像、优缺点列表和改进建议。

第十章

活动十

不讨人喜欢的观点

【目标】 练习倾听和理解与你观点不同者提出的理由。

【要求】 本活动需要先阅读第十章，并完成练习 10.1。做好准备后，请依次完成下列步骤。

第 1 步　找一名搭档。向老师确定搭档是自己找，还是由老师指定。

第 2 步　列出 5 条你持有的“不讨人喜欢的观点”。要找你的搭档应该不会赞同的观点，但不要找会伤害或冒犯他人的观点。

第 3 步　确定哪些是搭档最激烈反对的“不讨人喜欢的观点”。将这些观点读给搭档听，让搭档选出他或她认为最不合理的一条。如果搭档全都赞同，则重复第 2 步和第 3 步，直到发现存在分歧的观点。

第 4 步　说明你的“最不讨人喜欢的观点”的理由。写一小段话解释你为什么持有第 3 步中搭档认为最不合理的观点。

第 5 步　听搭档的理由并给出回应。认真听搭档阅读你在第 4 步写下的说明，接着用自己的话转述对方的理由。

第 6 步　审阅搭档的转述。阅读搭档对你的理由的转述，然后与其讨论。你觉得搭档的理解准确合理吗？请给出理由。

第 7 步　与搭档讨论，看对方是否仍然认为“不讨人喜欢的观点”是不合理的观点。简短讨论这次活动是否让你改变了对搭档观点的看法。

【成果】　一份“不讨人喜欢的观点”的列表和 3 小段话。第一段解释你为什么持有你的列表中的某个观点。第二段解释搭档为什么持有他或她的列表中的某个观点。第三段检验报告第 7 步完成后的活动结果。

课堂辩论

【目标】　练习将本书的所有规则运用到课堂辩论中。

【要求】　开始本活动前需要先阅读第一章、第七章、第八章、第九章和第十章正文。做好准备后，请依次完成下列步骤。

第 1 步　找到一名辩论伙伴。向老师确定是自行组队还是由老师指定。

第 2 步　确定辩论问题。老师可能会指定一个问题，也可以给出若干要求，问题自定。如果是自定，选择的问题一定是你和伙伴都感兴趣的。

第 3 步　各自准备答案。第 2 步中，你已经选择了一个辩论问题。现在，针对该问题给出若干可能的答案（当然，答案可能不止两个），两人各选其一，准备辩护。鉴于本活动的目标是练习辩论能力，两人选择的答案不能是同一个。如果你本人并不认同要辩护的答案，那也没关系。

第 4 步　准备 5 分钟口头论证。用课外时间准备一段 5 分钟的口头论证，支持你选的答案。你很可能要做一点儿研究（第七章里讲解了研究话题的规则）。论证本身要符合本书的规则（尤其是第一章），口头发言则要遵循第九章和第十章的规则。

第 5 步　与另外两人组成 4 人辩论队。你们的辩论题目不一定要相同。

第 6 步　在全队面前与辩论伙伴辩论。先确定顺序，然后遵循下列步骤，确保辩论有序：①一人在全队面前发表口头论证，每人要确保 5 分钟时间，其间不能打断；②辩论伙伴发言反驳，每人要确保 5 分钟时间，可以提出反对意见，质询对方辩友，其间不能打断；③两人分别发表 2 分钟回应。可以回应反对意见，回答问题，或者总结观点。

第 7 步　全队讨论论证和反驳。用 5 分钟时间来讨论两人给出的论证、反对意见和质询问题。试着选出最好的答案。

第 8 步　换另外两人上场，重复第 6 步和第 7 步。

第 9 步　（可选）请几对辩手上台做班级展示。老师可能会选择几对辩手，在全班面前重复第 6 步，全班皆可参与问答环节。然后试着选出最好的答案。

【成果】　同学之间的多次辩论或讨论。老师可能会要求提交个人口头论证的文字稿。

小组辩论

【目标】　练习将本书的所有规则运用到小组辩论中。

【要求】　开始本活动前需要先阅读第一章、第七章、第八章、第九章和第十章正文。做好准备后，请依次完成下列步骤。

第 1 步　确定辩论题目。全班要选择同一个问题来讨论。题目不能太窄，可以是全校、本地区乃至当代社会的大问题。

第 2 步　5 人一组，结成辩论队。向老师确定是自行组队还是老师指定。

第 3 步　准备 5 分钟队内发言。第 1 步里确定了全班要讨论的题目。现在，认真思考它的各种可能回答，过程中要遵守第七章的规则。接下来，每人选择一个回答，遵守规则 35。给出一个论证来支持它，遵循第七章的规则。然后围绕该论证，准备一段 5 分钟的口头发言，要遵守第九章和第十章的规则。

第 4 步　队内辩论会，选出最有力的回答。请根据以下步骤，有序地选出最有力的答案：①辩论队成员逐个发言，每人 5 分钟时间，在全队面前展示自己的论证；②针对每个回答，讨论可能的反对意见和修改建议，全队逐个讨论队员的回答并提出反对意见，考虑如何回应和修改，尽量找出最有力的一个回答；③选择一个回答，进入下一轮辩论，可以是原来的回答，也可以是讨论修改后的版本。如果队内无法达成一致，可以投票决定。

第 5 步　准备 10 分钟全班发言。全队合作，准备一段支持第 4 步中的第③步选定回答的论证，用来向全班展示。时间为 10 分钟。

第 6 步 全班辩论会，选出最有力的回答。请跟随以下步骤，有序地选出最有力的答案：①各队依次发言，每队 10 分钟时间，在全班面前展示自己的论证，其他人不得中途打断发言；②问答环节，每队发言结束后，全班有 5 分钟时间提问；③选择一个最有力的回答，班内如果无法达成一致，那就投票决定。

第 7 步 （可选）提出修改意见。全班讨论，主题是如何改进第 6 步中的第③步中选择的回答。可能要结合其他回答的内容。

第 8 步 提案。请一名同学将第 6 步中的第③步中选择的回答整理为书面提案。在教师帮助下找到相关部门，并向其提交你们班的答案。例如，如果主题是全市的一个问题，那就可以寄给市长办公室。

【成果】 两轮辩论后应形成一份针对具体问题的书面提案。老师可能会要求提交更多材料，比如个人口头论证的文字稿。

最佳对手

【目标】 练习针对争议性话题展开建设性讨论。

【要求】 本活动需要先回顾第七章、第八章和第十章。做好准备后，请依次完成下列步骤。

第 1 步 找一名搭档。向老师确定搭档是自己找，还是由老师指定。

第 2 步 选择一个与搭档存在巨大分歧的小论文话题。花些时间与搭档交流，直到你们发现了一些观点分歧巨大的话题，接着从中选择一个合写小论文的主题。

第 3 步 针对话题合写一篇建设性的小论文。合写一篇能够为选定话题做出建设性贡献的小论文。小论文不是简单的大纲，要做的工作多得多，同时双方能够以分歧为线索梳理各自的观点。真正的难点是共同推动话题。你可能会提出一条新的思路。有没有可行的折中道路？有没有可能把问题整个排除？最起码，你能够扫除对话过程中发现并用心思考过的一些误解。

要认真按照第七章和第八章中给出的步骤来。前面关于整理资料、撰写草稿、获取反馈的批判性思维活动也会有帮助，但最重要的是第十章的规则。要怀着开放的头脑思考自己和对方的论证，讨论时尽量心存敬意，追求建设性。最难的部分可能是找到双方都认可的确切主张或提议。要耐心！在你们透彻考察了相关论证，尽可能理解对方的观点之前，切记不要试图敲定主要结论。

【成果】 一篇合写的小论文，两位作者对文章话题存在重大意见分歧——至少一开始是这样！

与校外搭档进行建设性的辩论

【目标】 练习针对争议性话题展开建设性和负责任的公共辩论。

【要求】 本活动需要先回顾第十章。做好准备后，请依次完成下列步骤。

第 1 步　分成小组。每组由 3—4 名同学组成，可以自行选人，也可以由教师分配。

第 2 步　找到一个组员们都同意的话题。花些时间与组员讨论，直到发现一个每名组员都有明确的看法但看法大体相同或至少相当接近的话题。

第 3 步　从校外找到一名看法大不相同的辩论搭档。看看本地的社会组织，找找网上的资料，问问可能知道合适人选的老师或朋友。你要找的是一名了解相关知识，明确坚持与你不同的观点，而且有意愿和能力在课堂环境中，与一群你这样的学生进行建设性辩论的人。这意味着，此人必须愿意让你说话，愿意尊重地倾听你的话，愿意与你深入交流，而且你们的预设出发点不能偏差太大，免得全部精力都用来争论基本假设和态度，而非议题本身。

第 4 步　安排辩论搭档来课上，在全班面前与你的小组辩论。跟老师和搭档协调好时间和地点。沟通要尽早，要高效。要照顾嘉宾的时间和付出（比如，辩论前或辩论后请对方吃午饭或喝咖啡，以示欢迎）。要确保搭档明白邀约的含义：不只是发表演讲或长篇报告，而是与你进行一次对话，该对话不仅要有说服力，更要有建设性（请搭档读一读本书第十章是个好主意！）。

第 5 步　做精心和全面的准备。功课一定要做好。要记住，嘉宾的知识非常丰富，而且可能对自己的看法相当有激情，而你恰恰相反。与组员组织好论证，比如，谁上台说，谁先上，谁后上？努力预测辩论搭档可能会提出的论证。你要如何回应？组里哪个人负责回应？你认为对方会有什么反应？你要如何表达反对意见？组里哪个人站出来反驳？要高效规划用时。组内指定一名协调员，负责记录时间和辩论过程中的调解。如果有时间，可以让一名组员扮演辩论搭档，来一场演练。要与老师保持沟通。老师应该指导学生阅读材料，你也应该找搭档谈一谈阅读材料的事。理想情况下，全班都应该读过一些背景资料——如果时间允许，不妨多读一些，这样辩论就不至于从白板开始了。

第 6 步 举行辩论。要记住，你的目标不是“赢”，而是要按照第十章的规则进行一场建设性的思想交流。给自己一点儿信心，这种交流当然不是当今的常态，但这恰恰是这次活动的意义所在。祝你好运！

【目标】 活动的成果就是辩论本身。事后与同学和老师复盘。你们的表现如何？下次怎样做到更好？

附录一

活动十一

规则与谬误的联系

【目标】 理解第一章至第六章中介绍的规则与《附录一　常见论证谬误》中介绍的谬误之间的联系。

【要求】 开始本活动前需要先阅读第一章至第六章和《附录一　常见论证谬误》正文。做好准备后，请依次完成下列步骤。

第 1 步　列一张表，纵列是《附录一　常见论证谬误》中的谬误，横排是第一章至第六章中的规则。可以手写或者用制表软件。

第 2 步　为每条谬误标明它违反的规则。《附录一　常见论证谬误》中的大部分谬误都违反了第一章至第六章的某些规则。违反了哪一条规则，就在对应的位置标一个 ×。个别谬误没有直接违背本书的规则，不需要标 ×。

第 3 步　找出与《附录一　常见论证谬误》的谬误没有关联的规则。有的规则右面一个 × 都没有，它们就是与本书谬误无关的规则。

第 4 步　命名新谬误。第 3 步里挑出了与本书谬误没有关联的规则，现在设想出违背了这些规则的新谬误，然后起上名字，加在原来的横排右侧。

第 5 步　简要描述第 4 步命名的新谬误。另取一张纸，用一两句话来描述第 4 步中的谬误。如有可能，请给出例子。

第 6 步　全班制作一张总表。以小组或全班为单位，同学之间比较各自制作的表格。如果存在分歧，试着通过讨论来解决。分歧解决之后，制作一张总表，体现达成的共识。

【成果】　一张表格，包含第一章至第六章的所有规则、《附录一　常见论证谬误》中的所有谬误和发现的新谬误。一份文档，简要描述了《附录一　常见论证谬误》中没有的谬误。如果你想到了特别好的名字，那就不妨通过出版社寄给我们！

发现、重新解释、修正谬误

【目标】　学习如何发现、重新解释、修正谬误。

【要求】　开始本活动前需要先阅读《附录一　常见论证谬误》正文，并完成练习 11.1 至练习 11.4。做好准备后，请依次完成下列步骤。

第 1 步　将一个存在谬误的论证带到班上，一式 6 份。可以是你自己写的（比如练习 11.3 的答案），也可以是别人的。一式 6 份，写在 6 张纸上，不要标明谬误名称。

第 2 步　结成 5 人小组。可以是自行组队，也可以是由老师指定。

第 3 步　组内选出两个存在谬误的论证。每名组员都有一个存在谬误的论证以供组内传阅，选择两个存在谬误的论证与其他小组分享。采取的标准可以是最巧妙、最迷惑人、最有意思等。

第 4 步　传给其他组看。在第 3 步里选择两个论证，各有 6 份。现在，把其中两份给老师，剩下的 10 份分别给其他 5 个小组。这一步中，你们组最多会收到 5 个来自其他组的论证。

第 5 步　找到外组论证中的谬误。在第 4 步里，我们从其他小组拿到了若干谬误论证。现在，全组确定这些论证里包含了哪些谬误。

第 6 步　提出重新解释或修正的方法。对于有谬误的论证，我们往往可以通过重新解释或者补充前提来避免谬误。重新解释或修正第 4 步中的每一个论证，同练习 11.2 和练习 11.4。

第 7 步　将结果与全班比较。以班级为单位，审读第 4 步中传阅的每一个论证。各组分别说明拿到的论证里存在哪些谬误，又如何通过重新解释或修正来解决。如果存在分歧，全班通过讨论解决。

【成果】 外组提供的若干存在谬误的论证，标明存在的谬误名称，以及相应的重新解释或修正方案。

宣传批判性思维

【目标】 理解某些谬误和话术，以免自己犯同样的错误。

【要求】 开始本活动前需要先阅读《附录一　常见论证谬误》正文。做好准备后，请依次完成下列步骤。

第 1 步　确定一种谬误。老师可能会指定谬误（例如，稻草人谬误），也可能要求自选。

第 2 步　制作宣传材料。遵循下述步骤，制作一份宣传材料，向公众介绍第 1 步所选定的谬误存在的危害。思考宣传材料的格式和内容，要发挥创造力。不管是视频、录音、宣传册、网页还是其他形式，一定要解释清楚谬误，并给出避免该谬误的建议。

第 3 步　（可选）在班级里分享宣传材料。可以发给同学、在班级里宣讲，或者放到网上。

【成果】 一份关于某种谬误的宣传材料。根据教师要求制作，形式可以是宣传册、演示文稿、录音、视频等。

附录二

活动十二

给关键词下定义

【目标】 给议论文中的关键词下定义。

【要求】 开始本活动前需要先阅读《附录二　定义》正文，并完成练习 12.1 和练习 12.2。做好准备后，请依次完成下列步骤。

第 1 步　选择一篇议论文。可以是本课内写的文章（例如，“整理草稿”的成果），也可以是其他课程的论文。

第 2 步　找到主旨句。在第 1 步选择的文章里找到主旨句（即主结论），如果原文没有明确说明结论，你可以自己写。

第 3 步　给主旨句里的关键词下定义。列出主旨句中的关键词，然后依次下定义。一定要遵循《附录二　定义》中介绍的规则。

第 4 步　（可选）与一名同学交换文章和定义，看对方给出的定义是否符合《附录二　定义》中的规则。浏览对方的文章，了解语境。然后看每一条定义，判断其是否符合《附录二　定义》中的每一条规则，用一小段话来总结你的判断。

如果有定义违反了规则，请给出更好的定义。

【成果】 一份列表，上面给出了自选文章主旨句中的关键词定义。可选成果是对同学定义的意见和改进建议。

给难词下定义

【目标】 练习给难词下定义。

【要求】 开始本活动前需要先阅读《附录二　定义》正文，并完成练习 12.1 和练习 12.2。做好准备后，请依次完成下列步骤。

第 1 步　结成 5 人小组。老师可能会指定人员，也可能让自行组队。

第 2 步　确定两个难以定义的词。以小组为单位，找到两个难以定义的词。不要选生僻词，而要以抽象、模糊、带有诱导性为标准选择。

第 3 步　把这两个词写到黑板上。每组选择一人写到黑板上，或者全班同学都能看到的地方。

第 4 步　给黑板上的每一个词下定义。在第 3 步中，每组都在黑板上写下了两个词。以组为单位，对黑板上的每一个词给出尽可能好的备选定义，要牢记《附录二　定义》中的规则。

第 5 步　比较各组结果。全班逐个考察第 3 步写在黑板上的词。一个词的备选定义介绍完毕后，全班投票选出最佳定义。也可以把多个定义组合起来，形成一个更好的定义。

【成果】 一张列表，上面包含若干难以定义的词，以及同学们给出的备选定义。

附录三

活动十三

论证导图工作坊

【目标】 练习制作和思考论证导图。

【要求】 开始本活动前需要先阅读《附录三　论证导图》正文，并完成练习13.1和练习13.2。做好准备后，请依次完成下列步骤。

第1步　结成2—5人的小组。向老师确认是自行组队还是指定分组。

第2步　写一段简短的论证。全组给出一个论证，话题任选。语言要平实，就像《附录三　论证导图》习题中那样。只要一个自然段，长度适中。不能太繁难，要让其他人可以用5—10分钟时间看懂并给出论证导图。

第3步　为本组论证制作导图。以小组为单位，为第2步中给出的论证制作导图。要另取一张纸。

第4步　把导图放进写着编号的信封里，交给另一个小组。把导图装进一个信封，不要把论证本身也放进去。信封上写着小组编号，无须封口。与另一个小组交换各自的论证和信封。

第 5 步　为外组论证制作导图。以小组为单位，为第 4 步收到的外组论证制作导图。不要看信封里的导图。

第 6 步　将你的论证导图放到信封里，然后将论证和信封一起交给另一个组。把第 5 步制作的导图放到第 4 步收到的信封里，然后将论证和信封交给另一个组。不能还给第 4 步的那一组，要另选一组。

第 7 步　只要时间允许，尽量重复第 6 步。向老师确认时间限制，然后尽可能多地重复第 6 步。

第 8 步　将信封和论证还给原组，也就是最初给出该论证的那一组（第 4 步）。

第 9 步　比较论证导图。比较其他小组为本组论证制作的导图。如果存在差异，请确定有多少份不同版本。判断哪些导图准确呈现了原论证、哪些不准确。选择一张最佳导图。

第 10 步　（可选）将最佳导图画到黑板上。从小组里选一个人，让他（她）把导图画到黑板上；另选一个人解释本组和外组的制作过程和理由（如果有差异的话）。

【成果】　一份论证，加上一个信封，信封里是该论证的多个导图。

【变种形式】　第 2 步要求大家现场想论证，但也可以要求组员课前准备好，到课堂上选择一个最好的，然后进入第 3 步。

利用导图展开论证

【目标】　练习制作论证导图，以及利用导图展开论证。

【要求】　开始本活动前需要先阅读《附录三　论证导图》正文，并完成练习 13.1 和练习 13.2。做好准备后，请依次完成下列步骤。

第 1 步　选择一篇议论文。可以是本课内写的文章（例如，“整理草稿”的成果），也可以是其他课程的论文等。

第 2 步　为文中的每一个主要论证制作导图。如果文中只有一个长论证，那就制作一整幅导图；如果包含多个论证，就为每个论证单独制作导图。

第 3 步　在导图中标明没有其他前提支持的所有前提，即不是子结论的前提。可以画圈，也可以涂色。

第 4 步　确定需要补充依据的前提。从第 3 步标明的前提中寻找需要补充依据的句子，原因可能是：存在争议性；大多数读者无法确定真假等。

第 5 步　展开每一个在第 4 步中确定需要补充依据的前提，并为其制作导图，把该导图和其他论证导图放在一起。

第 6 步　重复第 3 步至第 5 步，直到没有前提需要补充依据。

【成果】　一张或多张论证导图，为原论证中的某些前提补充依据的新论证。

“进阶书系”—— 授人以渔

在这个信息爆炸的时代，大学生在学习知识的同时，更应了解并练习知识的生产方法，要从知识的消费者成长为知识的生产者，以及使用者。而成为知识的生产者和创造性使用者，至少需要掌握三个方面的能力。

思考的能力： 逻辑思考力，理解知识的内在机理；批判思考力，对已有的知识提出疑问。
研究的能力： 对已有的知识、信息进行整理、分析，进而发现新的知识。
写作的能力： 将发现的新知识清晰、准确地陈述出来，向社会传播。

但目前高等教育中较少涉及这三种能力的传授和训练。知识灌输乘着惯性从中学来到了大学。

有鉴于此，“进阶书系”围绕学习、思考、研究、写作等方面，不断推出解决大学生学习痛点、提高方法论水平的教育产品。读者可以通过图书、电子书、在线音视频课等方式，学习到更多的知识。

同时，我们还将持续与国外出版机构、大学、科研院所密切联系，将“进阶书系”中教材的后续版本、电子课件、复习资料、课堂答疑等及时与使用教材的大学教师同步，以供授课参考。通过添加我们的官方微信“学姐领学”（微信号：unione_study），留下您的联系方式，便可以免费获得您使用的相关教材的国外最新资料。

我们将努力为以学术为志业者铺就一步一步登上塔顶的阶梯，帮助在学界之外努力向上的年轻人打牢解决实际问题的能力，成为行业翘楚。

品牌总监　刘　洋
特约编辑　何梦姣
营销编辑　王艺娜
封面设计　马　帅
内文制作　胡凤翼

豆瓣：@领学东方
公众号：学姐爱论文